# 스포츠교육 현상의 질적 연구

고문수 저

교육과학사

# 서문

스포츠교육학은 학교체육에 관한 교육적 탐구를 그 주된 연구 활동으로 하는 체육학의 하위 학문영역 가운데 하나로 학교체육, 생활체육 그리고 전문체육에 관한 교육적 담론을 포함한다. 무엇보다 스포츠교육학은 교육자들로 하여금 각각의 학문영역에 대한 교육과정, 교사교육 그리고 교수를 체계적으로 운영하는데 도움이 되는 이론과 실천을 반성적으로 탐구하도록 하여 현장 체육수업을 개선하는데 도움이 되는 전문가를 양성하는데 관여하는 학문으로써의 성격을 지니고 있다. 다만, 지금까지는 많은 연구자들이 선행연구자들이 축적한 지식들을 통해 안목을 넓히면서 현장의 체육수업을 개선하고자 많은 노력을 기울여온 것이 사실이다.

하지만 학교체육의 모습은 큰 변화 없이 제자리걸음만을 하고 있다. 이러한 시점에서 앞으로는 연구자나 현장의 교사들이 진보적이고 혁신적인 교육적 변화를 취하는데 관심을 기울여야 할 것이다. 이를 위한 교육의 첫걸음은 스포츠교육 현장에 대해 관심을 갖고 자신만의 언어로 연구참여자들의 삶의 모습과 경험을 그려낼 수 있는 기초를 다지는 일일 것이다. 공자님의 말씀 중에 논어의 '옹야편'에 나오는 아래의 구절에 주목하여 스포츠교육을 진일보시킬 수 있는 역량을 키워나가야 할 시점이다.

知之者 不如好之者 好之者 不如樂之者

(지지자 불여호지자 호지자 불여락지자)

즉 "아는 것은 좋아하는 것만 못하고, 좋아하는 것은 즐기는 것만 못하다."는 명언을 토대로 스포츠교육의 현상을 즐기면서 학생들의 체육수업을 개선하는 일에 보다 근접할 수 있는 삶을 살아야 할 것이다. 가르치는 교육자의 삶이 스포츠교육에서 무엇이 문제가 되고 있고, 그 문제를 어떻게 해결해야 하는지, 학생들은 무엇을 고민하고 있고, 그들의 고민을 어떻게 해결할 수 있는지 등에 대한 실제적인 접근을 위해 학생을 연구참여자로 선정하여 그들의 관심과 흔적들을 탐색할 필요가 있다. 또한, 교사 자신의 삶에 관한 반성과 신념의 철학에 관한 탐색들도 지속적으로 탐구되어 스포츠교육 현상에 대한 앎의 지식을 확장할 수 있는 계기를 만들어야 할 것이다. 우리에게는 일반화된 지식들을 새로운 지식의 확장을 위해 적용하는 것도 중요하지만, 새로운 지식을 창출하여 앎의 폭을 확장하는 지식의 기저를 만드는 것이 필요하다.

이를 위해 오늘 하루도 어떻게 하면 좋은 체육수업을 진행할 수 있을까를 고민해본다. 여러 해 동안 교육현장에서 체육수업을 진행하였고, 체육수업의 결과들을 글로 발표해왔다. 하지만 그 성과는 미미하다고 볼 수 있다. 그럼에도 불구하고 안주할 수 없는 것이 '나' 자신의 체육교육에 대한 관심과 사랑은 아닐까? 늘 체육현상에 관한 연구를 하면서도 되돌아보면 양적 연구와 패러다임이 많이 다른 질적 연구에 대한 결과들이 나 자신을 행복하게 하지 못한 아쉬움들이 남아 있다. 그렇기 때문에 지금도 스포츠교육 현상에서의 연구참여자들의 이야기에 관심을 기울이고 있다.

그 관심의 결과가 바로 『스포츠교육 현상의 질적 연구』를 출간하게 된 동기이다. 본 저서에서는 질적 연구에 대한 기초와 그 기초를 바탕으로 학교 체육현장에서 진행된 학생 관찰의 결과와 교사의 변화 및 스포츠교육의 과제 그리고 교사의 체육수업에 대한 결과물을 담아내고자 노력하였다.

『스포츠교육 현상의 질적 연구』는 총 5부, 16장으로 구성되어 있다. 1부는 네 개의 장으로 분리하여 구성하였다. 1장은 질적 연구를 이해하는 데 도움이 되는 내용을 기술하였다. 2장은 체육 분야에서의 질적 연구를 어떻게 할까에 대하여 학교현장의 교사는 물론 석·박사과정의 연구자들이 질적 연구를 수행하는데 꼭 알고 실천해야 할 실마리를 제공하였다. 3장과 4장은 질적 연구의 자료수집과 자료분석 및 표현에 관심을 기울였다.

2부, 3부, 4부로 구성된 5장부터 13장까지는 학교 체육수업 개선을 위한 노력으로 나타난 현장연구 결과들을 제시하였다. 특히, 학생 관찰의 결과로 도출된 연구 내용과 교사의 변화를 제안하는 교육의 반성과 신념의 내용이 포함되어 있다. 그리고 스포츠교육의 과제로 다문화 가정의 학생들과 행복한 삶을 만들기 위한 스포츠교육의 역할과 과제도 안내하였다.

5부의 14장과 15장은 교사가 체육수업을 운영하면서 고민하고 있거나 고민해야 할 과제들을 짧은 글쓰기의 형태로 안내하여 체육수업에서 무엇이 이슈가 되었으며, 어떠한 노력으로 체육 현상의 이슈들을 해결해 나갈 것인가에 대한 방향성을 제시하였다.

16장은 스포츠교육 현상의 질적 연구에 대한 이해를 바탕으로 자신만의 연구 계획서를 작성하는 공간으로 구성하였다. 자신이 선택한 연구 주제에 대하여 1장부터 15장까지 이해한 내용을 바탕으로 자신만의 가치 있는 글을 쓰는 공간이다. 자신만의 공간이라고 하여 다른 연구자들과 글을 공유해서는 안 된다는 것은 아니다. 이 공간은 자신의 가치 있는 글을 쓰기 위해 메모하고, 고민하고, 탐색하고, 사색할 수 있는 공간인 것이다. 지면이 많지 않아서 자신의 모든 생각들을 이곳에 쓸 수 없다면 언제든지 빈 노트를 준비하여 본 교재와 함께 사용해도 좋을 것이다.

끝으로 〈부록〉에서는 프로젝트 연구계획서 한 편을 제시하여 좋은 연구를 수행하는 데 도움이 될 수 있는 단서를 제공하였다.

『스포츠교육 현상의 질적 연구』에 수록된 글들은 학교 체육 현장에서 실천한 생생한 연구 결과물이기 때문에 글을 읽으면 읽을수록 교실수업 개선이나 자신이 담당하는 분야의 체육연구를 수행하도록 자극하는 실마리가 될 것이다.

『스포츠교육 현상의 질적 연구』의 취지는 글쓰기의 시작을 책을 읽고 나중에 한편의 글을 써내는데 관심을 기울이기보다는 이 책을 읽으면서 자료수집과 분석을 동시에 진행하면서 한편의 글을 쓸 수 있다는 확신을 담고 있다. 아무쪼록 현장의 교사는 물론 교사연구자들이 좋은 글을 쓰는데 조금이나마 도움이 되었으면 하는 바람이다.

본 저서가 나올 수 있도록 도움을 주신 교육과학사 관계자분들에게 진심으로 감사드린다. 그리고 특별한 재주가 없는 사람이 걸음마를 통해 사회의 가치 있는 구성원으로 합류할 수 있도록 도움을 주고 있는 경인교육대학교 교수님들과 늦은 시간까지 학교 연구실에서 연구할 수 있도록 시간을 허락해준 사랑하는 가족 특히, 나영이와 윤지에게 고마움을 전한다.

2014년 7월

고문수

# 차 례

## 제4장 자료의 분석 69



# 제2부 학생을 관찰하다

## 제5장 긍정심리학적 관점으로 게임수업을 들여다보다 79

# 제3부 교사의 변화를 말하다

# 제4부 스포츠교육의 과제를 말하다

# 제5부 교사와 체육수업

# 제1부

# 질적 연구를 말하다

# 제1장 질적 연구의 이해[1]

"질적 연구와 양적 연구의 차이점은 무엇인가요?" 라는 질문을 받고 한참 동안 머뭇거릴 수밖에 없었다. 어떻게 설명을 해야 할까? 고민되었기 때문이다. 단시간에 설명할 수 있는 부분이 아니었다. 대학원 박사과정에서도 한 학기 동안 질적 연구에 대한 전문적인 지식을 습득하고자 노력했었고, 그 다음 학기에는 양적 연구를 위한 통계 프로그램을 배우는데 많은 시간을 보냈다. 그리고 질적 연구 방법론과 양적 연구 방법론에 대한 이해를 높이기 위한 박사과정 세미나와 학위과정을 마치고 지금도 양적 연구와 질적 연구에 대해 계속적으로 공부를 해오고 있다. 하지만 위에서 제시한 두 연구의 차이점을 설명해달라고 한 부분에 대해 명쾌하게 답한다는 것이 쉬운 일이 아니었다.

다만 본 글에서는 양적 연구보다는 질적 연구가 무엇이고, 질적 연구의 목적이 지닌 하위 범주의 내용들에게 대하여 개괄적으로 소개하고, 질적 연구의 목적을 보다 구체적으로 드러내기 위해 선행 연구의 내용을 첨부하여 질적 연구

1) 이 내용은 김영천(2006)의 질적 연구 방법론 I 에 나와 있는 질적 연구의 목적과 특징의 내용을 참고로 하여 스포츠교육 상황에 맞게 재구성하여 제시하였다.

의 목적에 부합하는 설명을 제공하고자 한다.

## 제1절 질적 연구의 목적은 무엇인가?

### 1. 의미와 이해에 관심 두기

질적 연구에서 무엇보다 중요한 것은 연구참여자들이 자신의 경험세계에 대해 어떠한 의미를 부여하고 있는지, 연구참여자들의 행위를 그들의 관점에서 깊이 있게 이해하는데 있다. 연구참여자들의 의미에는 그들이 갖게 되는 형태의 경험들과 감정, 인지, 지각 그리고 태도, 상징 등을 포괄하는 광의의 맥락까지를 포함한다.

인간은 자신의 행위를 의미에 기초하여 다른 사람들과 상호작용하기 때문에 의미를 기술하고 이해하는 것은 연구참여자의 관점에서 세계를 바라보려는 문화적 상대주의의 시각을 드러내게 된다. 이는 연구참여자의 내부자적 시각을 기술하고 이해하려는 노력으로 설명될 수 있다. 이러한 측면에서 실증주의가 갖는 실재의 존재 방식과는 완전히 다른 것이다. 실증주의는 법칙이나 명제를 규정하는 부분에 있어 우리의 사회생활과 인간생활 속에서의 인간의 활동과 행위를 설명할 수 있는 가장 효과적인 방법이라고 전제한다.

그러나 질적 연구는 실증주의적 패러다임과 다르게 인간과 사회현상에 적용될 수 있는 범맥락적인 법칙이나 명제는 존재하지 않는다고 본다. 특히, 우리가 존재한다고 생각하는 실재나 진실은 사회적 상호작용으로 인하여 만들어지고 재구성되는 사회적인 실재라는 가정에 기반을 둔다. 그렇기 때문에 사회과학 연구의 목적은 불변하는 실재를 찾는 작업이 아니라 특정한 사회상황 속에서 이루어지는 실재에 대해 연구 참여자들이 어떠한 의미를 부여하는지를 기술하고 이해하는데 있다.

고문수 · 엄혁주(2012)의 긍정심리학으로 들여다 본 초등 게임수업 이야기에서 연구참여자들은 초등 게임수업에 대해 긍정심리학적 관점에서 게임 활동의 가치를 1차적인 교육경험과 2차적인 교육경험으로 의미를 다음과 같이 부여하였다.

> 긍정심리학적 관점에서 게임 활동의 가치를 탐색한 결과 1차적인 교육경험인 학습 경험의 내용으로 '신체적 활력 가져오기', '심리적 활력 가져오기', '자기 표출로 나를 드러내기'가 도출되었고, 2차적인 경험인 학습 경험의 가치로는 '팀워크', '전략과 전술의 실행', '공존지수 함양하기 ' 등이 나타났다.

## 2. 일상적 세계를 기술하기

일상적 세계를 기술하는 것은 연구참여자들이 자신의 연구현장에서 일상적으로 살아가는 삶에 대하여 기술해 나가는 것을 의미한다. 일상적 세계의 기술은 그들이 그러한 삶을 밀도 있게 그리고 심층적으로 묘사하는 부분에 관심을 둔다. 일상세계의 기술로서의 질적 연구의 목적은 학교 현장 연구에 효과적으로 접목되면서 연구가 수행되어 왔다.

"교장의 일상적인 삶에 대한 연구" 에서부터 "초등학교 교사의 1년 생활", "중학교 교사의 체육 하는 삶의 의미", "아동의 교실생활", "교사의 체육수업 반성과 신념의 구성 과정" 등이 대표적인 연구들이다. 이러한 연구들은 현장 교사들에게 어떠한 철학을 바탕으로 체육 하는 삶을 살아가야 하는지, 특정한 학교에서의 교육 활동이 어떻게 이루어지는지에 대한 시사점을 제공하게 된다. 아래의 내용은 고문수(2013)가 한 초등교사의 체육수업에 대한 반성과 신념의 형성 과정에서 체육수업 반성에 관한 일상 세계를 기술한 내용이다.

> 연구참여자는 체육과 교육과정에 대한 관심의 등한시로 교육과정과 분리된 수업과 교과서 밖의 수업 내용에 관심을 기울였다. 교육과정과 수업의 내

용을 따로 계획하여 운영하였다. 체육과 교육과정은 표준적인 공통의 기본 활동과 운영에 대한 지침을 제공한다. 이는 동시대를 살아가는 학생들이 필히 알고 있어야 할 내용 요소들이다. 다만, 국가수준의 기본 틀을 바탕으로 각 시도의 특성에 맞게 재편성하여 운영해야 한다. 하지만 연구참여자는 교육과정과 동떨어진 자신만의 독특한 방식으로 수업내용들을 구안 · 적용하였다. 여기서 독특함이란 학생들의 참여와 존중과 거리가 먼, 교사 개인의 의지에 따른 수업내용의 조직을 의미한다. 이러한 결과는 교육과정의 취지에 어긋남은 물론 교육과정의 취지가 드러난 교과서의 수업 내용 활동과도 괴리감을 느끼게 하였다.

## 3. 특정한 사례에 대한 특별한 관심 갖기

질적 연구에서는 무선 표집을 통해 연구참여자를 선정하는 것이 아니라 목적표집을 통해 연구수행에 적합한 연구참여자들을 선정한다. 질적 연구는 특정한 사례에 대한 특별한 관심으로부터 시작된다. 여기서 사례는 극단적으로 1명이 될 수도 있고, 일반화를 목적으로 하는 경우에는 사례수가 100명이 넘어갈 수도 있다(김영천, 2006). 여기서 말하는 특정 사례는 연구자가 특별히 관심을 갖고 있는 사례를 의미한다. 고문수(2013)는 한 초등교사의 체육수업에 대한 반성과 신념의 형성 과정에 관한 연구에서 체육수업의 반성과 신념을 형성해나가는 실천적인 교사 한 명을 연구참여자로 선정하여 연구를 진행하였다.

연구참여자는 1996년에 수도권 소재의 시작초등학교에서 교사를 시작으로 2009년 전개초등학교에서 체육과 수석교사로 있었고, 2007년부터 하늘교육대학과 최고사범대학에서 강의하는 현장 교사로 연구자 자신이다. 여기서 연구참여자는 "나"로 표현된다. 나는 석사와 박사 학위 취득, 수업실기대회와 각종 연구대회 입상, 체육과 직무연수 강사와 장학위원으로 활동하였다. 최근에는 교육대학과 사범대학에서 예비교사들을 가르치는 일에 몰두하고 있다.

이 과정에서 나는 "어떻게 하면 좋은 체육수업을 만들 수 있을까?" 를 고민하였다. 이 연구는 "나" 에게 일어났던 긍정적인 측면의 체육수업보다는 부정적으로 인식되거나 현장에서 구현했던 부분들을 캐내어 탐구의 시작점으로 삼고, 이를 바탕으로 체육수업에 대한 안목의 형성에 관심을 집중하였다.

## 4. 발견과 이론화 작업하기

질적 연구의 특징 중의 하나는 발견과 이론화의 작업을 수행하는 것이다. 발견은 연구자가 사회현상에 대해 연구되지 않거나 설명되지 않은 어떤 새로운 사실들 또는 의미를 찾아내는 것이다. 그리고 기존의 방식이나 이론으로 설명하지 못했던 현상을 새로이 이해시켜주거나 설명해줄 수 있는 이론이나 해석체계를 만드는 것을 의미한다. 이는 새로운 이론을 정립하거나 생성시킨다는 점에서 실증주의 연구의 궁극적인 목적인 이론의 생성과 유사하다. 하지만 이 발견과 이론화의 과정은 실증주의의 특징과는 구별된다. 즉 기존의 이론이나 가설의 계속적인 검증과 확인을 통한 확립이 아니라 연구현장에서 수집된 자료의 분석을 통하여 현장을 보다 잘 이해할 수 있는 새로운 개념이나 근거 이론들을 발전시켜나가기 때문이다.

최근 발견과 이론화의 작업을 수행한 연구로는 윤현수(2011)의 중등 체육교육 실습생의 수업지식 형성과정, 김중형(2012)의 '즐거운 생활' 중 신체활동 영역지도의 활성화 방안, 김재중(2013)의 협동학습 체육수업 참가 '이끄미'의 리더십 형성 등의 박사학위 논문이 수행되었다.

## 5. 새로운 통찰력을 제공하기

질적 연구는 새로운 탐색을 추구한다. 예컨대, 절대적이고 선험적인 진실의 수용보다는 상대적이고 문화적인 맥락을 공유한다는 점에서 연구자들에게 기존에 연구되지 않거나 연구되었다고 하더라도 낯선 것으로 간주하여 새롭게 탐구하기를 요구한다면 언제든지 탐구의 대상이 될 수 있는 것이다. 즉 학교교육의 문제나 현상을 어떻게 달리 바라보아야 하며 기존의 잘못된 실증주의 이념의 편견으로부터 연구자의 상상력과 창의력 그리고 새로운 아이디어의 발상을 가져올 수 있도록 안내한다. 양적 연구 또는 질적 연구 방법론의 선택이 연구자로 하여금 현상을 달리 바라보도록 하는 유인가가 되고 있다.

## 제2절 질적 연구의 특징은 무엇인가?

질적 연구는 연구참여자가 겪은 그대로의 체험을 독자들에게 바르게 알리기 위한 작업이다. 특히, 인간의 내면에 대한 이해를 가져오기 때문에 발견 지향적인 특징을 갖는다. 무엇보다 내부자적인 관점에 관심을 두면서 특정 사례를 연구하기 때문에 목적 표집 방법을 활용할 수 있다. 그리고 연구자가 현장에 직접 들어가서 참여자들과의 지속적인 상호작용을 하면서 자료를 수집하고 연구하는 현장 작업을 하게 된다. 또한, 질적 연구는 단기간의 관찰보다는 장기간의 관찰을 통해 연구참여자의 특성을 자세하게 파악하도록 한다.

질적 연구는 자료수집과 자료분석이 순서적으로 일어나는 것이 아니라 순환성을 갖고 이루어지기 때문에 자료수집과 자료분석이 선후 관계로 이루어진다기보다는 두 개의 연구과정이 상호 보완적인 특징을 갖게 된다. 아울러 연구자와 연구참여자 간의 친밀도가 만들어질 수 있고, 서술적 형태의 자료 표현으로 기존의 양적 연구에서 일반적으로 활용되는 숫자나 통계 자료에 의한 표현 방법이 아니라 인간의 경험을 바탕으로 하는 서술적 표현 양식을 활용하는 특징을 내포하고 있다. 연구자는 연구도구로서 활용되기 때문에 연구의 전체 과정에서 연구도구가 되어 연구에 참여한다.

## 1. 내부자적 관점으로 바라보기

질적 연구는 연구참여자의 시각으로 세상을 바라보는 특징을 갖는다. 문화적 상대주의 관점으로 연구참여자의 생활과 삶을 조망하고 그들의 상호작용 과정을 깊이 있게 탐색하는데 관심을 기울인다. 연구자의 주관성보다는 연구참여자의 주관성에 대한 객관성으로 표출되는 것이 무엇보다 중요하다. 양적 연구가 일반화와 이론의 검증 내지는 법칙을 규명하는 것이라면 질적 연구는 연구참여자가 가지고 있는 그들의 삶을 그대로 기술하고, 분석하여 해석함으로써 제3자에게 객관적인 시각에서 연구참여자의 삶을 바르게 이해하도록 하는데 관심을 기울인다.

## 2. 특정 사례를 연구하기

질적 연구는 양적 연구가 갖는 일반화를 목적으로 대규모의 표집을 대상으로 하지 않는다. 즉 연구자가 관심을 기울이는 특정 사례나 사건 또는 현상을 심층적으로 바라보는데 관심을 기울인다. 또한, 대단위 사례가 아니라 특정한 사례들을 연구하기 때문에 양적 연구에서 사용하는 사례수보다 훨씬 적다. 한 명이 될 수도 있고, 두 명이 될 수도 있다. 연구자가 어떠한 부분에 관심을 기울이느냐에 따라 연구자의 수가 결정된다.

한 개인의 생애사를 연구하는 경우라면 한 명이 될 수도 있다. 반면 초등학교 체육수업에서 나타나는 갈등의 유형과 원천 및 해소 방안을 탐구하는 연구라면 한 학급의 모든 학생들이 연구참여자가 될 수도 있다. 고문수(2006)는 『초등학교 게임수업에서 갈등의 원천과 해소』라는 연구에서 연구참여자를 한 학급의 모든 구성원인 33명을 대상으로 연구를 수행하였다. 다만, 질적 연구는 폭보다는 깊이를 강조한다는 점에서 연구자가 관심을 두는 특정한 사례들로 연구참여자들을 한정하는 것이 일반적인 전략으로 활용되고 있다.

## 3. 목적 표집하기

일반화를 목적으로 하는 양적 연구에서는 주로 무선 표집 방법이 활용된다. 하지만 질적 연구에서는 연구자가 관심을 기울이는 특정한 사례를 의도를 갖고 연구참여자로 선택하기 때문에 목적 표집 방법을 활용하게 된다. 양적 연구와 달리 질적 연구는 무차별적으로 연구대상을 선정하는 것이 아니다. 연구자가 관심을 두고 있는, 즉 관심의 대상이 되고 있는 집단이나 개인에 관심을 기울이기 때문에 연구자가 연구에 가장 충실한 예를 담고 있는 사례를 찾게 된다. 따라서 주어진 현상에 대한 통찰이 가장 잘 표현될 수 있는 집단이나 개인에게 초점이 모아진다.

우수한 교사의 삶의 철학이나 수업 방법을 연구하는 논문이라면 우수한 교사의 삶 또는 교수 · 학습 방법을 구현하고 있는 특정한 대상이 연구참여자로 선정될 수 있다. 과거에는 우수하였으나 현재 우수한 모습을 지니지 못하는 교사를 연구참여자로 선정하게 된다면 우수한 교사의 삶을 대변하는 데 한계를 지닐 수밖에 없다. 따라서 목적 표집은 연구자가 현상을 바르게 이해하는 데 필요한 최적의 전형적인 사례를 탐색하여 연구참여자의 삶을 객관적으로 드러내도록 한다. 목적 표집이 의도적이고 계획적인 연구자의 주관이 개입된다하여 연구로서 객관성을 보장받지 못한다는 부정적인 시각은 연구의 가치를 드러내는데 한계점이다. 연구의 활성화와 연구참여자의 참된 삶의 모습을 그려내어 많은 연구자들이나 사람들에게 교육적 효과를 드러낼 수 있다면 그보다 더 값진 것은 없을 것이다.

## 4. 연구자가 현장에 직접 들어가기

질적 연구의 가장 큰 특징 중의 하나는 연구자가 연구참여자들의 교육현장에 직접 들어가서 참여한다는 점이다. 직접 체육수업을 진행할 수도 있고 수업을 운영하는 것을 참관할 수도 있다. 그리고 그들이 수업에서 보인 행동이나 언어들에 대해 깊이 있는 면담을 할 수도 있는 것이다. 참여관찰은 그들이 어떠한 행동을 하는지, 수업에서 어떻게 상호작용을 하는지, 겉으로 드러나는 외현적인 행동이나 내현적인 모습을 확인하는 데 유용하게 활용될 수 있다. 심층면담은 수업에서 그러한 행동을 하게 된 구체적인 이유나 생각이 무엇인지를 직접 확인할 수 있는 좋은 방법이다.

연구자가 현장에 들어가는 것은 연구참여자들과의 지속적인 상호작용에 큰 도움이 된다. 연구자는 이 과정에서 자료를 수집하고 자신의 연구에 도움이 되는 내용들을 연구 자료로 활용하게 된다. 즉 연구자는 연구참여자들과 지속적으로 만나서 대화하고 그들의 삶을 보다 깊이 있게 이해하는 데 도움을 얻을 수 있다. 질적 연구에서 활용되는 연구 현장은 교육이 이루어지는 모든 장소로 공식적인 교육과 비공식적인 교육이 이루어지는 모든 곳이 될 수 있다. 연구자는 그러한 교육적 공간에서 오랫동안 머물면서 또는 주기적으로 방문하면서 현장성이 가미된 연구방법을 동원하여 현장으로부터 자료를 수집하여 연구결과를 도출하게 된다.

## 5. 장기간 관찰하기

주어진 주제에 대한 답을 얻기 위해서는 많은 고민이 있어야 한다. 특히, 고민을 위해서는 해당 주제에 대한 면밀한 검토가 이루어질 때 가능한 일이다. 한 가지 주제나 사건에 대한 바른 이해가 이루어지기 위해서는 그러한 일들의 과정과 모습이 무엇인지를 알 때, 보다 명확해질 수 있다. 이처럼 한 사건의 내용이나 찾고자 하는 사례에 대한 구체적인 이해가 마련되기 위해서는 장기간의 관찰이 필수적이다. 물론 얼마동안의 현장 모습을 관찰해야 하는지에 대한 기간은 연구의 목적과 특성에 따라 달라질 수는 있다. 하지만 일반적으로 교육학에서는 대략 3개월 정도는 관찰을 해야 글을 정리하여 유의미한 결과를 도출할 수 있다고 언급하였다(김영천, 2006).

그렇다하더라도 연구의 주제나 목적에 따라 이러한 기준은 유동적일 수 있다. 운동장에서 학생들의 모둠편성의 과정에서 일어나는 갈등의 유형을 탐색하기 위해서는 3개월이 아니라 그 보다 짧은 기간 동안만 관찰할 수도 있다. 그러나 체육학이나 교육학과는 달리 인류학의 경우에는 현장에서 오랜 기간 동안 참여관찰을 하는 것이 일반적인 관행으로 1년 또는 그 이상의 기간 동안 참여관찰을 하게 된다.

## 6. 자료수집과 자료분석을 순환성으로 바라보기

자료수집과 자료분석의 순환성은 자료수집과 자료분석이 순서적으로 일어나야만 한다는 것을 의미하지 않는다. 즉 반드시 자료수집이 끝난 후에 자료분석을 해야 하는 것을 의미하지는 않는다. 이는 자료수집이 이루어지는 과정에서 자료분석이 진행될 수도 있다는 의미이다. 자료수집과 자료분석은 두 개의 연구과정이 상호보완적인 관계를 유지하면서 진행되는 것이다. 그렇기 때문에 자료분석이 이루어지면서 자료수집이 제공되기도 한다. 양적 연구에서는 위에서 제시한 상호보완적인 관계의 유지가 허용되지 않는다. 양적 연구에서는 연구자가 자료수집의 단계를 거치고 난 후에 자료분석이라는 다음단계의 과정을 거친다. 특별히 연구가 잘못 이루지지 않는 이상 연구자는 수집한 자료들을 다음단계인 자료분석의 단계로 이행시키게 된다.

또한, 연구자는 다시 자료를 수집하기 위해 연구현장으로 들어가지 않는다. 반면 질적 연구에서는 이 두 개의 단계에 명확한 구분을 두지 않고 자료수집과 자료분석의 단계를 상호 보완적으로 사용하게 된다. 자료분석의 과정에서 연구참여자들의 생각이 분명하지 않을 때에는 다시 현장으로 들어가서 연구참여자들의 모습을 관찰할 수도 있고, 연구참여자들의 이야기나 생각을 다시 들을 수 있다. 이전에 이야기한 연구참여자들의 생각의 깊이를 탐색하기 위해 추가적인 면담을 실행할 수도 있다. 이처럼 질적 연구에서는 자료분석의 과정에서 자료수집이 추가적으로 수집될 수 있는 개연성을 지닌다.

## 7. 연구자와 연구참여자 간의 친밀도 높이기

라포(rapport)는 질적 연구를 수행하는 과정에서 반드시 선행되어야할 연구자와 연구참여자 간의 신뢰관계의 형성이다. 양적 연구와 달리 질적 연구는 내부자적 시각으로 연구참여자를 이해해야하기 때문에 심리적인 공감대의 형성이 무엇보다 중요하다. 즉 질적 연구는 연구자가 연구참여자들의 생각이나 감정을 이끌어야하기 때문에 깊이 있는 공감대가 형성되지 않으면 안 된다. 자신이 상대방에게 마음을 전달할 수 있는 분위기의 관계가 마련되지 않는다면 연구참여자들은 자신의 깊이 있는 내면의 생각을 연구자에게 표출하기는 무척 힘들 것이다.

면담과 참여관찰이 주를 이루는 질적 연구의 경우, 연구자와 연구참여자와의 관계 친밀도가 매우 중요하다. 연구자가 연구참여자들의 생활세계를 이해하고, 그들이 경험하는 삶의 폭과 깊이에 대한 혜안을 넓히기 위해서는 연구참여자들의 삶 속에 가깝게 접근할 수밖에 없다. 이러한 과정에서 연구참여자들과의 친밀도는 연구의 깊이를 더하는 중요한 통로가 된다. 따라서 학교 체육수업에서 일어나는 학생들의 갈등을 탐색하기 위해서는 낯선 사람들에 의한 연구 진행보다는 연구참여자인 학생들과 관계 형성에서 거리감이 멀지 않은 담임교사나 전담교사가 체육수업을 진행하면서 그들의 경험세계를 탐색하는 것이 유용할 수 있다. 만약, 내부자가 아닌 외부자라고 한다면 연구참여자들과 관계 형성을 갖기 위해 많은 노력을 기울여야 한다. 그렇게 할 때만이 연구참여자들과 지속적으로 만나서 듣고, 질문하고, 대답하고, 생각하고, 자극하고, 토론하면서 공감대를 형성할 수 있다. 결국 질적 연구에서 연구참여자에게 제공하는 연구자의 이미지는 연구참여자들의 감정을 공유하고 그들의 이야기를 기꺼이 제공할 수 있는 조력자의 역할로써 중요한 단서가 될 수 있다.

## 8. 서술적 형태의 자료로 표현하기

양적 연구가 일반적인 경향성을 드러내는 데 관심을 기울인다면 질적 연구는 일반적인 경향성이 무엇을 의미하는지에 대한 구체적인 기술을 담당한다고 볼 수 있다. 연구 결과에서 중요하다 또는 차이가 있다는 결과에 대해 중요한 것은 무엇이고, 차이가 있다는 것이 무엇인지에 대해 서술적인 형태를 표현한다는 것이다. 서술적 형태의 자료표현은 연구의 결과가 서술적인 형식의 구조인 글쓰기를 통해 연구의 내용이 표현된다는 것을 의미한다. 질적 연구의 핵심은 연구자가 수집한 자료를 자료분석을 통해 언어로 기술한다는 점이다.

양적 연구에서 일반적으로 사용되는 숫자나 통계 자료에 의한 표현 방법이 아니라, 질적 연구에서는 인간의 경험 세계를 수치로 표현하기보다는 서술적인 형태의 자료로 표현하게 된다. 이처럼 질적 연구는 연구참여자의 세계를 숫자로 감환 시켜 버리는 횟수를 줄이고 일상세계의 경험을 매우 구체적으로 서술하는 특징을 갖고 있다.

서술적 글쓰기의 방법은 최근 들어 다양한 형태의 표현체계로 구현된다. 즉 이야기, 시, 전기, 자서전, 소설적 표현, 여행기적 표현 등이 자유롭게 적용되고 있다. 그렇기 때문에 질적 연구에서 사용되는 연구참여자의 말과 대화가 그대로 인용되기도 한다. 물론 여기에서 인용되는 대화나 말이 연구의 결과는 아니다.

다만, 연구의 결과를 뒷받침하는 하나의 근거자료가 된다. 이러한 결과로 질적 연구는 양적 연구와 달리 학회지 논문이나 학위 논문의 두께가 상당한 차이를 보이는 것을 알 수 있다. 물론 두께가 두꺼운 책이 가치를 더 많이 내포한다고 단정 지을 수는 없지만, 객관적인 측면에서 연구참여자들의 삶을 보다 구체적으로 드러내기 때문에 연구참여자의 생각이나 느낌 또는 경험의 세계를 폭넓게 이해하는 부분에 있어서는 매우 구체적일 수 있다.

## 9. 연구도구로서의 연구자

질적 연구의 핵심은 연구자가 연구도구라는 점이다. 연구도구로서의 연구자는 연구자가 연구의 전반에 걸쳐서 연구에 참여한다. 그렇기 때문에 연구자의 수준에 따라 연구의 가치를 높이기도 하고 낮추기도 할 수 있다는 측면을 간과해서는 안 된다. 이는 질적 연구에서 연구자의 역량이 바로 연구의 질을 결정짓는 중요한 단서가 될 수 있음을 의미한다.

연구자는 자료수집에서부터 자료분석에 이르기까지 전반적인 내용을 정리하게 된다. 그렇기 때문에 연구자는 연구도구로서 양적 연구와는 다른 측면이 있다.

첫째, 연구자는 연구 현장에 직접 들어가서 그곳에서 자료를 수집한다. 이는 양적 연구의 자료수집 방법과 큰 차이가 있다. 양적 연구는 연구자가 자료를 직접 수집하기보다는 중립적인 언어나 조작적 정의들로 구성된 질문지, 검사지 그리고 체크리스트들을 가지고서 자료를 수집한다. 반면에 질적 연구에서는 연구자가 현장에 직접 들어가서 체육수업을 운영하거나 참여관찰과 면담을 통해 자료를 수집하게 된다.

둘째, 질적 연구에서 연구자는 자료분석의 과정에 직접 개입을 하게 된다. 연구자는 수집된 자료들을 심층적으로 읽고, 이해하고, 그 의미를 유추하여 새로운 범주를 찾기 위해 노력한다. 따라서 연구자는 기계적인 해석이나 절차보다는 인간이 보유하고 있는 다양한 탐구의 기술인 분석력, 해석력, 상상력 그리고 창의력 등을 발휘하여 결과를 도출하게 된다. 그렇기 때문에 연구자의 경험세계와 고민의 깊이가 연구의 질을 높이는데 중요한 단서가 될 수 있다.

## 10. 질적 연구가 적합하거나 유용한 경우

양적 연구가 일반적인 경향성을 드러내는 연구라면 질적 연구는 일반적인 경향성 이외에도 왜 그러한 생각을 하게 되었는지, 구체적인 이유는 무엇인지, 학생들이 지니고 있는 내면의 갈등을 깊이 있게 탐색하는 가운데 연구참여자의 모습을 확인할 수 있다는 장점이 있다. 질적 연구는 양적 연구에서 주로 숫자로 표현되는 것보다는 언어에 초점을 둔다. 연구참여자의 생각과 경험을 언어로 풀어서 해석함으로써 각 개개인의 삶의 철학을 확인하는데 도움을 받을 수 있다. 질적 연구가 적합하거나 유용한 경우는 다음과 같다.

첫째, 연구하고자 하는 체육 현상, 대상, 지역에 대한 선행연구나 사전 지식이 전혀 또는 거의 없을 때 활용하면 유용할 수 있다.

둘째, 복잡하고 미묘한 또래집단의 사회적 관계나 상징적 상호작용을 탐구할 때 활용하면 좋다.

셋째, 소집단 또는 소규모 사회의 역동에 관해 국지적이지만 총체적인 연구를 하고자할 때 활용할 필요가 있다.

넷째, 갈등 사건의 맥락, 흐름, 구조에 대한 심층적 분석을 하고자할 때 도움이 된다.

다섯째, 체육수업에서 찾고자 하는 현상 이면에 내재한 가치체계, 신념체계, 행위규칙, 적응전략 등을 파악하는 것이 연구의 주목적일 때 활용할 수 있다.

여섯째, 양적 · 객관적 접근으로 잘 드러나지 않는 갈등구조와 소수집단의 목소리를 중시할 때 활용할 만한 가치가 있다.

# 제2장 연구 계획서를 어떻게 쓸 것인가?

글쓰기는 같이 공명(共鳴)하자고 쓰는 글이기는 하지만 참으로 힘든 작업이 아닐 수 없다. 하지만 글쓰기에 대한 구체적인 방향을 이해하게 된다면 힘든 작업 중에서 일부분은 어느 정도 해소될 수 있다. 질적 연구의 글쓰기도 마찬가지이다. 질적 연구를 소개하는 책들이 시중에 많이 나와 있고, 방법도 다양하게 제시되어 있다. 하지만 질적 연구에서의 글쓰기가 다양하게 제시되어 있기 때문에 어떻게 글쓰기를 해야 하는지의 방향을 설정하기가 쉽지만은 않은 상황이다. 또한, 학자에 따라서는 질적 연구 논문이나 보고서를 위한 체제가 없음을 설명하고, 질적 연구를 보고하는 양식의 다양성은 '무한'하기 때문에 연구 목적과 독자에 따라서 그 양식이 좌우된다는 말까지 나오고 있다.

그러나 광범위한 가이드라인은 연구를 직접 수행해야하는 교사나 석·박사과정의 연구자들에게 명확한 지침이 되지 못하는 경우가 있다. 이 장에서는 반드시 그럴 필요는 없지만 일반적으로 10여 년 동안 스포츠교육학 연구 논문을 쓰는데 토대가 되는 방향을 안내하여 글쓰기에 처음 입문하는 연구자들에게 알맞은 지침을 제공하고, 이를 통해 자신만의 글쓰기를 수행하는데 자신감을 북돋워주고자 한다.

# 제1절 질적 연구에서의 글쓰기[1)]

## 1. 한국스포츠교육학회지 심사규정

한국스포츠교육학회지의 심사규정은 모든 논문의 가이드라인이라고 단정 지을 수는 없지만, 연구 논문이나 보고서를 써서 자신의 글쓰기 내용을 비평하는데 도움이 되는 몇 가지 단서들이 포함되어 있다. 다음의 심사규정은 글쓰기에서 무엇이 추가되어야 하고, 수정되어야 하는지에 대한 지침이 될 것이다.

〈표 2-1〉 한국스포츠교육학회지 심사규정

| 구분 | 심사등급 | | | | | 심사기준 |
|---|---|---|---|---|---|---|
| | 수 | 우 | 미 | 양 | 가 | |
| 1. 연구 주제 및 연구 설계의 독창성(25점) | 25 | 20 | 15 | 10 | 5 | • 주제에 대한 독창성 정도<br>• 설계의 적합성 |
| 2. 연구방법의 적합성(20점) | 20 | 16 | 12 | 8 | 4 | • 진행 절차의 적합성<br>• 도구의 양적 · 질적 타당도 및 신뢰도 |
| 3. 연구결과의 논리성 및 타당성(20점) | 20 | 16 | 12 | 8 | 4 | 연구방법에 따라 수행된 연구 결과의 논리성 및 타당성 정도 |
| 4. 스포츠교육학 분야의 기여정도(25점) | 25 | 20 | 15 | 10 | 5 | 스포츠교육학의 개념적, 이론적, 실천적 확산을 위한 논의 및 제언의 적합성 |
| 5. 국문초록, 영문초록 및 참고문헌 작성(10점) | 10 | 8 | 6 | 4 | 2 | • 초록 작성의 적합성 정도<br>• 참고문헌 작성의 정확성 정도 |
| 6. 중복출판, 부분출판, 표절 여부 | 유 | | 무 | | | 중복출판, 부분출판, 표절 여부<br>(3개 중 1 항목이라도 해당되면 게재불가로 인 |
| 심사점수 | 판정 | | | | | |
| 합계: (       ) | * 게 재 가 | | 90점 이상 | | | (       ) |
| | * 수정 후 게재 | | 80~89점 | | | (       ) |
| | * 수정 후 재심 | | 60~79점 | | | (       ) |
| | * 게 재 불 가 | | 60점미만 | | | (       ) |

1) 질적 연구에서의 글쓰기는 한국스포츠교육학회의 논문 심사규정과 유정애(2004)의 『체육학에서의 질적 연구 논문작성법』 및 고문수(2006)의 박사학위 논문인 『초등학교 게임수업에서 갈등의 원천과 해소』를 토대로 정리한 것이다.

## 2. 주제 선정하기

논문 주제의 선정은 좋은 논문을 쓰는 지름길이다. 논문 주제는 글쓰기의 방향이기 때문에 주제 선정에 대하여 각별히 관심을 가져야 한다. 이러한 노력이 기울어질 때, 좋은 주제를 선정할 수 있고, 글쓰기에 집중할 수 있는 계기가 된다. 다음에 제시하는 내용은 좋은 논문 주제를 선정하는데 꼭 알고 실천해야 할 사항이다.

첫째, 글을 쓰는 연구자의 관심이 어디에 있는지를 명확하게 인식해야 한다.

둘째, 선행 연구 분석을 통해 좋은 주제를 선정해야 한다. 이미 연구된 선행 연구자들의 관심사와 나의 관심사를 비교해 보고 선행연구자들이 그들의 연구에서 수행하지 못한 아쉬움이나 연구해야 할 방향을 진술하고 있는 제언 부분을 면밀히 검토해야 한다.

셋째, 다양한 프로젝트에 참여하여 최근 체육교육의 이슈나 동향을 살펴보아야 한다.

넷째, 국내 · 외 학술대회에 참여하여 많은 연구자들의 발표를 듣고, 궁금한 사항에 대해서도 질문하면서 더 공부해보고 싶은 연구 분야를 탐색해야 한다.

다섯째, 현장에서 학생들을 지도하는 경험도 좋은 논문 주제를 선정하는데 도움이 된다. 학습자들이 무엇을 원하는지, 학습자들에게 좋은 체육수업을 제공하기 위해서 무엇을 해야 하는가와 관련된 고민은 바로 좋은 글을 쓸 수 있는 주제의 선정에 도움이 된다.

여섯째, 자신의 고민과 이야기를 나눌 수 있는 멘토나 전문가를 찾아서 조언을 구하는 것도 좋은 방법이다. 자신이 무엇에 관심이 있는지, 그러한 관심을 글로 표현하기 위해서 어떻게 해야 하는지에 대한 제반 사항들에 대해 도움을 받을 수 있다.

## 3. 제목 정하기

질적 연구에서 제목은 무척 중요하다. 다양한 연구방법이 존재하고, 연구의 방향이 있기 때문에 어떠한 주제를 선정하느냐 하는 것은 논문의 방향을 정할 수 있는 기본 틀이 된다. 연구 논문의 제목을 선정하는데 도움이 될 만한 몇 가지 사항을 살펴보면 다음과 같다.

첫째, 제목은 구체성과 간결성을 지녀야 한다. 논문 제목만을 보았을 때에도 어떤 논문인지를 예측할 수 있어야 한다. 광범위하거나 추상적인 제목은 제목 선정에서 지양해야 한다.

둘째, 제목은 핵심 용어를 사용하여 진술해야 한다. 연구 논문이 어떤 이론과 근거를 바탕으로 구성되어 있는지를 독자에게 알려 주기 위해서 연구 주제나 내용 속에서 핵심으로 등장하는 용어를 선정할 필요가 있다.

셋째, 지나친 전문용어는 금지하는 것이 좋다.

넷째, 가치지향적인 용어보다는 가치중립적인 용어를 사용하도록 한다.

다섯째, 질적 연구의 제목을 정할 때에는 되도록이면 부제를 사용하지 않는 것이 좋다.

여섯째, 질적 연구의 제목에서는 '에 관한 연구'라는 단어의 사용을 지양하도록 한다. 다만, 질적 연구 방법론 자체를 주제로 활용할 경우는 예외일 수는 있다. 예컨대, '생애사연구', '질적 사례연구', '내러티브 연구', '현상학적 연구', '문화기술적 연구' 등의 용어는 사용할 수 있다. 하지만 이러한 용어의 사용도 최근 질적 연구가 일반화되고 있는 시점에서 피하는 것이 좋지 않을까 생각해본다.

다음은 위에서 말한 질적 연구 방법론을 활용한 논문 제목을 보여주는 사례이다.

첫째, 초등학교 여교장의 생애사연구

둘째, 좋은 체육수업에 관한 질적 사례 연구

셋째, 태권도 지도자의 삶에 관한 현상학적 연구

넷째, 초등학생의 뉴스포츠 활동에 관한 내러티브 연구

## 4. 서론쓰기

서론의 글쓰기는 논문의 제목과 마찬가지로 어떤 연구방법론을 사용하든지 간에 공통적으로 포함해야 할 내용이 있다. 즉 연구의 필요성, 연구목적, 연구문제 등을 포함해야한다. 서론을 바르게 전개하여 독자들에게 이해를 높이기 위해서 다음의 절차를 활용하는 것도 좋은 방법이다.

첫째, 연구의 내용에 대한 개략적 소개나 연구논문과 관련된 문제를 제기하는 내용을 포함한다.

둘째, 연구문제 제기에 대하여 선행연구를 검토하는 단계를 거치는 것이 좋다. 그래야 연구문제와 관련하여 어떠한 연구가 진행되었고, 선행연구에서 탐색되지 못한 새로운 부분을 탐색할 수 있는 기회를 얻을 수 있기 때문이다.

셋째, 연구문제 제기와 관련하여 검토된 선행연구의 한계점을 제시하도록 한다. 지금까지 연구문제와 관련하여 선행연구가 어디까지 이루어졌는지, 아직까지 진행되지 못한 부분은 무엇인지 등의 선행연구 관련 내용의 단점을 제시하도록 한다.

넷째, 선행연구의 한계점 제시 후 본 연구가 갖는 교육적 의미에 대하여 독자들에게 본 연구의 중요성을 피력하는 단계로 서론을 마무리하도록 한다.

다만, 연구자는 서론에서 기술하는 연구의 필요성에 들어가는 선행연구의 검토 내용과 이론적 배경에서 다루게 될 선행연구의 차이점을 인식해야 한다. 서론 부분에서는 주로 이론적 배경에서 다루는 연구주제와 관련된 개별연구에 대한 심층적인 검토보다는 연구주제와 관련된 연구동향이나 흐름을 총체적으로 제시하는 것이 좋다(Creswell, 2003). 여기에서 제시되는 선행연구에 대한 참고문헌 제시방식도 개별적으로 제시하는 것보다는 '문단의 끝' 또는 '요약 부분이 끝나는 지점'에 함께 제시해야 한다.

〈논문사례 1〉 초등학교 게임수업에서 갈등의 원천과 해소

갈등이 체육수업과 학생들 주변의 상호작용 과정을 이해하는 부분에서 중요함에도 불구하고, 지금까지는 대부분 유아나 유치원 아동들을 대상으로 한 또래간 힘의 형성 과정(김진영, 1998)과 갈등의 특성에 따른 해결 전략이 연구되었다(김송이, 2001; 김영희, 2000; 박명희, 2000; 박소라, 2001; 엄정례, 1997).

학위 논문에서 연구의 제한점은 연구의 제한점(delimitation)과 한계(limitation)라는 두 가지 방향으로 기술할 수 있다(Creswell, 2003). 연구의 제한점은 연구범위를 규정짓는 성격을 띠게 된다. 주로 특정 현상, 연구참여자와 지역, 연구 설계 등이 이에 해당된다. 반면 연구의 한계는 수행하는 연구가 가지고 있는 단점을 제시하는 성격을 띤다.

## 5. 이론적 배경 진술하기

이론적 배경에서는 연구의 주제 또는 연구의 초점에 따라 선행연구 및 관련 연구의 분석이 개별적이거나 심층적으로 이루어진다. 따라서 이론적 배경의 하위 제목은 연구자가 수행하는 관련 분야의 '주제 중심'으로 제시된다. 그리고 이론적 배경에서는 …관련 선행 연구라는 표현을 피하는 것이 좋다.

## 6. 연구 방법

질적 연구 논문에서 연구자들이 글쓰기를 할 때 가장 소홀히 하는 부분이

'연구 방법'이다. 이 부분에서는 연구 방법과 관련된 내용을 개략적으로 소개하고자 한다.

〈논문사례 2〉

이 장에서는 초등학생이 축구와 피구 게임수업에서 경험하는 갈등 상황과 이에 따른 게임수업에서의 갈등 원천 및 갈등 해소 방안을 규명하기 위해 동원된 연구 방법을 기술하였다. 본 연구자는 연구참여자들의 게임수업을 직접 진행하였으며, 그들의 관점에서 의미를 받아들이고, 그들이 형성하는 사회적 실제를 보다 세밀하게 드러내고자 학교의 체육문화, 연구자의 위치, 연구참여자 배경, 자료수집 및 분석 방법, 자료의 진실성 확보 방안 그리고 연구윤리를 제시하였다.

### 1) 학교의 체육문화

본 연구의 학교 규모는 총 36학급(특수학급 1학급 포함)이며, 학급당 평균 인원은 약 34명으로 주변 학교들과 유사한 경향을 보인다. 체육시설 면에서는 2005년도에 학구가 변경되어 인근에 위치한 초등학교로 학생들을 분리시키면서 유휴 교실공간이 생기게 되어 체력 단련실, 풍물실, 양궁실, 실습조리실, 음악실, 학생 휴게실이외에도 다양한 특기적성을 위한 특별실이 마련되었다.

(후략)

### 2) 연구자의 위치

질적 연구에서는 연구자가 연구 도구로 인식되기 때문에 연구자의 연구 능력과 더불어 주변 상황을 파악하고 해석할 수 있는 연구자 배경이 무엇보다 중요하다. 이를 위해 본 연구자는 이론적 준비과정으로 대학원에서 질적 연구 방법론을 수강하였고, 스포츠교육학을 전공하는 동료 대학원생들과 질적 연구에 관련된 각종 세미나에 지속적으로 참여한바 있다. 그리고 질적 연구방법과 관련된 국내 학술대회에 계속적으로 참여하면서 질적 연구에 대한 이해의 폭을 넓힐 수 있었다. 학교 현장에서는 게임수업에 관심을 가지고 2004년 교실수업 개선 연구발표 대회에 참여한 경험이 있다. 학교 체육수업에서는 게임수업을 진행하면서 어떻게 학생들의 참여를 이끌고, 교육적인 효과를 드러낼 수 있을까에 대해 고민하였다. 예컨대, 게임수업을 할 때마다 학생들에게 좀 더 재미와 흥미를 제공하려고 기구와 용구의 사용과 변형 그리고 학습자 수준에서 가르치기 위해 규칙을 변형하면서 게임수업을 실천해왔다.

(후략)

### 3) 연구참여자

- 연구대상보다는 연구참여자라는 용어를 사용한다.
- 연구참여자의 선정방법과 준거를 명시한다.

질적 연구는 모집단을 소규모로 선정하고, 그 모집단 내의 사례들을 총체적으로 연구하거나 준거적 선택을 통하여 연구사례를 선정하게 된다. 이 글에서는 준거적 선택 방법 중의 하나인 전형적 사례 선택 방법을 채택하였다. 초등학교 현장 체육수업의 모습과 비슷한 전형을 보이는 인천게임초등학교 5학년 6반 학생 33명(남자 18명, 여자 15명)을 연구참여자로 선정하였다.

### 4) 자료수집

자료수집에서 가장 중요한 조사도구는 연구자 자신이다. 이 과정에서 연구자는 연구참여자를 인격체로 존중하고 배우는 자세로 경청해야 한다. 자료수집의 구체적인 방법으로는 참여관찰과 심층면담이 있다.

〈학위논문 사례〉

**① 참여관찰**

참여관찰에서는 관찰 횟수, 관찰 시간, 관찰 장소 등 구체적인 사항을 진술할 필요가 있다. 참여관찰은 연구자가 연구참여자들의 게임수업에 장시간 참여하면서 그들의 활동에서 경험하는 내용과 체육문화를 관찰하여 기록하고 해석하기 위해 실시하였다. 참여관찰은 2005년 3월부터 7월까지 약 5개월간 본 연구자가 담임하고 있는 인천게임초등학교 5학년 6반 학생들의 게임수업을 진행하면서 참여관찰을 수행하였다. 특히, 참여관찰 방법 중 연구참여자와 게임수업의 한 구성원으로서 수업활동에 참여하는 완전한 참여자로서의 참여관찰을 실시하였다.

② 심층면담

심층면담은 질적 연구를 수행하는 대표적인 자료수집 방법 중의 하나이다. 특히, 심층면담은 참여관찰과 함께 질적 연구를 대표하는 자료수집 방법으로 활용된다. 심층면담은 타인에 대한 앎과 이해를 가져오는 데 가장 좋은 방법일 뿐만 아니라 효과적인 방법이기도 하다. 학생들이 무슨 생각을 하는지, 그러한 행동을 왜 하게 되었는지, 그들의 고민이 무엇인지를 깊이 있게 이해할 수 있는 자료이다. 한 교실에서 우두커니 앉자 있는 학생들을 이해하기란 쉽지 않다. 그렇다면 이들을 이해하기 위해서는 어떻게 해야 할까? 그것은 바로 그들에게 다가가서 왜 그러한 행동을 하는지에 대해 물음을 제공할 때 그 답을 찾을 수 있게 된다. 이처럼 타인에 대한 이해의 한 가지 방법인 심층면담은 숫자가 아닌 언어로 한 인간의 삶을 이해할 수 있는 좋은 방법이다.

과거 행동주의의 영향을 받은 실험주의자들에게 한 개인의 삶에 관한 이야기가 앎과 이해의 한 가지 방법으로 중요하지 않다고 생각할지 모르지만 '나'는 무엇보다 중요한 가치를 지닌다고 생각한다. 이는 『초등학교 게임수업에서 갈등의 원천과 해소』라는 연구에서 학생들이 갈등이라는 한 개인의 내면을 깊이 있게 드러내는 과정을 보다 구체적으로 이해할 수 있는 기회가 되었기 때문에 그 중요성을 알게 되었다. 이렇기 때문에 질적 연구에서 면담의 중요성은 크게 부각된다고 볼 수 있다.

반면, 일부 학자들은 다양한 출처의 자료를 모으는 것이 질적 연구의 가장 본질적인 특성 중의 하나라고 주장한다(Patton, 1990). 다만, 본 글에서는 면담 방법만이 질적 연구의 유일한 방법이라는 측면을 부각시키고자 하는 것은 아니다. 그렇기 때문에 한 개인에 대한 정보를 수집할 수 있는 방법이라면 다른 방법들과 면담이 혼용될 수 있는 것이다.

다만, 심층 면담만을 사용하는 질적 연구인 경우에는 제대로 실행할 수만 있다면 연구자가 여러 가지 방법을 혼용하는 과정에서 발생할 수 있는 어려움이나 갈등을 피할 수 있기 때문에 심층 면담이 유일한 통로가 될 수 있다. 왜냐하면 여러 가지 방법을 함께 사용할 때, 각각의 연구 방법이 전제하고 있는 타인의 경험에 대한 이해방식에서 차이가 날 수 있기 때문이다.

나는 다른 사람들의 이야기에 관심이 많다. 그렇기 때문에 그들의 생각을 알아보고, 어떠한 사고방식의 체계를 통해 생활해나가는지가 무엇보다 궁금하다. 면담을 통한 이야기는 한 개인의 삶의 양식을 끌어내는 척도가 될 수 있다. 다만, 심층 면담의 목적은 질문에 대한 답을 얻으려는 것도 아니고, 가설을 검증하려는 것도 아니며, 이 용어가 일반적으로 사용되듯이 '평가'하기 위한 것도 아니다. 심층 면담의 근원은 다른 사람들의 생생한 경험과 그 경험으로부터 만들어 내는 내재적인 의미를 이해하는 것에 있다. 면담은 연구자들로 하여금 자신의 자아를 끊임없이 성찰하도록 요구하며, 우리가 세상의 중심이 아님을 깨닫도록 요구한다.

면담 연구의 핵심은 다른 사람의 이야기에 대한 관심으로부터 시작한다. 그 이유는 한 사람 한 사람 개개인의 이야기가 대단히 가치 있는 것이기 때문이다.

〈학위논문 사례〉

이 글에서는 초등학생이 게임수업의 어떠한 상황에서 갈등을 경험하는지, 갈등 상황에서 드러나는 갈등의 원천은 무엇이며, 초등학생이 게임수업의 갈등 상황에서 사용하는 갈등 해소 방안을 구체적으로 파악하기 위하여 개별 심층면담과 집단 심층면담을 실시하였다. 각각의 심층면담에서는 연구자가 게임수업이 이루어지는 과정에서 궁금한 내용을 작성한 다음 학생들에게 질문하였다. 이

때, 질문의 순서대로 진행하기보다는 연구참여자와 면담 도중 새로운 주제나 관심의 대상이 되는 주제가 나오면 그 내용에 대해 자유롭게 면담하는 방식을 사용하였다.

(중략)

개별 심층면담은 참여관찰 과정에서 궁금한 내용을 학생들이 주로 이용하는 상담실에서 연구참여자와 마주 앉아 1회당 1시간 동안 여섯 모둠의 모둠장에 대해 각각 3회에 걸쳐 실시하였다. 또, 연구를 진행하면서 궁금하거나 필요한 사항에 대해서는 방과 후에 본 연구자의 교실에서 면담에 동의한 학생들을 대상으로 추가적으로 자료를 수집하였다.

### 5) 자료분석

자료수집 이후의 전 과정을 '분석'으로 통칭하지 않고 보다 세밀하게 나눌 경우에 다음의 세 가지 구분법이 있을 수 있다.

첫째, '기술', '분석', '해석'의 삼자를 다 구분하는 방식이다.

둘째, '분석'을 '해석'에 포함시키거나 '해석'을 '분석'에 포함시켜서 '기술'과 구분하는 방식이다. 이 경우에 '분석'과 '해석'은 서로 혼용되지만 '기술'과는 명백히 구분된다.

셋째, 드물기는 하지만 '기술'과 '해석'을 하나의 작업으로 보고, '분석'과 구분하는 방법이다. 그 대표적인 예로 기어츠(Geertz, 1973)를 들 수 있다. 그는 '심층적 기술'을 '해석'과 동일하게 생각하였다.

하지만 나는 월코트의 기술, 분석, 해석에 대한 구분을 더 좋아한다. 그는 기술이 "연구자가 본 것을 독자가 보게(see)하는 일"이라고 한다면, 분석은 "연구자가 안 것을 독자가 알게(know)하는 일"이며, 해석은 "연구자가 이해한 방식으로 독자가 이해하게(understand)하는 일"이라고 구분한다. 또한, 그는 이

세 가지 작업이 서로 다른 사고를 요청한다고 본다. 기술은 "사실을 관찰하고 수집하는 데 치중한" 사고를 요청하는 반면, 분석은 "창안과 상식의 적절한 조화"를 요청하며. 해석은 "자유롭게 그러나 인내심을 가지고 한 문제를 숙고하는" 자세를 요청한다. 물론 기술, 분석, 해석의 질을 평가하는 기준이 서로 다르다. 기술의 질은 내부인의 세계를 얼마나 생생하게 보여주는가에 달려있다.

반면 분석의 질은 분석하는 내용과 형식의 과학적 체계성과 치밀성에 달려 있다. 그리고 해석의 질은 학문적 전통을 공유하는 사람들 사이에서 어느 정도 '그럴듯함'을 인정받는가에 달려있는 것이다. 한마디로 기술이 '그들'의 세계를 중시할 때, 분석은 '그것'의 세계를 중시하고, 해석은 '우리'의 세계를 중시한다. 월코트는 기술, 분석, 해석을 일련의 과정 속에서 이루어지는 상호보완적인 작업이라고 하였다. 분석은 기술을 구조화하고 객관화하는 작업인 동시에 해석에 타당성을 부여하는 작업이라고 할 수 있다. 자료분석을 기술할 때에는 자료분석 방법과 구체적인 분석 과정을 상세히 기술해야 한다.

〈학위논문 사례〉

이 글에서는 축구와 피구 게임에 참여한 초등학생이 어떠한 상황에서 갈등을 경험하고, 갈등 상황에 따른 갈등의 원천 및 게임수업에서의 갈등 해소 방안을 탐색하기 위하여 심층면담, 참여관찰, 연구참여자의 체육일기의 내용을 분석하였다. 즉 심층면담, 참여관찰, 연구참여자의 체육일기 자료를 Spradley(1979)가 제안한 자료분석 방법 중 영역 분석(domain analysis), 분류 분석(taxonomic analysis), 성분 분석(componential analysis)의 절차를 토대로 분석하였다.

질적 연구 방법론에 적합한 용어로 연구의 타당도와 신뢰도 부분을 기술한다.

〈학위논문 사례〉

질적 연구자들은 연구 결과가 새롭고 객관적이어야만 한다고 인정하지 않는다. 다만, 연구자 자신과 독자에 대한 정직만이 연구과정에서 절실히 요구된다고 말한다. 이들은 가끔은 엉성하고 허술한 언어적 묘사가 사상이나 상황에 대해 중요한 단서를 제공하며, 새로운 통찰을 얻게 한다고 믿고 있다. 이러한 측면에서 본 연구자는 게임수업에서 학생들의 생각이나 느낌을 자유스럽게 기술하도록 하면서 맞춤법 외에는 첨삭 없이 기술하였다. 특히, 수업의 과정에서 나타나는 긍정적인 의견뿐만 아니라, 부정적인 의견도 서술하도록 하여 학생들의 상호작용 과정에서 나타나는 현상들을 빠짐없이 기술하는데 관심을 기울였다. 본 연구에서는 수집된 자료의 분석 과정에서 연구자의 주관성을 최소화하고, 연구의 진실성을 확보하기 위한 방안으로 구성원 간 검토(member checking)와 연구 동료의 점검(peer debriefing) 및 다각도 분석(triangulation)을 채택하였다.

구성원 간 검토는 자료를 정확하게 수집하였는지, 수집된 자료를 정확하게 정리하여 분류하거나 해석하였는지를 연구참여자에게 확인하는 것을 의미한다. 본 연구에서 구성원 간 검토는 두 단계로 이루어졌다. 우선 면담을 마치고, 그 면담 내용이 정확하게 이서되었는지를 연구참여자에게 보여주었다. 그런 다음 연구자가 연구참여자의 입장에서 원 자료를 정확하게 코딩하여 주제를 도출하였는지를 물어보는 과정을 거쳐 확인하였다.

연구 동료의 점검은 대학원에서 스포츠교육학을 전공하고, 질적 연구를 여러 해 동안 수행한 경험을 가지고 있는 한국스포츠교육학회 회원들과 비정규적인 모임을 통하여 이루어졌다. 연구자와 동료 연구자는 원 자료의 수집은 물론 자료분석에 이르는 전 과정에 함께 참여하였다. 수집된 자료에 대해 서로의 의견을 교환하고, 편견을 토론하였으며, 자료를 해석하고 해석 방법을 논의하였다. 연구 동료의 점검과 더불어 연구 조언자와의 협의도 병행하였다. 연구 조언자와의 협의는 준비된 정보와 도출된 해석의 내용을 가지고 연구 조언자와 협의하는 것을 의미한다. 본 연구의 조언자는 일반대학원에서 체육 관련 질적 연구를 강의하는 교수와 교육대학교에서 질적 연구를 수행한 경험을 가진 체육과 교수이다. 즉 스포츠교육학을 전공한 두 명의 전문가와 함께 본 연구의 전반적인 과정이나 절차가 적합하였는지, 수집된 자료가 연구문제와 관련하여 타당한지, 코딩하여 주제를 도출하는 과정이 적절하였는지를 점검하였다.

다음으로 다각도 분석을 실시하였다. 다각도 분석의 전제는 첫째, 어떤 사실에 대한 이해는 특정한 한 가지의 방법에 의존하기보다는 여러 가지 방법이나 자료에 의존하였을 때, 그 연구참여자에 대한 탐색과 이해가 보다 정확할 수 있다는데 있다. 둘째, 상이한 두 가지 이상의 방법들이 동일한 현상에 대하여 동일한 결과를 도출하였을 때, 연구자가 내린 연구 결론이 보다 신뢰로울 수 있다는 입장을 지지한다.

이에 본 연구에서는 수집된 자료와 범주화된 자료의 일관성을 확보하기 위하여 여러 자료를 범주화한 후 이를 비교하여 일관성을 확인하였고, 심층면담, 참여관찰, 연구참여자의 체육일기 그리고 문서자료를 이용하는 등 다양한 출처의 자료를 활용하는 자료의 통합을 통하여 연구의 진실성을 높이도록 하였다.

다음은 연구의 윤리 부분을 기술한다.

질적 연구에서 연구윤리는 탈실증주의 연구 패러다임이 대두하면서 연구의 과정에서 보다 중요하게 강조되는 주제이다. 질적 연구자들은 기존의 실증주의 연구 패러다임에서 연구윤리가 상대적으로 연구자들에게 중요한 것으로 인식되지 못하였고, 실행되지 못했다는 점을 비판하면서 새로운 연구윤리 문화의 증진을 위하여 연구윤리의 문제를 심도 있게 다루고 있다(김영천, 2006).

(중략)

게임수업 연구에 동의한 연구참여자의 자료에 대해 비밀을 유지하려고 노력하였다. 비밀유지는 연구참여자의 모든 신상명세 내용이 비밀스럽게 보관되어야 하며 외부인에게 제공되어서는 안 된다는 것을 의미한다(김영천, 2006). 연구자는 연구참여자의 체육일기와 인용된 내용을 삽입하는 부분에서 연구참여자의 신변정보를 담고 있는 질적 자료가 타인에게 노출되지 않도록 비밀을 보호하기 위해 익명을 사용하였다. 자료수집 과정에서 얻게 된 모든 자료는 임의로 수정하지 않으면서 원 자료를 그대로 보존하였다. 다만, 심층면담에서 수집한 자료의 내용 중에서 '중복적인 표현'과 '명확하지 않은 의미 표현' 내용을 인용문으로 채택하는 과정에서는 의미와 형식이 훼손되지 않는 범위 내에서 표현된 어휘들을 일부 수정하였다.

## 7. 연구 결과의 진술

질적 연구 논문의 형식을 다음의 사항에 비추어 수정 · 보완해 간다면 연구 논문의 내용도 발전될 수 있을 것이다.

### 1) 연구 결과 진술 방법

① 주제적 서술을 먼저 한 후 각 주제를 명료화하거나 예시를 제시하기 위해 전사내용을 발췌하여 사용한다. 그리고 분석 부분을 별도로 만들어 그곳에서 참고 문헌의 결과와 관련된 논의를 한다(유정애, 2004; 장연집, 2000).

② 연구 결과에서는 주제 또는 하위 주제와 범주를 중심으로 다양한 면담 인용문, 관찰 내용, 문서 분석 자료 등이 함께 제시된다.

③ 도출된 주제들은 서론에서 제시된 연구 문제의 순서대로 제시하는 것이 바람직하다.

④ 연구 결과의 기본 구조

주제 A

·하위주제 a

연구자의 해석 ①

면담(또는 관찰) 내용 ⓐ

연구자의 해석 ②

면담(또는 관찰) 내용 ⓑ

하위주제 b

하위주제 c

주제 B

(1) 주제

각 주제는 질적 연구의 속성을 담고 있어야 한다. 즉 서사적, 수사적, 시적, 예술적, 표현적 등

〈학술논문의 사례 1〉

① 코치유형

② 코치의 자질과 특성

③ 코치의 중요한 다섯 가지 자질과 특성

④ 좋은 성적을 낸 시합에서의 원인

⑤ 저조한 시합 성적의 원인

⑥ 우수한 지도자가 되기 위해서는 우수한 선수출신이어야 하는가?

〈학술논문의 사례 2〉

① 학교 체육에서 대한 인식 내용

–수업내용

–체육교과서

–이상적인 수업

② 학교 체육에 영향을 미치는 요인

–체육시설

–수업환경

–입시제도

–성별차이

–대중매체

–부모영향

다음 학술 사례는 앞의 논문들과는 달리 질적 연구 방법론의 특징을 효과적으로 살린 주제들이다(류태호, 2000).

- 체육교사로서의 직업정체성 형성과정(2): 역동적 정체성

첫 번째 학교: 의식 전환을 통한 정체성의 인식

① 적응: 탐색 그리고 부정

② 새로운 만남: 긍정과 부정 사이에서 갈등

③ 체육교육 새로 보기

④ 현실에 대한 판정패: 새로 보기의 좌절과 새 생명의 탄생

두 번째 학교: 실천을 통한 정체성 모색

① 체육교사준비모임의 창립: 실천의 장으로

② 입시현장의 체육교사: 피할 수 없는 현실

③ 정이 있는 학교 신나는 수업: 학생들에 대한 신뢰

- 각 주제는 상호 배타적이어야 한다.

① 코치유형

② 코치의 자질과 특성

③ 코치의 중요한 5가지 자질과 특성

④ 좋은 성적을 낸 시합에서의 원인

⑤ 저조한 시합 성적의 원인

⑥ 우수한 지도자가 되기 위해서는 우수한 선수출신이어야 하는가?

만약 ②와 ③처럼 의미가 중복된다면 '도출된 주제'에 대한 재분석 과정

이 필수적으로 요구된다.

- 주제의 수가 적정해야 한다.

① 학교 체육에 대한 인식 내용

—수업내용

—체육교과서

—이상적인 수업

② 학교 체육에 영향을 미치는 요인

—체육시설

—수업환경

—입시제도

—성별차이

—대중매체

—부모영향

(2) 인용문

- 유사한 인용문을 반복적으로 제시하지 않는다.

예컨대, 의미가 유사한 많은 인용문 중에서 가장 함축적으로 생생하게 의미를 내포하고 있는 사례를 한 가지 선택하여 제시해야 한다. 간혹 선택된 사례가 연구자의 해석을 맞춤복처럼 딱 맞춰 주지 못하고 기성복처럼 어딘가 아쉽거나 부족한 부분이 느껴진다면, 유사한 인용문 사례 중에서 앞서 선택한 사례를 보충할 수 있는 두 번째 인용 사례를 선택할 수 있다.

- 인용문의 정보를 일관성 있게 제시한다.

연구논문에 따라 다르지만 면담자의 정보를 본문 안에서 제시하는 경우도 있고, 인용문과 함께 인용문의 끝 부분에 제시하는 경우도 있다.

- 인용문의 면담 내용은 필요한 경우 수정하고 보완할 수 있다.

면담 내용의 의미와 형식이 훼손되지 않도록 유의하면서 표현 어휘들을 수정할 수 있다.

면담 내용의 의미를 독자에게 명확하게 제시할 필요가 있는, '〔 〕' 라는 표시를 인용문 중에 넣어 표시할 수 있다.

예시) 어떤 학급은 〔음악적〕도구 〔또는 소품〕을 다른 학급보다도 더 화려하게 사용해요.

(3) 해석

① 실험 설계나 조사 연구를 통한 양적 연구에서는 일반적으로 통계 결과표에 기초하여 통계적으로 유의미한 차이 여부를 진술하고, 더불어 차이 여부에 따른 연구자의 학문적인 해석이 들어간다.

② 어느 논문에서는 통계 분석 결과표에 나타나 있는 통계 수치를 그대로 언어화하여 풀어 헤치는 경우도 있고, 어느 논문에서는 이 수준을 훨씬 뛰어 넘어 통계 수치에 심층적인 의미를 부여하는 경우도 있다.

③ 질적 연구에서는 연구자의 해석을 '인용문의 요약'이 아닌 심층기술로 이루어져야 한다. 무엇보다 인용문 속에 담겨진 의미를 끌어내어 창조적으로 재구성해야 한다.

- 해석부분에 그림, 표, 사진 등을 활용할 수 있다.

주로 질적 연구 방법론에서 현상학 연구, 생애사연구, 근거이론 연구를 활용한 논문에서 많이 나타나고 있다. 최근에는 체육학에서도 이와 같은 시도가 점차 확대되고 있는 상황이다.

(논문 예시 1)

피구 게임에서도 남학생과 여학생 모두 공을 던지기 위한 유리한 공간으로의 이동과 공만을 잡아서 건네주는 주변적 위치의 역할을 놓고 갈등하였다. 대부분 학생들은 공을 던져서 상대방을 맞추는 것을 좋아하지, 다른 학생들에게

[그림 2-1] 유리한 공간 위치

패스하거나 공을 주워오는 주변적인 역할에 흥미를 갖고 있지 않았다.

(논문 예시 2)

게임수업에서 학생들은 명확하지 않은 규칙이 적용되는 과정에서 남녀 모두 우기기의 방법을 통해 게임에서 나타나는 갈등에 대응하였고, 그 과정에서 다른 모둠원들과의 갈등이 빚어졌다. 내용의 특성상 명확하지 않은 규칙은 명확하게 구분되어지는 것이 아니기 때문에 자신의 잘못이나 실수를 감추어도 괜찮을 것이라는 의식이 형성된 듯 보였다. 학생들은 게임의 과정에서 '우기기'라는 설득할 수 없는 방법을 사용하면서 갈등을 줄이지 못하고 오히려 문제를 키워나갔다. 그 결과, 교사가 중재하게 되었고, 이러한 중재가 게임에서 나타나는 갈등을 줄이는 도구 중의 하나로 작용한 부분도 많았다.

[그림 2-2] 명확하지 않은 규칙에 대한 의견 대립

## 8. 논의하기

연구논문의 핵심은 논의의 과정에서 깊이를 더한다. 한편의 논문이 얼마나 깊이가 있느냐하는 것은 바로 논의에서 결정된다. 논의는 일반적으로 연구 결과의 분석과 해석이 통합된 형태로 나타난다. 특히, 이 과정에서 연구자는 독자와 공유하고자 하는 내용을 통합적으로 의미 있게 전달해야 한다. 논의는 연구 결과의 주제를 그대로 하여 선행연구와의 관계 속에서 분석하는 것보다는 주제 중심으로 재구성하여 분석과 해석을 동시에 진행해야 연구의 깊이를 드러낼 수 있다.

### 1) 논의의 구성

일반적으로 질적 연구 논문은 결론 부분을 포함하지 않는 경우가 많다. 오히려 논의로 종결하는 경우와 '논의'와 '시사점' 또는 '논의 및 시사점', '요약 및 시사점' 등의 형태로 끝맺는 경우가 많다.

일반적으로 질적 연구에서 논의는 다음과 같은 네 가지의 구성 요소를 포함한다.

① 연구 결과의 요약
② 연구 결과에 대한 분석과 해석
③ 연구의 시사점
④ 제언 등으로 구성된다.

이처럼 위에서 제시한 네 가지의 구성 요소의 포함 여부에 따라 논의 부분의 제시 방식이 달라질 수 있다. 어떤 형태를 취하든지 좋은 논문을 쓰는데 도움이 된다면 다양한 방식으로 마무리 하는 것이 좋을 것이다.

### 2) 논의의 진술

논의는 한편의 논문의 질을 결정하는 중요한 부분인 만큼 연구자는 심혈을 기울여 작성해야 한다. 연구자들이 논의 부분을 잘 쓰기 위해서는 다음의 사항을 준수해야 한다.

첫째, 연구 결과에서 제시한 주제를 중심으로 독자와 공유하고자 하는 내용을 통합적으로 의미 있게 전달해야 한다.

둘째, 논의는 연구 결과의 요약과 해석이 통합되도록 기술해야 한다. 이때 두 가지 방식으로 전개할 수 있다. 하나는 연구 주제와 직·간접적으로 관련된 선행연구와의 비교 분석을 바탕으로 논의를 전개하는 방식이다. 다른 하나는 연구자가 선행연구와 비교 검토하면서 글을 전개할 때 동일한 결과와 그렇지 않는 결과가 어떻게 도출되었고, 그 원인은 무엇인지, 어떻게 해석할 수 있는지를 연구자의 관점에서 심층적으로 분석하는 방식이다.

셋째, 논의 부분의 시사점은 수행한 연구 결과가 해당 분야 또는 관련 분야에서 어떻게 적용될 수 있는지를 기술하는 방식이다. 이때 시사점은 연구 주제와 관련된 이론적인 측면보다는 실제적인 측면을 중심으로 기술해야 한다.

넷째, 논의의 구성 요소 중의 하나인 제언을 진술할 때에는 수행한 연구 결과를 바탕으로 새로운 탐구나 연구문제를 제시함으로써 후속 연구의 방향을 제시할 수 있다. 또한, 수행된 연구의 방법론에 대한 제한점을 인정하면서 이를 보완하기 위한 방향을 제시할 수도 있다.

다섯째, 논의의 진술 과정에서 연구 결과를 해석할 때에는 인용문들의 요약이나 재진술이 아닌 심층 기술로 이루어져야한다. 인용문(면담 내용, 수업 일지, 연구참여자의 일기, 문서 자료)은 연구자의 해석을 뒷받침하기 위한 보조 자료이지 인용문 그 자체가 질적 연구의 결과가 아님을 명확히 이해하고 있어야 한다.

# 제3장
# 자료의 수집

자료는 해당 연구를 수행하는데 꼭 필요한 요소이다. 질적 연구에서 아무리 좋은 연구 결과도 자료가 없으면 유명무실할 수밖에 없다. 특히, 질적 연구를 수행하는 연구자나 교사연구자들에게 참여관찰과 심층면담의 자료들은 연구의 결과를 보다 상세하게 드러내는 중요한 도구가 된다. 연구참여자들의 모습을 확인하기 위해서는 참여관찰이 있어야 하고, 연구참여자들의 내면을 깊이 있게 탐색하기 위해서는 심층면담을 해야 한다.

## 제1절 참여관찰

질적 연구에서 대표적인 자료수집 방법 중의 하나가 참여관찰이다. 참여관찰은 연구자가 연구하고자 하는 장소나 학생들의 활동 모습을 탐색하기 위해 현장에 들어가서 연구참여자의 모습을 관찰하여 연구하는 하나의 방법으로 활용된다. 참여관찰은 연구참여자의 모습을 확인하고 그들이 무엇을 경험하는지를 탐색하는데 유용하게 활용될 수 있다. 또한, 연구참여자의 주변상황에 치중하여 내부적인 현장, 상호작용, 관계, 행위, 사건 등의 측면을 체계적으로 관찰하여 자료를 창출해내는 방법을 총체적으로 일컫는다.

참여관찰은 작은 공동체, 비공식집단, 소규모 모임 등의 연구에 전형적으로 사용된다. 이 연구기법은 참여자와 정보제공자(관찰대상에 대한 세밀한 해석을 제공하는 선택된 개인들)와의 비공식적인 면담을 포함한다. 예컨대, 연구대상의 활동에 연구자가 참여하고 그 속에서 집단생활의 주요 사건, 행동을 관찰하는 것을 의미한다.

관찰연구에서 중요한 것은 연구대상자와 처음에 협조를 얻는 것과 연구자가 그 대상자들과 친밀한 관계를 형성시키는 것이다. 때로는 연구자의 역할이 완전히 감추어지는 경우도 있지만, 연구자의 목적은 일반적으로 공개되고 연구대상에 적합한 인간관계로 발전하게 된다. 일단 관찰영역에 들어가면, 연구자는 연구대상의 관찰과 지속적인 참여를 가능케 하는 역할들을 발전시켜야 한다. 자료는 광범위한 범위로 기록 · 설명되는 다양한 형태로 정리된다. 이 유형의 연구는 양적이기보다는 질적인 형태를 취한다.

## 1. 참여관찰의 목적

인류학에서는 참여관찰을 주된 연구방법으로 활용하였다. 이후 교육학에서 참여관찰이 활용되면서 학교문화에 대한 연구, 교사의 수업행동에 관한 연구, 관리자의 직무수행에 관한 연구, 교사의 수업행동 연구, 학교의 체육수업에 관한 문화 연구 그리고 비판적인 연구들이 새로운 전통을 구성하게 되었다. 물론 참여관찰이라는 단어에는 모순점이 있다. 참여는 연구자의 감정적 관여를 포함한다.

반면 관찰은 객관성을 유지한다는 점에서 이 용어에는 두 가지 가치가 내포되어 있다. 그렇기 때문에 연구자는 단순히 연구참여자의 현장에 단순히 머물기만 하는 것은 아니다. 왜냐하면 연구자는 연구참여자가 소속된 현장에 들어가 감정적 관여를 할 수 있기 때문이다. 따라서 참여관찰은 연구 상황에 대한 구체적인 가르침을 제공하며 연구참여자들도 잘 알지 못하는 일상적인 내용들에 대한 관심의 깊이를 드러낸다. 이 과정을 통해 연구자는 참여관찰을 통해 연구참여자들의 다양한 생활양식과 감정 및 신념의 특성을 밝힐 수 있다.

연구자는 연구하고자 하는 장소나 환경에 대한 문화를 바르게 이해하기 위해 장시간동안 그곳에 머무르면서 다양한 현상을 연구하게 된다. 연구자가 참여관찰을 통해 새로운 사실을 탐구하는 상황은 다음과 같다.

첫째, 연구자가 관심 있는 체육 현상에 대하여 지금까지 알려진 사실이나 내용이 부족할 때 활용가능하다.

둘째, 체육 교육현장의 상황, 활동 그리고 교육적 의미나 가치를 기술하고자 할 때 활용된다.

셋째, 연구참여자가 이야기하지 않는 체육관련 사건들을 직접적으로 이해할 필요가 있을 때 활용된다.

넷째, 연구참여자가 심층면담을 하는 과정에 진실보다는 거짓을 이야기하는 경우에 참여관찰을 활용하면 유용하다.

다섯째, 연구참여자가 자신의 일상적인 삶의 과정이 어떤 특징이 있는지를 설명하지 못할 때 활용된다.

여섯째, 외부자와 내부자 사이의 견해가 상이한 모습을 보일 때 활용할 수 있다.

일곱째, 체육 현상에 대하여 일반인들이 잘 모르는 경우나 연구참여자들의 삶을 구체적으로 표출할 필요가 있는 연구문제의 경우에 활용된다.

## 2. 참여관찰의 상호작용에 따른 구분

연구자는 참여관찰에서 상호작용의 정도를 알고 있을 때 질적 연구를 깊이 있게 연구할 수 있다. 참여관찰에서 연구자와 연구참여자간의 상호작용은 연구의 방향과 깊이를 결정하는 중요한 척도가 된다. 무엇보다 연구자가 연구하는 현장과 어느 정도 상호작용을 하는 가에 따라 다음과 같이 구분할 수 있다(김영천, 2006에서 재인용).

### 1) 비참여관찰

비참여관찰은 연구자가 연구참여자와의 상호작용 없이 기타 자료들을 통하여 관찰하는 것을 의미한다. 즉 소설이나 일기 또는 시문 등을 통해 연구참여자에 대하여 연구를 한다. 따라서 비참여에 의한 관찰은 초기자료의 진실성 여부가 무엇보다 중요하다고 할 수 있다. 다른 연구들도 마찬가지이지만 특히, 비참여관찰을 통한 자료 수집은 직접적으로 연구현장을 보지 않기 때문에 연구자의 분석력이 무엇보다 중요하다고 볼 수 있다.

### 2) 완전한 관찰자로서의 참여관찰

완전한 관찰자로서의 참여관찰 연구자로서 연구참여자와의 상호작용이나 만남이 완전하게 배제된 형태의 관찰을 의미한다. 말 그대로 주어진 교육현장에서 일어나는 활동들을 객관적인 시각에서 그대로 관찰만하기 때문에 연구참여자들은 외부에서 자신들을 보고 있다는 부담감을 느끼지 않는다는 것이 장점이다. 예컨대, 연구자는 실험현장에 부착된 거울을 통하여 실험실 안의 연구참여자의 행동을 어떠한 관여 없이 관찰할 수 있다. 이 과정에서 연구자는 연구참여자들의 행동이나 태도를 가감 없이 관찰할 수 있다.

### 3) 참여자로서의 참여관찰

이 과정에서는 연구자가 연구참여자에게 연구의 목적을 이야기하고 참여관찰을 하게 된다. 하지만 현장에 많이 머무르지 않으며 제한적인 형태의 관찰만을 시도한다. 연구현장에 한 번 정도의 관찰 또는 면담을 하는 형태의 관찰을 말한다. 만남은 매우 단순하고 형식적으로 이루어진다. 그렇기 때문에 연구참여자와 라포를 형성하거나 계속적인 관계를 유지하려는 욕구는 거의 나타나지 않는다. 그렇기 때문에 내부자적 관점을 획득하기가 어렵다.

#### 4) 관찰자로서 참여관찰

연구자는 연구참여자에게 자신의 존재를 알리고 현장에 들어가게 된다. 연구의 진행은 현장에 들어가서 연구참여자나 제보자와의 관계를 형성해나가면서 이루어진다. 그렇기 때문에 중도적인 측면에서의 참여가 이루어진다. 완전한 참여자로서의 참여관찰과 다른 점은 연구의 목적을 연구참여자에게 알린다는 점이다. 연구자는 연구 장소에 있지만 연구참여자들과 적극적으로 상호작용하면서 참여하지는 않는다.

#### 5) 완전한 참여자로서 참여관찰

연구자는 연구대상이나 연구세계의 구성원으로서 살아가면서 연구를 하게 된다. 내부자의 역할을 가지면서 그들과 생활해나간다. 이 경우 자신의 신분을 밝히고 참여자가 되거나 아니면 연구자가 자신의 신분을 속이거나 은폐하고 현장에 접근하는 것을 의미한다. 연구자가 신분을 속이는 경우 나중에 윤리적인 문제가 발생할 수 있음을 유념해야 한다. 연구자는 자유롭게 녹음을 하거나 관찰일지를 작성하기는 어렵지만 연구참여자들이 연구자의 존재를 인식하지 못한다는 점에서 사회세계의 숨겨진 단면을 있는 그대로 관찰할 수 있는 장점이 있다.

#### 6) 학위논문으로 살펴본 참여관찰 방법

이 내용은 고문수(2006)의 연구인 『초등학교 게임수업에서 갈등의 원천과 해소』에 제시된 참여관찰의 일부분이다. 참여관찰은 연구자가 연구참여자들의 게임수업에 장시간 참여하면서 그들의 활동에서 경험하는 내용과 체육문화를 관찰하여 기록하고 해석하기 위해 실시하였다. 참여관찰은 2005년 3월부터 7월까지 약 5개월간 본 연구자가 담임하고 있는 인천게임초등학교 5학년 6반 학생들의 게임수업을 진행하면서 참여관찰을 수행하였다. 특히, 참여관찰 방법 중 연구참여자와 게임수업의 한 구성원으로서 수업활동에 참여하는 완전한 참여자로서의 참여관찰을 실시하였다. 본 연구자는 게임수업을 직접 진행하면서 초등학생이 게임수업에서 보이는 갈등 상황과 직면한 갈등의 문제를 해결해 나가는 세부적인 사항들을 살펴보았고, 모둠내 또는 모둠원간의 상호작용을 토대로 게임 활동에 참여하는 학생들의 행동과 태도를 구체적으로 이해할 수 있다.

그리고 수업시간을 조정하여 게임수업을 진행해나갔기 때문에 연구참여자들의 게임 활동 공간을 충분히 확보하였다. 예컨대, 초등학교 교육과정 운영을 보면 체육수업 시수가 주당 3시간으로 배정되어 있다. 그러나 학교행사나 운동회 시간으로 대체되기도 하고, 학교 특성상 운동장에 3~4학급이 동시에 나와서 수업을 하다보면 서로 뒤엉키거나 공간을 확보하지 못해 게임수업이 제대로 이루어지지 않는 점을 감안하여 다른 학급이나 학년의 수업이 이루어지지 않는 1·2교시로 수업시간을 조정하여 게임을 진행하였다. 이렇게 체육수업을 배정한 이유는 대부분 교사들이 편의를 위하여 임의적으로 체육수업을 오전 수업이 있는 날은 4교시에 진행하고, 6교시 수업이 있는 날은 5·6교시에 체육수업을 진행하는 경향 때문에 이 시간에 수업이 중복되지 않도록 하기 위함이었다. 특히, 게임의 지속성을 유지하기 위해 두 시간을 연속으로 편성하여 매주 수요일 1·2교시에 게임수업을 하였다. 1·2교시의 체육수업은 넓은 활동 공간으로 인해 학생들의 상호작용을 집중적으로 관찰하는데 용이한 이점이 있었다.

참여관찰은 수업을 하면서 학생들의 행동이나 장면에서 중요하다고 생각되는 내용과 게임수업이 전개되는 과정에 대한 전체적인 느낌을 기록하게 된다. 게임수업 중이나 게임수업 직후에 연구자가 직접 듣고, 관찰한 학생들의 일반적인 모습과 특이 사항을 기록하였으며, 자료를 분석하는 과정에서 발견되는 궁금한 사항을 확인하는데 필요한 추가 자료의 수집을 위해 수시로 참여관찰을 하면서 면담을 병행하였다.

이 연구에서의 주된 관찰내용은 연구참여자들의 게임수업 참여 이전 및 이후의 모습과 게임수업의 참여과정에 대한 내용이 포함되었다. 첫 번째 측면은 연구참여자들이 게임수업에 참여하기 이전 5분과 게임수업이 끝난 이후 5분의 모습을 중심으로 진행되었다. 게임수업이 시작되기 이전의 5분 동안 연구참여자들이 행동하는 모습이 게임수업에 어떠한 영향을 제공하는지와 게임수업이 끝난 후 5분 동안의 행동을 관찰함으로써 학생들의 게임에 대한 참여 인식과 태도의 모습을 확인하였다.

두 번째 측면은 연구참여자들의 게임 참여과정을 중심으로 이루어졌다. 구

〈표 3-1〉 참여관찰 일지

| 연구자 : 고문수 | | 연구참여자 : 5학년 6반 33명(남:18, 여:15) |
|---|---|---|
| 장 소 : 인천게임초등학교 운동장 | | 날 짜 : 2005년 4월 6일(수요일) |
| 수업내용 : 술래를 피해서 공 전달하기 | | 수업시간 : 09:05~09:45(관찰시간 : 09:00~09:50) |
| 관찰시간 | 관찰내용 | 비고 |
| 09:00 | 축구 골대 앞에서 네 명의 학생들이 패스를 하고 있다. 한 학생이 공을 세게 차는 바람에 공이 멀리 굴러가고 있다. | 게임수업 이전의 모습 |
| 09:05 | 1교시 수업이 시작되자 학생들은 교사 주변으로 모인다. 동그랗게 둘러서서 늘 해왔던 것처럼 몸의 관절을 풀어주는 준비운동을 한 다음 두 명씩 짝이 되어 서로서로 상대방의 등을 두들기고 있다. | 게임수업 참여과정 |
| 09:09 | 교사는 학생들에게 학습할 내용의 그림 자료를 보여주면서 소개하고 나서 학생들과 공 주고받기에 대해 이야기를 나눈다. 이후에 학생들은 모둠별 코너로 가서 한 명이 술래가 되고, 나머지 4-5명은 술래를 피해 서로에게 공을 패스하면서 게임에 참여하고 있다. | |
| 09:15 | 1모둠의 준혁이는 술래인 가영이에게 공을 뺏기지 않기 위해 옆에 있는 예지와 앞쪽에 서 있는 준영이에게 위치를 제대로 잡으라고 소리친다. 처음에 예지는 무슨 말인지 몰라 어리둥절해하고 있는 반면, 준영이는 준혁이가 술래를 피해 공을 건네줄 수 있도록 옆으로 움직이고 있다. 술래인 가영이는 모둠의 학생들이 빠르게 패스를 하고 있기 때문에 계속해서 술래로 있으면서 이리저리 뛰어다닌다. | |
| | 하략 | |
| 09:47 | 게임수업이 끝나고, 이어지는 2교시의 체육수업 전인 쉬는 시간에 중수와 승현이는 패스연습을 하고 있다. 중수가 인사이드킥으로 보내면 승현이는 논스톱으로 다시 차서 중수에게 보낸다. | 게임수업 이후의 모습 |
| 전체 느낌 : 학생들은 처음에 게임수업에 대한 경험이 적었기 때문에 활동과정에서 당황하는 모습을 보이게 되었다. 그러나 게임이 진행되면서 학생들은 서로에게 규칙을 설명해주는 모습이 나타났고, 교사의 이야기에 귀 기울여 들으면서 게임에 참여하였다. | | |

체적으로 연구참여자들이 게임에서 경험하는 내용, 그 과정에서 나타나는 갈등, 갈등의 해소 방법, 교사와 학생 및 학생들 사이의 상호작용 그리고 연구의 목적과 관련된 그 밖의 내용에 관한 자료를 수집하기 위하여 게임수업의 활동 모습을 관찰하였다.

참여관찰을 통해서 얻은 자료는 참여관찰 기록지에 자세히 기록하여 자료분석과 해석의 자료로 활용하였다. 그리고 참여관찰을 실시하는 동안 중요한 내용을 메모하였다가 관찰이 끝난 직후 누락된 내용을 삽입하여 정리하였다. 본 연구에서 사용한 참여관찰 일지는 〈표 3-1〉과 같다.

## 제2절 심층면담

심층면담은 질적 연구를 수행하는 대표적인 연구방법 중의 하나이다. 참여관찰 방법과 함께 질적 연구를 대표하는 연구방법으로 활용된다. 특히, 심층면담은 타인에 대한 앎과 이해를 가져오는 데 가장 좋은 방법일 뿐만 아니라 효과적인 방법이기도 하다. 학생들이 무슨 생각을 하는지, 그러한 행동을 왜 하게 되었는지, 그들의 고민이 무엇인지를 깊이 있게 탐색할 수 있다. 한 교실이나 운동장에서 우두커니 앉자 있거나 서 있는 학생들을 이해하기란 쉽지 않다. 그렇다면 이들을 이해하기 위해서는 어떻게 해야 할까? 그것은 바로 그들에게 다가가서 왜 그러한 행동을 하는지 물음을 제공할 때 그 답을 찾을 수 있다. 이처럼 타인에 대한 이해의 한 가지 방법인 심층면담은 숫자가 아닌 언어로 한 인간의 삶을 이해할 수 있는 좋은 방법이다.

과거 행동주의의 영향을 받은 실험주의자들에게 한 개인의 삶에 관한 이야기가 앎과 이해의 한 가지 방법으로 중요하지 않다고 생각할지 모르지만 '나'는 무엇보다 중요한 가치를 지닌다고 생각한다. 이는 『초등학교 게임수업에서 갈등의 원천과 해소』라는 연구에서 학생들이 갈등이라는 한 개인의 내면을 깊이 있게 드러내는 과정을 이해할 수 있는 기회가 되었기 때문에 그 중요성을 알게 되었다.

이렇기 때문에 질적 연구에서 면담의 중요성은 크게 부각된다고 볼 수 있다.

반면, 일부 학자들은 다양한 출처의 자료를 모으는 것이 질적 연구의 가장 본질적인 특성 중의 하나라고 주장한다(Patton, 1990). 다만, 본 글에서는 면담 방법만이 질적 연구의 유일한 방법이라는 측면을 부각시키고자 하는 것은 아니다. 그렇기 때문에 한 개인에 대한 정보를 수집할 수 있는 방법이라면 다른 방법들도 혼용될 수 있는 것이다.

다만, 심층 면담만을 사용하는 질적 연구인 경우에는 제대로 실행할 수만 있다면 연구자가 여러 가지 방법 혼용하는 과정에서 발생할 수 있는 어려움이나 갈등을 피할 수 있기 때문에 심층 면담이 유일한 통로가 될 수 있다. 왜냐하면 여러 가지 방법을 함께 사용할 때, 각각의 연구 방법이 전제하고 있는 타인의 경험에 대한 이해방식에서 차이를 보일 수 있기 때문이다.

## 1. 면담의 목적은 무엇인가?

나는 다른 사람들의 이야기에 관심이 많다. 그렇기 때눈에 그들의 생각을 알아보고, 어떠한 사고방식의 체계를 통해 생활해나가고 있는가가 무엇보다 궁금하다. 면담을 통한 이야기는 한 개인의 삶의 양식을 끌어내는 척도로 볼 수 있다. 다만, 심층 면담의 목적은 질문에 대한 답을 얻으려는 것도 아니고, 가설을 검증하려는 것도 아니며, 이 용어가 일반적으로 사용되듯이 '평가'하기 위한 것도 아니다.

심층 면담의 근원은 다른 사람들의 생생한 경험과 그 경험으로부터 만들어 내는 의미를 이해하는 것에 있다. 면담은 연구자들로 하여금 자신의 자아를 끊임없이 성찰하도록 요구하며, 우리가 세상의 중심이 아님을 깨닫도록 한다. 이는 연구자의 행동이 다른 사람들의 이야기를 중요하게 생각하고 있음을 나타내 보이도록 한다. 면담 연구의 핵심은 다른 사람의 이야기에 대한 관심으로부터 시작한다. 그 이유는 한 사람 한 사람 개개인의 이야기가 대단히 가치 있는 것이기 때문이다.

## 2. 학위논문으로 살펴본 심층면담

이 내용은 고문수(2006)가 『초등학교 게임수업에서 갈등의 원천과 해소』라는 연구에서 제시한 심층면담 자료의 일부분이다. 위 연구는 초등학생이 게임수업의 어떠한 상황에서 갈등을 경험하는지, 갈등 상황에서 드러나는 갈등의 원천은 무엇이며, 초등학생이 게임수업의 갈등 상황에서 사용하는 갈등 해소 방안을 구체적으로 파악하기 위하여 개별 심층면담과 집단 심층면담을 실시하였다. 각각의 심층면담에서는 연구자가 게임수업이 이루어지는 과정에서 궁금한 내용을 작성한 다음 학생들에게 질문하였다. 이때, 질문의 순서대로 진행하기보다는 연구참여자와 면담 도중 새로운 주제나 관심의 대상이 되는 주제가 나오면 그 내용에 대해 자유롭게 면담하는 방식을 사용하였다.

면담 내용은 연구참여자들의 개인적 요인과 맥락적 요인이 어떻게 결합되고 분열되는지를 구체적으로 파악하기 위하여 체육수업에 대한 자신의 생각과 의견, 체육수업 중 게임수업에 대한 자신의 생각과 의견, 게임수업에서의 참여태도, 게임수업에서 모둠원 사이의 상호작용, 게임수업에서 교사와 학생의 의견교환, 학생들이 어떠한 생각을 하면서 게임수업에 참여하는지, 그 과정에서 겪는 어려움은 무엇인지 그리고 겪고 있는 갈등을 해소하는 방안 등을 포함하였다.

개별 심층면담은 참여관찰 과정에서 궁금한 내용을 학생들이 주로 이용하는 상담실에서 연구참여자와 마주 앉아 1회당 1시간 동안 여섯 모둠의 모둠장에 대해 각각 3회에 걸쳐 실시하였다. 특히, 연구를 진행하면서 궁금하거나 필요한 사항에 대해서는 방과 후에 본 연구자의 교실에서 면담에 동의한 학생들을 대상으로 추가적으로 자료를 수집하였다.

집단 심층면담은 학생들이 게임수업에 참여과정에서 경험하는 갈등과 이를 해소해 나가는 전반적인 상황을 알아보기 위해 모둠의 남녀 각각 1명씩 참여한 12명의 참여자들을 두 모둠으로 나누어 4회 실시하였고, 1회당 1시간에서 1시간 30분씩 집단면담을 실시하였다. 집단면담에서 연구참여자들이 자신의 의견을 모두 드러내도록 협동학습의 구조인 '돌아가며 이야기하기'로 참여를 유도하였다(정문성, 2008). 본 연구에서 개별면담과 집단면담을 동시에 사용한 이유는 초등학생의 일반적인 상황을 고려하였기 때문이다. 본 연구자의 과거 경험과 한국의 초등학생은 수줍음을 타는 특성이 있기 때문에 개별면담을 실시할 경우 학생들은 거의 이야기를 하지 않았으며, 명료하게 대답하지 않는다는 연구결과를 고려하였다(김영천, 1998).

면담 내용은 연구참여자의 사전 동의를 얻어 녹음하였고, 면담의 과정에서 중요하게 생각되는 내용은 컴퓨터에 직접 기록하였다. 또한, 이 과정에서 연구참여자의 면담 내용을 녹음하면서 녹음되지 않은 연구참여자의 표정이나 행동 모습 등은 현장노트에 메모하였고, 면담이 끝난 직후에 상세하게 기록하였다. 그리고 녹음된 면담 내용은 진사기(transcriber)를 사용하여 축어적으로 이서하였고, 이를 분석의 자료로 활용하였다.

# 제4장 자료의 분석

수집된 자료는 분석의 과정을 거쳐 의미 있는 사료로 환원된다. 단순히 수집된 자료를 기술하는 것을 연구라고는 볼 수 없다. 자료가 연구를 수행하는 과정에서 꼭 필요한 요소이듯이 자료분석은 연구의 결과를 도출하는 중요한 실마리가 된다. 본 장에서는 자료분석의 의미와 자료분석의 시점과 방법 그리고 일반적인 절차와 학위논문에서 드러난 자료분석의 실제를 소개하였다.

## 제1절 자료의 분석

자료의 분석은 연구목적과 방법론적 입장이 수량화를 원치 않을 경우, 다양한 기법들을 활용하여 관찰기록, 사례기술 등의 질적 자료를 수집한 후 심층적으로 분석하는 방법이다. 이는 통계적 방법을 이용한 양적 자료분석과 대비되는 용어이다. 대체로 일정한 기법으로 동일시되기 어려운 면이 있으나 분석 시 가장 중요한 점은 자료를 어떠한 목적으로 어떤 틀에 의해 분석할 것인가를 결정하는 문제이다. 이는 어떻게 자료를 분석하느냐가 분석 후 자료의 의미 파악 및 연구결과의 해석에 직결되는 문제이기 때문이다.

자료의 분석은 연구한 내용을 독자들에게 바르게 이해시키는 중요한 방법 중의 하나이다. 예컨대, 연구 현장에서 오랜 시간 동안 생활하면서 겪은 일들이나 상호작용의 경험들을 자료로 전환시키는 것은 독자들뿐만 아니라 내용의 의미를 이해하기 위해 중요한 절차 중의 하나이다. 다만, 관찰의 결과를 일정 분량의 자료, 정보, 느낌으로 만들어내어 이들의 일부를 선택하는 것은 간단한 작업이 아니다. 이러한 이유로 연구자는 수집된 자료를 과학적인 자료로 전환시키고, 이를 근거로 하여 신뢰할 수 있는 의미 있는 자료로 구축하기 위해 많은 노력을 해야 한다. 참여관찰이나 면담을 통해 연구를 수행하는 질적 연구의 경우에는 연구자가 관찰 결과물을 말과 글로 전환시키기 과정에서 많은 어려움을 겪게 된다.

연구자에게 관찰한 것을 어떻게 기록할 것인가 하는 질문은 질적 면담의 경우와 유사하다. 연구자는 관찰을 하면서 동시에 기록을 할 것인가, 관찰 후에 현장 노트를 작성할 것인가, 비디오, 녹음기, 사진, 모형 그리고 도표와 같은 다른 도구를 사용할 것인가 등을 결정해야 한다. 특히, 녹음이나 녹화를 하는 경우 자료의 객관성이나 완전성 측면에서도 충분한 문제제기가 이루어져야 한다. 무엇보다 연구자는 기록방법에 따라 만들어지는 자료의 형태에 대해서도 고민을 해야 한다.

## 제2절 자료분석의 시점과 방법

질적 연구에서는 양적 연구와 달리 자료수집을 하는 동시에 자료분석을 수행하게 된다. 즉 질적 연구에서의 자료수집과 분석은 모든 자료들이 수집되었을 때 끝이 나는 것이 아니라 연구 장소에서 벗어나거나 자료수집을 끝마치기로 결정한 후에도 연구 활동은 계속될 수 있다. 결국 질적 연구에서는 자료분석이 귀납적이고 생성적으로 이루어지기 때문에 자료수집이 끝난 후에도 계속될 수 있는 것이다. 이처럼 질적 연구는 연속적인 리듬을 타고 자료 수집과 조직 및 분석이 지속성을 갖게 된다. 또한, 질적 연구의 자료는 방대하기 때문에 체계적으로 전체 내용에 대한 주제를 생각하면서 분석의 효과적인 방법을 탐색하기 위한 준비를 해야 한다.

Bogdan과 Bilken(1992)이 제시한 자료를 수집하면서 그것을 분석하는데 도움이 될 수 있는 일곱 가지의 방법을 살펴보면 다음과 같다. 첫째, 관찰 가능한 것과 흥미 있는 내용을 근거로 하여 연구의 초점을 좁혀나가도록 한다. 연구자는 자료의 수집이 방대해지거나 초점을 광범위하게 선택하였을 경우 무슨 내용을 어떠한 방식으로 정리할 것인가에 대한 방향을 잡지 못하기 때문에 연구의 초점을 좁히면서 분석의 기초를 확립해야 한다. 특정한 주제나 현장의 문제점들에 대한 자료들이 많을 경우 분석의 초점은 더욱 확실해질 수 있다.

둘째, 연구자 자신이 선호하는 연구의 유형을 정해나가도록 한다. 초보자와 경험자의 차이는 무엇을 어떻게 선정할 것인가와 관련하여 뚜렷한 방향성의 유무가 다르다는 점이다. 초보자는 연구 유형에 대한 방향성도 부족하고 어떻게 수집하는 것이 좋은지에 관한 지식 또한 부족하다는 점이다. 반면 경험자는 자신이 선호하는 유형에 대한 철학을 바탕으로 자신이 수행하고 싶은 연구의 유형을 스스로 정하기 위해 노력한다는 점이다.

셋째, 연구자에게 분석적인 질문이 요청된다. 자신이 활용하는 질문이 적절한지 아니면 어느 질문이 어떻게 재구성되어야 하는지 등에 대해 고민을 해야 한다. 분명한 목적을 지닌 질문으로 환원시키면서 자료분석의 방향을 잡아야 한다.

넷째, 선행연구에서 도출된 개념을 자료분석의 주제로 범주화할 수 있다. 또한, 자료분석을 통한 개념화는 연구자의 선행지식이나 연구참여자의 언어 또는 선행연구에서 범주화된 주제를 활용할 수 있다. 주제는 해당 연구에서 가장 적절한 표현을 선택하여 활용하면 된다.

다섯째, 자료를 수집하면서 연구자에게 떠오르는 관찰자로서의 코멘트 내용을 활용하면 좋다. 즉 자료를 수집하면서 떠오르는 생각들을 자주 메모해둔다면 그 내용 중의 일부가 주제로 범주화될 수 있다. 사람들은 망각의 동물이기에 지금 떠오른 멋진 생각들이 시간이 지나도 잠재할 것이라는 생각은 잊어야 한다. 과거에 생각한 좋은 주제나 내용들이 망각되어 다시 떠오르지 않았던 경험들을 생각해본다면 메모나 자신의 코멘트에 대한 기록의 중요성을 다시금 확인할 수 있을 것이다.

여섯째, 현장에 있는 동안 문헌탐구를 지속적으로 수행해야 한다. 이는 하나의 주제가 환경에 따라 또는 연구자의 경험에 따라 다양하게 선택될 수 있다는 개연성을 확인시켜줄 것이다. 예컨대, 동일한 주제의 연구에서도 서로 다른 주제가 도출될 수 있다는 시사점을 얻는데 도움이 될 수 있다.

일곱째, 연구를 수행하면서 은유와 유추 그리고 다양한 개념들을 활용할 필요가 있다. 근시안적인 안목보다는 장기적인 안목을 갖고 주제의 범주화에 고민을 해야 한다. 즉 '이 내용이 나에게 어떤 의미를 주고 무엇을 생각나게 하는가?' 또는 '이 연구의 내용이 어떤 속담이나 격언을 생각나도록 하는가?' 등에 대한 고민의 흔적이 필요하다.

## 제3절 자료분석의 일반적 절차

자료분석의 절차는 연구방법론과 학자에 따라 다양하게 전개될 수 있다. 본 절에서는 이용숙과 김영천(2005)이 개념화한 전사, 주제별 약호화와 적용 그리고 주제 또는 의미의 생성으로 구분하여 제시하였다.

첫째, 전사이다. 전사는 현장에서 수집된 자료들을 다음의 분석을 위해 체계적으로 기록하는 것을 의미한다. 물론 전사는 컴퓨터에 저장하는 것도 포함한다. 전사의 과정이 분석 작업에서 중요한 이유는 자료를 보관하고, 기밀을 유지하며, 편집을 자유롭게 할 수 있는 간편성과 경제성을 담보할 수 있기 때문이다. 전사과정 후에는 오탈자를 수정하고, 글자의 편집을 통해 추후 인용문이나 분석의 자료로 활용하게 된다.

둘째, 주제별 약호화와 적용이다. 주제별 약호화란 전사된 자료를 읽으면서 텍스트의 특정 부분이 어떤 주제나 이슈를 언급하는지를 느낄 때 연구문제나 연구자 자신의 이론적 관점에 근거하여 그 텍스트의 특정 부분을 가장 잘 대변해줄 수 있는 주제로 이름 짓기를 하는 것을 의미한다. 즉 주제별 약호화는 특정한 텍스트의 문장이나 내용이 갖는 의미를 함축적으로 표현하는 주제적 용어이다.

셋째, 주제 또는 의미의 생성이다. 주제별 약호화 과정이 끝나면 연구자는 도출된 다양한 약호화의 내용을 읽고 분석하여 이들 자료의 내용을 전체적으로 설명해줄 수 있는 새로운 개념이나 범주를 생성하게 된다. 주제 또는 의미의 생성 방법으로는 약호화를 출현빈도에 따라 서열을 정하기, 규칙적인 패턴을 찾기, 동일한 현상을 한 개의 새로운 단위로 묶기, 상황을 잘 설명할 수 있는 은유로 표현하기 그리고 인과관계로 작성하기 등이 있다.

## 제4절 학위논문에 드러난 자료분석

이 내용은 고문수(2006)가 연구한 『초등학교 게임수업에서 갈등의 원천과 해소』에 제시된 자료분석의 일부분이다. 위 연구에서는 축구와 피구 게임에 참여한 초등학생이 어떠한 상황에서 갈등을 경험하고, 갈등 상황에 따른 갈등의 원천 및 게임수업에서의 갈등 해소 방안을 탐색하기 위하여 심층면담, 참여관찰, 연구참여자의 체육일기의 내용을 분석하였다. 즉 심층면담, 참여관찰, 연구참여자의 체육일기 자료를 Spradley(1979)가 제안한 자료분석 방법 중 영역 분석(domain analysis), 분류 분석(taxonomic analysis), 성분 분석(componential analysis)의 절차를 토대로 분석하였다.

각 분석의 단계에서는 서술적 질문, 구조적 질문, 대조적 질문의 기법을 적용하였다. 면담과 분석의 과정을 거치면서 일련의 문화적 주제를 발견하였다.

면담은 분석을 하는 과정 전반에서 계속적으로 이루어졌다. 영역 분석은 문화적 의미의 부분이나 요소를 발견하고 나서 그것들이 어떻게 조직되어 있는가를 찾아내는 작업의 과정이다. 먼저, 참여관찰을 통한 현장일지 자료, 연구참여자의 면담 자료, 연구참여자의 체육일기 등의 자료를 수차례 반복하여 읽으면서 문화적 의미의 범주를 찾는 영역분석을 실시하였다. 이때, 중요하다고 판단되는 갈등 상황과 관련된 내용을 찾아서 그 내용을 가장 잘 요약해줄 수 있는 주제를 면담 기록의 해석 란에 기입하는 방법을 토대로 영역을 분류하였다. 구체적으로 본 연구에서는 먼저 자료를 전사하고 반복하여 정독한 다음, 자료를 의미 있는 단위로 나누는 텍스트의 분절화를 시도하였다. 이 과정을 통하여 과정, 전략, 의미의 주제 영역을 도출하였다. 도출된 영역에서 총괄용어와 포함용어 그리고 의미 관계를 찾아가면서 범주 사이의 관련성을 발견하였다.

Spradley(1979)에 따르면 문화적 범주로서의 영역은 총괄용어, 포함용어, 의미 관계의 세 가지 기본 요소로 구성된다고 밝혔다. 본 연구에서는 갈등 상황이 총괄용어이고, 정확하지 않은 규칙의 사용, 명확하지 않은 규칙의 사용, 판정에 대한 이견 제시 등이 포함용어가 된다. 포함용어는 영역 내의 보다 작은 모든 범주를 의미한다. 그리고 총괄용어와 포함용어를 연결시켜주는 의미 관계를 발견하였다. 여기에서 의미 관계는 완전한 포함의 관계가 된다. 포함용어는 총괄용어의 일부가 된다는 의미이다.

본 연구자는 영역을 분류하면서 동시에 분류 분석을 실시하였다. 분류 분석은 영역 분석과 마찬가지로 단일한 의미 관계를 근거로 구성된 범주를 의미한다. 영역 분석과 분류 분석의 중요한 차이점은 분류가 문화적 영역 내의 사물들 사이의 관계를 더 많이 보여 주고 있다(Spradley, 1979). 이처럼 분류 분석은 영역 분석의 연장이기 때문에 분류 분석을 통하여 단일한 의미론적 관계를 근거로 구성된 일련의 범주를 찾는 과정을 수행하였다. 분류 분석에서는 자료수집 내용의 소주제를 포괄하는 중간 분류 주제를 찾고, 계속해서 중간 분류 주제를 포괄하는 대주제를 찾는 방식을 취했다. 이 과정에서 수집된 자료를 계속적으로 정독하면서 계속적인 자료의 수집과 분석의 순환적 과정을 거치며 보다 체계적으

〈표 4-1〉 영역 분석 기록과정

| 1. 의미 관계 | 완전한(엄격한) 포함 | |
|---|---|---|
| 2. 형식 | X는 Y의 (한 종류)이다 | |
| 3. 예시 | 게임수업 중 명확하지 않은 규칙의 사용은 갈등 상황의(한 종류)이다. | |
| 포함용어들 | 의미 관계 | 총괄용어(표제어) |
| 정확하지 않은 규칙 사용 | (-는 일종의) | 갈등 상황이다 |
| 명확하지 않은 규칙 사용 | | |
| 판정에 대한 이견 제시 | | |

로 수정하고 보완하면서 문화적 주제를 선정하였다.

분류 분석에 이어 성분 분석을 실시하였다. 성분 분석에서는 문화적 범주와 관련된 속성을 찾는데 관심을 기울였다. 즉 대조점을 찾고, 그것을 부류해내며, 대소의 차원으로 몇 개를 함께 묶어 관련된 정보를 영역으로 작성하는 과정을 거쳤다. 이 단계를 거치면서 최종적으로 초등학생의 게임수업 갈등과 관련된 문화적 주제를 발견하였다. 문화적 주제는 내면적이든 외면적이든 수많은 영역들에 반복되는 원칙들과 문화적 의미의 하위체계들 속에서의 관계들을 의미한다(Spradley, 1979). 본 연구에서는 게임수업의 과정에서 나타나는 갈등과 관련된 문화적 주제로 게임수업에서의 갈등 상황과 게임수업에서의 갈등 원천 및 게임수업에서의 갈등 해소 방안을 포착하였다.

# 제2부

# 학생을 관찰하다

제5장

# 긍정심리학적 관점으로 게임수업을 들여다보다[1)]

1990년대 중반까지 심리학은 인간의 부정적인 정서 및 우울증, 불인, 스트레스 등의 행동을 상담하거나 치료해야 한다는 관점이 지배적이었다(강석기, 2008; 김인자, 2006). 그러나 최근에는 인간의 부정적인 측면에 초점을 맞추어 온 과거 심리학에 대한 반성으로 긍정심리학이 출현하였고, 여러 분야에서 이에 대한 관심이 점차적으로 증가하고 있다(권오정, 2009). Seligman도 자신이 30년간 우울증을 연구한 심리학자임에도 불구하고 이러한 경향성이 변화되어야 한다고 주장하였다. 그러한 주장이 바로 인간의 강점이나 미덕과 같은 긍정적인 정서 및 행동에 초점을 맞추는 긍정심리학을 탄생시키는 계기가 되었다. 긍정심리학에서는 학생들이 못하는 것을 잘하게 하는 것이 아니라, 잘하는 것을 더욱 잘하게 하는 부분에 주목한다.

긍정심리학의 진정한 행복에 대한 이론에서 행복은 다음의 네 가지 요인으

1) 본 글은 『한국초등체육학회지』 제18권 3호(2012)에 게재된 논문을 일부 수정한 것이다. 원래 제목은 「긍정심리학으로 들여다 본 초등 게임수업 이야기」였으나 글 내용과의 적합성을 고려하여 「긍정심리학적 관점으로 게임수업을 들여다보다」로 수정하였다.

로 생각된다(Seligman, 2002). 그 네 가지 요인은 바로 즐거운 삶(pleasant life), 몰입하는 삶(Flow), 의미 있는 삶(meaning life), 성취하는 삶이다.

첫 번째로, 긍정적인 감정은 우리 자신이 느끼는 즐거움, 환희, 황홀, 따스함, 편안함 등과 같은 감정을 의미한다. 이러한 감정을 느끼게 될 때 우리는 "즐거운 삶(pleasant life)"을 살 수 있게 된다.

두 번째로 몰입하는 삶은 일, 친밀한 관계, 여가활동, 운동 등에 열정적으로 집중하는 삶을 의미한다. 몰입의 세계에 들어가기 위해서는 자신의 최고 강점과 재능을 활용해야하기 때문에 쉽게 몰입의 세계에 빠지기 힘들다. 긍정적인 감정은 쇼핑을 하거나 TV를 시청하는 중에 느껴질 수 있으나 몰입은 그렇지 않다(Seligman & Csikszentmihalyi, 2000). 따라서 자신의 최고의 강점이 무엇인지를 아는 것이 중요하고 몰입에 이르기 위해 그 강점들을 더욱 자주 활용하는 방법을 배우는 것이 필요하다.

세 번째 요소는 "의미(meaning)"이다. 즐거움 혹은 몰입을 경험하고 난 후 우리는 종종 공허함, 외로움 등을 느끼곤 한다. 인간은 항상 삶에서 의미와 목적을 찾기를 바란다. 이것은 진정한 행복의 세 번째 단계인 의미 있는 삶(meaningful life), 믿음, 박애정신, 정의 등을 실현하려는 활동에 참여하게 됨을 의미한다(김영숙, 2011).

네 번째 요소인 성취하는 삶은 자신이 원하는 목표를 정해놓고 최선을 다하여 달성하는 삶을 의미한다. 이 네 가지 요소가 바로 핵심인 함께하는 삶을 위한 것이다. 결국 인간이 행복을 경험하는 순간은 주요 타자와 함께 할 때이다. 게임의 승리나 즐거움은 혼자서는 결코 느낄 수 없는 중요한 행복의 요소가 된다. 따라서 행복해지기 위해 우리가 가장 먼저 해야 할 일은 긍정적 감정을 느낄 수 있거나 더 나아가 몰입을 경험할 수 있는 활동을 하는 것이다. 몰입을 위해서는 여러 가지 활동 중 운동이 매우 효과적이다(Scanlan, Carpenter, Lobel & Simons, 1993).

학교 현장에서도 학생들이 수업에 참여하는 가운데 즐거움을 느끼거나 몰입을 경험한다면 신체활동의 효과는 매우 높게 나타날 것이다. 학생들이 신체활동에 참여하면서 행복함을 느낄 수 있다면 그러한 신체활동은 교육적으로도 유용한 측면을 제공할 수 있다. 여기서 행복이란 단순히 순간의 감정이 아니라 미래에 대한 중요한 영향력을 발휘하는 것이다. 행복감은 즐거움이 극대화되고 고통이 최소화되는 것이다. 긍정 심리학에서 행복이 쟁점이 되는 이유는 행복이 사람들의 주관심사이기 때문이다. 행복은 주관적 안녕감이 오래 지속되는 결과이다(유생열, 2011).

학교 체육은 신체활동을 통하여 학생의 움직임 욕구를 충족시키고, 다양한 신체 활동을 수행하는데 필요한 기본 운동능력과 체력을 향상시키는데 중점을 둔다. 교사들은 체육수업에서 학생들에게 운동기능 수행에 중요한 실마리를 제공하고, 적절한 피드백을 통해 기능향상이 이루어지는 가운데 즐거움을 느끼도록 하며, 체력을 증진시킬 수 있도록 만들어주어야 한다(고문수, 2012). 이를 위해 교사들은 체육활동에서 나타나는 복잡하고 역동적인 상황을 고려해야 하며, 불안정하고 뚜렷하게 나타나지 않는 조건들을 적절한 활동으로 만드는 다양한 기술과 역할을 지니고 있어야 한다. 그 중에서 무엇보다 관심을 두어야 할 부분은 교수활동이다.

효율적인 교수활동은 교사와 학습자가 서로 바람직한 인간관계가 형성되어 있을 때, 보다 교육적으로 진행될 수 있다. 교사 자신은 교수활동에 대한 지식의 형성을 토대로 학습지도 방법을 개선하고, 학생들이 학업에 대한 성취감을 경험할 수 있도록 동기를 부여할 수 있어야 한다. 체육을 가르치는 교사는 학생들이 즐겁게 체육활동에 참여하고, 개인차를 고려한 적절한 신체활동 프로그램을 통해 유쾌한 체육수업을 제공할 책무를 간직해야 한다.

2007 개정 체육과 교육과정에서도 교육내용의 적절성을 높이기 위해 개인차를 고려한 체육수업을 제안하였다. 또한, 체육을 지도하는 교사들도 교육과정에서 크게 벗어나지 않는 교과내용을 통해 학생들이 배우고 익혀서 자기의 것으로 만들고, 그 과정에서 얻게 되는 즐거움, 기본 운동기능, 체력, 운동지식 및 사

회성 등을 체육의 중요한 가치와 목적으로 인식하였다(이재용, 2001).

게임 관련 선행연구에서도 학생들이 게임수업에 즐겁게 참여하고, 기본 운동기능을 향상시키기 위해 교사들이 놀이, 게임, 음악을 이용한 줄넘기 등 다양한 방법을 사용해 왔다. 이중 놀이와 게임은 학생들이 좋아하고, 생활에서 많은 시간을 차지하기 때문에 이를 통해 학생들의 체력이 현저히 향상되었다는 결과도 보고되었다(권혁련, 2000; 권해숙, 2000; 오인구, 2000; 이상헌, 2001). 학생들은 놀이와 게임을 통해 즐거움과 행복감을 느끼며 운동기능이나 체력이 부족하더라도 활동이 재미있으면 즐겨 참여하지만 기능이나 체력이 우수해도 즐겁지 않으면 참여하지 않는다는 것을 통해 게임 활동의 의미와 중요성을 강조하였다(이재용, 2001).

최근 긍정심리학은 인간의 행복과 성장 등의 긍정적인 심리요인을 추상적 개념이 아니라 실증적 연구가 가능한 구체적인 방식으로 이해되고 있다(권석만, 2010). 최근 스포츠와 연계된 긍정심리학적 접근(김병준, 2007; 박수정, 2009; 정용각, 2010)은 신체활동과 스포츠의 궁극적 지향점에 의미 있는 시사점을 제공할 것으로 보인다.

하지만 학교 현장에서는 게임과 놀이를 통해 학생들의 즐거움과 체력적인 측면을 강조하면서도 게임과 놀이가 진행되는 수업과정에서 학습자 수준에 적합하게 제공되는 변형 게임수업을 경험할 기회가 부족하였다. 변형은 학생과 교사 간의 상호작용이 이루어지는 과정에서 교사의 개입으로 과제를 조정하고, 이를 통해 학생 각 개인이나 소집단 구성원들에게 어렵게 혹은 쉽게 만드는 방법이다. 또한, 좌절을 느끼는 학생들에게 좀 더 쉬운 과제를 제시하는 것이다(Tjeerdsma, 1995). 여기서 중요한 것은 과제에 대한 교사의 결정이 학생들의 능력이나 관심사에 관한 교사의 지식에 근거한다는 점이다.

물론 과제 내 변형(Intratask Variation)이 한 학급의 모든 학생들의 요구를 충족시킬 수 있도록 과제를 만족스럽게 조정할 수 있는 보장된 해결책은 아니다. 다만, 과제 내 변형은 특정한 시간과 수업에서 다소의 학생들에게는 효과적일 수 있는 긍정적인 측면이 있다. 따라서 교사들은 과제 변형의 성공할 가능성을 높이기 위해 학습자의 발달수준에 적절한 게임을 통해서 학생들에게 흥미를 유발하는데 관심을 갖고, 수업 참여를 이끄는 안내자 역할을 해야 한다. 교사들은 학생들에게 기본 운동기능의 발달을 촉진하고, 운동수행 방법을 경험하도록 하여 역동적인 게임 상황에서 운동의 수행능력을 발휘하도록 자극할 수 있어야 한다(Tjeerdsma, 1995).

이러한 측면에서 본 장에서는 Williams(1992, 1994)가 수치의 전당에 등록될 수 있는 주제 중의 하나로 제시한 피구를 변형하여 스포츠 피구게임으로 재구성하였다. 이렇게 재구성된 스포츠 피구가 초등학생들에게 어떠한 교육적 가치를 제공하는지, 초등학생이 스포츠 피구게임에 참여하면서 어떠한 행복감을 경험하고, 그러한 경험이 어떠한 학습의 가치로 드러나는지 관심을 갖게 되었다.

본 글은 긍정심리학 관점에서 초등학생들이 스포츠 피구게임에서 체험하는 학습 경험의 내용과 학습 경험의 가치가 무엇인지를 탐색하는데 그 목적을 두었다. 만약, 긍정심리학적 관점에서 스포츠 피구가 학생들에게 제공하는 내재적 가치를 알게 된다면, 초등학생들이 게임수업에서 무엇을 원하는지, 이들의 경험을 증대시키기 위해 교사는 무엇을 어떻게 해야 하는지에 대한 이해의 폭을 확장하는데 시사점을 제공할 것으로 보인다.

## 제1절 어떻게 연구하였는가?

이 절에서는 수도권 소재의 Y초등학교 5학년 학생 10명을 연구참여자로 선정하여 변형 스포츠 피구게임에서의 학습 경험 내용과 학습 경험의 가치를 탐색하였다. 이 연구에 참여한 남학생들과 여학생들은 중간 이상의 운동기능을 갖고 있고, 스포츠 피구 게임수업에서 적극적인 태도를 보였다. 연구참여자들은 1주일에 한 번씩 40분간 지속되는 변형 스포츠 피구게임에 참여하였다. 이 글은 교사 자신의 수업을 직접 탐구함으로써 자신의 수업지식을 스스로 형성해 가는 연

〈표 5-1〉 연구참여자 정보

| 이름 | 성별 | 수업 참여태도 | 체육 관심도 | 이름 | 성별 | 수업 참여태도 | 체육 관심도 |
|---|---|---|---|---|---|---|---|
| 이정용 | 남 | 적극적 | 높음 | 이재국 | 남 | 적극적 | 낮음 |
| 인동혁 | 남 | 적극적 | 높음 | 음창규 | 남 | 소극적 | 높음 |
| 곽승현 | 남 | 적극적 | 보통 | 김수빈 | 여 | 적극적 | 높음 |
| 이중수 | 남 | 매우 적극적 | 높음 | 김윤경 | 여 | 적극적 | 낮음 |
| 김준혁 | 남 | 적극적 | 높음 | 남궁솔 | 여 | 소극적 | 낮음 |

구자의 입장에서 접근하였다. 이 연구에서 사용한 연구참여자의 이름은 윤리적인 측면을 고려하여 모두 가명을 사용하였다.

구체적으로 2011년 9월부터 12월까지 매주 1회〔수요일〕 학교 체육수업 시간을 활용하여 10차시의 변형 스포츠 피구 게임수업을 진행하였다. 스포츠 피구게임에 대한 이론적 연구와 면담 방법 및 질문지 등에 관한 기초 작업들은 2011년 8월에 진행되었다. 연구에 필요한 자료는 학생과의 면담과 체육수업일기로 수집하였다. 특히, 연구참여자인 초등학교 5학년 학생들의 신체발달과 인지적 발달을 고려하여 학생들의 활동에 적합하다고 판단되는 변형 스포츠 피구 게임을 선정하였다.

이 글은 변형 스포츠 피구게임에 대한 학생들의 인식과 태도를 보다 깊이 있게 이해하기 위해 개별면담과 집단면담을 사용하였다.

첫째, 개별면담으로는 게임수업의 시작 전과 수업이 끝난 후에 각 모둠의 모둠장에게 비구조화된 면담을 실시하였다. 게임수업 전에 실시한 면담에서는 모둠장이 변형 스포츠 피구게임에 임하는 자세와 원하는 수업의 형태를 알아보았고, 게임수업 후의 면담에서는 게임수업을 하고나서 새롭게 인식하게 된 변화의 모습을 알아보았다.

둘째, 집단면담으로는 학생들이 변형 스포츠 피구게임에 대한 전반적인 이

〈표 5-2〉 차시별 스포츠 피구 게임수업

| 차시 | 주요 학습내용 | 비고 |
|---|---|---|
| 1 차시 | 피구의 유래와 특징 및 장비 알아보기 | |
| 2 차시 | 공 잡는 방법, 공 던지는 방법(사이드 핸드 드로우, 오버핸드 드로우, 보우스 핸드 드로우), 공 받는 방법(허리 아래로 오는 공받기, 허리 위로 오는 공받기, 머리 위로 오는 공받기) | 거리별 공 던지고 받기 |
| 3 차시 | 공을 과녁에 던져서 맞추기, 일대일 패스하기, 삼각패스 및 던지고 받기, 지그재그로 던지고 받기 | 맞출 수 있는 다양한 종류의 표적을 준비, 던지고 받는 거리를 조절하고, 컬러콘으로 거리를 표시 |
| 4 차시 | 과녁 맞추기, 과녁 통과하기 | 직선과 곡선으로 목표물에 정확히 던지기 |
| 5 차시 | 굴러오는 공 피하기, 날아오는 공 피하기, 날아오는 공받기(정해진 지역의 핀을 지키는 게임하기) | 한 방향에서 굴러오는 공 피하기, 여러 방향에서 굴러오는 공 피하거나 받기 |
| 6 차시 | 간이 변형 피구게임하기(짝 피구, 소리잡기 피구, 여왕벌 피구) | 공격과 수비를 잘하기 위한 방법을 탐색 |
| 7 차시 | 간이 변형 피구게임하기(별 피구, 스파이 피구, 원 피구) | 상대와 공의 이동 경로를 예상하기 |
| 8 차시 | 간이 변형 피구게임하기(사방 피구, 보디가드 피구, 배틀 피구) | 상대와 공의 이동 경로를 예상한 간이 게임하기 |
| 9 차시 | 간이 변형 피구게임하기(찜 피구, 짐볼 왕 피구, 닥터 피구) | |
| 10 차시 | 스포츠 피구 게임하기 | 상대와 공의 이동 경로를 예상한 피구 게임하기 |

해를 위해 2번째, 4번째, 6번째, 8번째 수업이 끝난 후에 모둠별로 2명씩 참여한 10명의 학생들에게 집단면담을 실시하였고, 그 내용을 소형녹음기(sony microcassette-corder m-455)를 사용하여 녹음한 후에 기록하였다. 집단면담을 병행한 이유는 초등학생의 특성을 반영하기 위함이다. 초등학생들은 일반적으로 수줍음을 타는 특성이 있기 때문에 개별 면담을 실시할 경우에 학생들은 거

의 이야기를 하지 않았고, 명료하게 대답하지 않는다는 것을 고려하였다. 실제로 학생들은 개별 면담보다는 집단 면담과정에서 자신의 생각과 경험을 솔직하게 표현하였다.

연구참여자의 체육일기는 게임수업에서 학생들이 경험한 내용, 경험하면서 어려움이 있는 측면에 대한 기술 그리고 학생들이 게임수업에 참여하면서 궁금해 하는 것 등을 솔직하게 기술함으로써 수업을 되돌아보도록 하였다. 체육일기에는 게임수업을 하고난 후에 수업에서 좋았던 점과 싫었던 점, 친구들과의 상호작용 내용, 신체활동 후의 느낌, 게임수업 내용의 이해, 교사의 교수방법에 대한 학생의 인식 그리고 교사의 발문에 대한 학생들의 이해 등에 대한 학생의 느낌을 자세하게 작성하도록 하여 게임수업 참여 과정에 대한 폭넓고 다양한 자료의 내용을 포함하였다.

연구참여자들의 체육일기는 기능적인 측면과 태도적인 측면으로 구분하였다. 이는 글을 작성하는 연구참여자가 태도적인 측면을 간과할 우려가 있기 때문이다. 기능적인 측면에서도 잘된 점과 잘못된 점을 구분하여 기록하도록 하였다. 개인적인 사실 외에도 자신이 모둠 구성원들에 대해 어떻게 생각하는지를 기술하도록 지도하였고, 모든 자료는 타인에게 공개되지 않음을 약속하였다.

본 연구에서 면담과 연구참여자의 체육일기로 수집된 자료는 Spradley (1979)가 제안한 영역 분석과 분류 분석을 토대로 분석하였다. 먼저, 수집된 자료를 반복하여 읽으면서 계속되는 패턴과 줄거리를 찾았고, 초등 게임수업에서 드러나는 가치와 관련된 핵심용어를 도출하였다. 주요 용어들을 다시 조직하여 공통적인 것들로 묶고 합병하는 방식으로 경험 요소를 체계적으로 조직해나갔다. 이후 다시 원자료를 읽으면서 선정한 경험 요소들의 타당성을 점검하였고 분석 작업을 통해 최종적으로 경험 요소들을 도출하였다.

자료의 분석과정에서 원 자료는 연구참여자를 통해 내용의 정확성 여부를 검토하였다. 연구의 전 과정에서 도출되는 제 문제를 상의하기 위해 스포츠심리학 전공의 박사학위 소지자와 연구 동료의 점검을 실시하였다. 그리고 구성원 간 검토, 연구 동료의 점검 그리고 면담과 연구참여자의 체육일기를 이용하는 다각도 분석으로 자료의 진실성을 확보하였다. 이러한 검증 방법은 연구자의 해석과 주제 범주화 과정에서 나타날 수 있는 시각의 편향성을 극복하는데 도움이 되었다.

## 제2절 학습 경험의 내용과 가치를 말하다

교사들은 게임의 성공 가능성을 높이기 위해 학습자의 발달수준에 적절한 게임을 선정하여 학생들이 흥미와 관심을 갖고 적극적으로 참여하도록 안내자 역할을 수행해야 한다. 또한, 교사는 학생들의 적극적인 수업참여로 활력을 얻게 하고, 이를 통해 기본 운동기능의 발달을 촉진하고, 운동수행 방법을 경험하도록 하여 역동적인 게임 상황에서 운동의 수행능력을 발휘할 수 있도록 자극해야 한다(권오정, 2009; Ryan & Frederick, 1997; Tjeerdsma, 1995).

본 연구에서는 긍정심리학적 관점에서 게임 활동의 가치를 탐색한 결과 1차적인 교육경험인 학습 경험의 내용으로 '신체적 활력 가져오기', '심리적 활력 가져오기', '자기 표출로 나를 드러내기'가 도출되었고, 2차적인 경험인 학습 경험의 가치로는 '팀워크', '전략과 전술의 실행', '공존지수 함양하기' 등이 도출되었다.

학습 경험의 내용은 학생들이 게임수업에 참여하면서 경험하는 그 자체의 교육적 의미를 포함한다. 그리고 학습 경험의 가치는 교육 경험을 통해 얻게 된 학생 개인의 내면의 변화를 의미한다. 구체적으로 학습 경험의 내용은 '나' 개인의 신체나 정서표현과 관련이 깊다면 학습 경험의 가치는 '나'와 '다른 사람'과의 관계성 속에서 드러난 핵심 가치를 의미한다.

### 1. 학습 경험의 내용: '나'의 경험 세계를 말하다

학생들이 즐거운 사건을 자주 경험하면 긍정적인 정서를 경험하고, 불쾌한 사건을 경험하면 부정적인 정서를 경험하는 특징이 있다(여운일, 2012). 이는 유쾌한 사건을 자주 경험할 수 있는 환경에 처한 사람이 그렇지 않은 사람보다 더 행복하다는 의미로 대변될 수 있다. 여기서 행복과 연관이 있는 긍정적 정서는 부정적 정서의 반대 개념이 아니라 서로가 다른 차원의 독립적인 개념임을 실증 연구들이 확인해주고 있다.

이러한 측면을 고려해볼 때, 학생들에게 긍정적인 경험을 제공하기 위한 수업 참여의 기회를 확대하기 위해서는 과제 내 변형이 제공된 수업이 만들어져야 한다(Tjeerdsma, 1995). 학생들은 스포츠 피구 게임수업을 통해 '신체적 활력 가져오기', '심리적 활력 가져오기', '자기표출로 나를 드러내기' 등을 경험하였다.

### 1) 신체적 활력 가져오기

본 연구에서 차시별로 안내된 스포츠 피구 게임수업을 진행한 결과, 과제참여시간이 증가하면서 운동량이 많아 체력이 향상되고 있는 것으로 밝혀졌다. 게임수업에서 체력향상은 처음부터 의도한 결과는 아니었지만, 과제를 수행하면서 대기시간과 이동시간이 적어야한다는 게임의 특성상 학생들은 스포츠 피구 게임이 이루어지는 동안 주어진 과제활동에 몰입하면서 많은 시간을 보내게 되었다.

사방 스포츠 피구는 학생들이 움직여야할 공간이 하나 더 생겼기 때문에 분주히 빈 공간을 찾아서 움직여야만 했다. 이러한 이유로 학생들은 자신의 신체를 보호하면서 과제 수행의 목적〔상대방을 맞추고 공을 받는 일〕을 달성하기 위해 움직일 수밖에 없었다. 스포츠 피구는 일반 게임에서 이루어지는 대기시간과 이동시간의 소비를 줄이고, 주어진 과제활동에 전념할 수 있는 참여시간을 극대화시키는데 기여하였다.

> 오늘 피구는 옛날보다 재미있었다. 움직임도 많아서 좋았다. 공이 어디에서 날아올지 모르기 때문에 이리저리 움직이는 일이 많아졌다. 대각선으로 뛰어다니는 공간도 많다. 이전의 피구보다 훨씬 재미있었다 〈이중수의 체육수업

일기/2011.11.23〉.

> 지금까지의 피구는 움직이거나 뛰어다니는 공간이 좁기 때문에 상대방의 공에 맞을 확률이 상당히 높아요. 〔스포츠 피구형태로 이루어진〕 사방피구는 움직이는 공간이 두 곳이라 더 많은 곳을 움직여야 해요. 실제로 제가 오늘 이 게임을 통해서 정신없이 이리저리 뛰어다녔거든요(이정용과의 면담/2011.11.23).

학생들은 게임수업 중 두 칸으로 공간의 변화가 제공된 움직임 활동에 참여하면서 활발한 움직임을 보였다. 처음에 뛰는 것을 싫어하던 학생들도 활동 공간의 크기와 거리의 조절이 제공된 스포츠 사방피구 게임에 점차 익숙해지고 있었다. 움직일 수 있는 공간이 한 개에서 두 개이다 보니 학생들은 상대방의 공격 움직임으로부터 벗어나려고 옮겨 다녔다. 이러한 활동을 통해 학생들은 신체적인 측면에서 건강이 향상되고 있다는 인식을 간직한 것으로 보인다.

> 예전에는 뛰기가 싫었는데, 스포츠 피구는 모둠원들과 협동하면서 하니까 더 좋은 것 같아요. 여러 명이 함께 움직이면서 건강도 좋아지겠다는 생각이 들어요 〈인동혁과의 면담/2011.09.28〉.

또한, 학생들은 변형 스포츠 피구게임에 참여하면서 신체적 활력을 경험하였다. 여기서 활력은 활기차고 적극적으로 살아가는 동시에 생동감과 행동력을 갖고 삶과 일을 대하는 태도로 긍정심리학에서 강조하는 행복한 삶을 위한 인간의 강점(strengths)중 하나이다(Peterson & Seligman, 2004). 활력은 목표를 향한 강한 동기유발과 성취를 촉진하는 요소로서 신체적으로 건강한 상태에서 나타날 수도 있지만, 자기 통합이 잘 이루어진 상태에서 인생의 분명한 목적과 방향을 지닐 때 경험할 수 있는 요소이다(권오정, 2009).

### 2) 심리적 활력 가져오기

학생들은 타인과의 상호작용을 통해 자신의 환경을 이해하는 방식을 배우게 된다(권민혁, 2003). 본 연구에서 학생들은 게임수업에서 학생들의 특성에 맞도록 제시된 스포츠 피구에 참여하였고, 그 과정에서 학생들 스스로 과제를 추가적으로 변형하여 게임에 참여하면서 모둠원들과 잘 어울리고 있었다. 무엇보다 학생들은 남녀 간의 차별을 두지 않는 혼성 게임수업을 좋아하였다. 이들은 혼성 게임수업을 하면서 반에서 잘 몰랐던 여학생들과도 이야기할 수 있었고, 옆에서 도움을 주다보니 친하게 되었다는 반응이다. 학생들은 보디가드 스포츠 피구를 통해 서로 간의 서먹서먹한 모습을 줄이게 되었고, 차시가 진행되면서 게임을 창의적으로 고안하는 활동에서도 서로서로 의견을 나누었다.

> 여러 친구들과 많이 사귈 수 있어 좋았어요. 여자와 남자가 서로 친근해질 수 있고, 서로 차별을 두지 않게……. 게임을 만들면서 게임수업에 참여하다 보니 애들도 지루하게 여기지 않고 즐겁게 게임에 참여할 수 있는 것 같아요. 저도 재미있게 참여했어요 〈곽승현과의 면담/2011.11.23〉.

> 보디가드 피구를 할 때, 남자애들이 나를 지켜주었다. 공이 날아오면 애들이 내가 있는 쪽으로 와서 공도 잡아주고, 방어도 해 줘서 좋았다. 나도 남자애들에게 공이 올 때, 옆으로 움직여서 보호해주기도 하였다. 남자애들은 여자애들을, 여자애들은 남자애들을 지켜줬다. 그냥 피구를 할 때에는 피하다가 아웃되었는데, 보디가드 피구를 하면서 오래 살아남을 수 있었다. 이전 피구보다 덜 부담스러웠다(김수빈의 체육수업일기/2011.11.23).

교사들은 효율적인 학습 환경을 학생들에게 제공할 목적으로 학습 환경을 변화시키기 때문에 체육을 지도하는 교사들은 효율적인 체육교수가 이루어지도록 교수활동에 필요한 자료를 신속하게 준비해야 한다(Housner & Griffey, 1985; 고문수 · 이재용, 2003).

본 연구에서 학생들은 학습 환경을 새롭게 변형하고, 새로운 장비가 투입되어야 한다는 의견을 제공하면서 적극적인 참여의 모습을 보이고 있었다. 공간과 공의 크기 변화와 맞추어야 할 부위에 대한 규칙의 변화를 주장하면서 게임수업에서 즐거움을 경험하였다. 평소에는 장비가 사용된 게임수업에 관심이 없던 학생들도 수업에서 신문지, 긴 줄넘기 그리고 다양한 크기의 공을 준비물로 사용하면서 게임수업에 관심을 보이면서 참여하였고, 그 과정에서 즐거움을 경험해 나갔다. 이러한 측면에서 교사들은 학생들이 적극적인 수업활동을 마련하는데 각종 자료의 고안과 변형하는 노력이 필요하다는 중요성을 인식해야 할 것이다.

> 새로운 준비물을 만들어 게임에 참여하면서 즐거움을 느꼈고, 재미도 있었어요. 평소에 잘 사용하지 않고 내버리던 폐휴지와 신문지로 만든 공이 가장 기억에 남아요 〈김수빈과의 면담/2011.10.26〉.

학생들은 거리와 높이가 조설된 던지기와 잡기 게임 및 변형 스포츠 피구에서 바쁜 움직임을 보였다. 기존의 피구형태가 아니라 스포츠 피구의 경기장에서 게임을 하면서 많은 것들을 알아가게 되었다. 상대방 구역에 있는 공을 잡아서도 안 되고, 같은 모둠원이 옆에 있는 친구에게 공을 건네주어도 파울이 된다는 사실을 알게 되었다. 수업에서 소극적인 학생들도 자신이 공을 가지고 있을 때, 그 공을 자신이 상대방을 향해 던질 수 있는 기회를 얻게 되었다. 학생들은 옆에 있는 친구가 공을 자꾸 달라고 하지 않는 것만으로도 심리적 안정감을 느끼는 것으로 나타났다.

> 피구하면 두 칸으로만 되어있는 줄 알았어요. 그런데 스포츠 피구 경기장은 모양이 특이하고, 게임방법도 평소와 다르다는 것을 새롭게 알게 되었어요. 지금까지의 피구와는 많이 다른데 훨씬 좋은 것 같아요. 공을 잡았을 때, 옆 사람에게 주지 않아도 되고, 내가 던질 수 있어서 마음이 편했어요 〈김윤경과의 면담/2011.12.07〉.

학생들은 단순히 게임의 형식만 변형하는 것이 아니라, 규칙이 변형된 게임 활동에도 재미를 느끼고 있었다. 정해진 규칙에 융통성이 가미된 변화를 주다보니, 남학생과 여학생이 서로 어울려서 활동하는 게임이 이루어질 수 있고, 이를 통해서 남녀 학생들이 함께 참여할 수 있었다. 결국 변형 스포츠 짝 피구는 남녀 혼성수업에 대한 인식의 제고와 학생들 각 개인의 사고의 변화에도 긍정적으로 작용하는 동기가 되었다.

> 처음에 짝을 만들어서 피구를 하니까 옆 친구가 저를 살리려고 노력하였고, 저도 끝까지 살아남기 위해 짝과 함께 뛰어다니다보니 어색한 것이 줄어들었어요. 지금은 나도 그 친구를 보호할 수 있고, 신나게 뛰어다닐 수 있어서 좋아요(남궁솔과의 면담/2011.10.19).

### 3) 자기표출(self-disclosure)로 나를 드러내기

학생들은 스포츠 피구게임에서 규칙의 변형과 학습자의 수준을 고려한 게임 활동이 새롭고, 색다른 재미가 있다는 긍정적인 인식을 가지고 있었다. 반면, 기능이 우수한 몇몇의 학생들은 예전에 자주 경험했던 피구게임을 하지 않는 것에 대해 아쉬움을 드러냈다. 이는 자신의 기량을 뽐내고 싶어 하는 학생들에게서 주로 확인되었다. 규칙의 변형이 제공되면서 자신이 독점할 수 있는 기회가 많지 않았고, 여러 학생들과 함께 게임을 공유해야한다는 환경에 대해 부정적으로 생각하였다.

> 스포츠 피구의 변형게임들보다는 예전 피구를 했으면 좋겠어요. 예전에는 제가 공을 많이 던지고 잡았는데, 한 번 받으면 계속해서 두 번 받을 수 없다는 규칙이 생기면서 공을 많이 던지지 못하게 되어서 재미없어요(이중수와의 면담/2011.10.05).

피구게임에서 기능이 비교적 우수한 학생들은 이곳저곳을 돌아다니면서 자신을 친구들에게 드러내고 싶어 하였다. 즉 자신의 강점을 교사나 다른 친구들에게 보여주고 싶어 하는 경향을 강하게 표출하였다. 게임 상황에서 이 모습은 보다 확연히 드러나고 있었다. 따라서 교사는 학생들의 다양한 요구를 반영하여 이들의 참여를 극대화하기 위한 방안에 관심을 기울여야 할 것이다.

> 변형 피구게임을 많이 하다보니까 내가 잘하는 던지기를 할 수 있는 기회가 적었다. 정식 스포츠 피구를 하면 내가 외야에서 계속해서 공을 던질 수 있는데, 찜 피구와 짐 볼 왕 피구 등을 하다 보니 규칙도 잘 모르겠고, 공도 커서 던지기 어려웠다(음창규의 체육수업일기/2011.11.30).

스포츠 피구게임에서 학생의 자기표출은 활동의 참여를 통해 나타나는 충만감과 살아있다는 감정 그리고 이것이 바로 자신이 하고 싶었던 것임을 느낄 때 유발되는 심리체험으로서 내적 동기나 절정 경험, 몰입 등의 긍정적인 심리 상태와 연결된다는 측면에 관심을 기울여야 한다(권오정, 2009; Waterman, Schwartz & Conti, 2008). 자기표출과 학생의 감정표현은 자신의 생각을 표출하면서 즐거움을 경험하도록 하면서 내적 동기를 강화시켜 주고, 신체활동에 적극적으로 참여하는 유인가를 제공하게 된다(한지연, 2006).

긍정심리학의 자기실현적 행복 관에서는 개인이 지닌 대표 강점과 미덕을 충분히 계발할 때, 즐거움과 활력을 경험하며, '진정한 자기'가 표현된다고 보았다(Seligman, 2002). 따라서 개인을 잘 나타내고 그의 독특성을 보여주는 긍정적인 성격 특성인 대표 강점을 발견하여 삶에 활용하는 것이야말로 행복을 증진시키기 위한 필수조건이다(권오정, 2009; Seligman, Rashid & Parks, 2006). 학생들이 자기표출로 나를 드러내는 대표 강점은 과제에 있어 의욕과 활기를 주는 동시에 탁월한 결과와 성취를 이루게 하는 역량의 역할을 하기 때문에 자아실현에 있어 무엇보다 중요한 측면을 지닌다고 볼 수 있다(Peterson & Seligman, 2004).

## 2. 학습의 경험의 가치: '너'와 함께 하는 삶을 이야기하다

게임의 2차적 경험은 학생들이 게임수업에서 경험하는 그 자체의 활동을 실제 교육의 맥락에서 1차적 경험을 경유하여 의도적인 교육의 방향에 따라 재구성하거나 재 조직화하는 경험을 의미한다. 학생들은 게임에 참여하면서 창의적인 게임이 만들어지기를 희망하였다. 즉 재미있게 참여할 수 있는 피구게임에는 어떤 것들이 있는지, 스포츠 피구를 쉽게 할 수 있는 방법은 없는지 등을 고민하였다. 게임에 참여한 학생들은 모둠원들 간의 협동을 통해 팀워크를 형성해 나가면서 게임에 대한 자신감을 형성하였다.

### 1) 팀워크

학생들에게 게임수업은 다양한 협동의 경험과 교우관계의 형성, 팀워크를 강조하는 계기가 되며, 바쁘고, 즐겁게 수업에 참여하도록 하는 긍정적 효과가 있다(정구영 · 고문수 · 이재용, 2003). 여기서 팀워크는 팀원이 한 팀에 소속되어 서로를 위해 노력하고 희생, 믿음으로 뭉칠 때 신뢰가 형성되어 고취되는 특징이 있다(최환영, 2008).

이 연구에서 변형 스포츠 피구게임으로 제시한 술래를 피해서 공 던지고 받기의 활동에서 학생들은 술래에게 공을 뺏기지 않으려고 노력하였다. 처음에는 자기가 좋아하는 친구에게만 공을 던져주다가 술래에게 뺏기는 경우가 자주 발생하게 되었다. 학생들은 게임에 참여하는 시간이 증가하면서 좋아하는 친구만이 아니라, 모둠의 다른 구성원들에게도 공을 던지게 되었고, 그 과정에서 새로운 친구들과 공을 주고받는 모습이 나타났다. 이러한 모습이 자극제가 되었는지, 서로에게 공을 건네주는 상황이 더욱 많아졌다.

모둠별로 이루어진 변형 게임 활동 후에 변형 피구를 재실행하였는데, 그 과정에서 학생들은 이전보다 움직임이 활발하였고, 모둠원들 긍정적인 상호작용을 하면서 패스하였으며, 개인 위주의 활동에서 벗어나 모둠원들과 상호작용하는 활동으로 게임의 활력소를 찾아나갔다.

예전에 피구를 할 때에는 친구들이 가지고 있는 공도 빼앗아 혼자서 공을 던지곤 했거든요. 그런데 혼자만 열심히 해서는 상대방을 제대로 맞출 수 없다는 사실을 알게 되었어요. 혼자하면 그때는 좋지만, 게임이 끝나고 나면 말도 많거든요. 지금은 피구 게임 규칙에 따라 친구들과 패스하며 공격하면서부터 친구들과도 가까워지게 되었어요(김준혁과의 면담/2011.09.14).

스포츠 피구게임에서는 외야에 한 명이 나가있는데, 그 친구와 협력을 잘해야 우리 팀이 이길 수 있다. 외야에 있는 친구가 어디로 움직이느냐에 따라 내가 던져야 하는 거리가 달라졌다. 힘 있게 던지기도 하고, 가볍게 던지기도 하면서 외야에 있는 친구와 협동할 수 있어서 좋았다(남궁솔의 체육수업일기/2011.12.07).

게임수업에서 중요한 것은 학생들이 수업에 즐겁게 참여할 수 있도록 안내하고, 게임을 통해서 친구들과의 상호작용은 물론 협동의 의미를 알고, 게임 활동에서 이를 실천할 수 있도록 안내해야 한다. 이 연구에서 학생들은 변형 스포츠 피구게임을 통해서 게임을 운영하는 방법과 게임을 통한 모둠원과의 상호작용의 필요성을 인식하면서 게임수업에 참여하였다. 학생들이 게임을 통해 1차적인 경험을 하고 나서, 어떠한 수업이 바람직한지, 어떻게 수업을 이끌어나가야 하는지에 대한 방향성을 탐색할 수 있는 기회를 제공한다면 매우 의미가 있을 것이다.

무엇보다 학생들이 나와 네가 함께 할 때, 팀의 성취를 가져올 수 있다는 가치를 인식하게 된다면 게임 활동에서 혼자보다는 타인과 협동하는 삶으로의 전환을 가져올 것이 분명하다. 체육의 가치 중의 하나는 팀워크이다(최환영, 2008). 학습목표를 달성하는 것도 팀워크가 잘 이루어질 때, 형성될 수 있음을 감안하여 학생들이 스포츠 피구게임에서도 팀워크의 형성으로 상대방의 움직임을 차단하고, 모둠원들의 움직임을 지원할 수 있는 팀워크의 형성 방안을 강구할 필요가 있다.

### 2) 전략과 전술의 실행

학생들은 공간의 크기, 모둠원들의 인원수, 던지고 받기 등의 변형 스포츠 피구게임에 참여하면서 공에 대한 두려움이 줄어들었고, 패스와 공을 다루는 기능에 변화를 보였으며, 공을 피하는 방어적인 기술에서도 향상을 가져왔다. 또, 학생들은 게임 활동 전에 동기유발로 제공한 긴 줄넘기 뛰어넘기와 줄을 뛰어넘으면서 빠르게 공을 전달하는 게임을 통해 순발력에서 변화가 나타났다. 순발력이 좋은 학생들은 게임에서 리더로서의 역할과 모둠원으로부터 인정을 받았다.

> 체육시간에는 하지 않던 긴 줄넘기를 가지고, 모둠발과 외발로 뛰어넘기를 수업시간마다 했어요. 그 이후에는 모둠원이 던져주는 공을 받으면서 줄을 뛰어넘는 활동을 했거든요. 게임이 이루어지기 전에 준비단계에서 이것을 했어요. 그 활동을 하면서 공 받는 것이 두렵지 않게 되었어요(이재혁과의 면담/2011.09.21).

> 공을 과녁에 던져서 맞추기와 일대일 던지기, 삼각패스하며 던지기, 지그재그로 던지고 받기를 하면서 공을 던지고 받는 것이 훨씬 쉬워졌다. 공간도 이곳에서 저곳으로 움직이면서 공을 던지고 받다보니, 게임을 할 때, 내가 어떻게 움직여야 하는지를 알게 된 것이다. 예전에는 연습도 없이 그냥 피구를 해서 잘 던지지도 못하고, 잘 받지를 못했는데, 지금은 안 그렇다. 어디로 공을 던져야 하는지, 어디로 움직이면서 받아야 하는지를 알 수 있었다(김윤경의 체육수업일기/2011.09.21).

학생들은 변형 스포츠 피구게임을 통해서 게임에 대한 이해와 전술을 이해할 수 있었다. 전술은 짧은 시간의 제한 속에서 실행되는데, 이때 요구되는 문제해결을 위한 의사결정은 게임의 규칙, 상대 모둠원과의 관계, 자신이 수행할 수 있는 기술 등에 대한 지식을 요구한다. 이러한 일련의 지식을 기반으로 게임 상황을 파악하는 것이 전술적 이해이다. 이러한 전술적 이해가 변형 스포츠 피구

게임에서 나타났다.

> 상대방이 공을 던져서 맞추려고 하면 우선 빨리 피하곤 했었는데, 지금은 게임 시작 전에 공주고 받는 연습을 자주 하면서 공 잡는 방법과 피하는 요령을 알고부터는 움직임이 많이 달라진 것 같아요(음창규와의 면담/2011. 09.28).

학생들이 스포츠 피구게임에 참여하면서 단순한 움직임의 전략을 사용하는 부분에서 어떻게 어디로 움직여야 하는지에 대한 이해의 폭을 확장해 나갔다. 이는 다양한 공 던지고 받기의 연습과 공을 과녁에 던져서 맞추기, 일대일 던지기, 삼각패스 및 던지고 받기, 지그재그로 던지고 받기 등의 연습을 하면서부터 새롭게 변화한 경험이다. 이러한 측면을 고려할 때, 학생들이 스포츠 피구게임에 참여할 때, 뚜렷한 목표가 제시된 활동들이 일관성 있게 제시된다면 훨씬 교육적인 측면을 드러낼 것으로 보인다. 특히, 학생들은 스포츠 피구게임에서 기본 수비 대형과 공격 대형이 어떻게 이루어져야 하는지를 알고, 이를 실제 경험으로 전환하면서부터 공을 던지고 받는 움직임이 역동적으로 변화하였다.

### 3) 공존지수 함양하기

학생들은 체육수업에서 동료들을 이해하고 배려하며, 협동심을 발휘하여 당면한 문제를 해결하기보다는 포기하거나 경쟁하고, 대립하며, 남의 탓으로 돌리는 경향이 있다. 이러한 문제점을 해결하기 위해 교사들은 스포츠와 게임 등의 신체 관련 활동들에 협동학습의 요소들을 적용하여 보다 효율적인 운동기능의 향상을 기하고, 친 사회적인 인성의 도야 방안을 연구하고 있다(정구영 · 고문수 · 이재용, 2003). 특히, 과제의 난이도와 과제 내 변형을 통해 학생들의 참여를 증대하고, 이를 토대로 학생들 간의 상호작용 증대에도 관심을 기울인다.

연구참여자들은 변형 스포츠 피구게임을 통해 혼자보다는 친구와 서로 의논하고, 협동하면서 게임수업을 전개하면서 협동적인 태도의 형성과 교우관계

개선에도 긍정적인 모습을 보였다. 이는 문호준(2003)의 선행연구인 스포츠교육모형에서 팀 선정과 조직 그리고 다양한 역할 부여로 학생들에게 협동할 수 있는 기회를 제공하게 되고, 이를 통해서 학생들은 협동의 중요성을 학습하는 것과 마찬가지로 본 연구의 학생들도 변형이 제시된 과제활동에 참여하면서 자신의 역할을 충실히 수행하면서 모둠원들과 협동하는 게임의 참여모습을 보인 것으로 판단된다.

2007 개정 체육과 교육과정의 대영역 중 경쟁 활동은 학생들 간의 상호작용을 최대로 고양시킬 수 있는 특성을 가지고 있다. 게임의 특성상 혼자보다는 여러 명의 학생들이 함께 어울려서 활동하는 과정에서 그 효과를 극대화 할 수 있게 된다. 이러한 측면에서 학생들의 미래는 혼자보다는 친구들과 서로 어울려서 살아가는 공존지수(network quotient)가 높은 학생들이 성공을 하게 되고, 미래의 선도적인 주인이 되기 위한 첩경임을 인식해야 한다(김무곤, 2003).

여기서 공존지수는 함께 사는 사람들과의 관계를 얼마나 잘 운영할 수 있는가 하는 능력을 재는 지수를 의미한다(김무곤, 2003). 공존지수가 높을수록 사회에서 다른 사람과 소통하기 쉽고, 소통으로 얻은 것을 자원으로 삼아 더 성공하기 쉽다는 개념이다. 물론 내가 속한 집단은 잘 되고 다른 집단은 소외시킨다는 '패거리'의 개념이 아니라, 서로 잘 살도록 도와야 한다는 이타적 개념에 가깝다고 볼 수 있다.

사람들이 함께 살아가야 한다는 당위성은 혼자서 할 수 없는 일들을 친구들과 서로 도와가면서 문제를 해결하는 방법이 쉽다는 진리와 마찬가지로 학교 체육수업에서도 혼자의 활동보다는 친구들과 서로 어울려가는 가운데 도움을 주고받는 것이 체육의 가치를 높일 수 있는 과정임을 인식할 때, 체육활동에서 학생들의 상호작용을 극대화할 수 있는 피구 게임수업의 제공은 체육의 위상을 드러내기 위한 전략의 요소가 될 수 있다.

> 변형 스포츠 피구게임은 혼자 하는 것이 아니라, 친구들과 함께 하는 것이라는 것을 알았고, 공을 받기 위해 움직이는 외야 친구의 움직임에 따라 공을

어디로 보내야 하는지를 알 수 있었다. 특히, 좋았던 것은 옛날 피구처럼 옆에 있는 친구의 공을 빼앗아 던지면서 갈등을 줄 수 있는 것이 규칙으로 정해져 있기 때문에 옆 친구에게 줄 수 없고, 공을 가지고 있는 사람이 꼭 던져야 한다는 규칙이 생기면서 공을 던지는 기회도 생겼다. 상대방 친구의 움직임에 따라 내야와 외야로 공을 전달하면서 친구들과 협력하는 것도 좋았다(인동혁의 체육수업일기/2011.11.30).

변형 스포츠 피구는 초등 체육교육에서 효율성이 높으며, 학생들의 흥미를 유발하고, 즐거운 마음으로 참여하도록 동인을 제공한다는 사실을 확인하였다. 따라서 현장의 교사들은 게임수업에서 가르치고자 하는 종목의 기능과 그 종목이 가지는 특징을 토대로 게임을 운영하는 방법에 대한 이해와 게임에 대한 창의적이고, 체계적인 수업계획을 마련할 수 있어야 한다(고문수 · 손천택, 2004; 황순광 · 고문수, 2004; Ko 외 2인, 2004).

## 제3절 학생들은 무엇을 얻었는가?

전문성을 지닌 교사들은 체육수업에서 학생들에게 학습과제나 활동을 체계적으로 조직하고, 내적인 동기를 유발하는 가운데 적절한 발달을 가져올 수 있도록 학습 환경을 창조하고 변형할 수 있어야 한다(Block, 1995). 이 글에서는 학생들이 일반적으로 참여하던 피구를 스포츠 변형 피구게임으로 변형하여 학생들이 수업에 대한 인식의 변화를 탐색하였다. 그 결과 학생들은 스포츠 피구게임에 참여하면서 '신체적 쾌락과 활력 증진하기'와 '게임의 가치 인식'의 긍정적인 변화를 경험하였다.

## 1. 신체적 쾌락과 활력(vitality) 증진하기

본 연구자는 초등학생들의 발달단계에 적합한 스포츠 피구게임을 마련하여 학생들로 하여금 게임 활동에 즐겁게 참여하는 가운데 게임에 대한 흥미를 제공하고자 노력하였다. 결국 학생들은 변형 스포츠 피구게임에 참여하면서 기본 기능과 체력 및 건강 측면에서 긍정적인 변화를 경험하였다. 기본운동 기능과 관련하여 초등학생에게 제공되는 운동들은 발달 단계적 나이와 신체적 능력에 부합될 수 있어야 한다. 동일한 연령대의 학생들일지라도 발달 단계적 나이로 보면 차이가 날 수도 있기 때문에 차별화된 과제를 제시하는 것이 무엇보다 중요하다고 볼 수 있다.

게임에서 학생들이 운동 종목이나 속도, 거리 및 장비를 선택할 수 있도록 그들의 수준에서 제시된 과제를 수행하도록 하는 것도 중요하다. 교사들은 게임 수업에서 학생들이 적극적으로 참여할 수 있도록 시설과 용 · 기구의 사용에 변화를 제공하는 창의적인 학습 환경과 장비의 마련과 수업활동에 대한 융통성을 발휘해야 한다(고문수 · 이재용, 2003).

긍정심리학적 측면에서 신체적 쾌락과 활력을 증진 · 강화하기 위해서는 긍정적 정서에 대한 학문적 연구에서 얻은 세 가지 개념에 주목할 필요가 있다(김인자 역, 2009). 습관화, 음미하기, 관심 기울이기가 바로 그것이다. 첫째, 습관화하기이다. 쾌락은 육체적이든 정신적이든 행복을 지속시키는 요소로 활용하기에는 한계가 있는 매우 독특한 특성의 집합체이다. 쾌락은 물론 사전에 정의된 대로 덧없는 것이어서 순식간에 사라져버린다. 즐거운 일을 해보라는 과제를 내주었을 때, 학생들은 즐거운 일이 끝나면 그 일에서 얻은 즐거움도 끝이라는 사실을 깨닫게 된다. 따라서 학생들로 하여금 신체활동을 통해 쾌락과 활력을 제공하기 위해서는 일상생활에서 쾌락을 자아낼 수 있는 일들을 최대한 누리되, 되도록 시간 간격을 넓혀 틈틈이 경험하게 하는 것이다. 마찬가지로 학생들이 스포츠 피구게임을 통해 쾌락과 활력을 증진하기 위해서도 매번 똑같은 피구활동을 제공하기보다는 다양한 형태의 변형 스포츠 피구게임을 시간 간격을 두고 경험할 수 있도록 해야 한다.

두 번째, 신체적 쾌락과 활력을 증진하기 위해서는 음미하기가 필요하다. 브라이언트와 베로프 교수는 대학생 수천 명을 대상으로 실시한 검사결과를 토대로 '음미하기'를 증진시킬 수 있는 다섯 가지 방법으로 '다른 사람과 공유하기', '추억 만들기', '자축하기', '집중하기' 그리고 '심취하기' 등의 필요성을 제안하였다.

세 번째, 관심 기울이기이다. 신체적 쾌락과 활력을 강화하거나 높이기 위해서는 이와 관련된 부분의 요소에 관심을 기울여야 한다. 척 마틴이 제시한 관심갖기가 '변화하기'와 '전달하기'의 요체가 되듯이 신체적 쾌락과 활력을 증진시키기 위한 방안에서 관심은 변화의 시작점이 될 수 있다(김명신 역, 2006).

## 2. 게임의 가치 인식

초등학생들은 체육수업의 내용 중 게임영역에 대하여 높은 선호도를 보이고 있다. 학교 체육수업에서 게임수업이 차지하는 비중이 체육수업 전체의 57.9%라는 사실은 체육수업에서 게임수업이 차지하는 비중을 실감하는 대목이다(윤승평, 2000). 이러한 상황은 현장 교사들로 하여금 체육수업을 게임 수업으로만 인식하는 결과를 양산하기도 하였다. 교사들은 체육수업 시간을 게임 수업으로 오해하는 일도 벌어진다. 교사들이 체육시간에 축구나 피구 게임만을 수업활동으로 제공하는 경우가 이에 해당된다. 체육수업이 게임 활동으로 일관된 모습을 보이는 시점에서 교사들은 체육수업을 지도할 때에는 다른 활동을 제공하기보다도 게임위주의 활동을 제공하고 있었다.

이 부분은 우리나라만이 아니라, 미국의 경우에도 체육교육과정에서 게임을 가르치는 수업이 약 65%에 이르고 있는 등 실제로 현장 체육수업의 대부분이 게임수업이라고 해도 과언이 아니다. 이러한 게임수업의 비중을 감안하여 이 연구에서는 게임수업 중 변형이 제공된 스포츠 피구게임을 제공하여 학생들의 게임수업에 대한 인식을 살펴본 결과, 초등학생들은 게임수업을 통해 신체적 활력, 심리적 활력, 자기표출, 팀워크 그리고 전략과 전술의 수행 등을 경험하고 있었다.

이에 본 연구자는 학습자의 수준에 맞게 제공된 변형 스포츠 피구게임을 통해 게임수업에 대한 학생들의 인식의 변화와 게임수업을 이끌어가는 전략을 경험하도록 학생들의 발달단계에 적합한 수준별 게임수업을 설계하였다. 학생들은 이러한 활동에 참여하면서 평소에 경험하지 못했던 자신의 신체 움직임에 적합한 수준의 게임에 참여하면서 자신감과 게임에 참여하는 태도에서 적극적인 모습과 즐겁게 참여하는 등의 긍정적인 요소들이 나타났다(황순광 · 고문수, 2004; O'Reilly, Tompkins & Gallant, 2001; Werner, Thorpe & Bunker, 1996).

하지만 일부의 학생들은 스포츠 피구게임의 규칙을 바꾸거나 학습자의 수준을 고려한 게임 활동이 새롭고, 색다른 재미가 있다고 이야기하면서도 한편으로 변형이 제공된 게임 활동에서 불만의 목소리를 내었다. 학생들이 변형 스포츠 피구게임에서 다양한 게임의 방법과 종류에 대한 아쉬움을 드러내는 것은 학습과제가 자신들이 평소에 활동하던 놀이의 형태와 게임의 규칙이 다르게 제공되었기 때문이다.

무엇보다 긍정심리학 관점에서 학생들의 게임수업의 경험과 게임수업의 가치를 지향하기 위해서는 교사의 총체적이고 전인적인 역할이 요구된다. 지금까지 운동기능을 잘 전수하는 소극적 수준의 체육교사의 전문성이 필요했다면 앞으로는 학생들이 개인의 활동적인 생활기술과 건전하고 바람직한 스포츠 문화 활동을 경험할 수 있는 다음과 같은 구체적인 전문성을 지니고 있어야 한다.

첫째, 교사는 체육교과 내용에 대한 암묵적 지식과 이를 학생들에게 의미 있게 전달하기 위한 실천적 지식으로서의 수업지식을 지녀야 한다. 암묵적 지식이 교사가 알고 있는 지식이라면, 실천적 지식은 교사가 알고 있는 지식을 학습자의 발달 특성에 맞게 제공하는 것을 의미한다(고문수, 2012). 교사가 암묵적 지식을 지니고 있을 때, 실천적 지식도 풍부해 질 수 있다. 따라서 교사들은 게임수업 개선을 위해 다양한 자료를 구비하기 위한 노력에 관심을 기울여야 한다. 각종 학술지나 전문 잡지를 구독하거나 체육관련 연수에 참여하여 체육에 대한 이해의 폭을 확장시키는 노력을 해야 한다.

둘째, 교사는 학생들이 게임수업에서 신체활동을 통해 행복감을 증진하도록 다양한 교수 · 학습 자료를 구비해야 한다. 학생들이 체육수업에 소극적으로 참여하게 되는 원인은 수업교구나 수업 자료의 부족이다. 학교 현장에서도 교구의 부족으로 체육수업에 참여하지 못하는 학생들을 볼 수 있다. 교사들은 도전활동인 평균대 활용 수업에서 평균대 한두 개를 꺼내놓는다. 여러 개의 평균대를 놓고 수업하는 경우는 극히 드물다. 대부분 한두 개의 평균대에서 한 학급의 학생들이 수업에 참여하다보니 수업에 대한 참여율이 낮을 수밖에 없다. 이는 학생들이 체육의 가치로 인식하는 심동적 · 인지적 · 정의적인 측면의 통합을 저해하는 요인이다. 따라서 학생들에게 체육의 가치를 구현해내기 위한 방법으로 다양한 교수 · 학습 자료를 확충하여 학생들이 체육수업에 즐겁게 참여할 수 있는 기회를 제공하는 노력이 선행되어야 할 것이다. 학생들의 신체활동은 움직임을 드러낼 수 있는 기회가 주어질 때 적극성을 발휘하게 된다.

셋째, 교사는 체육수업에 대한 통합적인 안목을 지녀야 한다. 유정애(2007)는 초등학교 체육교육과정 해설 연구 개발에서 신체활동을 총체적으로 체험하고 체육문화를 이해할 수 있도록 교수 · 학습 활동을 통합하여 운영할 것을 제안하였다. 최의창(2007)도 체육 전문인의 심법적 자질을 향상시키기 위해 인문적 접근을 제안하면서 문학, 예술, 종교, 역사, 철학을 중심으로 제공되는 인문적 지혜와 서사적 체험을 통해 체육교육의 통합화를 강조하였다. 이를 위해서는 신체활동에 직접 참여하는 학습활동뿐만 아니라, 간접적인 학습활동으로 읽기, 쓰기, 조사하기, 토론하기 등을 함께 제공하는 활동을 통해 접근해 나갈 수 있다. 이는 체육수업을 통해 학생들에게 심동적 · 인지적 · 정의적 영역에 대한 이해를 넓히고, 학생들에게 전인적인 인간을 형성하도록 하는 방안이다.

지금까지는 체육수업에서 학생들에게 신체적인 영역에 대한 이해를 크게 강조하였지만, 인지적 · 정의적 영역에 대한 이해 부분은 소홀히 취급하였다. 체육수업에서 운동기능과 관련된 활동에 주안점을 둔 것이다. 이는 교육적인 측면에서 볼 때, 불완전한 형태의 모습이라 할 수 있다. 고문수(2008)의 연구에서도 학생들은 불완전성을 해소하고, 학생들이 체육수업을 통해 통합적인 안목을 형성하는데 도움이 되는 간접적인 활동의 하나로 글쓰기 활동을 제안하였다. 무엇보다 학생들이 심동적 · 인지적 · 정의적 측면의 통합과 수업에 대한 참여의 의지를 높이기 위한 방안으로 수업 첫 차시에 글쓰기를 해야 한다고 주장하였다.

넷째, 교사는 체육수업에서 도덕성과 책무성을 구현하기 위한 인간적인 품성(品性)을 지녀야 한다. 체육에서는 신체활동의 통합적 지도를 통해 학생의 인성을 함양하기 위해 교사 자신이 체육교과의 인성 교육적 역할을 인식하고, 체육활동을 통해 감성적인 자질을 갖추어야 한다. 인성의 함양을 위해서는 가르치는 사람의 '본보기'가 효과적이며 가장 근원적인 수준에서 영향을 미치게 된다. 이는 학생들은 교사가 가르치는 인성을 아는 것보다 인성의 역할모델로서 교사의 품성과 행동을 통해 본받고 따라하고 싶은 마음이 생기기 때문이다(최의창, 2007).

학생들의 행복은 게임수업의 모습에서 부정적인 요소가 없음을 뜻하는 것이 아니라, 부정적인 측면에 비해서 긍정적 측면이 더 많음을 가리키는 것이다. 행복은 학생들의 삶의 한 부분을 메우는 것이 아니라, 삶의 전체적인 질에 대한 종합적인 평가로 탐색될 수 있어야 한다. 스포츠교육학 분야에서도 긍정심리학 관점을 반영한 다양한 접근이 이루어지기를 기대하며, 인간의 강점 발견과 육성에 이바지할 수 있는 체육의 가치 또한 심도 있게 논의 되기를 기대해 본다.

# 제6장
# 체육수업에서 감정적 협박을 말하다[1)]

인간은 살아가면서 상대방으로부터 한번쯤은 상처를 입거나 부당한 취급을 받기도 한다. 자신이 좋아하는 것을 빼앗으려 한다면 그 상처는 더욱 크게 나타날 것이다. 이것이 정당한 상처든 부당행위로 인한 상처든지 간에 대부분은 이러한 상황에서 분노나 배신감 등의 부정적 감정을 느끼게 되어 피하려하거나 보복하려고 한다. 그러나 그 대상이 잘 모르는 타인이 아니라 내가 존경하고 따르는 그 누군가라면 어떠할까? 인간관계에서 서로 간에 기쁨만 존재하고 어떠한 영향도 상처도 주고받지 않는 관계는 아마도 무관심의 대상일 때만 가능할 것이다(Bales, 1970). 교사와 학생간의 관계라 할지라도 교사의 무조건적인 헌신과 학생의 무조건적인 존경이 존재하는 것은 아니다. 그 이유는 교사와 학생간의 관계는 수업이라는 매개체를 통해서 만나기 때문이다.

수업 환경은 교사와 학생 그리고 교과와의 상호작용 속에서 이루어진다(조벽, 2012). 그리고 그 속에서 학생을 괴롭히거나 고통과 상처를 주고 협박을 하

1) 본 글은 『교과교육학연구』 제17권 4호(2013)에 게재된 논문을 일부 수정한 것이다.

는 교사는 없을 것이다. 오히려 학생들에게 무엇인가를 더 가르치고 알려주기 위해 최소한의 상처를 주고 선한 협박을 하게 될 것이다. 어찌 보면 몇몇 교사들은 상처나 협박이 아닐 거라고 또는 아니라고 인식한 채, 학생들을 대하는 경우가 있다. 물론 그 이면에는 학생들에게 더 많은 것을 알려주고 가르치고 싶은 교사의 열정이 숨어있을 것이다. 그러나 학생들에게는 이것이 상처와 협박으로 어느 땐 위협, 압박 그리고 굴복 등의 부정적인 감정의 경험이 될 수 있다는 사실을 잊지 말아야 한다.

초등학교는 중 · 고등학교와 달리 담임교사[2)]가 일부 전담과목(학교사정에 따라 배정된 교과)을 제외하고 모든 교과를 가르치게 된다. 이러한 특성 때문에 실제로 수업 운영에서 교사의 융통적인 수업 운영은 중등교육에 비해 당연히 적다고 볼 수 있다. 예를 들어 수학교과의 진도가 뒤처져 있다면 담임교사는 진도가 빠르거나 중요성이 덜 하다고 생각하는 교과로 수업을 대체하기도 한다. 이때, 대체 교과로 자주 등장하는 것이 체육교과이다. 하지만 아이러니하게도 체육교과는 초등학생들이 매우 좋아하고 기다려지는 교과라는 특징을 갖는다. 상황이 이러하다보니 체육수업을 대체하는 현상은 교사가 학생들을 통제하거나 협상(긍정적 협정)을 하는데 매우 적합한 교과로 인식되고 있다. 하지만 이러한 대체는 학생들에게 적잖은 감정적 상처를 남기게 된다.

이와 같이 누군가 원하는 것을 상대방에게 강요하거나 합리적 이유를 들어 받아들일 수밖에 없도록 하여 감정에 상처를 주는 것을 '감정적 협박'이라고 한다. Susan(1997)은 감정적 협박을 누군가 원하는 것을 우리가 들어주지 않을 경우, 그 대가를 치르게 하겠다고 직접적으로나 간접적으로 위협하는 강력한 형태의 조종이라고 하였다. 따라서 감정적 협박자들은 FOG(fear, obligation, guilty)를 사용하여 가해자(학생)에게 강압적으로 접근하여 두려움(fear)을 갖도록 만들고, 꼭 해야만 하는 것으로 받아들이도록 하거나(obligation), 동의하지 않으면 죄(quilty)를 짓는 듯한 감정을 느끼도록 만든다. 더 중요한 사실은 교사

2) 본 연구에서 초등학교 담임교사를 이후부터는 '교사'로 사용하였다.

들이 감정적 협박을 하면서도 이것을 협박이라고 인지하지 못한다는 것이다.

결국 협박으로 인해 가해자들은 여섯 가지 치명적 증상(요구, 저항, 압박, 위협, 굴복, 반복)을 경험하게 된다. 요구는 어떠한 요구를 협박자 자신을 위한 것이 아니라 마치 상대방을 위하거나 생각해서 제안하는 것처럼 말하지만 이미 결론지어진 상태이다. 그러니까 상대방의 의사가 관철될 만한 여지는 이미 없는 것이다. 저항은 가해자가 완곡하게 저항하거나 움츠리거나 이런저런 핑계를 대거나 거부감을 표시하는 것이다. 압박은 감정적 협박자가 의논하는 것처럼 말하지만 설득을 하고 있는 것이다. 자신이 말하는 대로 하는 것이 상대방에게도 좋은 것이라고 하면서 자신에 대한 애정이 없어서 자신이 말하는 대로 따르지 않느냐는 듯이 말하여 상대방으로 하여금 심리적으로 몹시 부담을 느끼도록 만든다. 위협은 저항하는 상대에게 자신이 원하는 것을 들어 주지 않으면 일어날 수 있는 어떤 일을 암시하고, 힘들게 하거나 불행하게 만들기 위해서 위협할 수도 있다. 이외에도 상대방을 굴복하도록 하거나 지속적으로 반복함으로써 협박자의 요구를 들어줄 수밖에 없는 상황으로 몰고 가는 경향이 있다(Susan, 1997).

반면, 감정적 협박과 대비하여 '건강한 협정'이 존재한다(Susan, 1997). 건강한 협정은 갈등상황에 대해 허심탄회하게 대화를 하려고 노력하는데서 출발한다. 상대의 감정이 어떤지, 상대가 무엇을 염려하는지를 알고 싶어 한다. 이것은 자신이 원하는 것을 상대가 왜 거부하는지 알고자 한다는 측면에서 감정적 협박과 큰 차이를 보인다. 결국 갈등의 제공자 또는 당사자로서 자기 스스로 책임을 인정하는 것이다. 어떤 종류의 위협이든 그것이 표현되는 방식은 다양할 수 있지만, 그 핵심에 도사리고 있는 위협은 한 가지이다.

이 글에서는 이러한 감정적 상처를 학교현장의 체육수업을 통해 바라보고자 하였다. 교사는 자신도 모르게 체육수업이라는 교과 자체의 중요성을 떠나서 학생들의 요구를 무시하거나 묵살하는 경향이 있다. 이러한 무시(묵살)는 학생들의 움직임 욕구를 억제시키기도 하지만 그와 더불어 체육이라는 수업 자체에 대해 부정적인 인식을 갖도록 만들기도 한다(Ntoumanis, 2005; Sallis & McKenzie, 1991). 움직임 욕구의 억제는 자연히 움직이지 않으려는 욕구로 전이되고 학생들의 내면에 숨어있는 에너지를 발산하지 못함으로써 신체적 개념에도 부정적인 결과를 낳게 된다(Alfermann & Stoll, 2000). 더욱이 체육활동을 경시하거나 '해도 그만 안 해도 그만'이라는 인식을 제공하게 된다. 가장 중요한 사실은 학생들이 이로써 감정적 상처와 협박을 느끼지만 교사는 그 사실을 모른다는 점이다.

기존의 학교 체육과 교사, 학생의 관계 연구를 살펴보면 초등 체육지도교사의 요인(전문성 부족, 여교사 편중, 체육교과에 대한 인식 부족, 교수 · 학습 방법의 비체계성), 중 · 고등학교에서의 체육수업 대체운영, 단순히 노는 시간으로서의 활용, 체육교사의 불성실한 수업운영으로 인한 학생의 체육수업의 부정적 인식, 긍정심리학에서의 초등 수업 경험, 시설과 기구의 부족 등이 연구되었다(고문수, 2013; 고문수, 엄혁주, 2012; 곽은창, 1998; 김남주, 1996; 김동진, 1998; 류태호, 1998; 손천택, 1996; 양갑렬, 김종욱, 1999; 정두언, 1990; 조순묵, 1998). 이는 단순히 체육수업과 체육교사라는 상황에 초점을 두고 연구되었지만, 실제 이러한 체육수업의 운영으로 인해 학생들이 무엇을 어떻게 느끼고 있으며, 어떠한 상처를 받는지, 교사는 왜 그럴 수밖에 없는지 그리고 교사와 학생의 관계 속에서 경험하는 체육수업의 구조와 관련된 연구는 거의 찾아보기 힘들다.

소수의 연구자들이 체육수업과 학생의 정서 그리고 품성에 관한 연구를 진행하였지만(엄혁주, 성창훈, 2012; 엄혁주, 최영준, 문익수, 2013; 김동환, 이주욱, 이병준, 2008; 이병준, 김동환, 2010), 이 또한, 체육수업 상황에서 발생하는 학생의 정서나 품성만을 밝히는 한계점을 지니고 있다. 그렇기 때문에 체육수업의 내 · 외적인 운영과 실태에서의 학생과 교사의 감정 교류와 이 과정에서의 체육수업 인식에 대한 연구가 필요한 시점이다.

따라서 이 글에서는 교사들이 자신도 모르게 사용하는 감정적 협박의 통제 유형과 협박의 내용을 살펴보고, 학생들이 교사의 감정적 협박을 통해 이루어지는 체육수업을 어떻게 인식하는지에 관심을 집중하였다. 이 글을 통해 현장 교사들은 자신의 체육수업을 되돌아보고, 학생과의 관계 개선과 교사 자신의 전문성 향상을 위해 무엇이 필요한지에 대한 이정표를 제시할 것이고, 학생들은 즐거운 체육수업에 참여함으로써 긍정적 정서를 함양하는 기회를 얻게 될 것으로 보인다.

## 제1절 어떻게 연구하였는가?

이 연구는 수도권 소재의 B, C 그리고 G 초등학교 5학년 학생 305명을 대상으로 개방형 설문과 G초등학교 5학년 학생 6명을 연구참여자로 선정하여 집단 면담을 통해 체육수업에 대한 인식을 감정적 협박의 관점에서 탐색하였다. 이 연구에 참여한 학생들은 체육활동을 좋아하고, 중간 이상의 운동기능을 소유하고 있었다. 이 연구에 참여한 학생의 이름은 모두 가명이다.

〈표 6-1〉 연구참여자

| 이름 | 성별 | 방과 후 신체활동 참여도 및 수업 관심도 |
|---|---|---|
| 일체육 | 남 | 적극적임, 관심이 높음 |
| 이체육 | 남 | 적극적임, 관심이 높음 |
| 삼체육 | 남 | 적극적임, 관심이 보통 |
| 사체육 | 여 | 적극적임, 관심이 높음 |
| 오체육 | 여 | 소극적임, 관심이 높음 |
| 육체육 | 여 | 적극적임, 관심이 낮음 |

이 절에서는 초등학생들로 하여금 체육수업에 대한 인식과 태도를 이해하기 위해 개방형 질문지를 활용하여 자료를 수집하였다. 개방형 질문은 그 내용과 수준에 따라 응답자의 반응이 결정되므로 선행연구(김달효, 2006; 김인상, 2004; 신상옥, 양갑렬, 2006; 이광무, 이유경, 2009; Susan, 1997)에 근거하여 초등교사 2인, 체육학 박사 2인의 연구진이 예비문항에 대한 검토를 한 후 F초등학교의 5학년 학생 22명을 대상으로 2회의 검토와 수정이 이루어졌다.

그 결과 두개의 질문에 대한 응답은 각각 3가지 이상씩 응답하도록 하였다. 질문은 "선생님께서 체육수업을 안했던 기억을 떠올려보고, 왜 하지 않았는지 적어보세요", "체육수업을 하지 않았을 때, 기분(감정)이 어떠했는지 적어보세요."였다. 본 연구자가 직접 질문지를 갖고 설문에 동의한 학교로 찾아가 학생들에게 작성하도록 하였다. 설문하기 전에 본 연구의 취지와 목적 그리고 연구윤리에 대해 상세하게 설명을 한 후, 학생들이 궁금해 하는 점에 대해서도 이야기 해주었다. 한 반당 시간은 30분 정도 소요되었다.

초등학생들은 개별 면담을 실시할 경우 이야기하는 것을 어려워하고 명료하게 대답하지 않는 경향이 있다(김영천, 1998). 이에 반해 집단면담은 집단 사이의 상호작용과 사회, 문화 환경 상황을 관찰함으로써 학생들이 인식하는 체육수업을 파악하는데 효과적이다(윤택림, 1994). 본 연구에서 면담은 개방형 설문에서 간과될 수 있는 보다 광범위하고 세부적인 인식 요소를 수집하고 개방형 반응의 타당한 분류를 목적으로 수행하였다.

면담은 방과 후에 5회(1회당 40분 정도)에 걸쳐 해당 학교 학급의 교실에서 이루어졌다. 면담 과정은 참여자의 동의하에 MP3 녹음기로 녹음하였다. 먼저 개방형 질문지를 통해 나타난 유형과 반응을 토대로 질문을 구성하고 체육수업에 대한 관심과 체육수업을 하지 못했을 때의 구체적인 경험 그리고 그 당시의 느낌과 감정에 초점을 두고 참여자들이 활발하게 토론을 하도록 유도하였다. 학생들이 응답한 내용에 동의하거나 다른 생각이 있는지 확인하는 과정을 반복적으로 진행하였다. 이러한 과정 속에서 학생들은 개별 면담보다는 집단면담 과정에서 자신의 생각과 경험 그리고 감정을 솔직하게 표현하였다.

본 연구에서는 현재 초등학교에 재직하고 있는 교사 중 교육대학원에서 체육을 전공한 3인을 선정하였다. 연구에 성실하고도 적극적으로 협조할 교사를 선별하였고, 교사들이 자신들의 교육현장에 적용하는 원리나 지침을 미화하지 않도록 하여 면담을 진행하였다. 면담은 개방형 질문지를 통해 추출한 유형과 세부영역 및 일반영역을 사전에 제시하고 자신의 경험과 비추어 자유롭게 이야기하도록 했다. 그들은 연구에 협조할 의사를 밝혔으며, 교육경력은 각각 9년,

〈표 6-2〉 연구 참여교사 정보

| 성명 | 연령 | 성별 | 학위 | 교직경력 | 체육전담 경력 |
|---|---|---|---|---|---|
| 김과거 | 36 | 남 | 석사 | 10년 | 3년 |
| 이현재 | 36 | 여 | 석사 | 12년 | 3년 |
| 박미래 | 33 | 여 | 석사 | 9년 | 0년 |

10년, 12년을 재직하고 있다.

이 글에서 개방형 질문지로 수집된 자료는 귀납적 범주분석을 하였고, 집단면담과 연구참여자의 면담으로 수집된 자료는 Spradley(1979)가 제안한 영역분석과 분류 분석을 토대로 분석하였다. 수집된 자료를 반복적으로 읽고 연속되는 패턴과 줄거리를 찾았다. 중요 용어들을 다시 조직하고 공통적인 것들로 묶고 합병하는 방식으로 인식의 요소를 체계적으로 조직해나갔다. 이러한 과정 후에는 다시 원 자료를 읽으면서 선정한 인식 요소들의 타당성을 점검하였고, 분석 작업을 통해 최종적으로 초등학교 체육수업에서 드러나는 가치와 관련된 핵심용어를 도출하였다.

자료의 분석과정에서 원 자료는 연구참여자를 통해 내용의 정확성 여부를 검토하였다. 스포츠심리학 박사학위자 1인, 스포츠교육학 박사학위자 2인과 연구 동료의 점검을 하였다. 그리고 구성원 간 검토와 면담을 이용하는 다각도 분석으로 자료의 진실성을 확보하였다. 최종적으로 본 연구를 완성하기 전에 분석과 해석 결과가 연구참여자의 의도를 올바르게 반영하고 있는지 확인함으로써 연구의 진실성을 높여나갔다.

## 제2절 교사의 통제 유형과 감정적 협박 및 학생 인식

모든 교사들이 항상 체육수업을 감정적 협박의 수단으로 사용 하는 것은 아니다. 대부분의 현장교사들은 교육과정을 바탕으로 체육수업을 지도한다. 하지만 교사는 자신도 모르는 사이에 학생들을 설득하거나 설득 당했다고 오판하고 있지는 않은지 생각할 필요가 있다. 본 연구에서 교사들은 학생들을 어떠한 방식으로 자신의 요구를 관철시키려고 의도하는지 또는 관철시키는지, 그 과정에서 학생들은 교사의 말과 행동에서 어떠한 상처를 받고 있는지 특히, 학생들이 인식하고 앞으로 인식하게 될 체육은 무엇인지를 밝힘으로써 우리 학교 체육의 나아갈 방향과 해결책을 모색하고자 한다. 이를 위해 교사가 요구하는 것이 무엇인지를 학생들의 인식을 통해 알아보고, 우리가 모르고 학생들을 위한다는 생각과 나의 합리화로 학생들의 감정에 상처를 주는 경우를 학생들의 관점에서 탐색하였다.

## 1. 교사의 체육 통제 유형

교사는 자신들의 요구를 관철시키기 위해 초등학생들이 가장 좋아하는 체육수업을 통제의 수단으로 활용하고 있다. 이때 학생들은 교사들이 사용하는 유형을 어떻게 바라보고 있는지, 다시 말해 학생들이 생각할 때, 체육수업을 교사가 그들의 요구를 관철시키기 위해 어떤 유형을 사용하는지를 탐색한 결과는

〈표 6-3〉 교사의 체육 통제 유형

| 세부영역 | | 일반영역 | |
|---|---|---|---|
| 영역 | 사례수/빈도(%) | 영역 | 사례수/빈도(%) |
| 복장불량 체육 안 해 | 95(30.8) | 체육수업 준비로서의 통제수단 | 150(48.7) |
| 시간 미준수(늦게 나오면 체육수업 안한다) | 3(1) | | |
| 줄 제대로 안서면 체육 안 한다 | 32(10.4) | | |
| 준비운동 미비 | 20(6.5) | | |
| 떠든 사람 체육 못해 | 56(18.2) | 체육수업 운영으로서의 통제 | 110(35.7) |
| 싸우거나 욕하면 체육 안 해 | 18(5.8) | | |
| 체육시간에 열심히 안하면 | 10(3.2) | | |
| 체육하고 싶으면 선생님 말 잘 들어 | 20(6.5) | | |
| 스티커를 통한 거래 | 6(2) | | |

| 다른 교과시간에 제대로 안하면 체육 안 해 | 11(3.6) | 주지 교과를 위한 통제 | 25(8.1) |
|---|---|---|---|
| (주요교과)진도 못 나가면 체육 뺀다. | 10(3.2) | | |
| (시험기간) 체육시간 빼고 수업한다. | 4(1) | | |
| (학교)지각하면 체육 안 해 / 학교생활 불량 | 8(2.4) | 학교생활 지도 | 10(3.2) |
| 비가 조금 왔을 때(체육에 지장이 전혀 없는 비) | 2(0.6) | | |
| 비규칙 및 교사의 기분 및 신체 상태에 따라 | 11(3.6) | 교사요인 | 11(3.6) |
| 기타 | 2(0.6) | 기타 | 2(0.6) |
| 전체(%) | 308(100) | 전체 | 308(100) |

〈표 6-3〉과 같다.

〈표 6-3〉에서 보는 것과 같이 일반유형은 '체육수업 준비로서 통제', '체육수업 운영으로서 통제', '타 교과를 위한 통제', '학교생활 통제' 그리고 '교사요인'으로 나타났다. 앞선 사례에서 살펴보았듯이 교사들은 체육 자체가 싫거나 체육수업을 하는 것을 꺼려한다기보다는 체육을 좋아하는 학생들의 감정을 통해 암묵적으로 협정을 맺으려 한다는 것을 알 수 있다. 학교현장에서 발생하는 교과과정 운영의 제약과 교과특성에 따른 경중, 교사의 감정 그리고 학생의 통제수단으로 체육수업을 활용하고 있었다. 이는 과거로부터 이어져온 체육교과에 대한 인식의 부족에 기인한다(윤만형, 2002). 운동과 건강은 중요하면서도 체육수업을 안 한다고 해도 중요하게 여기지 않는 생각에서 출발한다고 볼 수 있다.

## 2. 교사의 감정적 협박

교사는 자신도 모르는 사이에 학생들이 제일 좋아하는 체육을 통제나 협상의 도구로 인식하게 된다. 물론 이 과정에서 교사의 권위를 이용하여 강요하지는 않았다. 교사의 감정적 협박에서 교사가 체육을 도구로 학생들을 어떻게 통제하고 있는지를 탐색한 결과 요구 알리기와 반복하기로 나타났다.

### 1) 요구 알리기

동화 "해님과 달님"에 내용 중 호랑이와 할머니가 산에서 만나는 장면이 있다. 이때, 호랑이는 다음과 같이 말한다.

> "떡 하나주면 안 잡아먹지…."

호랑이가 나타나 이와 같이 말했다면 누구나 생명의 위협을 받고 당장 없는 떡이라도 만들어 주고 도망가려고 할 것이다. 위의 표현을 조금 다른 시각에서 바꾸어보자.

> "떡 먹고 싶지 않아?"

직선적 표현이 아닌 시무룩한 표정으로 위와 같이 말한다면, 이 표현은 상대방에게 떡을 사주겠다거나 만들어 주겠다는 것보다는 나에게 떡을 달라는 것에 가깝다. 호랑이가 떡을 주지 않으면 고통을 줄지도 모른다는 불안감은 여전히 남아있는 것이다. 꼭 생명의 위협은 아니더라도 감정적으로 심한 압박과 스트레스를 받게 될 것이기 때문이다.

교사는 자신들의 요구를 직설적으로 표현하지 않고 학생들이 자신들의 요구를 수용할 수 있도록 행동하고 있으며, 말로 할 때에도 학생들을 위해 제안하는 방식을 취하였다. 여기서 중요한 것은 교사는 이미 자신들의 요구를 위해 학생들의 의사가 관철될 만한 여지는 남겨놓지 않는다는 점이다. 다시 말해, 교사는 체육을 통한 협상이 학생들의 감정을 자극하고 상처를 준다는 사실을 암묵적인 협의로 인식하고 있다는 점이다.

> 저도 사실 그런 경험이 적진 않은 것 같아요. 뭐, 동의라고 하기까지는 좀 그렇지만 학생들에게 그러니까 예를 들어, 이번 주가 시험인데 진도는 맞춰야겠고 공부도 해야겠고 그래서 '체육은 시험 끝나고 맘껏 해줄게'라고 선심 쓰

듯 말하죠(멋쩍은 웃음을 지으며). 〈김과거 면담〉

학생들에겐 '미안하다', '어쩔 수 없다' 등으로 양해를 구하지만 학생들이 받아들이지 않아도 어쩔 수 없다는 생각은 했던 거 같아요. 지금 생각하면 미안한데 그 땐 다급하니까……. 사람이 다급하면 여유가 없어서 교육적으로도 안 좋다는 걸 알면서도 그렇게 되는 것 같아요. 〈이현재 면담〉

두 교사의 대화에서도 드러난 것처럼 학생들에게 미안하다는 생각을 갖고 있으면서도 어쩔 수 없었다는 듯이 현실로 합리화함으로써 학생들에게 교사의 요구를 관철시키고 있었다. 교사는 왜 미안해하면서도 자신들의 요구를 관철시키려하는 것일까? 학생들은 닫힌 교실에서는 조용히 앉아 수업을 받는다. 교실에서는 교사가 학생들을 통제하고 수업운영을 하는데 적은 노력으로도 가능할 수 있다. 하지만 운동장에 나가는 순간 학생들의 마음은 상당부분 흥분하기 시작한다. 이때 선생님의 말소리도 잘 들리지 않고 교실보다 넓은 공간에서의 해방감을 느끼게 된다. 그러다보니 교사들은 운동장이나 체육관에서는 교실에서만큼 학생들을 통제하고 교육하는 것이 어려울 수밖에 없다. 이런 이유로 체육수업을 준비하는 과정(복장, 수업준비, 준비운동 미비 등)과 체육수업을 운영하는 부분(떠들지 않기, 싸우지 않기, 열심히 참여하기 등)에서 통제의 수단으로 체육수업을 활용하고 있었다.

사실 나가서 체육을 해야 하는 건 알지만 여선생님들은 한번 나가려면 모자도 써야하고 선크림도 발라야하고 팔 토시도하면서 가릴게 많잖아요. 나가기 위해서 준비하는 것도 오래 걸리고 나갔다와서도 그 상태로 계속 있을 수도 없으니까 체육 한번 하는 게 사실 쉽지만은 않은 거 같아요. 〈박미래 면담〉

위의 박미래의 면담에서도 알 수 있듯이 날씨와 교사의 건강상태는 체육수업에도 영향을 미친다. 초등학교 특성상 여교사의 비율이 높은 만큼 외모에 관심이 많은 여교사들이 겨울에는 추워서 여름에는 자외선에 의한 피부노화 때문에 모자와 선크림, 팔 토시 등으로 꽁꽁 감싸야한다. 이는 복장을 갈아입는데서 오는 불편함과 연결되고 임신이나 감기 등으로 건강상태가 더욱 좋지 않을 때에는 강한 요구를 관철시키려고 한다. 이러한 강한 요구는 학생들에게 위협을 느끼도록 하고 그들의 체육수업 동기에도 부정적인 영향을 미친다(Deci & Ryan, 1985).

부정적인 체육수업의 동기는 이후 체육수업에도 영향을 미친다(Seligman & Csikszentmihalyi, 2000). 이러한 현상은 바꾸어 생각해보면 교사 자신의 입장이 학생의 감정이나 상처보다 중요하다고 생각할 수 있다. '교육의 질은 교사의 질을 능가할 수 없다'고는 하지만 이는 긍정적인 '질'을 설명하는 것이지 부정적인 '질'이 되어서는 안 된다(Glasser, 1993, 1998). 영감을 주는 교사는 학생과의 관계를 중요시 여긴다. 그렇기 때문에 교사는 항상 학생들에게 진실해야 한다. 교사가 체육을 나가기 싫어한다는 것을 사실 그대로 이야기한다면 당연히 꺼려지기 마련이다. 이럴 땐 밖에서 체육수업을 하거나 교실에서 할 수 있는 체육수업을 연구하여 학생들과 더 우호적인 학습공동체를 구축할 수 있도록 노력해야 한다.

### 2) 반복하기: 프랙탈 현상

프랙탈은 단순한 구조가 끊임없이 반복되면서 복잡하고 묘한 전체 구조를 만드는 것이다(김미진, 2011). 어떤 모양이 이렇게 저렇게 바뀌어가면서 반복되는데 결국은 본래 상태와 같은 효과를 말한다. 본 연구에서 나타난 감정적 협박의 형태도 이와 유사한 반복의 형태를 띠고 있다.

'반복'의 의미는 두 가지 관점에서 살펴볼 수 있다. 하나는 "언행이나 일 따위를 이랬다저랬다 하여 자꾸 고침"이고, 다른 하나는 "본래 상태로 되돌림"의 관점이다. 전자는 교육과정 운영을 수정하는 것의 반복이고, 후자는 교사의 체육 통제과정의 반복이다. 전자의 관점에서 보면 체육수업은 고정된 시간, 즉 교육과정에 반영된 주간학습 안내에 따라 정확하게 운영되어야 함에도 이것이 바

꿔어가는 것이다. 앞에서 통제화 유형에서도 살펴보았듯이 '주지교과를 위한 통제'와 '학교 교육과정 운영'들로 인해 체육수업이 그때그때 바뀌는 상황이라면 이를 받아들이는 학생의 입장에서도 혼란스럽고 체육 그 자체에 대한 인식조차 부정적으로 느낄 수 있을 것이다.

> 물론 국어나 수학, 사회가 중요하지만 체육도 중요한 거 아니에요? 왜 체육을 안 하냐고요. 똑같은 과목인데요. 정말 짜증나고 이상해요. 〈오체육 면담〉

> 예전엔 체육 하려고 하는데 갑자기 소방훈련 한다고 못한데요. 근데 왜 다른 과목은 하는 거죠? 체육은 안 하면 다른 것도 안하고 그러는 거 아닌가요? 〈삼체육 면담〉

후자의 관점은 앞선 체육 통제화 유형에서 '학교생활 지도'를 위한 통제와 '교사 요인'으로 인한 반복과정임을 확인할 수 있었다. 규칙을 지키는 것은 매우 중요하다. 하지만 규칙을 정확하게 지키기란 초등학생에게 매우 어려울 수 있다. 그렇다보니 생활지도의 벌점으로 체육을 협상의 테이블로 끌어들이는 것은 매우 쉬운 결과를 낳는다. 더욱이 교사의 건강이 좋지 않거나 여교사의 경우 임신한 경우라면 체육을 하러 나가는 것은 사실 매우 힘든 실정이다. 이러한 이유 때문에 많은 교사들이 체육전담교사가 있어야 한다고 생각한다.

> 체육을 학생들의 생활 지도로 활용하는 것은 사실 학생들을 말 잘 듣게 하는데 쉽게 빠르게 할 수 있어서예요. 학생들이 간혹 들뜨고 방방 뛰는 날이 있잖아요. 그런 날에 체육을 하러 나가면 정말 정신이 없어요. 어찌나 말도 안 듣는지. 그러면 하루가 정말 너무 힘들더라고요. 〈박미래 면담〉

> 사실, 제가 아프거나 음… 예전에 임신했을 때는 정말 운동장에 나가는 것이 전날부터 걱정이 됐어요. 체육전담이 있으면 좋지만 그렇지 않으면 정말

> 힘들어요. 저도 체육전담을 해보았지만 내 몸 컨디션이 좋으면 상관없지만 그렇지 않을 때면 쉽진 않죠. 그렇다고 체육이 중요하지 않다는 것은 아니에요. 중요하기 때문에 열심히 가르쳐야 하고 그래서 내가 힘들면 잘 못하게 되고 애들한테 괜히 짜증만 내니까 더 부담이 되는 거 같아요. 체육전담은 가산점 같은 제도가 꼭 필요할 것 같아요. 〈이현재 면담〉

체육을 중요하지 않다고 생각하는 교사는 거의 없다. 하지만 체육이 다른 주지교과보다 중요하다고 생각하는 교사 또한 거의 없다. 주지교과를 위해 체육이 희생당하는 현 시점에서 체육계와 학자들은 무엇을 해야 할지 해결책을 찾아야한다. 초등체육은 청소년 문제뿐만 아니라 평생의 건강생활을 위한 출발점이라는 점에서 매우 중요한 의미를 갖는다(권민혁, 2012). 초등체육의 중요성에 알맞은 학교 체육 정책이 마련되어야 한다. 이현재의 면담에서도 알 수 있듯이 체육전담교사제에 대한 정책적 접근이 필요하다. 이를 위해 초등교육에 전문성을 갖춘 체육전담교사를 위한 방안을 학교정책입안자, 관리자, 교사에 의한 연수 및 협의가 단기성이 아닌 장기적인 관점에서 이루어져야할 것이다.

## 3. 학생의 체육수업에 대한 인식

만약, 체육수업을 협상의 도구로 사용하고, 학생들의 통제수단으로 활용한다면, 체육의 미래는 어떻게 변할 것인가? 물론 체육을 중요하지 않다고 생각하는 교사는 거의 없다. 그렇지만 그 어떤 것보다 우선순위는 아닌 것 같다. 이 시대를 사는 성인들이 과거 학교교육에서 체육을 경시하는 풍조 속에 남아있다. 이는 체육교사들이 각성해야 될 문제이기도 하지만 사회 전반에 만연된 체육 경시 풍조에 더욱 큰 목소리를 내어야 할 시점이다. 학생들은 체육이 통제의 도구로 활용되는 것을 보면서 체육 자체에 대해 어떠한 생각을 하고 있을까? 궁금하지 않을 수 없다.

### 1) 눈치 보기

대상이 초등학생들이지만 그들은 교사의 요구를 그대로 수용하고 이해하는 것만은 아니다. 어찌 보면 교사가 왜 하지 않으려고 하는지 알고 있으면서도 저항하려 했을 때, 더 힘들어진다는 것을 알고 있는지도 모른다. 그렇다면 학생들이 교사의 요구에 어떻게 저항하고 있을까? 이 연구에서 학생들은 적극적인 저항에 대해서는 아주 짧은 시간으로 끝나고, 소극적인 저항은 당분간 지속되다가 어쩔 수 없이 받아들이는 것으로 나타났다.

> 우리가 막 모라고하죠. 어떤 애는 일어나서 막 화내기도 해요. 그러다 선생님이 갑자기 화를 내요. 그래서 다들 조용해지죠. 〈이체육 면담〉

> 맞아요. 너무 오래 (우리가) 화내면(저항하면) 오히려 체육도 못하고 혼나기만 해요. 사실 선생님이 잘못 한 거 아니에요? 〈일체육 면담〉

어쩔 수 없이 받아들이려고 하는 것은 이해했기 때문이 아니라 더 혼날 것을 방지하기 위해 '방어기제'로서 작동한 것이다. 성인이라면 감정 조절을 통해 금방 받아들일 수 있겠지만, 아동기에 속한 초등학생들은 자신들이 좋아하는 것을 거부나 거절당했을 때, 성인보다 더 큰 디스트레스(distress)와 감정의 상처를 느끼는 것으로 나타났다(Lickona, 1983).

> 선생님들이 우리 공부 때문에 라고 하면서 체육을 안 하잖아요. 아 그럴 때면 짜증나요. 그러면 몰해도 안 할 거예요. 〈삼체육 면담〉

> 맞아. 어차피 (공부하고) 체육 안 할 거면서 괜히 물어봐서 기분이 나빠요. 원래 체육 안하면 안 되는 거 아니에요? 진짜 (선생님이라) 말도 못하고 답답해요. 〈오체육 면담〉

두 학생의 대화에서도 알 수 있듯이 교사는 단순히 체육 한 시간 안하는 것으로 끝나지만 학생들은 자신들의 권리를 빼앗긴 듯한 감정의 상처와 이러한 상처가 다음시간까지 이어지게 된다. 교사는 학생들이 모른다고 생각할지도 모른다. 하지만 학생들은 교사의 의도가 무엇이고 왜 체육수업을 안하려고 하는지, 체육수업을 할 수 없는 상황이라는 것조차도 이해하지 못할 수도 있다.

오체육의 면담에서 알 수 있듯이 학생들은 이미 교사가 체육을 하지 않을 것이라는 사실을 알고도 직접적으로 말을 할 수 없는 자신들의 상황(처지)을 견디기 힘들어하였다. 이러한 과정의 반복은 학생들의 체육 정서나 신체적 개념에도 상당한 영향을 미칠 수 있다(김동환, 이주욱, 이병준, 2008; 이병준, 김동환, 2010; Alfermann & Stoll, 2000).

교사의 요구에 학생들이 바로 긍정적인 대답을 요구하는 것은 무리일 것이다. 학생들은 교사의 요구에 불합리성을 들어 저항하려고 한다. 이러한 저항은 적극적인 저항이라기보다는 체육수업을 하고 싶으니 시켜달라고 하는 부탁의 소극적인 저항의 표시인 것이다. 어쩌면 당연한 그들의 저항을 교사는 미안해하면서도 어쩔 수 없다는 입장이었다.

> 사실 미안하죠. 그렇다고 진도를 맞춰야하는데 밖에 나갈 수도 없고, 학생들한테 강요 할 수도 없는 거죠. 예를 들어 미술을 하다가 시간이 모자라는데 그냥 끝내고 체육 하러 나갈 수는 없잖아요. 〈김과거 면담〉

물론 이러한 현상들이 체육교과만을 통해 발생하는 것은 아니다. 예컨대, 학생들이 좋아하고 재미를 느끼는 것들을 억제하는 상황에서도 발생한다. 하지만 여기서 중요한 점은 체육을 인식론적으로는 중요한 수업이라고 생각하지만 실제적인 측면에서 체육수업의 중요성에 대해서는 인식하지 못한다는 점이다. 그렇기 때문에 이러한 현상들은 계속해서 반복성을 갖고, 학생들의 감정에도 상처로 자리하여 체육을 계속 경시해도 되는 것으로 생각하게 만든다(이병준, 김동환, 2010).

### 2) 비(非) 마시멜로 체육

미국 스탠포드 대학의 월터 미쉘(Walter Mischel) 박사는 아동을 대상으로 마시멜로 실험(The Marshmallow Experiment)을 실시하였다. 3시간 정도 공복을 유지하게 해서 배가 고픈 학생들에게 마시멜로 한 봉지를 건네주면서 지금 당장 먹을 수도 있지만 30분을 더 참으면 그 보상으로 마시멜로를 추가로 한 봉지 더 주겠고 하였다. 이는 당장의 충동과 감정을 얼마만큼 잘 조절할 수 있느냐 하는 '만족지연능력'이 성공적인 인생을 영위하는데 중요한 요소가 된다는 것이다.

지금 학교 체육은 어쩌면 마시멜로 실험에서의 마시멜로와도 같다. 하지만 이 실험과의 차이는 지금 참았을 때 나중에 보상이 없다는 것이다. '만족지연능력'이 향상되는 것이 아니라 오히려 상처를 받고 체육에 대해 부정적인 인식이 더욱 팽배해질 수 있다. 결국 학생들은 체육을 경시해도 되거나 경시당하는 교과로 인식할 수 있다.

> 왜 선생님들은 체육을 빼먹고 그러는지 모르겠어요. 작년 샘은 오히려 체육을 많이 해줬어요. 그래서 애들이 엄청 샘을 좋아했어요. 근데 다른 샘들은 잘 안 해요. 그래서 어느 땐 체육이 불쌍하기도 해요. 〈삼체육 면담〉

학교현장의 체육수업 결손에 대한 연구는 더 심각하다. 윤만형(2002)의 연구에서는 1개월 동안 수업 결손 정도를 1~2회가 61.03%나 나타났다. 수업을 하더라도 수업내용과의 일치여부 또한 일치하지 않음이 59.82%에 이르렀다. 결과여부를 떠나 학생들이 체육에 대해 느끼는 감정은 이보다 더 심각하다고 볼 수 있다. 결국 체육은 해도 그만 안 해도 그만인 교과로 전락해버리고 운동과 건강이 학교 체육과는 별개로 인식될 수도 있다는 점이다. 이러한 현상은 작금의 문제만이 아니다. 과거로부터 이어져온 것이 현재 나타나고 이는 다시 미래로 이어지는 순환과 반복을 하고 있는 것이다. 보상이나 추가적인 기회가 주어졌을 때에는 긍정적인 능력의 향상을 보이지만 오히려 박탈이나 상처와 부정적 감정이 주어지면 거부하게 되거나 무시하는 결과를 가져오게 된다. 하지만 체육을 좋아하는 학생인 경우 오히려 잘 수긍하기도 한다. 그 이유는 또 다른 체육수업의 박탈을 걱정해서 이해하려고 노력하기 때문이다. 반대로 체육을 좋아하지 않는 학생에게는 오히려 체육수업 자체를 경시의 대상으로 여기고 있었다.

> 사실 한두 번 학교사정 등으로 못하게 되면 학생들도 어쩔 수 없다는 식으로 그냥 넘어가기도 해요. 하지만 이것이 자꾸 반복되는 경우엔 저도 열심히 하려고 하지만 학교교육과정이 갑자기 바뀌고 그럴 때는 학생들이 많이 아쉬워하는 것을 보면서 미안해하기도 해요. 그럴 때면 다음에 꼭 해주겠다고 하는데 약속을 항상 잘 지키지는 못해요. 〈김과거 면담〉

> 울 반 샘이 잘 말해주시면 애들도 이해는 하는데 '이럴 거면 체육복을 입고 오지 말라고 하지' 하면서 굉장히 싫어해요. 그냥 체육을 하지 말라고도 하고요. 하지만 저는 샘이 화나서 더 못하면 안 되니까 그냥 참아요. 〈삼체육 면담〉

> 사실 체육하면 좋고 안 해도 전 그냥 참는 편이에요. (중간생략) 모 그냥 당연하다고 해야 할까? 계속 그래 왔으니까요. 〈오체육 면담〉

학생이 좋아하는 마시멜로와 같은 체육이 마시멜로 실험의 효과성을 갖기 위해서는 무엇을 해야 하는가? 먼저 교사와 학교행정가의 인식의 전환이 필요하다. 인식의 전환은 설득으로 이루어지지 않는다. 당장은 바뀔지 모르지만 이것은 오래가지 못한다. 장기적으로 바라보고 서서히 바꾸어 나가는 것이 필요하다. 무엇보다 교사와 학생의 관계가 체육수업을 통해 더욱 활성화되어야 한다.

Marzano(2007)는 교사와 학생의 관계를 결정짓는 세 가지를 발견하였다. 첫째, 학생들과 긍정적인 관계를 갖고 있는 교사는 교사 지배적이다. 부정적으로 들릴지라도 이것은 실제로 긍정적인 성향을 갖는다. 교사는 분명한 학습 목표를 성취하기 위해 확신에 찬 행동으로 확실한 기대와 결과를 조성하고, 이것은 내용과 행동에 있어서 확실한 목적과 강한 지도력을 제공하게 된다. 둘째, 적절한 수준의 협동(강력한 정서로서 소속감, 약속 그리고 헌신)은 실제 학습이 일어나는 교실에 존재한다. 이러한 수준의 협동을 만들어 내기 위해 교사는 학생들에게 유동성 있는 학습목표를 제공하고, 학생에 대한 개인적 흥미를 주고, 긍정적이고 평등한(불공평한) 행동을 취해야 한다. 셋째, 교사와 학생의 관계는 학생들(주의집중에 문제가 있고, 소극적이며 공격적이고, 완벽 주의적이거나 사회성이 부족한 학생들 포함)의 높은 요구수준을 교사가 알고 있을 때 극대화된다. 모든 학생들이 평생 동안 신체활동에 참여하길 원한다면, 체육수업에서 창조해야할 것이 비로 긍정적인 참여 동기 분위기이다(Brunel, 1999; Carpenter, & Morgan, 1999).

### 3) 뛰어 놂 교육

교사들은 학생들이 체육을 단순히 노는 시간으로 여긴다고 생각하고 있다. 그러한 생각은 체육교과의 가치를 낮추는 결과를 조래한다. 그러나 체육의 '논다'라는 것은 컴퓨터 게임처럼 흥미만을 위한 놀이로서의 의미보다는 학생들의 '뛰어 놂'의 문화로 바라보아야 한다. 다시 말해, '뛰어 논다'의 의미를 통해 재미와 협동, 문제해결, 갈등과 같은 정의적, 인지적, 신체적 영역을 고루 발달하게 만들어야 한다(엄혁주, 이대형, 고문수, 2013).

> 학생들은 체육을 노는 시간으로만 생각하고 있는 거 같아요. 운동장에 나오면 정신없이 뛰어다니고 통제도 안 되고. 여하튼 그러다보니 자꾸 음.... 말 안 들으면 (체육을) 안 한다고 하면 애들이 조금 말을 들으니까 그러는 거 같아요. 저도 어쩌면 체육에서 공부라는 생각을 갖고 대해야하는데 그것보다 놀려주는 시간이나 선심 쓰는 시간으로 생각하기도 한 적도 있는 거 같아요. 반성해야죠. 〈이현재 면담〉

뛰어노는 것이 교육의 의미를 갖기 위해서는 무엇보다 체계성이 중요하다. 수업 운영이 이랬다저랬다 하면서 수업 내용이 일치성과 체계성을 갖추지 못한다면 단순히 노는 것으로 끝나버리고 만다. 체육은 뛰어노는 과정 속에서 의미와 가치가 있는 유일한 교과이다. 그 의미와 가치를 실현시키고, 유지 · 발전하는 것은 교사의 몫이고 학생의 적극적인 참여 속에 이루어진다. 학교 체육의 인식이 단순히 노는 것으로 끝나버린 데에는 그 의미와 가치를 심어주지 못한 것이 원인이다. 의미와 가치가 없는 교육은 노는 과정 속에서도 지루함이 있고 적극적인 참여보다는 의무적인 참여만 존재한다.

또한, 의미 없이 노는 체육은 학생들에게 좌식문화로의 입문의 역할을 한다. 현대인은 많이 먹고 소비는 줄이려고 하는 좌식 문화중심의 생활패턴을 갖고 있다. 이것은 신체활동의 부족 현상을 초래하여 다양한 질병과 건강에 위험을 높이고 청소년에게는 올바른 성장, 발달을 저해하기도 한다. 운동과 건강을 슬로건으로 갖고 있는 학교 체육이 오히려 좌식문화로의 안내의 역할을 한다면 어불성설이요, 존재의 이유를 스스로 없애려하는 것이다.

> 재밌어서 그런지 자꾸 하고 싶지만 자주 할 수 없어서 더 애타게 하는 교과가 체육인거 같아요. 원래 기대가 크면 실망도 크다고 하죠. 그래서 그런지 체육수업 기회의 박탈은 오히려 반감을 가져오게 되는 거 같아요. 〈오체육 면담〉

> 학생들도 한 두 번 안하고 그러면 '에이, 또 안 할 거잖아요.' 그러면서 그냥 잘 움직이지 않으려고 하는 거 같아요. 이런 게 얼마 전 책에서 본 좌식문화로의 입문인가 봐요. 원래 잘 움직이지 않는 애들은 점점 체육 하는 것을 싫어하는 거 같아요. 정말 저부터 반성하고 더 열심히 해야겠어요.〈김과거 면담〉

학생들에게 좌절감을 맛보도록 하는 교사는 없다. 어쩌면 체육에 대해 우리도 모르게 자연스럽게 인식되어온 부정적인 인식이 문화가 되어 그 문화를 다시 유산으로 전하고 있는 지도 모른다. 훌륭한 문화유산은 계승하고 발전되어야 하지만 좋지 않은 문화유산은 바꾸지 않으면 사회문화로 자리매김하게 되어버린다. 그렇기 때문에 체육도 단순히 학생들에게 놀고 끝나는 놀이수업이 되어서는 안 되고 유의미한 활동이 될 수 있도록 노력을 경주해야 할 시점이다.

본 연구의 결과를 바탕으로 초등 체육 문제의 해결책과 긍정적인 방향을 위한 시사점은 다음과 같다.

첫째, 체육수업을 바라보는 학생의 관점에서 체육전담교사제의 활성화는 체육교과 인식에 대한 전환의 계기가 될 것이다. 체육 전담의 활성화를 위한 해결책은 세 가지로 생각해 볼 수 있다. 우선 체육전담 제도는 그동안 학교에서 실제로 운영되어져 왔다. 그러나 학교상황에 따라 운영하기도 하고 운영하지 않기도 하였다. 가장 큰 이유는 교사의 참여 부족이다. 초등학교 교사들은 담임을 선호하고, 전담을 하고자 하더라도 체육보다는 과학, 실과, 음악 등을 선호한다. 이러한 점에서 체육전담 신청교사에 대한 가산점 부여나 학교전출시 혜택을 주는 제도가 필요하다.

다음으로 스포츠 강사를 전 초등학교에 배치하는 것이다. 인천광역시교육청에서는 2013년에 이미 모든 초등학교에 스포츠강사를 배치하였다. 끝으로 교육대학교에서 심화과정으로 운영되고 있는 체육교육과의 역할 변화가 있어야 한다. 교대 입학시험에서 체육교육과에 대한 특별전형 제도를 마련하여 실기능력을 갖춘 학생이 들어오고, 이들이 대학을 졸업하면 체육전담을 할 수 있는 장치를 마련하는 것이다. 아무리 좋은 정책이라 하더라도 제도적 합의가 이루어지지 않으면 안 된다. 그러므로 체육전담 제도에 대한 제도적 · 정책적 연구가 필요하다.

둘째, 감정적 협박과 대비되는 것으로 '건강한 협정'이 있다(Susan, 1997). 이는 학생들의 감정과 요구를 이해하는 것에서 출발한다. 학생들이 체육을 좋아하기 때문에 통제의 수단으로 활용하는 것이 아니라 왜 좋아하는지 교육적으로 어떻게 접근해야 하는지 그리고 이를 위해서 교사와 학생의 이해의 장을 마련하도록 하는 장치가 필요하다. 체육수업을 통한 그리고 체육수업 상황에서의 갈등 상황에 대해 교사와 학생은 허심탄회하게 대화하고 합리적인 해결책을 찾으려는 노력이 필요하다. 이것은 상대방의 감정을 알고 무엇을 염려하는지 알게 함으로서 합리적인 협정으로 가는 출발점이 된다.

또한, 체육수업에 대해 교사의 책무성이 필요하다. 교사의 책무성은 체육수업을 통해 학생들이 체육의 가치와 배움을 불러일으키도록 하는 것이다. 학생들에게 어느 정도의 선택의 권리도 보장해 주어야 한다. 따라서 추후 연구에서는 건강한 협정의 사례나 과정 및 방법에 대한 사례 연구가 제고되어져야 한다.

이 연구에서는 체육을 통한 교사의 감정적 협박에 대한 유형을 탐색하였다. 후속연구에서는 교사의 감정적 협박에 대한 척도를 개발하여 감정적 협박에 대해 교사가 어느 정도 인식하고 있는지 그리고 사용하고 있는지에 대해 그 수준을 알아보는 연구가 진행되어야 한다. 체육활성화는 멋진 캐치프레이즈나 훌륭한 정책으로 달성되지 않는다. Top-Down식의 정책이 아닌 Bottom-Up식의 정책이 필요할 때이다. 학교 체육에서의 아주 작고 미묘한 인식의 출발이 그 어떤 정책보다도 체육활성화와 체육 참여를 극대화하는 원동력이 될 수 있음을 기억해야 한다.

제7장

# 예비교사의 교육실습에서 드러난 체육교육의 간극과 해소를 탐색하다[1)]

교육은 시작이 매우 중요하다. 대부분의 초등교사는 교육대학에서 교사의 꿈을 키운다. 그렇기 때문에 예비교사 시절의 경험은 현장 교사의 경험에 중요한 역할을 제공하게 된다. Lortie(1975)는 교사가 되기 이전에 인식한 교사로서의 역할이 교사로서의 역할수행에 중요한 영향을 미친다는 사실을 역설하였다. 따라서 교육실습생들은 보조자로서의 역할수행이 아닌 수업의 주체자로서 자신을 바라봄과 동시에 예비교사로서의 역할을 수행하게 됨을 알 수 있다.

따라서 한 교사가 체육에 대한 바른 인식을 지니고 있다면 그 교사는 자신의 체육에 대한 교육철학을 바르게 펼칠 수 있을 것이다. 특히, 현장교사들이 자신의 교육철학이 확고하다면 체육에 대한 교사 자신의 정체성을 형성하는 부분에 도움이 될 수 있다. 초등교사들이 체육에 대한 자신의 정체성을 확고히 할 수 있는 시점은 뭐니 뭐니 해도 예비교사교육인 교육대학에서의 체육수업에 대한 이론과 실제에 대한 수업지식이다. 다만, 예비교사교육기관에서 교수자뿐만 아

1) 본 글은 『한국초등체육학회지』 제18권 3호(2012)에 실린 것을 부분적으로 수정한 것이다.

니라 예비교사들이 초등체육에 대한 확고한 교육적 패러다임을 지니고 있을 때 체육수업에 대한 정체성은 보다 빠르게 정립될 수 있을 것이다. 초등 예비교사들이 대학에서의 체육에 대한 이해와 실천이 현장의 실습과 괴리되지 않고, 통합될 수 있도록 교육되고 학습이 이루어진다면 훨씬 가치가 있을 것이다.

초등교사의 수업에 대한 정체성은 예비교사 교육기관에서 형성의 기초를 다질 수 있다. 따라서 이 시기에 어떠한 수업 경험을 하였는가는 현장 수업의 관심과 변화에 중요한 영향을 미치게 된다. 최근 좋은 체육수업을 지향하기 위한 연구들이 많이 수행되었다. 수업모형을 활용한 체육수업(김낭규, 2010); 김진오, 2008; 이나미, 2003; 이병준, 2006; 임현주, 2004), 교수전략을 활용한 체육수업(고문수, 2012), 뉴스포츠를 활용한 체육수업(고문수, 2012; 고문수 · 이양구, 2011; 김낭규, 2009; 김현우, 2010; 박성준, 2005; 손환무, 2008; 이규일 · 류태호, 2010), 다양한 평가방법을 활용한 체육수업(이인제 외 6인, 2004; 이정애, 2003; 정규향 외 15인, 2004; AFT, NCME & NEA, 1990) 등이 이루어졌다. 이러한 연구를 수행하기 위해서는 우수한 교원을 양성하는 것은 물론 초등 예비교사들이 체육의 본질과 가치에 대하여 긍정적으로 생각할 수 있는 신념이나 정체성을 확보해주는 노력이 선행되어야 할 것이다.

그러나 오늘날의 초등 예비교사교육은 이 부분을 지원하는 부분에 한계가 있는 것으로 드러났다. 특히, 예비교사들이 자신의 정체성 확보와 체육에 대한 본질을 이해할 수 있는 교육이 제시되지 못한 것이 가장 큰 문제점이다(김정명, 2011). 따라서 예비교사들이 체육교과의 가치를 인식하고 자신의 학습지도 능력을 향상시키기 위해 교과에 대한 안목의 형성과 교과교육의 중요성을 인식할 수 있도록 수업컨설팅을 제공해야 한다(장찬익 · 권순달 · 최낙준, 2001).

최근 교사교육의 개혁을 위한 다양한 대안들이 제시되면서 교육내용 관련 교육학 또는 교과교육학의 중요성이 새롭게 인식되는 연유가 바로 여기에 있다. 강환국(1998)은 교과교육학이 교사에게 전문지식을 길러주는데 가장 적합하다고 주장하였다. 이러한 주장들이 있음에도 불구하고 아직도 대부분의 교사양성 프로그램들은 교양지식, 교육학적 지식, 학습자와 학습 환경에 대한 이해 그리고 교사의 직업적 가치관 등을 교사교육의 중요한 내용으로 구성하여 운영하고 있다. 다만, 달라진 내용이 있다면 각 영역에 배정된 시간의 양, 즉 이수 학점이나 교생실습의 시기 및 기간 등이 약간씩 증감되었다는 것이다(손천택 · 최환영 · 고문수, 2007). 그러나 이 부분도 각 영역에 배정된 시간의 양이 달라진 것에 대한 명확한 기준이나 그에 따른 교사양성의 효과가 평가되지 않고 있는 문제점을 내포하고 있다(Metzler & Tjeerdsma, 2000).

또한, 교사교육과 관련하여 발생하는 다양하고 복잡한 문제들을 양적 연구에 의한 객관적인 근거만으로 이해하고 해결하는 부분에 분명 한계가 있다. 이를 반영이라도 하듯이 최근 국내 · 외 교육학계의 인식과 접근이 크게 달라졌다. Macdonald와 Tinning(1995)은 객관적인 근거에 의존하여 체육교육을 이해하거나 체육교사의 전문성을 신장시키려는 20세기 과학주의적 접근이 그다지 성공적이지 못하였다는 주장을 제기하였다. 교사교육에서 지나친 과학주의적 사고는 교사교육의 내용을 교사교육자 중심으로 지나치게 세분화함으로써 교사들의 주관적인 경험을 무시하거나 교사들의 자유의지에 의한 성장을 크게 제한하는 결과를 초래하였다(박은혜, 1996). 지나친 과학주의는 교사들이 스스로를 통제하면서 성장하는 것을 방해하고, 새로운 지식을 비판적으로 수용하는 것을 제한하며, 교사의 자질 향상에 관해서도 통합적인 접근보다는 분자적 접근에 호소하는 원인이 되었다(손천택 · 강신복 · Patt Dodds, 2003; 손천택 · 최환영 · 고문수, 2007).

최근에는 구미 선진국을 중심으로 새로운 질적 패러다임이 형성되면서 교육을 과학적 현상으로 규정하여 분자적으로 이해하는 태도에 대한 비판이 제기되었고, 우리나라에서도 교육현상이나 교사교육을 인간학적 측면에서 연구하는 학자들이 점차 늘어나고 있다(김정명, 2011; 손천택 · 최환영 · 고문수, 2007; 이용숙, 1989; 조용환, 1999). 체육 교사 양성 프로그램 역시 일반 교육학과 선진국의 체육 교사양성 프로그램의 영향을 받아 체육교육 현상이나 체육교사교육에 대한 새로운 질적 접근을 시도하고 있다. 그러나 아직도 개념적 수준에 그칠 뿐 실질적인 변화를 이끌어내는데 충분한 연구가 이루어지지 못한 상황이다.

각 대학에서도 교사 양성 프로그램을 새롭게 구성하고 예비교사의 질적 향상과 전문성을 제고하기 위해 노력하고 있으나 초등 예비교사의 주관적 경험에 대한 이해가 부족하여 실질적인 변화를 이끌어내지 못하고 있는 상황이다. 예컨대, 체육관련 교사교육자들은 새로운 시대가 요구하는 내용을 새로운 지도방법으로 직전교사들을 교육하고 있다는 생각을 지니고 있으나 초등 예비교사들은 아직도 교사교육이 크게 변화하지 않고 있다는 인식을 가지고 있다.

교육대학의 교사교육자들은 대학에서 체육이론과 실기 그리고 교수법을 가르치면 체육수업을 하는데 필요한 전문성이 길러진다고 생각하는 반면, 예비교사들은 체육교과를 실제로 가르치면서 지도방법을 터득하는 수업지식을 쌓는 것이 더 중요하다는 생각을 갖고 있었다(손천택 · 최환영 · 고문수, 2007). 이처럼 교사교육자와 예비교사가 교사의 전문성에 대해 서로 다른 인식을 하고 있으나 그 간격을 좁히려는 노력이 적극적으로 개진되지 못하고 있는 실정이다.

이러한 측면에서 교사양성과정을 정당하게 평가하기 위해서는 교육의 직접 수혜 당사자인 초등 예비교사의 주관적인 경험을 깊이 있게 이해하는 것이 중요하다고 볼 수 있다. 초등 예비교사들도 현장교사들 못지않게 학교 체육수업에 대해 많은 고민을 하고 있다. 이러한 측면에서 초등 예비교사들의 고민이 현장의 체육수업을 개선하는데 기여할 수 있도록 교육을 담당한 교사교육자들은 자신의 초등 체육교육의 신념이나 정체성에 대하여 반드시 점검할 필요가 있다.

> 현장에 나가서 실습을 할 때마다 느끼는 것은 대학에서 배웠던 내용이나 방법을 초등 현장에 활용하는 것이 불가능하다는 것이다. 물론 대학에서 다양한 내용과 방법을 배우고 그것을 활용하면 좋은 수업이 될 것이라는 사실은 알고 있지만, 막상 실습에 나가 40분 동안 제한된 용구, 제한된 공간에서 체육수업을 하다보면 대학에서 배운 것들이 거의 소용이 없다는 것을 알게 된다. 체육수업을 할 때, 이론적으로 알고 있는 것이 많다면 물론 수업이 질적으로 높아질 수 있다. 하지만 체육수업을 해야 하는 교사로서는 이론적인 바탕도 중요

하지만 그것을 수업에 활용하는 능력이 더욱 필요하다. 아무리 많은 이론을 알고 있다고 하더라도 정작 그것을 수업에 활용할 수 없다면 소용이 없기 때문이다. 따라서 교육대학에서는 다양한 체육교육 이론들을 현장에 적용시키는 다양한 방법들을 교육해 나가야 할 것이다 〈김선민 예비교사의 수업일지/2011.11.30〉.

기능중심의 교육대학 체육수업의 내용이 현장에서 그 효과를 발휘할 수 있는가?〈이명수 예비교사의 수업일지/2011.11.30〉.

"우리는 왜 학교 현장에만 나오면 위의 내용처럼 교육대학의 수업내용들에 대해 탓하고만 있는 것일까?", "정말 대학교육이 잘못 운영되고 있는가?" 본 연구자는 이 부분을 점검하기 위해 교육대학의 예비교사들이 예비교사교육기관에서 경험하는 체육수업과 현장의 체육수업과의 간극을 살피는 연구에 관심을 기울이게 되었다. "대학의 예비교사교육은 온전한가? 대학의 예비교사교육은 현장 교사교육에 도움을 제공하는가? 대학의 예비교사교육의 목적, 내용, 방법, 평가는 어떠한가? 초등학생들은 체육수업에서 무엇을 원하고 고민하는 내용은 무엇인가? 대학의 예비교사교육과 현장의 체육수업이 어떻게 일치될 수 있는가?" 등이 본 연구를 수행하면서 갖게 된 고민들이다.

이러한 측면에서 위의 내용에 대해 예비교사들은 무엇을 느끼는지, 이들이 원하는 것은 무엇인지를 진심으로 받아들여 현장의 좋은 체육수업의 바탕을 마련하고자 하는 것이 이 연구의 의도이다. 이 글은 초등 예비교사가 경험한 교육내용과 현장의 교육실습을 통해 체육수업과의 간극과 이를 좁히기 위한 해소 방안으로서의 전략을 탐색하는데 목적이 있다. 또한, 본 연구자는 대학의 예비교사교육이 무조건적으로 잘못되었다는 것만을 이야기하기보다는 좋은 초등 체육수업을 만들어가기 위해 교육대학에서의 직전교사교육이 새롭게 지향점을 찾아야 한다는 고민을 여러 학자들과 공유하기 위해 초등 예비교사들이 교육대학에서 배우는 내용을 초등 현장의 실습 경험에 비추어 탐색하고자 한다.

## 제1절 어떻게 연구하였는가?

이 연구는 초등 예비교사들의 개인적이고 주관적 세계의 경험을 심층적으로 이해하고자 초등 예비교사들이 교육실습기간 동안 작성한 체육수업일지를 분석의 자료로 활용하였다. 자료분석을 위한 도구로는 Spradley(1979)가 제안한 영역 분석과 분류 분석을 활용하였다. 다만, 본 연구의 의도에 부합하는 보다 밀도 있는 논의를 위하여 수집된 자료의 분석은 교육실습생들이 체육수업 시간에 경험한 직 · 간접적인 체험활동으로만 한정하여 제시하고자 한다.

연구참여자는 본 연구자가 수업을 진행한 수도권 소재의 교육대학 3학년에 재학 중인 체육심화과정에 있는 학생 중에서 본 연구의 취지에 동의한 9명의 학생이다. 이들은 모두 2011년 10월 말과 11월 초에 수도권 지역에서 2주간의 교육실습을 수행한 바 있다. 초등 예비교사들은 교육실습 기간 동안 연구자로부터 수업과 관련하여 일어나는 사건과 자신의 생각을 자유롭게 기술할 것을 요구받았다. 본 연구자는 연구참여자들에게 연구의 목적과 절차를 자세하게 설명하였다. 연구참여자들이 교육실습을 마치고 나서 제출한 원자료에 대해서는 가명을 사용할 경우에 수업일지의 내용을 공개해도 좋다는 동의를 얻어서 사용하였다.

본 연구에서 연구참여자의 참여태도와 체육에 대한 관심도를 기술한 것은 체육교과에 대한 간극을 살펴보는데 있어서 수업에 적극적인 학생들만이 아니라 여러 학생들의 관점을 통해 교육대학의 체육교육과 학교 현장의 체육에 대한 제반 상황을 통합적으로 이해하는데 도움이 될 것으로 판단하였기 때문이다. 실제로 연구 결과에서도 체육수업에 대한 참여 태도와 체육에 대한 관심이 높고 낮음에 따라 특이한 반응을 보인 것이 아니라, 연구참여자 모두가 유사한 경향성을 보였다. 이러한 점을 고려해볼 때, 교육대학의 체육교육과 현장 체육교육 간의 간극의 문제는 교육대학의 예비교사들의 체육에 대한 성향에 따른 문제에 기인한다기보다는 외부적인 요인〔교육목표, 교육내용, 수업환경, 교육평가〕의 간극들로 인해 체육교육에 대한 이해의 폭이 다름을 확인할 수 있었다.

따라서 연구참여자의 내부자적인 관점으로서의 참여 태도와 체육에 대한 관심도를 비중 있게 다루기보다는 외부적인 측면의 관계성인 교육대학과 현장 간의 유기적인 관련성을 긴밀히 연계시키는 부분에 더 많은 관심이 모아질 필요가 있음을 확인하였다.

〈표 7-1〉 연구참여자

| 이름 | 성별 | 실습교 | 참여 태도 및 체육 관심도 |
|---|---|---|---|
| 이진수 | 남 | c초교 | 수업에 적극적, 관심이 높음 |
| 최현규 | 남 | k초교 | 수업에 적극적, 관심이 높음 |
| 이명수 | 남 | k초교 | 수업에 적극적, 관심이 보통 |
| 김은성 | 남 | b초교 | 수업에 소극적, 관심이 낮음 |
| 고수정 | 여 | b초교 | 수업에 적극적, 관심이 높음 |
| 여효정 | 여 | y초교 | 수업에 적극적, 관심이 낮음 |
| 주진여 | 여 | s초교 | 수업에 소극적, 관심이 높음 |
| 이수진 | 여 | s초교 | 수업에 소극적, 관심이 보통 |
| 최희윤 | 여 | d초교 | 수업에 소극적, 관심이 낮음 |

이 연구의 자료 수집은 2011년 10월 말과 11월 초에 수도권 지역에서 2주간의 교육실습을 수행한 S교육대학교 3학년 학생 9명이고, 연구의 자료는 초등 예비교사들이 수업실습을 하면서 정리한 체육수업일지이다. 연구참여자의 체육수업일지는 2주간의 수업실습이 이루어지는 동안에 체육수업을 참관하거나 자신이 직접 체육수업을 하면서 경험한 내용들이 포함되도록 하였다. 구체적으로 예비교사들이 체육수업을 참관하거나 수업을 진행하면서 느끼는 현장의 체육수업과 대학 예비교사의 체육과의 간극이나 차이점이 무엇인지, 교육대학에서 체육교육의 올바른 진행방법과 내용은 무엇인지, 초등 체육수업을 참관하거나 수업을 진행한 후의 느낌을 정리하여 작성하도록 하였다. 본 연구자는 초등 예비교사들이 제출한 체육수업일지의 내용을 읽고, 중요한 의미를 포함하고 있

는 단어를 찾아 밑줄을 그으면서 의미 있는 부분에 대해 강의 시간에 설명을 해주었으며, 궁금해 하는 체육수업의 내용과 수업일지에 대해 피드백을 제공하지 못한 이야기에 대해서는 추가적인 설명으로 조언하였다.

본 연구에서 연구자는 예비교사들로 하여금 대학에서 경험한 체육교육의 내용은 물론 추구하는 체육교육의 방향과 현장 체육수업과의 관련성을 긴밀하게 탐색할 수 있는 멘토 역할을 수행하였다. 본 연구자는 초등 현장에서 13년간의 교직 경험과 예비교사교육기관에서의 6년간의 체육교육 수업을 진행한 경험을 갖고 있었기 때문에 교육대학과 현장 체육수업과의 관련성 검토와 연구참여자들에게 무엇이 필요하고, 현장 체육수업을 어떻게 진행해야 할 것인가에 대한 제반 정보를 구체적으로 제공하는 역할을 수행하면서 연구참여자들의 경험을 확충(擴充)해 나갔다.

본 연구에서 수집된 예비교사의 체육수업일지는 Spradley(1979)가 제안한 영역 분석과 분류 분석을 토대로 분석하였다. 먼저, 자료를 반복적으로 읽으면서 계속되는 패턴을 찾았고, 예비교사들이 교육실습의 과정에서 경험한 대학의 예비교사교육과 현장의 체육수업 실습과의 간극을 표현하는 핵심용어를 찾았다. 그리고 핵심용어의 하위 용어들을 다시 조직하여 공통적인 것들로 묶고 합병하는 방식으로 체육교육의 간극에 대한 경험 요소를 조직하였다. 자료분석 과정에서 연구자가 정리한 원 자료는 연구참여자를 통해 내용의 정확성 여부를 검토하였다. 우선 체육수업일지의 내용이 정확하게 이서되었는지를 연구참여자에게 확인하였다. 그런 다음 연구자가 연구참여자의 입장에서 원 자료를 정확하게 코딩하여 의미 있게 주제를 도출하였는지 확인하였다.

연구 동료의 점검은 대학원에서 스포츠교육학 전공으로 질적 연구를 수행한 경험을 가진 박사학위 소지자 2명과 정기적인 모임을 가졌다. 연구자와 동료연구자는 원자료의 수집과 자료분석에 이르는 전 과정에 함께 참여하였다. 수집된 자료에 대해 서로의 의견을 교환하였으며, 자료를 해석하고 해석 방법을 논의하였다. 자료의 진실성을 높이기 위해 구성원 간 검토, 연구 동료의 점검, 연구참여자의 체육수업일지를 종합적으로 검토하였다.

# 제2절 체육교육의 간극과 해소를 찾아서

체육교사교육에 관한 연구에서 실습기간 동안 예비체육교사들은 만족감과 성취감을 얻는 동시에 좌절과 갈등을 느끼는 등 예비교사들이 많은 변화를 경험하는 것으로 나타났다(Griffin & Combs, 2000; Spark, Steffen & Calisle, 1990). 이러한 변화의 폭을 줄이기 위해서는 대학교육과 현장 교육사이의 간극이 없어야 할 것이다.

본 연구는 초등 예비교사교육기관에서의 체육수업에 대한 경험을 실제 현장 수업에 적용하는 과정에서 어떠한 간극이 있는지를 예비교사들의 눈으로 탐색하고자 실습 내용인 관찰실습, 참가실습, 수업실습 그리고 실무실습 중에서 수업실습으로 한정하여 자료를 선별 · 분석하고 기술하였다.

연구결과, 추구하는 목표, 추구하는 교사상, 수업 구현, 수업 교구 이해의 측면에서 간극이 나타나고 있었다. 그리고 간극을 해소하기 위한 전략으로 초등 체육 본질의 이해, 초등 현장과의 연계성 확보, 초등체육 교수 방법의 개선, 초등학생의 이해 관점 등 네 가지가 도출되었다.

## 1. 체육교육의 간극(間隙)

최근 소통의 중요성이 부각되고 있다. 이는 서로간의 오해를 줄이고 이해와 합의의 관점을 지향하는데 유용하게 작용할 것이다. 만약, 학교교육에서 배운 내용과 실천되는 내용 사이에 괴리감이 느껴진다면 실천지로써의 구현에 많은 어려움을 느낄 것이다. 그렇기 때문에 체육교육에서도 간극이 존재한다면 이들이 무엇인지 명확하게 검토할 필요가 있다. 이러한 검토가 이루어진다면 양자간의 간극이 간극으로 남아있기보다는 통합내지는 합일의 관점으로 전환되어 갈등이 양산되지 않을 수 있다. 본 연구에서는 예비교사교육기관에서의 교육내용과 현장 교육 사이의 간극이 무엇인지를 구체적으로 살펴봄으로써 연구의 필요성으로 제기된 간극 해소 전략의 실마리를 탐색하였다.

### 1) 추구하는 목표의 간극: 결과를 지향할 것인가? 아니면 과정을 지향할 것인가?

우리는 나쁜 것은 빠르게 배우고, 좋은 것은 느리게 배우는 습성이 있다. 그렇기 때문에 예비교사들이 초등 예비교사교육기관에서 잘못된 가르침을 받을 경우, 이는 현장에 그대로 전이되어 구현될 수 있는 가능성이 높을 수밖에 없다. 이러한 부분 때문에 어디에 교육의 목표를 두어야 하는지, 정해진 목표를 실천하기 위해 어떻게 해야 하는지를 고민해야 한다.

예비교사교육기관의 수업에서 추구하는 목표와 현장 체육수업에서 목표를 구현 과정에서 결과 지향과 과정 지향이라는 간극이 존재하였다. 초등 현장에서는 어떻게 지도하여 학생들이 신체활동에 즐겁게 참여하도록 할 것인가에 관심을 기울이고 있다. 모둠 편성하기, 자리배치하기, 전략 구상과 관련된 부분에 관심을 놓치지 않는다. 하지만 대학에서 예비교사들의 가르침에서는 체육활동 지도법의 중요성을 이야기하면서 평가를 할 때에는 학생 각 개인의 기본 운동기능을 평가하는 경우가 대부분이다. 따라서 특정 종목에 대한 지도법을 잘 이해하고 있어도 개인의 운동수행 능력이 부족하면 여지없이 좋은 평가를 받지 못한다.

예비교사교육기관에서 이루어지는 수업내용과 방법을 살펴보면, 초등 현장에 나가서 학생들을 지도할 때에는 결과보다는 과정이 중요함을 제시하면서도 예비교사들에게 수업을 안내할 때에는 과정보다는 결과지향적인 목표 추구를 제시하는 특성이 있었다. 대학에서의 수업 초점이 학생들의 기본 운동기능의 향상과 활동 내용 파악에 주안점을 두고 있기 때문에 정확한 지도 방법이 예비교사들에게 전달되지 못하고 있는 것으로 나타났다.

학교 체육에서 학생들이 수업의 주인공이 되고 교사는 학생들을 안내하는 역할을 해야 한다. 그렇기 때문에 학생들이 수업현장에서 빛을 발하게 하기 위해서는 교사가 학습자 관리와 활동지도에 유능해야 한다. 그렇기 때문에 교육대학의 체육수업에서는 예비교사들이 체육수업에서 겪을 수 있는 학습자 관리 문제, 안전사고 발생 방지를 위해 고려해야 할 점 등을 제시하고 활동을 학생들에게 정확하게 안내할 수 있는 지도법 관련 내용을 다룰 수 있도록 해 주어야 할 것이다 〈이진수 예비교사의 수업일지/2011.12.2〉.

예비교사들이 경험하는 이러한 갈등은 예비교사교육기관에 대한 신뢰는 물론 현장에 나와서도 대학의 예비교사교육에 대해 긍정적인 가치를 심어주지 못하는 결과를 낳을 수 있음을 간과해서는 안 된다. 많은 현장교사들이 대학에서 배운 내용과 현장에서 지향해야 할 내용들이 서로 다르고, 추구하고자 하는 목표가 서로 상반되게 나타나면서 예비교사교육기관의 교육에 대해 부정적인 인식을 표출하는 것을 종종 엿볼 수 있다.

예비교사교육기관에서의 수업과 평가 내용이 현장 수업내용과 다름은 예비교사들에게 갈등을 제공하는 만큼 목표 간극을 줄이기 위한 노력이 예비교사교육기관의 수업에서부터 선행되어야 할 것이다. 예비교사교육기관에서 예비교사들이 피교육자의 신분이지만 현장의 교생으로 나오게 되면 교육사의 신분을 동시에 갖게 되기 때문에 이들이 겪고 있는 갈등은 곧 대학 교육기관의 불신과 현장 교육의 실천을 위한 혼동을 겪게 되는 것이다.

김무영(2010)의 연구에서 한 예비체육교사가 강의실에서 배운 내용과 현실 사이에 좁혀질 수 없는 괴리를 악몽에 비유하는 교육실습에 대한 경험담은 대학과 현장 간의 간극을 여실히 드러내는 부분이다. 이 내용이 조금 과장된 부분은 있지만, 한편으로는 예비체육교사의 경험은 이전에는 경험해 보지 못한 난감한 상황이었던 것만은 분명하다. 물론 대학과 현장간의 간극은 교육실습에서 뿐만 아니라, 현장에 막 부임한 초임교사의 체육수업에서도 종종 엿보이는 대목이다.

### 2) 추구하는 교사상의 간극: 체육을 잘하는 교사와 체육을 좋아하는 교사 사이

교육대학의 예비교사교육에서 중요한 측면 중의 하나는 예비교사의 교사상을 어디에 둘 것인가이다. 추구하는 교사상은 두 측면으로 나눌 수 있다. 하나는 체육을 잘하는 교사이고, 다른 하나는 체육을 좋아하는 교사이다. 교육대학에서 교육내용 운영과정을 보면 체육을 좋아하는 교사로 양성하기보다는 체육을 잘 하는 교사를 양성하는 교수방법을 지향하고 있다.

예비교사교육에서 배우는 체육수업 내용들을 보면 운동을 잘하기 위한 실기기능 위주의 내용 구성이 많은 반면, 초등 현장에서 학생들의 요구사항은 교사가 운동을 잘 하는 것보다는 체육을 좋아하고 다양한 신체활동을 경험할 수 있는 기회를 제공하는 교사를 원한다. 초등학생들은 체육수업에서 한두 가지의 신체활동보다는 여러 가지 신체활동에 참여하는 것을 좋아하고, 우천 시에도 체육수업이 진행되기를 바라고 있었다.

> 학생들은 체육을 잘하는 교사보다는 체육수업을 하는 교사를 좋아하였다. 학생들의 이야기를 들어보면 담임교사가 체육수업을 자주 하지 않는다는 것이다. 체육관도 없고, 운동복을 입고 운동장을 나가기 위해 화장실에서 옷 갈아입는 것이 귀찮다는 것이다. 이런 것을 보면서 학생들이 체육을 좋아하는 교사를 선호할 수밖에 없다는 생각을 하였다. 대학에서는 운동기능 관련 측면들을 강조하지만 현장에 나와서 실습에 참여하다보니 더 중요한 것은 체육을 좋아하는 교사를 되어야 한다는 점이다 〈김은성 예비교사의 수업일지 /2011.11.28〉.

교사가 운동기능을 강조하거나 교사의 기본 운동기능이 좋은 경우, 대부분의 학생들은 교사와 함께하기보다는 모둠원들과 함께하는 활동에 대해 긍정적으로 생각하였다. 이러한 측면을 고려할 때, 학생들이 체육에 대한 기능향상보다는 체육을 좋아할 수 있도록 다양한 활동을 제공하는 것이 유익할 것으로 보인다.

예비교사교육기관에서도 체육을 좋아하는 교사와 체육을 잘하는 교사를 놓고, 그 사이에 간극이 드러나고 있었다. 하지만 초등학생들이 체육을 잘하는 교사보다는 체육을 좋아하는 교사를 선호하고 있음을 이해하게 된다면 대학에서 예비교사들이 어떠한 교사로 성장해야 하는가와 관련하여 중요한 시사점을 얻을 수 있을 것이다.

고문수(2012)의 선행연구에서도 초등학생들이 체육을 좋아하는 교사를 더 선호하는 것으로 나타났다. 이러한 측면을 고려할 때, 예비교사교육기관에서 예비교사들이 어떠한 교사상을 갖고 현장에 나갈 준비를 할 것인가에 관련하여 깊이 있는 탐색이 이루어져야 할 것이다. 이는 체육교육의 방향을 어떻게 구상할 것인가와 관련해서도 중요한 의미를 내포한다.

### 3) 수업 구현의 간극: 이론 중심적인가? 아니면 방법 중심적인가?

체육수업 구현의 간극은 이론과 실기 중심이라는 한 축과 신체활동 지도방법과 학생관리라는 다른 한축으로 구분되었다. 여기서 이론 중심은 내용에 대한 이론적 이해를 제공하는 것으로 학문적 지식, 수업모형을 적용한 일반적인 수업방법의 구상과 관련이 있다. 다른 한 측면인 신체활동 지도법은 수업에서 등장하는 상황별 대처전략과 일탈 행동에 대한 처방과 관련된다.

초등 예비교사들은 대학에서 배우는 체육수업이 지나치게 이론 중심적이며 예비교사들의 운동기능 향상을 목적으로 하고 있기 때문에 현장의 체육수업과 거리가 먼 이상적인 수업으로 인식하고 있었다. 현장 중심의 체육수업은 체육수업의 내용을 어떻게 지도해야 하는지, 수업 과정에서 발생하는 학생들의 일탈 행동을 어떻게 방지할 수 있는지, 수업대형에서 이탈하는 학생들을 어떻게 해야 하는지 등 학생관리 측면에 관심을 기울이는 것으로 나타났다.

교사는 교육을 연구하는 교육학자가 아닌 이를 현장에 실천하는 교육자이다. 현재 교육대학의 체육교육은 교육대학의 특성을 살리지 못한 채, 이론 수업은 체육의 원론적 이해를, 실기 수업은 체육의 기능을 가르치는 것에 큰 비중을 두고 있다. 가르치는 것에 전문성을 띤 교사를 양성하기 위해서는 일반대학의 체육수업과는 차별화를 둔 교육대학만의 체육교육을 진행해야 한다

〈여효정 예비교사의 수업일지/2011.12.2〉.

박재정 · 양정모 · 이동호(2011)의 연구에서도 대학에서 현장의 체육교육의 이해를 돕는 강좌가 더 개설될 필요가 있음을 주장하였다. 교사들이 제 아무리 많은 이론을 알고 있어도 학생들을 제대로 관리하지 못하거나 이론을 어떤 방법으로 수업에 적용시킬 수 있는지를 알지 못한다면 그 이론은 아무 쓸모없는 지식이 될 수밖에 없다. 대학의 교육과정이 이론과 실기에만 치우쳐진 커리큘럼이 아닌 실제 교육 현장에서 교사들이 어려워하는 부분을 다룰 수 있는 실천성이 있는 실천지의 발현이 요청되는 시점이다.

> 교육대학에서 제공하는 체육교육 커리큘럼과 실제 초등 체육현장에서의 간극은 실로 크다는 것을 알 수 있다. 초등 예비교사들은 학생들에게 장차 현장에서 체육을 비롯한 각 과목을 지도할 사람들이다. 이들에게 그 무엇보다도 필요한 것은 바로 학생들에게 무엇을, 어떠한 방법으로 가르칠 것인가에 대한 것이다 〈최희윤 예비교사의 수업일지/2011.12.2〉.

> 체육수업시간이 시작되기 전부터 반 학생들의 들뜬 상태를 가라앉히고 다른 수업을 어떻게 진행할 것인지, 체육복은 언제 갈아입으며 운동장까지 반 학생들을 어떻게 데리고 나갈 것인지, 운동장에 나가서 반 학생들을 모아서 그날 배울 학습내용과 목표는 어떻게 인지시킬 것인지, 준비운동과 정리운동을 어느 때 어떻게 효과적으로 할 것인지 등 실제적인 것들이 대학에서도 이루어져야 한다. 초등학생을 가르치는 법을 배우는 교육대학에서 초등학생의 특성을 고려하지 않은 체육수업이 이루어진다는 것은 분명 모순이다 〈주진여 예비교사의 수업일지/2011.12.1〉.

이처럼 초등 예비교사들이 대학에서 배운 이론이 실제 현장에서는 잘 적용되기가 어렵고 그 괴리가 크게 나타나고 있음은 어제 오늘의 이야기만은 아니다. 초등학생들에 대한 이해 부분도 대학에서 제대로 이루어지지 못한 결과 현장 교육실습에 참여하면서 많은 어려움을 경험할 수밖에 없다(최희진, 2009). 이러한 측면을 고려해볼 때, 초등학생들이 학년에 따라 어떠한 특징들을 보이는지, 이들을 체육수업의 상황에 따라 어떻게 관리해야 하는지 등도 대학에서 사전 학습이 이루어진다면 현장의 고민과 갈등을 쉽게 해결할 수 있을 것이다. 또한, Kauffman(1992)이 교육실습은 예비교사들의 방법적 지식을 발전시키는데 중요한 역할을 하고 있음을 상기해본다면, 교육실습 후에는 학교현장의 내용을 예비교사교육기관에서 피드백의 자료로 활용해야 할 것이다.

#### 4) 수업교구 이해의 간극: 있어도 모르는 것과 없어서 모르는 것에 대한 간극

초등학생들은 뉴스포츠 활동에 참여하면서 수업참여의 적극성, 자신감 회복, 신체활동에 대한 긍정적인 인식 등의 가치를 피력하였다(고문수, 2012; 고문수 · 이양구, 2011). 이러한 측면에서 교사들은 물론 초등 예비교사들도 뉴스포츠에 대한 바른 이해와 안목을 형성해 나가는 노력을 해야 할 것이다. 이러한 추세에 발맞추기라도 하듯이 최근 예비교사교육기관에서는 다양한 뉴스포츠 관련 교구들을 구비하고 있는 추세이다.

반면, 현장에서는 학교에 따라 상황이 다르기는 하지만 일반적으로 뉴스포츠 교구가 없거나 구입비용이 부족한 실정이다. 그렇다면 예비교사들에게 어떻게 교구들을 확충할 수 있는지, 학생들이 참여를 유도하는데 어떠한 교구들이 필요한지에 대해 단서를 누가 제공하는가? 대학에서 제공하고 있는지 아니면 학교 현장에서 제공하고 있는지를 살펴보면 실상은 어느 곳에도 없음을 확인할 수 있다.

교육대학의 한 예비교사는 대학에서 게임수업을 담당하는 강사에게 뉴스포츠 교구의 활용에 대해 질문하였을 때, 정확히 모르고 있다는 것을 알게 되었다고 하였다. 수업실습에서도 현장 교사들에게 물어본 결과 현장교사들도 잘 모르고 있었다. 이는 수업내용도 중요하고, 다양한 지도법을 아는 것도 필요하지만 실제적으로 학생들이 가지고 참여할 수 있는 교구에 대한 이해가 부족한 사례 중의 하나이다. 이러한 측면에서 예비교사교육기관에서는 이를 지원할 수 있는 다양한 전략들을 강구할 필요가 있다. 단순히 현장교사들에게 책임을 전가하는 것은 적절한 방법이 되지 못한다. 만약, 대학에서도 모르고 현장에서도 모른다면, 좋은 체육수업을 지향한다는 것은 먼 미래가 될 수밖에 없는 것이다.

> 대학은 물론 현장에서 체육수업을 하는 교사들도 수업에 활용되는 뉴스포츠 교구에 대해 잘 알지 못하고 있었다. 그래도 체육수업에 관심을 갖고 있던 한 교사는 다른 학교 교사가 사용하는 것을 보고 나서 알게 되었다고 하였다. 그렇다면 교구가 체육수업에 중요한 부분인데, 이 부분에 대한 궁금증을 누가 해결해줄 수 있을까? 아직도 그 해답을 모른다 〈이진수 예비교사의 수업일지/2011.12.8〉.

최근 학교 체육에서 뉴스포츠 교구를 활용한 체육수업에 대한 긍정적 가치들이 나오면서 대학을 중심으로 뉴스포츠 교구들이 많이 등장하고 있다. 교육대학에서도 각종 프로젝트나 체육관련 학술대회 및 국내 체육관련 학회에서 운영하는 체육교육한마당을 개최할 때, 뉴스포츠 교구를 활용한 체육수업이나 뉴스포츠 교구 전시회가 열리면서 이를 구비하기 위한 움직임이 발 빠르게 이루어졌다.

2009년 8월 한국스포츠교육학회 주최의 '체육교육한마당'을 필두로 하여 2010년 한국초등체육학회 주최의 '초등체육의 새 터' 행사가 진행되면서 사범대학과 교육대학을 중심으로 뉴스포츠 강좌들이 많이 개설되었다. 연구참여자들이 소속된 S교육대학의 경우만 보더라도 뉴스포츠 교구들이 많이 구비되어 있었다. 이는 '초등게임 활동 지도법'이라는 강좌가 개설되어 있었기 때문에 초등 게임수업을 활성화하기 위한 움직임의 단초가 시작되었던 것이다.

그러나 새로운 교구를 활용한 체육수업의 초석은 2009년 이후부터 시작되었다. 다만, 문제가 되는 것은 해당 뉴스포츠 종목에 대한 이해가 미흡한 나머지 종목의 특성을 반영하지 못한 채, 게임수업에서 자원순환성 자료〔원래 교구가 가지고 있는 특성은 물론 다른 활동을 하는데 필요한 준비물로 이용하는 자료)로 활용하고 있지 못하였다.

반면, 초등 현장의 사정은 교구도 없을 뿐만 아니라, 있다고 하더라도 한두 가지로 미흡하고 주어진 교구를 어떻게 활용하는지 정확히 모르고 있는 실정이었다. 교육실습에 참여한 실습생이 4학년 표적 맞추기 게임에서 플라잉디스크와 숫자판을 활용한 수업을 구안하였는데, 플라잉디스크를 어떻게 잡아서 던지는지를 몰라서 수업에 애를 먹었다는 반응이다. 한 실습생은 담임교사가 체육수업을 좋아하지 않는 관계로 교생 자신이 해당 학급의 학생들에게 체육수업을 여러 번 진행하였다고 하였다.

## 2. 체육교육의 간극 해소 전략

체육교육의 간극은 어디에서나 존재해왔고, 존재의 지속성은 여전히 남아있다. 다만, 체육교육이 지니고 있는 간극을 자신의 일이 아니라고 생각하거나 오늘보다는 내일의 일로 미루려는 태도는 바람직스럽지 못하다. 무엇보다 간극은 새로운 간극을 만들기 때문에 반드시 줄여나가는 노력을 기울여야 한다. 교육대학의 교육과 현장교육 사이의 간극은 반드시 서로 소통할 수 있는 접점이 만들어져야 한다. 초등 예비교사들이 경험하는 초등체육에 대한 경험은 교육대학의 교육내용이 상당부분 영향을 미치기 때문이다(손천택 · 최환영 · 고문수, 2007).

본 연구에서 초등 예비교사들이 지니고 있는 대학교육과 현장 교육 사이의 간극을 줄이기 위한 해소 전략은 '초등체육 본질의 이해: 모르는 것에서 아는 것으로', '초등 현장과의 연계성 확보: 내용 이해 중심에서 지도 방법 중심으로', '초등체육 교수방법의 개선: 수업시연을 통한 현장과의 연계성으로', '초등학생의 이해 관점: 학습대상자의 이해를 주변에서 중심으로' 등이 도출되었다.

### 1) 초등체육 본질의 이해: 모르는 것에서 아는 것으로

초등 예비교사들이 대학에서 경험하는 체육교육과 현장의 초등체육의 간극을 줄이기 위해서는 체육교육에 대한 인식의 개선과 체육교육에 대한 분명한 철학이 내포된 체육의 본질을 깊이 있게 탐색할 수 있는 수업의 제공이 필요하다. 아울러 '체육을 가르쳐야 하는 이유는 무엇인가?' '체육의 가치는 무엇인가?' '누구에게 교육적 혜택을 제공할 것인가?' 와 관련된 부분에 대한 고민과 갈등으로 드러날 수 있는 문제들에 대하여 종합적으로 검토해야 한다.

초등학생들이 자신의 신체적 수월성과 타인의 기량에 도전하기 위해 경쟁하는 과정에서 협동과 인성의 덕목을 함양하기 위해서는 이들을 지도하는 교사들의 체육에 대한 긍정적 인식과 안목의 형성이 무엇보다 중요하다. 이를 위해 초등 예비교사들이 체육교과에서 초등 현장과의 연계성을 높이는 방안에 관심을 집중해야 한다. 교사교육자들은 예비교사교육기관의 교육내용이 어떻게 하면 현장의 체육교육과 괴리되지 않도록 지원할 수 있을까를 고민해야 한다. 이를 위해 대학에서는 초등 예비교사들로 하여금 체육의 본질에 대한 이해와 신념을 형성할 수 있는 토대를 가꾸어 주어야 한다(박재정 · 양정모 · 이동호, 2011).

예비교사교육기관과 현장 사이에 드러나는 간극의 문제는 교육대학의 교사교육자만의 문제는 아니다. 현장교사들도 수업의 과정에서 발생하는 간극을 좁혀나가기 위한 노력에 관심을 집중해야 한다. 어떠한 교육도 일방성은 없는 것이다. 서로가 충돌이 일어나더라도 개선을 위한 만남이 있을 때, 학생의 변화 가능성은 지속될 수 있기 때문이다.

> 학교 체육을 어떻게 변화시켜야 하는가에 대한 진실성이 있는 고민이 현장을 변화시키고, 학교 체육의 갈등을 완화하게 된다고 생각한다. 대학의 이론과 실제가 초등 현장의 이론과 실제와 괴리되지 않도록 체육의 본질을 찾아나가는 노력이 있어야 할 것이다 〈고수정 예비교사의 수업일지/2011.11.30〉.

교사교육자와 현장 교사들은 초등학생들에게 체육교육을 수행하는 이유가 무엇이고, 이들에게 무슨 내용을 어떻게 가르쳐서 어떠한 변화를 이끌어 낼 것인가와 관련한 부분에 대해 깊이 있는 성찰을 해야 한다. 성찰이 이루어져야 하는 이유는 대학에서 예비교사들을 교육하는 이유가 바로 여기에 있기 때문이다. 미래의 주역으로 성장할 초등학생들이 보다 좋은 교육환경에서 생활해나가기 위해서는 교사교육자와 현장 교사가 공동으로 소통하는 가운데 초등체육에 대한 신념과 가치관을 형성해야 한다. 만약, 대학교육과 현장 교육실습 사이에 교육목표의 간극이 존재하게 된다면 예비교사들은 이들이 경험한 교육대학의 교육내용과 방법을 그대로 현장에 적용할 수밖에 없기 때문이다. 예비교사들이 현장에 나왔을 때, 이들이 교육받은 내용들이 그대로 현장에 적용되고, 대학교육에서 교사교육자들이 수행하는 교육의 흐름을 현장에서 전이시킬 수 있는 방향성이 무엇보다 중요하다. 이는 배운 대로 수행하게 된다는 경험의 철학을 생각해본다면 쉽게 이해될 수 있는 부분이다.

### 2) 초등 현장과의 연계성 확보: 내용 이해 중심에서 지도 방법 중심으로

초등 예비교사들은 교과내용 측면에서 대학과 초등 현장과의 연계성을 높이는 방안에 관심을 집중해야 한다(손천택 · 최환영 · 고문수, 2007). 특히, 내용적인 측면에서 각 영역별 학습 내용과 그것을 어떻게 지도해야 하는지에 대한 교수방법을 중점적으로 다루어야 할 것이다.

박은혜(1996)는 수업상황에서 일어나는 문제의 해결에 필요한 지식과 기능을 교사교육과정을 통해서 경험적으로 배우고 익히는 것이 중요하다고 하였다. 따라서 각 학년별로 가르쳐야 할 교과 내용으로 무엇이 있는지를 알고, 현장에서 학생이나 교사가 어려워하는 점은 무엇이며, 이를 어떻게 지도해야 할지를 가르쳐야 한다. 구체적으로 학생이 앞구르기를 할 때 어떤 점을 어려워하는지, 어려워하는 부분을 학습자 수준에 맞게 재구성하여 어떻게 가르칠 수 있는지 등을 명확히 이해하고 적용할 수 있도록 해야 한다. 물론 위의 내용을 예비교사들에게 지도하기 위해서는 체육교과내용의 전문성을 높이기 위한 교사교육자의 노력과 열정이 선행되어야 한다.

어떤 수업에서는 너무 이론적인 것만을 내세워 실제로 교생실습을 나가서 배운 내용을 전혀 적용하지 못하기도 한다. 초등학생들의 특성을 고려하여 체육수업을 어떤 식으로 구성해야 할지, 일 년간 반 학생들에게 어떤 학습훈련을 시키고 체육시간에 약속을 어떻게 정할 지와 같은 실제적인 부분들에 대해 더 다룰 수 있으면 좋겠다. 참신하고 독창적인 방법으로 체육수업을 하는 것도 좋지만 가장 중요한 것은 체육교육과정의 틀 속에서 제시하는 학습목표를 반 학생들에게 인지시키고 그 목표를 도달하게끔 도와주는 것이다 〈주진여 예비교사의 수업일지/2011.12.9〉.

초등 예비교사들에게 이론 위주의 암묵지를 구성하는 교과내용학을 가르치는 것도 중요하지만 더욱 중요한 것은 현장에서 이루어지는 다양한 변화에 대응해나갈 수 있는 교과교육학 관련 과목에 대한 이해를 높여나가도록 해야 한다는 것이다. 예비교사들은 교육대학 체육교육의 방향이 현장과 가까이 접근할 수 있는 실제적인 측면에 대한 이해를 제공할 수 있는 교수내용을 원하고 있다(손천택 · 최환영 · 고문수, 2007). 이들이 진정으로 갈구하는 것은 사변적인 이론과의 만남이 아니라, 실제와 접목되어 학생지도에 도움이 되는 이론과 실제의 만남에 대한 수업컨설팅이다.

학생들의 돌발사태도 현장 체육교육에서 많이 발생하므로 그것들을 다루는 것도 배워야 한다. 이렇게 초등 현장 교육과 깊게 연관 되어 있을 때, 교육대학의 학생들은 단순한 이론만을 습득하는 것이 아니라 실제적인 것들을 학습하게 될 것이고, 이것이 실제와 깊게 연관되어 있고 자신들이 현장에 진출하였을 때 꼭 필요하다는 생각이 들 것이므로 수업에도 적극적으로 참여하게 될 것이다. 오늘날 교육대학의 체육교육은 이론에서 실제 쪽으로 움직이는 변화가 일어나야 한다 〈최현규 예비교사의 수업일지/2011.12.5〉.

### 3) 초등체육 교수방법의 개선: 수업시연을 통한 현장과의 연계성으로

대학의 실기 교수방법에서는 예비교사들에게 교과내용 측면에서 초등 현장과의 연계성을 높일 수 있는 방안을 검토해야 한다. 교수방법은 실제 경험과 밀착(密着)될수록 전이의 효과가 높아지기 때문이다. 이러한 측면에서 예비교사교육기관에서 초등 예비교사들이 수업시연을 할 경우에는 예비교사들을 초등학생으로 생각하고 실제 초등 현장의 수업처럼 진행할 필요가 있다.

이 과정에서 예비교사들에게 기능적인 측면을 강조하여 수업을 진행하는 것이 아니라, 예비교사들로 하여금 학생의 입장에서 어려운 점이 무엇인지를 스스로 찾고, 효과적인 지도법을 탐색할 수 있는 기회를 제공해야 한다. 이는 지도된 내용이 머리로만 사고하는 것이 아니라, 몸으로 익혀 오랫동안 기억의 잔상으로 떠올리기 위함이다. 그밖에 예비교사들로 하여금 스스로 수업시연을 할 수 있는 여건을 마련하거나 교육대학 내에서 수업실기대회를 개최하는 방안을 고려해야 한다.

> 실제로 교육 현장에서는 과도한 업무로 인해 수업 내용에 대한 교과연구가 충분히 이루어지지 않는다고 한다. 대학에서 수업시연을 하면 체육의 각 영역에 대해 그 어느 때보다도 깊게 연구하고 탐구하는 기회를 가질 수 있으며, 본인의 수업뿐만 아니라 동료 예비교사의 수업을 참관함으로써 차후에 현장에서 적용할 수 있는 자료들을 얻을 수도 있을 것이다 〈최희윤 예비교사의 수업일지/2011.12.8〉.

예비교사들은 교사교육자들이 교수전략을 구사하기 위해 교과교육에 대한 이해 후 실기 수업을 진행하고, 교육이론들을 현장에 적용시키는 다양한 수업전략을 구사할 것을 제안하였다. 체육수업에 참여하지 못하는 학생이 있을 경우에 이들이 무엇 때문에 참여를 못하는지, 이들이 참여하기 위해서 어떻게 해야 하는지 등과 같은 실제적인 교수전략을 제안하는 체육교육을 원하고 있었다. 교육대학의 한 예비교사는 티볼에서 자신이 경험한 적극적인 수업 참여 사례를 다음과 같이 제안하였다.

> 나는 티볼에서 공을 칠 수가 없었고, 친구의 웃음거리가 되었다. 선생님께서는 티볼수업을 변형하여 모둠원들이 두 명씩 짝을 지어 함께 협동하도록 하였다. 티볼을 할 때, 남학생이 티에 있는 공을 대신 쳐주고 함께 뛰어서 나가는 것이 좋았다 〈이수진 예비교사의 수업일지/2011.12.7〉.

김원정(2010)은 현장의 교수방법이 개선되기 위해서는 예비교사교육에서부터 수업 시연을 통한 자기수업반성이 이루어져야 할 것을 제안하였다. 이는 대학에서 교수방법이 개선될 수 있을 뿐만 아니라 예비교사들이 자신의 수업을 반성할 수 있는 기회를 가지면서 대학교육이 현장교육과의 거리감을 줄이고, 대학교육과 현장교육사이의 간극의 상태를 연결고리로 묶을 수 있는 단서가 될 수 있다. 특히, 예비교사들은 단순히 교육대학의 수업내용과 현장 수업과의 괴리를 타인을 통한 문제점을 지적하는 부분을 지양하고, 자신의 문제로 인식하는 가운데 좋은 수업을 탐색할 수 있을 것이다.

다만, 수업시연을 의미 있게 구현하기 위해서는 구체적인 수업계획과 자신의 반성이 종합적으로 이루어져야 한다. 국가수준의 교육과정을 바르게 이해하고, 교사수준의 교육과정 설계, 예비교사교육기관에서의 수업시연, 현장에서의 수업실연(교육실습) 및 수업관찰, 총체적 반성 이야기가 순환적으로 이루어진다면 교육대학의 교육내용과 현장의 교육내용이 간극으로부터 이해의 관점으로 전환될 것이다.

#### 4) 초등학생의 이해 관점: 학습대상자의 이해를 주변에서 중심으로

초등 체육수업이 원활하게 이루어지기 위해서는 먼저 초등학생을 바르게 이해해야 한다. 이들이 어떤 특징을 지니고 있는지, 무엇을 좋아하고 싫어하는지 등에 대해 이해할 필요가 있다. 또한, 초등학생의 성에 따른 차이도 이해하고 있어야 한다. 초등학생들은 게임수업에서 남녀 학생 간에 상이한 특징을 보이는 것으로 나타났다. 게임수업에서 모둠을 구성할 때, 남학생들이 운동기능이 좋은 학생들을 선호하는 반면, 여학생들은 운동기능보다는 친사회적인 상호작용의 관계를 지향하는 특징을 보인다(고문수, 2012). 초등학생들이 어떠한 특징을 지니고 있는지를 이해하게 된다면 교육대학에서 체육수업의 주체인 학생들을 어떻게 인식해야 하는지를 바탕으로 이들에게 유용한 체육수업을 안내할 수 있을 것이다.

초등학생들에게 체육수업은 그 어떤 과목의 수업보다도 역동적인 시간이며 체육수업을 하는 날은 하루 종일 반 전체가 들떠 있곤 한다. 이런 상태에서 학생들을 데리고 운동장으로 나가면 학생들은 거의 통제 불능의 상태가 되며, 교사는 40분 내내 혼란 상태에 빠지게 된다. 초등 예비교사가 교육실습에서 체육수업을 참관한 후 심정을 고백한 아래의 내용은 초등학생의 특성을 이해하기에 충분하다.

> 나는 같은 반 교생이 체육수업을 하는 것을 보고 심각한 고민에 빠졌다. 운동장에 풀어놓은 초등학생은 마치 어디로 튈지 짐작할 수 없는 공과도 같았다. 친구랑 뛰어다니며 장난치는 학생들, 자기들끼리 공을 가지고 노는 학생들, 33명의 학생들이 소리를 지르며 각각 개인행동을 했고, 수업을 지도하는 교생은 그 학생들을 통제하느라 준비해온 수업을 제대로 할 수 없었다. 내가 나중에 실제로 교사가 되어서 이런 수업을 매주 몇 시간씩 해야 한다는 생각이 들자 과연 교사를 할 수 있을까 하는 고민이 밀물처럼 밀려왔다 〈주여진 예비교사의 수업일지/2011.11.12〉.

이러한 측면을 고려해볼 때, 교육대학의 교사교육자들은 초등학생들을 어떻게 이해하고 수업지도를 해야 하는지와 관련된 실제적인 부분을 수업의 내용 속에 포함하여 지도할 필요가 있다. 교사교육자들이 현장의 체육수업에 참여하는 학생들을 바르게 이해하게 된다면 예비교사들은 추후 현장에 나갔을 때, 어떻게 수업을 해야 하는지, 학생들에게 갈등의 상황이 발생했을 때, 어떻게 대처해야 하는지 등을 인지할 수 있을 것이다.

초등 예비교사들이 체육수업의 내용이나 교수 · 학습 방법에 대한 전문성을 지니는 것도 중요하지만 학습자에 대한 이해가 부족하다면 좋은 수업은 먼 미래의 일이 될 것이다. 이러한 측면에서 대학의 예비교사교육과 현장의 초등교육사이의 거리감이나 괴리감 등의 간극을 좁혀나가기 위해서는 학습자를 먼저 알아야 한다.

예비교사들이 현장에 나와서 가장 어려워하는 것에는 학생들을 어떻게 지도할 것인가의 문제가 핵심으로 등장한다. 체육수업 상황에서 초등학생들의 특성을 알고, 이들에게 수업방법을 바르게 운영할 수 있도록 교사교육자들이 체육이론이나 체육교과 관련 강좌를 운영할 때, 필요한 지침들을 구체적으로 제시한다면 초등 예비교사들이 대학에서 배운 이론과 실제를 현장에 적용하는데 유익할 것이다.

## 제3절 노력의 방향과 과제

전문성을 지닌 교사들은 학생들에게 효율적인 학습 환경을 제공하기 위해 교실환경을 변화시키고 수정한다(Housner & Griffey, 1985). 특히, 체육을 지도하는 교사들도 주어진 환경의 변화를 통해 '학습자 수준에서 가르치기'와 '과제 내 변형'을 제공하기 위해 노력한다(고문수, 2012). 이처럼 교사들은 현장 수업에서 교육적 유용성을 드러내기 위해 좋은 수업 방안을 탐색하기 위해 노력하고 있다. 현장에서 교육적 유용성이 드러나는 수업이야말로 학생들이 즐겁게 참여하고, 교사와 학생들의 상호작용 또한 활발한 수업의 모습을 보일 수 있을 것이다.

본 연구에서 예비교사의 경험을 통해 본 체육교육의 간극과 간극의 해소 전략은 단기간의 예비교사들의 실습 경험을 바탕으로 했기 때문에 전체로 일반화하기에는 한계가 있을 수 있다. 다만, 교육대학을 졸업한 많은 현장교사들이 대학에서 진행된 체육교육에 대해 중언부언(重言復言)하는 것을 보면 무엇인가 교육과정과 교육과정의 운영 부분에 변화가 있어야 할 것으로 보인다.

대학의 교사교육자와 예비교사들은 혼(魂), 창(創), 통(通)의 신념과 정서를 통해 현장의 체육교육을 지향해나가는 노력을 기울여야 한다(이지훈, 2010). 여기서 '혼'은 교사가 체육의 교육적 가치를 인식하는 것이다. '창'은 좋은 체육수업을 만들기(다양한 전략, 의미 있는 체육수업)위한 부분에 관심을 집중하는 것이다. 이는 교사가 교육적 가치 인식을 토대로 자신만의 지식표상의 전략을 구사하여 수업을 융통성 있게 이끌어가는 상황과 유사하다(Delaney, 1997). '통'은 결 만들기로 학생 또는 교육주체와의 소통을 통해 좋은 체육수업을 만들어나가는 것을 의미한다.

본 연구를 토대로 향후 교육대학과 현장 체육교육 사이에 존재하는 간극을 줄이기 위한 방향과 과제를 제언하면 다음과 같다.

첫째, 예비교사들은 이론의 토대 없이 공든 탑을 쌓을 수 없다. 따라서 대학에서 풍부한 이론적 지식에 대한 암묵지를 형성하여 현장의 체육수업을 지향해나가는 부분에 실마리를 제공해야 한다. 그러기 위해 교육대학에서는 실기수업 관련 내용을 1, 2학년에서 진행하고 3, 4학년에서 교과교육론과 관련된 수업을 진행하기보다는 실기수업이든 교과교육론수업이든 이론과 실제가 통합될 수 있는 수업으로 운영되어야 할 것이다. 만약, 이를 지향하기 어렵다면 이론 수업의 토대 위에서 실기 수업이 진행될 수 있는 방향성이 탐색되어야 한다. 체육수업 내용과 지식에 대한 앎은 실천성이 깊어지지만, 앎이 부족한 실기 위주의 수업 운영은 학생들에게 신체활동의 교육적 가치를 만들어내지 못하기 때문이다.

> 교대에서 초등 체육교육과정이나 학생들의 신체 발달의 연속성에 대한 이해, 인지적 · 심동적 · 정서적 측면의 발달 내용을 고민해볼 수 있는 수업은 '초등체육교과교육론' 뿐이다. 초등 학생들은 몸으로 부딪히며 경험하고 체득하지만 그 학생들을 가르치는 우리는 무엇을 가르쳐야 할지에 대한 고민과

> 아이들 자체에 대한 이해를 먼저 하고 난 후에 실제로 체육에 등장하는 실기활동들을 익히는 것이 좋을 듯싶다 〈이명수 예비교사의 수업일지/2011.12.1〉.

둘째, 교육대학에서는 초등 예비교사들이 체육수업에 대해 긍정적인 인식과 꿈의 비전을 형성할 수 있도록 안내자의 역할을 수행해야 한다. 좋은 체육수업의 열쇠는 교사의 열정과 넘치는 에너지임을 명확히 이해해야 한다. 체육활동에서 전문성이 뛰어난 교사들이 과제참여시간 확보, 학생에 대한 기대, 수업모니터링, 학생들이 직면한 문제정렬, 수업조직 및 모둠편성 등을 효과적으로 운영하고 있음을 알고, 이를 지향하기 위한 부분에 초점을 두어야한다. 예비교사들이 교육대학에서부터 체육의 가치를 알고, 생활 속에서 지속할 수 있는 방안을 강구하게 된다면, 이들이 현장 교사로 발령을 받았을 때, 체육의 교육적 가치를 알고, 이를 지속화해나가는 가운데 학생교육으로 전이시키는 교육적 역할을 수행하게 될 것이다.

> 체육에 전혀 관심이 없었지만 심화과정과 운동 동아리에서 활동을 하게 되었다. 운동기능이 탁월하지 않아 항상 운동에 대해서 자신이 없었는데 지속적으로 운동을 하다 보니 체력 향상은 물론 운동을 즐길 수 있게 되었다. 지금은 규칙적으로 운동하지 않으면 오히려 쉽게 피로해진다. 운동의 효과를 체험했기 때문에 학생들에게 운동이 얼마나 중요한지 잘 알게 되었다 〈이진수 예비교사의 수업일지/2011.12.1〉.

셋째, 예비교사들이 교육대학에서 진행되는 교육의 가치를 인식할 수 있도록 다양한 형태의 체육관련 교육과정이 운영되어야 한다. 예비교사의 체육에 대한 관심은 체육교과의 중요성을 인식하게 되는 출발점이다. 체육을 심화과정으로 선택한 예비교사들은 물론 교육대학의 모든 예비교사들에게 체육교과에 관심을 갖고 참여하면서 자신의 경험 속에서 신체활동이 중요하다는 인식이 싹틀 수 있도록 의미 있는 교육내용과 방법 및 체육의 본질에 대한 이해의 제공이 필요한 시점이다.

넷째, 교육현장 경험이 부족한 실습생 9명을 연구참여자로 선정하여 2주간의 수업 참관과 수업 운영에 대한 수업일지만으로 교사교육기관과 학교 현장 간의 간극을 이해하고, 이에 대한 연구를 진행한 것은 일반화의 측면에서 한계를 지닐 수밖에 없다. 이에 추후 연구에서 현장의 실습지도 교사들의 면담이 추가적으로 제시된다면 실습생들이 경험하는 현장의 교육내용인 이론적인 측면과 실제적인 측면에서 무엇이 필요한지를 구체적으로 탐색함으로써 교육대학의 체육교육 방향에 의미 있는 시사점을 제공하게 될 것이다. 특히, 교육실습이 실습생 혼자만의 행함이 아니라 대학, 실습기관, 실습생의 공동 협력이 이루어질 때 비로소 그 빛을 발할 수 있음을 인지하는 것 또한 잊지 말아야 한다.

# 제3부

# 교사의 변화를 말하다

제8장

# 체육수업에서 교사의 교수전략을 탐색하다[1)]

학교 현장에서 교육의 주체들에게 유익한 체육수업을 만들어간다는 것은 무엇을 의미할까? 여기시 다양한 이야기를 전개할 수 있지만, 무엇보다 교사와 학생들이 수업활동에 적극적으로 참여하면서 움직일 수 있는 여건을 마련하는 것이 중요할 것이다. 이를 위해서는 체육수업에서 학생들에게 다양한 신체활동을 제공할 수 있어야 한다. 이러한 관심이 교육적 실천으로 드러날 때, 학생 개개인은 움직임 욕구를 실현하고, 운동을 수행하는데 필요한 기본 운동 기능과 체력을 증진하게 될 것이다. 교육적인 측면에서는 학생들이 운동과 건강에 관한 지식을 이해하고, 사회적으로 바람직한 태도를 함양하는 부분에 목표를 두어야 한다(교육인적자원부, 2002; 유정애, 2007). 이는 체육활동이 성장의 과정에 있는 학생들의 심동적 · 인지적 · 정서적인 발달에 큰 영향을 미치기 때문이다(박노혁, 2003; Wuest & Bucher, 1999).

2007년 개정 체육과 교육과정에서는 학생들에게 신체활동의 가치를 제공

1) 이 글은 『한국초등체육학회지』 제16권 1호(2010)에 실린 것을 부분적으로 수정한 것이다.

해줄 것을 제안하였다(유정애, 2007). 신체활동의 가치는 의도적으로 계획한 스포츠나 무용 등의 신체활동에 지속적으로 참여하고 수행하는 과정에서 경험하거나 교육의 결과로 얻어지는 교육적 가치이다. 신체활동의 가치는 목적적 가치와 내용적 가치를 포함하는 것으로, 신체활동을 수행하는 동기는 신체활동의 목적적 가치에 해당하며, 신체활동 수행 과정에서 학습하는 교육 내용으로 개념, 원리, 운동 기능 및 전략, 경기 운영, 문제 해결 그리고 태도 등은 내용적 가치에 해당된다.

체육수업에서 체육수업의 가치를 이해하면서도 학생들이 적극적으로 참여하지 않는 상황에서 개정 체육교육과정에서 제시하는 심동적 · 인지적 · 정의적으로 목표가 통합된 체육수업을 진행한다는 것은 매우 힘든 일이 아닐 수 없다. 이러한 때 교사의 수업활동에 대한 열정만이 학생들의 수업참여율을 높이는 유일한 방편이다. 최의창(2007)은 수업활동에서 교사의 DIY(Do It Yourself)를 제안하였다. 이는 주어진 환경에서 자신의 철학을 바탕으로 교육활동을 전개하는 것을 의미한다. 미래 체육수업의 방향을 설정하는 것도 다름 아닌 DIY의 입장에서 접근해야 할 것이다. 교육활동이 실천으로 옮겨가기 위해서는 작으나마 교사가 어떻게 해야 한다는 교육적 믿음이나 신념의 책무성을 구현해나가야 한다. 학생들에게 신체활동에 참여할 수 있는 여건만 조성된다면, 학생들의 체육활동은 가치 있게 이루어질 것이다. 이는 대부분의 학생들이 체육수업을 좋아하고, 체육수업을 통한 교육적 가치를 긍정적으로 바라보고 있기 때문이다(고문수, 2008; 곽은창 · 권순정, 1999; 김윤희, 1999; 김윤희 · 강신복, 2000; Carlson, 1995; Luke & Sinclair, 1991).

학생들은 내재적으로 동기가 유발되었을 때, 체육수업에 적극적으로 참여한다. 그러나 내재적인 동기유발은 학생들이 스스로 만들어 나가기에는 한계가 있다. 주변 여건이 만들어졌을 때, 학생들의 잠재적인 동기가 외현적으로 드러나고, 이것이 자신의 수준과 흥미에 맞게 형성될 때 발현하게 된다(서영조, 2009). 학생들의 정서는 신체활동을 통해 표출된다. 이러한 측면에서 신체활동은 학생들의 정서를 표현하는 리허설의 장인 것이다. 학생들의 정서와 동기를 별개로 생각하기보다는 동일한 맥락에서 접근하는 것이 유용할 것이다.

2007년 개정 체육과 교육과정은 건강 활동, 도전 활동, 경쟁 활동, 표현 활동, 여가 활동 등의 대영역으로 구성되었다. 각 영역은 학생들에게 신체활동의 가치를 드러내기 위해 도움을 제공하는데 관심을 집중하고 있다. 학생들이 체육수업의 가치를 높이기 위해서는 수업활동에 흥미를 갖고 적극적으로 참여해야 한다. 학생들이 체육의 가치를 높이고, 체육활동에 몰입할 수 있도록 학습활동 전반에 관심의 초점이 모아져야 하는 이유가 바로 여기에 있다.

학생들에게 어떠한 체육수업을 설계해야 하는지, 어떠한 방법으로 수업의 시작에서부터 마무리까지 접근해나가야 하는지에 관한 이론적 틀을 마련하는 것은 체육수업을 이끄는 단초가 될 것이다. 하지만 지금까지 많은 연구에서 구체적인 체육수업의 시작과 운영 방법 및 구체적인 방향을 설정하지 못하였다(고문수 · 이재용, 2003; 김인상, 2003; 인천광역시교육청, 2009). 특히, 선행 연구에서 교사가 체육수업을 어떻게 이끌어야 하는가와 관련된 부분으로 교수전략을 탐색한 연구도 제한적이었기 때문에 체육수업의 방향을 설정하는데 한계를 지닐 수밖에 없었다(김인상, 2003). 만약, 체육수업에서 교사의 교수전략이 탐색된다면, 학생들이 체육수업을 통해 경험하는 가치들이 의미 있게 표출될 것이고, 체육수업의 방향을 설정하는 부분에도 도움을 받게 될 것이다.

체육수업에서 교수의 교수전략은 체육수업의 효율성을 높이는 사안으로 중요성을 지니고 있다. 본 연구에서 제안한 교사의 교수전략은 수업전략과 중층의 구조를 지닌다. 즉 교수전략과 수업전략을 분리하기보다는 학습자 중심의 체육수업을 지향해나가는데 도움이 되는 큰 그림의 전략 측면에서 동일한 의미로 접근하였다. 예컨대, 수업시작을 위한 위치와 대형의 변화, 학습자 중심의 과제 제시 주체의 변화, 창의적인 학습 환경으로서 수업환경과 프로그램의 개발, 과제행동의 지속화 방안으로 제안된 피드백의 제공 등의 내용을 포함하였다.

초등학교 체육수업에서 교사들에게 무엇이 문제이고, 어떠한 방향으로 수업을 설계하며, 현장의 교사들이 무엇에 관심을 기울여야 하는가에 대한 이해를 제공하는 것은 교사와 학생을 통합하는 체육수업을 지향하도록 한다. 즉 현장의 교사들이 지니고 있는 수업지식(pedagogical content knowledge)을 학습자 중심의 활동으로 전개해나가도록 할 것이다. 단순히 교사가 아는 것을 아는 것으로만 지니고 있는 암묵적 지식이 아니라, 학생들에게 주는 것인 실천적 지식으로의 교육적 관점이 모아진다면 교사들이 알고 있는 암묵지는 학생들에게 제공하는 실천지로서 의미 있게 접근해나갈 것이다(고문수 · 이재용, 2003; Shulman, 1987).

이 연구는 학교현장에서 초등학교 교사들이 체육수업을 전개하는데 암묵지를 실천지로 전개해나가는데 필요한 구체적인 교수전략을 교사와 학생의 상호작용 속에서 탐색하는데 그 목적을 두었다. 교사들이 체육수업을 개선하는 교수전략의 개발에 관심을 기울이게 된다면 학생들은 체육수업에 더 적극적으로 참여하게 될 것이고 교사들은 체육수업을 개선해나가는 구체적인 시사점을 제공받게 될 것이다.

## 제1절 어떻게 연구하였는가?

이 글에서는 수도권 소재의 Y초등학교 5학년 학생 5명(남3, 여2)과 이들을 지도한 체육 전담교사를 연구참여자로 선정하여 2009년 3월부터 10월까지의 초등학교 체육수업에서의 교사의 교수전략을 탐색하였다. 연구에 참여한 남학생 3명과 여학생 2명은 중간 이상의 운동기능을 소유하고 있다. 연구참여자들은 학년 교육과정 운영계획에 의거하여 진행된 체육수업에 참여하였다. 이 연구는 교사 자신의 수업을 직접 탐구함으로써 자신의 수업지식을 스스로 형성해 가는 연구자의 입장에서 접근하였다. 연구참여자의 이름은 윤리적인 측면을 고려하여 모두 가명을 사용하였다.

이 연구는 체육교육과정의 내용 중에서 월별로 한가지의 학습단원을 선정하여 여러 종류의 학습형태를 적용하고 학생들이 체육수업에서 경험하는 교육적 가치를 고양하기 위한 방안으로 초등학교 체육수업에서 교사의 교수전략을 탐색하였다. 체육수업에서는 다양한 학습형태를 제공하여 학생들이 흥미를 갖고 수업활동에 참여할 수 있도록 안내하였다.

본 연구에서 활용된 학습형태는 학생들에게 모둠활동을 하는 가운데 모둠원들과 협동할 수 있는 협동학습의 구조로 STAD와 직소 및 TGT가 사용되었다. 협동학습의 구조를 활용하는 과정에서는 모둠 간 경쟁을, 모둠 내 협동을 통해 학생들에게 긍정적인 정서를 마련하는데 도움을 제공하고자 노력하였다. 연구의 수업설계는 〈표 8-1〉과 같다.

〈표 8-1〉 수업 설계

| 월 | 학습내용 | 모형 |
|---|---|---|
| 3 | II-1. 달리기 - 공 이어달리기, 배턴 주고받으면서 달리기 | STAD |
| 4 | V-2. 재미있는 체력운동 - 음악줄넘기, 협동줄넘기(8자 마라톤) | 직소 |
| 5-6 | IV-1. 손짓, 발짓, 몸짓으로 - 여러 가지 소리에 따라 즉흥 표현하기 | 문제해결학습 |
| | I-2. 기계체조 - 평균대에 오르기, 걷기, 방향 바꾸기 및 균형 잡기, 뛰어내리기 | 직접교수 |
| 9 | III-1. 구기활동 - 공차기, 공 몰기, 간이 축구하기, 전략중심의 간이 축구하기 | TGT, STAD |
| 10 | II-3. 던지기 - 숫자판 맞히는 재미있는 놀이하기, 디스크골프 게임하기 | STAD, TGT |

면담은 학생들이 체육수업에서 원하는 방향을 알아보고자 5학년 연구실에서 연구참여자와 마주 앉아 2009년 5월과 10월 각각 2회 실시하였다(1회당 30-35분). 면담 내용은 체육수업의 방향, 친구들과의 상호작용, 창의적인 학습 환경의 방향과 자신이 원하는 체육수업의 방향 등이다. 면담 내용에 대해서는 사전에 연구참여자의 동의를 얻어 녹취하였다. 면담 내용을 녹음하면서 녹음되지 않은 연구참여자의 참여태도나 표정 및 개인적인 이야기는 현장노트에 메모하였고, 면담이 끝난 직후에 상세하게 기록하였다. 체육수업을 지도한 교사가 수업에서 경험하거나 생각한 아이디어는 수업일지에 기록하였다. 예컨대, 학생에

대하여 알게 된 점, 운동장의 위치에 따른 학생들의 반응, 학생들의 수업참여를 극대화하기 위한 방안으로 체육수업에서 변화해야 할 내용 등이다.

연구참여자의 체육일기는 1주일에 한 번씩 교사에게 바라는 점, 개선해야 할 체육수업 등에 대한 자신의 느낌을 자유롭게 작성하도록 하였다. 본 연구자는 매주 금요일 학생들이 제출한 체육일기의 내용을 읽고, 중요한 의미를 포함하고 있는 단어에 밑줄을 그으면서 즐거운 체육수업을 위한 실마리를 제안하였다.

면담과 연구참여자의 체육일기 및 수업지도교사의 수업일지는 Spradley (1979)가 제안한 영역 분석과 분류 분석을 토대로 분석하였다. 영역 분석에서는 수집된 자료를 반복하여 읽으면서 중요하다고 판단되는 학생들의 체육수업에 대한 생각과 관련된 내용을 찾아서 그 내용을 가장 잘 요약해줄 수 있는 주제를 빈 공간에 기입하였다. 연구참여자의 체육일기는 체육수업의 가치와 관련된 내용을 중심으로 줄 단위로 분석하였다.

분류 분석에서는 소주제를 포괄하는 중간 분류 주제를 찾고, 계속해서 중간 분류 주제를 포괄하는 대주제를 찾았다. 이 과정에서 수집된 자료를 여러 번 정독하면서 자료의 수집과 분석의 순환적 과정을 계속적으로 거치며 수정 · 보완하면서 문화적 주제를 찾았다. 지도교사의 수업일지는 내용을 읽으면서 중요하다고 판단되는 학생들과 교사의 상호작용 및 지도교사가 생각하는 체육수업에 대한 가치에 관련된 내용을 찾아서 그 내용을 가장 잘 요약해줄 수 주제를 범주화하였다.

자료분석과정에서 원 자료는 연구참여자를 통해 내용의 정확성 여부를 검토하였다. 연구의 전 과정에서 도출되는 제 문제를 상의하기 위해 연구 동료의 점검을 실시하였다. 또한, 구성원 간 검토, 연구 동료의 점검, 면담과 연구참여자의 체육일기를 이용하는 다각도분석으로 자료의 진실성을 확보하였다.

## 제2절 교사의 교수전략

본 연구는 초등학교 체육수업에서의 교사의 교수전략에 초점을 맞추었다. 교사는 다양한 암묵적 지식을 지니고 있다. 그러나 이러한 암묵적 지식은 학습 대상에 따라 다양한 실천적 지식으로 전환될 때, 학습자의 참여를 유도하게 된다. 만약, 암묵적 지식이 실천적 지식으로 전환되지 못한다면, 실질적으로 학생들에게 동기를 제공하지 못하게 될 것이다. 왜냐하면 각 활동들이 교사가 알고 있는 암묵지로 구성되었을 뿐, 학생들의 발달단계에 맞도록 교사가 실천지로 구성해 나가는데 구체적인 단서를 제공하고 있지 못하기 때문이다. 각 활동의 내용은 바람직하나, 절차상에서 학생들의 흥미와 관심을 끌어내지 못했다는 것이다. 이것은 무엇을 의미하는가? 교사의 지식이 교사의 지식으로 남아있을 뿐, 학생들에게 의미 있게 전달되지 못했다는 것이다. 그렇다면 학생들에게 직접적인 전달은 무엇으로 가능할까? 이것은 다름 아닌 학생들의 모습 그 자체가 수업활동과 친숙하게 만들 수 있는 교사의 교수전략이 동원된다면 학생들이 자신의 신체활동을 폭넓게 펼칠 수 있는 장을 마련하게 될 것이다.

본 연구에서 초등학교 체육수업에서 교사의 교수전략을 탐색한 결과, 주변에서 중심으로: 수업 장소의 이동, 획일성의 탈피: 수업대형의 변화, 참여기회의 확대: 과제제시 주체의 변화, 동기유발 시키기: 수업환경과 내용의 개발, 과제행동의 지속화: 적절한 피드백 제공 등의 다섯 가지 주제가 도출되었다.

### 1. 주변에서 중심으로: 수업 장소의 이동

최근 학교 현장에서 사용되는 운동장은 반쪽짜리 운동장의 형태를 보인다. 그리고 반쪽자리 운동장에서 학생들은 자리다툼 때문에 갈등을 벌이고 있다. 운동장 한 가운데는 텅 비어있고, 운동장 한쪽 가장자리에서 수업이 진행되고 있는 것이다. 학생들이 체육수업을 통해 통합적인 안목을 형성하기 위해서는 현행

운동장 사용에 대한 반성이 불가피하다. 교사들은 왜 운동장을 제대로 활용하지 못하는가? 학생들은 왜 운동장 가장자리에서 자리다툼을 하면서까지 체육수업에 참여하고 있는가? 등에 관심을 기울여야 한다. 연구참여자들은 교사의 의도에 따라 운동장이 사용되고 있음을 언급하였다. 학생들은 교사들이 운동장의 가장 자리를 선호하는 이유에 대해 "가장 자리가 덥지 않아서 좋고, 앉아서 쉴 수 있는 공간이 많으며, 수업기자재를 쉽게 옮길 수 있는 곳이다."로 언급하였다. 얼핏 보기에 별 문제가 없어 보인다. 그러나 학생들이 수업에 참여하면서 보이는 갈등과 이야기는 운동장 사용의 변화에 간접적인 시사점을 제공한다.

> 여러 반이 체육수업을 할 경우에 어쩔 수 없이 운동장 한쪽에서 할 수는 있지만, 다른 반이 없는데도 운동장 한쪽에서 수업하는 것은 좀 그래요. 다음에는 넓은 곳에서 수업했으면 좋겠어요. 〈규식이와의 면담/2009.05.28〉

학생들은 운동장을 사용할 때, 운동장 앞쪽이나 가장자리보다는 운동장 중앙으로 자리를 옮기는 것이 신체활동을 하는데 도움이 될 뿐만 아니라 공간이 확대됨으로써 몸과 마음이 활짝 열리는 느낌을 제공받을 수 있다고 언급하였다. 학생들은 넓은 곳에서 몸을 자신 있게 움직이기를 원했다. 이러한 측면에서 한 두 반의 수업이 이루어지는 경우라면, 하나의 활동을 선정할 때 학생들에게 공간의 이해를 높이기 위해 활동 코너를 여러 곳 선정해야 한다. 그리고 이를 위해서는 학생들이 운동장의 넓은 곳을 이용할 수 있는 수업 활동의 구조도를 머릿속에 간직하고 있어야 한다. 교사에 의해 고안된 체육수업은 학생들의 지루함을 예방하고 학생들에게 예비활동을 제시할 수 있는 장점이 있다.

## 2. 획일성의 탈피: 수업대형의 가변성

수업대형에 대한 고정관념의 틀에서 벗어나야 할 시기가 왔다. 체육수업에서 수업 대형은 학생들의 수업활동에 영향을 끼치고 있음에도 불구하고, 지금까지 많은 교사들이 관심을 기울이지 않았다. 이는 체육활동의 중요성은 인정하면서도 가장 기본이 되는 부분에 관심을 등한시한 결과로 보인다. 그렇다면 수업의 대형은 어떻게 이루어져야 할까? 지금까지 사용되어온 4열 종대이어야 하는가? 아니면 4열 횡대이어야 하는가? 둘 다 적절하지 못하다고 생각한다. 그 이유는 연구참여자들은 4열 종대든 4열 횡대든 학생들에게 순서적인 나열을 만들 가능성이 높고, 수업에 적극적으로 참여하지 못하게 만드는 단점을 지니고 있다는 것이다.

> 4학년 때까지는 항상 4열로만 줄을 섰다. 나는 운동을 잘 못하기 때문에 만날 뒤에만 서게 되었다. 앞에 있는 선생님도 잘 보이지 않는다. 집중도 안 된다. 혹시 앞에 섰더라면 운동에 신경을 쓸 수도 있었을 텐데. 〈원희의 체육일기/2009.04.08〉

연구참여자들은 4열로 이루어지는 수업대형이 소수의 학생들에게는 유익할지 모르지만, 다수의 학생들에게는 적합하지 않다는 반응이다. 즉 운동기능이 좋은 학생은 앞쪽에 서고, 운동기능이 부족한 학생은 중심으로부터 멀리 서도록 만드는 요인이 되고 있음을 지적하였다. 이는 체육수업의 가치에서 제시하고 있는 학생들의 정신적인 측면에서 부정적인 영향을 미치는 요인 중의 하나이다(고문수, 2008; 고문수, 2010a). 그렇다면 수업대형은 어떻게 이루어져야 하는가? 연구참여자들은 수업대형의 획일성을 탈피할 것을 주장하면서 원형으로 이루어진 수업형태를 제안하였다.

> 5학년부터는 체육수업을 할 때, 원으로 서서 활동을 한다. 그 전에는 항상 두 줄로 서서 키순서대로만 섰다. 그래서 남자와 여자 따로 따로 서게 되고, 준비운동이나 활동을 할 때, 선생님 설명이 잘 들리지 않았고 항상 같은 친구들과 서니까 다른 친구들하고도 서보고 싶다는 생각이 들었다. 원으로 준비운동과 정리운동을 하니까 서로 다른 친구들과도 옆에 서게 되면서 더 친한 친

구도 많이 생겼다. 〈유빈이의 체육일기/2009.04.09〉

연구참여자들은 수업대형이 원형으로 이루어져야 하는 이유에 대해 순서적인 계열성보다는 순환성이 바탕이 되어 잘하는 학생과 못하는 학생이 함께 어울릴 수 있다는 부분에 긍정적인 의견을 제시하였다. 즉 자신이 옆 사람보다 순서적으로 부족하지 않다는 인식을 느낌으로써 부정적인 정서가 만들어지지 않아서 좋고 긍정적인 정서가 유발되어 체육수업에 활력소를 제공한다고 하였다.

## 3. 참여기회의 확대: 과제제시 주체의 변화

과제제시는 교사의 교수활동 중의 하나로 수업목표, 수업상황 소개, 수업조직 등의 구성 요소를 소개하는 행위를 의미하고, 학습자의 운동수행 능력을 가져와 학습의 효율성을 높일 수 있는 기초가 된다(Rink, 1993). 학생들은 과제가 자신의 수준보다 난이도가 높을 때 소극적인 참여를 보이는 반면, 과제가 학생들의 수준에 적합한 활동이 제공될 때, 학습자들은 적극적으로 참여하게 된다(안양옥, 2006; 이재용 외 3인 역, 2005). 이에 학생들이 호기심을 가지고 참여하도록 과제를 학습자 수준에 적합하도록 제공해야 한다. 과제의 난이도가 높았다면 학생 개인이 문제를 해결하기보다는 모둠원들이 공동으로 해결할 수 있는 기회를 제공하는 것도 좋은 방법이다. 이러한 과제는 모둠 내에서는 협동을, 모둠 간에는 경쟁을 유도하면서 수업활동에 적극적인 참여를 유도하게 된다. 만약 주어진 과제가 학생들의 수준에 어울리지 않는다면, 학생들의 특성을 고려하여 학생들이 활동에 쉽게 접근해 갈 수 있도록 문제를 정렬해주어야 한다. 학생들이 자신의 수준에 적합하다고 생각했을 때, 학생들의 참여는 적극성을 보이게 된다. 이러한 적극성은 다른 신체활동을 하게 되는 유인책이 된다. 학생들이 할 수 있다는 가능성과 현실적인 측면에서 가능함을 제공하는 것은 좋은 수업의 원천이다. 교사들은 학생들이 갈등하는 삶보다는 성취의 삶으로 옮겨가도록 학습자 수준을 고려한 배려로 다가가는 노력이 필요하다.

대부분 체육수업에서는 교사 중심으로 내용을 전개하다보니 학생들이 흥미를 잃게 되는 경우를 종종 보게 된다. 시범을 보이는 경우에서도 이를 엿볼 수 있다. 시범은 고난이도의 시범보다는 학생들이 쉽게 보고 이해할 수 있는 수준이면 적합하다. 시범을 보이는 과제제시의 주체도 반드시 교사일 필요는 없다. 활동내용에 따라서는 오히려 학생들이 적절한 역할모델이 될 수도 있다. 이러한 부분에 대해 세심하게 고려된다면 시범을 보이거나 체육수업을 진행하는데 소극적인 경향성을 보이는 교사들도 수업에서 적극성을 가져오는데 기여하게 될 것이다. 모든 것을 교사가 해야 한다는 생각보다는 학생과 함께 체육수업을 만들어간다는 생각으로 체육수업을 진행하는 것이 체육의 가치를 높이는 계기가 될 것이다.

> 애들이 체육을 무척 좋아해요. 시범을 보일 경우 꼭 선생님만이 하시는 것이 아니라 시범을 보일 수 있는 친구들에게 기회를 주시거든요. 하고 싶은 친구가 할 수 있는 기회가 있다는 것만으로도 체육은 즐겁게 만드는 것 같아요.
> 〈덕훈이와의 면담/2009.09.17〉

## 4. 동기유발 시키기: 수업환경과 내용의 개발

교사들은 학습 환경에 적합하도록 학습활동을 고안하거나 부족한 교수·학습 자료 그리고 장비에 어울리도록 활동을 변화시켜야 할 의무가 있다. 선행연구에 따르면 전문적인 교사들은 학생들에게 효율적인 학습 환경을 제공할 목적으로 교실환경을 변화시키고 수정해 나가는 것으로 확인되었다(고문수, 2006; 고문수·이재용, 2003; Housner & Griffey, 1985). 효율적인 체육수업을 하기 위해서는 교수활동에 필요한 자료를 신속하게 준비해야 한다. 물론 수업내용에 따른 자료의 활용능력과 준비에도 관심을 기울여야 한다. 그리고 학생들에게 호기심을 불러일으킬 수 있는 다양한 교수·학습 자료와 학교 체육시설을 현대적이고 참신한 체육시설로 교체할 필요가 있다. 체육수업에서 교수·학습 자료로 킨볼, 태그플래그, 패드민턴, 디스크야구, 도지비피구, 디스크골프, 플로어볼 등을 통해 학생들이 다양한 도전 활동과 경쟁 활동에 참여할 수 있는 유인가를 제공해야 한다.

> 디스크골프라는 말을 들었을 때, 많이 의아하게 생각하였다. 뭐 체육수업에 이런 것이 다 있나하는 생각이었다. 그런데 디스크골프를 하면 할수록 체육수업이 재미있어진다. 이렇게 재미있는 수업은 처음이다. 디스크골프는 나에게 홍미를 갖고 체육수업에 참여하게 만든다. 선생님의 말씀처럼 던지기 수업에서 공만을 던지는 것이 아니라, 플라잉디스크를 던질 수도 있고, 구역을 정해놓고 얼마나 멀리 던지는 것도 중요하지만 목표에 얼마나 가까이 던지느냐하는 것도 중요하다는 사실을 알게 되었다. 다음 체육시간의 던지기 수업도 기대된다. 〈성진이의 체육일기/2009.10.09〉

학생들이 신체활동의 결과로 심동적 · 인지적 · 정의적 가치를 쉽게 얻을 수는 없다. 교사가 의도적이고 계획적으로 준비하여 학생들에게 제공할 때만이 가치의 실현에 한 걸음 다가갈 것이기 때문이다. 학생들에게 참신한 수업교구가 도입된 체육수업이 제공될 때 체육교육의 가치를 불러일으킬 수 있다. 초등학교 체육수업에서는 다양하고 체계적인 수업내용의 개발과 보급에도 관심을 기울여야 한다. 학교별로 수업내용 전문가 집단을 구성하여 학생들의 홍미도를 고려한 다양한 수업모형, 개인차를 고려한 수업모형, 가정과 연계된 수업모형, 여러 학급이 동시에 참여할 수 있는 수업모형 및 민족문화 전승을 위한 수업모형 등을 개발하여 보급하도록 해야 한다(이상기, 2005). 아울러 실내에서 실시 가능한 체력 증진 프로그램을 개발하여 우천 시 실내 체육수업을 수행할 수 있는 방안을 마련해야 한다.

## 5. 과제행동의 지속화: 적절한 피드백 제공

체육수업의 질은 체육교육의 통합적인 안목을 키우는데 도움이 되는 활동을 전개하고, 이 부분이 활동의 결과로 뚜렷하게 나타나고 있는지에 대한 평가 방안이 마련될 때 높아질 수 있다. 학기 초 체육교과에 대한 이해를 가지고 있는 사람들이 집단의 구성원으로 참여하여 수행평가가 단순히 전년도 자료를 그대로 활용하는 수준을 넘어 합의의 과정을 통해 체육과 성취기준을 마련하고, 이 기준에 따른 통합적인 평가 방안들이 마련될 수 있도록 추진해나가야 한다. 평가는 수업활동에 대한 구체적인 피드백 자료로 활용되어 학생들의 성장에 도움이 되도록 해야 한다.

> 가르치고자하는 내용에 대하여 동작 설명만 해주었을 때는 내용을 잘 이해하는 것 같지만 정작 이해를 잘 못하는 경우가 많다. 학생들에게 동작에 대한 이유나 근거를 분명하게 제시해 줄 때, 자신의 동작에 대해 스스로 생각해 보는 기회를 얻게 된다. 이 과정에서 학생들은 기본 운동기능을 수행하는 방법을 오랫동안 기억하게 되며 탐구적 학습능력을 배양하는 부분에도 도움이 되는 것으로 나타났다. 〈연구자의 수업일지 내용 중에서/2009.10.06〉

피드백은 학습자가 운동 반응의 결과에 관하여 얻는 다양한 정보로 교수의 중요한 부분이다. 적절한 피드백은 학생들의 자긍심을 높이고 수행의 초점을 높이며 과제행동의 비율을 증가시키게 된다. 학습자가 무엇을 배워야하고 무엇을 피해야 하며 어떻게 수행이 수정될 수 있는가에 대한 정보를 제공하기 때문에 피드백을 제공하는 것은 기능을 가르치는 과정에서 매우 중요하다. 평가에 따른 피드백을 제공할 때에는 두 가지 이상의 감각이 통합되는 활동을 통해 학생들의 참여를 극대화시키기 위해 노력해야 한다. 학생들의 파지는 하나의 감각보다는 두 가지 이상의 감각이 동원될 때, 인지적으로 오래 남게 된다. 학생들에게 피드백을 제공하는 경우에 감각이 통합된 피드백을 제공하는 것이 학습의 목표를 달성에도 큰 도움이 된다. 학생들이 배구의 오버토스를 배우는 시간이라면 동작을 보여주면서 '머리 위에서'라는 언어 단서를 동시에 사용하여 학생들이 감각을 통합해야 과제행동을 지속할 수 있게 된다.

이 연구에서 초등학교 체육수업에서 좋은 체육수업을 위한 교사의 교수전략을 탐색한 결과 다섯 가지가 도출되었다. 첫째, 주변에서 중심으로: 수업 장소의 이동을 제안하였다. 둘째, 획일성의 탈피: 수업대형의 가변성을 제안하였다. 셋째, 참여기회의 확대: 과제제시 주체의 변화를 제안하였다. 넷째, 동기유발 시키기: 수업환경과 내용의 개발을 제안하였다. 다섯째, 과제행동의 지속화: 적절한 피드백 제공을 제안하였다. 이러한 연구결과가 학교현장에서 지향되기 위해서는 체육수업을 지도하는 교사의 전문성이 요청된다.

체육수업은 체육교사의 전문성으로부터 나온다. 아담 브룩스는 "수업의 질은 교사의 질을 능가할 수 없다."는 표현을 통해 교사의 중요성을 언급하였다. 체육수업과 관련하여 교사의 중요성 중에서 무엇보다 우선시 되는 것은 교사의 전문성이다. 현장의 교사들은 교사 전문성의 전제요소로 마음의 지도(MAP)를 간직하고 있어야 한다(고문수, 2010b). 그러고 나서 마음의 지도를 바탕으로 교사의 전문성(TEMPO)을 함양해 나가야 할 것이다.

MAP은 도덕성(morality)과 책무성(accountability) 그리고 열정(passion)을 지닌 교사를 의미한다. 그리고 이를 기반으로 TEMPO를 펼치기 위한 교사의 노력에 관심을 경주해야 할 것이다. 여기서 T는 과제참여시간(time on task)을 의미한다. 교사는 학생들이 과제에 참여할 수 있는 충분한 시간을 제공하기 위해 불필요한 설명을 줄이고 학생들이 신체활동에 참여하도록 안내해야 한다. E는 학생에 대한 교사의 기대(expectation)를 의미한다. 교사는 학생을 가능성의 존재로 인식하고 학생들이 신체활동에 도전하여 성공할 수 있다는 자신감을 심어주어야 한다. M은 학생의 활동에 대한 모니터링(monitoring)으로 학생의 활동과 움직임을 자세히 관찰할 뿐만 아니라 과제수행의 제반 움직임에도 관심을 게을리 하지 말아야할 것이다. P는 학생이 당면한 문제를 정렬(problem assigned)하는 것을 의미한다. 교사는 학습자수준에서 가르치기와 과제 내 변형을 통해 학생들이 당면한 신체활동의 문제를 해결할 수 있는 전문성을 지니고 있어야 한다. 그리고 O는 수업조직(organization)을 의미한다. 모둠구성이나 활동에 대한 시간분배 및 비 과제 행동을 줄이기 위해 교사의 전문성이 요구되는 부분이다. 특히, 전문성을 지닌 교사는 학생에 대한 관심과 노력이 체육교육의 방향을 설계하고, 이러한 노력이 체육교육의 가치를 높게 드러내는 원동력임을 잊지 말아야 할 것이다(고문수, 2010a).

2007년 개정 체육과 교육과정은 학생들에게 신체적 · 인지적 · 정서적으로 통합된 체육활동을 지향하는데 유익한 활동으로 구성하였다(유정애, 2007). 이를 교사와 학생 측면에서 교수활동과 학습활동으로 나누어 설명할 수 있다. 교사의 교수활동은 직접교수와 간접교수로 나눌 수 있다. 그리고 학생의 학습활동은 직접체험활동과 간접체험활동으로 나눌 수 있다. 체육수업은 이러한 네 가지 활동이 서로 복합적으로 작용하는 가운데 수업의 질을 높이게 된다(최의창, 2007).

연구결과에서 나타난 것처럼 연구참여자들에게 체육수업을 통해 자신감과 도전감을 키우고 갈등을 줄여나가기 위해서는 협동학습의 구조가 활용된 학생팀 성취배분(STAD)과 팀게임토너먼트(TGT)를 활용해야 한다. 이러한 협동학습의 구조는 모둠 내 협동을 모둠 간 경쟁을 유발하면서 체육수업을 역동적으로 이끄는 장점을 지니고 있다(유정애 외 8인, 2003). 이처럼 교사는 체육수업의 변화에 대하여 관심을 기울여야 한다.

체육교육의 변화는 외부의 영향보다는 내부적인 변화의 바람이 강할 때 활발하게 진행된다. 이러한 변화의 지향점에 교사가 서 있는 것이다. 이는 교사의 전문성내지는 책무성과 밀접한 관련을 맺게 된다. 초등학교 체육수업의 변화 지향 과제를 설정하는데 있어서 무엇보다도 교사들의 관심과 변화가 중요하다. 아무리 좋은 내용이라도 이를 현장에서 실천하는 노력이 기울여지지 않는다면 의미 없는 공허한 메아리가 될 수밖에 없기 때문이다(고문수, 2008).

제9장

# 뉴스포츠 수업의 가치와 한계를 만나다[1)]

학생들의 행복한 수업은 수업에 몰입하여 참여할 수 있는 창의적인 학습 환경과 장비를 마련하는데 있다. 이를 통해 학생들은 신체활동에 참여하면서 자신의 강점을 계발하고, 자신감 넘치는 생활과 도전하는 삶으로 변화할 수 있다(Csikszentmihaly, 1990).

교사는 학생들이 가장 잘 할 수 있는 활동을 찾아서 그 활동을 통해 신체활동의 가치를 느끼고 건강과 체력을 향상시키면서 긍정적인 정서를 함양할 수 있는 삶을 설계해야 한다. 학생들은 체육수업에서 자신의 수준에 맞는 다양한 교구를 활용할 때 즐거움과 의미를 경험하는 것으로 나타났다(고문수, 2012). 따라서 현장의 교사들은 체육수업에서 다양한 교구의 활용에 관심을 기울여야 한다. 체육수업에서는 학급의 모든 학생들이 한두 가지의 교구로 활동하기보다는 각 개인이나 모둠활동이 이루어질 수 있도록 충분한 교구가 확보될 때, 높은 참여율을

1) 본 글은 『교과교육학연구』 제16권 4호(2012)에 게재된 논문을 일부 수정한 것이다. 원래 제목은 「초등교사의 눈으로 바라본 뉴스포츠 수업의 교육적 가능성과 한계」였으나 글 내용과의 적합성을 고려하여 「뉴스포츠 수업의 가치와 한계를 만나다」로 수정하였다.

보이고 있었다. 학생들은 체육수업에서 교구의 활용을 통해 자신감을 형성하면서 생활 속으로 연계해 나갔다. 무엇보다 다양한 교구의 활용은 학생들이 잘 할 수 있다는 체육수업의 가능성을 통해 각 개인에게 드러날 수 있는 부정적 내면화를 긍정적으로 변화시키는 역할을 제공하는 것으로 나타났다(고문수, 2012).

2007 개정 체육과 교육과정에서는 '신체활동의 가치'를 중시하는 성격을 갖고 체육과 교육과정을 단위학교와 교사에 따라 자율적으로 운영할 것을 제안하였다. 또한, 학습자 중심의 교수 · 학습 방법을 강조하고, 구기 종목 위주의 체육수업에서 뉴스포츠나 스포츠 댄스 등의 신체 표현 활동 중심으로 바꾼다는 계획을 발표하기도 하였다(교육인적자원부, 2007). 그러나 신체활동 자체에 대한 낮은 인식과 제도적 배려가 부족하여 학생의 만족도를 충족시키지 못하고 있다. 이에 현장의 교사들에게는 체육수업을 기존의 기능위주의 수업이 아니라, 개정 체육교육과정에서 강조하는 신체활동 가치중심의 수업 방법을 모색할 필요가 있고, 낮은 체력 수준을 보이는 학생들과 체육수업에서 상대적으로 소외받는 학생들이 체육수업에 적극적으로 참여할 수 있도록 대안적인 프로그램이 절실히 요구되는 시점이다.

이러한 시점에서 2007 개정 체육과 교육과정의 취지에 부합하는 참여자 지향의 스포츠로 뉴스포츠가 집중적인 관심을 받아왔다(권진규, 2007; 김현우, 2010a; 김규성, 2007; 류태호, 이병준, 2006; 김낭규, 2009; 이규일 · 류태호, 2010; 김성곤, 2008; 김승재, 김진희, 홍석표, 2008; 김현우, 2010b; 이근오, 2007; 이병관, 2007). 특히, 체육수업에서 뉴스포츠의 적용 사례들은 스포츠에 대한 이해를 돕고, 체육에 대한 긍정적인 정서와 신체활동을 경험하고 재미를 느끼도록 하며, 나아가 학생의 건강 체력 향상에 밑거름이 되고, 초등학생들의 참여태도, 흥미도 그리고 기초체력을 효율적으로 향상시킨다는 긍정적인 결과가 도출되기도 하였다(고문수 · 이양구 · 김무영, 2011; 김승재 · 김진희 · 홍석표, 2008; 이근오, 2007; 최홍섭, 2010).

이러한 시점에서 이 연구는 뉴스포츠가 학생들에게 긍정적 가치를 제공하고 있는지, 그 과정에서 교사들이 고민하고 관심을 기울여야 할 부분은 무엇인지, 앞으로 뉴스포츠가 현장에 유용하게 적용되기 위해 필요한 것들은 무엇인지 등에 관심을 기울여야 할 것이다. 대부분의 선행연구들을 보면 뉴스포츠 수업이 긍정적 가치가 있으니 현장에 적용할 필요가 있다는 시사점을 제안하고 있다. 하지만 뉴스포츠를 초등 현장에서 활용하기 위해 검토해야 할 부분들은 없는지, 뉴스포츠를 현장에 적용하는 과정에서 활용의 관점으로 생각할 부분은 무엇인지 등에 대한 반성적 관점이 제공된다면 초등 체육수업의 질은 한층 달라질 것이다.

이 연구는 초등 체육수업에서 뉴스포츠의 교육적 가능성을 탐색해보고, 2007 개정 체육과 교육과정의 성격, 목표, 내용, 방법, 평가의 항목 중 '목표'와 '내용'을 근거로 뉴스포츠 수업의 교육적 가능성을 탐색하는데 그 목적을 두었다. 이 연구는 초등 현장에서 뉴스포츠 수업의 구체적인 실천이 어떻게 이루어져야 하는지? 어떠한 내용을 구성하여 학생들에게 제공해야 하는지? 교육적 한계를 어떻게 극복하고, 초등 현장에서 뉴스포츠 수업을 어떻게 구현해야 하는지? 등에 대한 시사점을 제공할 것으로 보인다.

## 제1절 어떻게 연구하였는가?

이 연구에서는 뉴스포츠 수업에 대한 학생의 이해와 교육적 가능성을 탐색하고자 수도권 소재의 가을초등학교[2) 5학년 학생 4명과 이 수업을 진행한 교사를 연구참여자로 선정하였다. 연구참여자[3)의 선정과정에서 고려한 사항은 다음과 같다.

첫째, 연구참여자 중 학생의 선정에서는 체육수업에서 적극적인 학생과 소극적인 학생을 골고루 선정하였다. 이는 뉴스포츠 교구가 활용된 체육수업에 대한 참여의 정도를 여러 시각에서 살펴보고자한 의도이다. 이를 위해 4월에는 학

2) 이 연구에서 소개되는 학교는 모두 가명임을 밝혀둔다.
3) 여기에서 표현되는 '연구참여자'는 학생을 지칭하며 문맥에 따라서 '초등학생'이라고 표현된다.

급의 전체 학생들의 활동모습을 관찰하고, 연구에 동의한 학생을 선정하였다. 둘째, 자신의 생각을 적극적으로 표현하고 자신의 경험을 글로 표현할 수 있는 학생을 선정하여 자신이 겪은 경험의 이야기를 자세히 이야기하도록 하였다. 자신의 이야기를 자유롭게 표현하는데 도움이 될 수 있도록 4월에는 체육수업을 하고 난 다음, 학급의 전체 학생들에게 체육수업반성일지를 쓰도록 하였다.

〈표 9-1〉 연구참여자 정보

| 이름(가명) | 학년 | 성별 | 특이사항 |
|---|---|---|---|
| 마유미 | 5 | 여 | 수업에 적극적이고, 운동도 잘함 |
| 김용식 | 5 | 남 | 수업에 적극적이고, 운동도 잘함 |
| 이윤지 | 5 | 여 | 수업에 소극적이고, 운동기능이 부족함 |
| 한형석 | 5 | 남 | 수업에 소극적이고, 운동기능이 부족함 |

본 연구자[4]는 연구참여자들의 체육수업을 진행한 연구자 자신이다. 연구자는 대학원에서 스포츠교육학 전공으로 박사학위를 받았고, 현장에서 교구를 활용한 체육프로그램의 구안과 체육과 수업방법 개선에 관심을 기울여왔다. 본 연구자는 3월 초에 초등 체육에 대한 교육적 경험과 취지를 연구자가 거주하고 있는 인근의 가을초등학교를 방문하여 설명하였고, 얼마 후 해당 학교의 교장선생님으로부터 4월부터 수업을 해도 좋다는 허락을 받았다. 해당 학급의 선정은 3월말에 2012학년도 행복한 학교 만들기 학부모 교육재능기부의 날 일일 교사로 위촉되어 2시간의 수업을 진행한 것이 계기가 되었다. 해당 담임교사는 가을초등학교에서 수업을 할 경우, 자신의 학급 학생들에게 체육활동을 지도해줄 것을 당부한 적이 있었기 때문에 연구 학급을 쉽게 선정할 수 있었다.

본 연구는 2012년 4월부터 7월까지 매주 1회〔수요일 또는 목요일〕 학교 체육수업 시간을 활용하여 15차시의 뉴스포츠 수업을 진행하였다. 본 연구에 대한

4) 본 연구자는 연구참여자인 동시에 연구자 자신이다. 다만, 연구참여자인 학생과 구별하기 위해 본 연구자는 연구참여자라고 쓰지 않고, 연구자 또는 본 연구자로 표현된다.

이론적 연구와 면담 방법 및 질문지 등에 관한 기초 작업들은 2012년 3월에 진행되었다. 연구에 필요한 자료는 학생의 면담과 수업반성일지 그리고 수업을 진행한 교사의 수업반성일지를 토대로 수집하였다.

본 연구자는 연구참여자인 초등학교 5학년 학생들의 신체발달과 인지적 발달을 고려하여 학생들의 활동에 적합하다고 판단되는 뉴스포츠 활동을 선정해 나갔다. 무엇보다 연구 참여 학교의 운동장과 제반 시설을 감안한 뒤, 실천 가능한 활동으로 〈표 9-2〉의 뉴스포츠 활동 프로그램을 최종 구성하였고, 이들의 프로그램은 학생들의 정서발달에 도움이 되는 협동학습의 구조를 활용한 체육수업으로 직소(Jigsaw)구조와 학생팀성취배분(STAD: Students Team Achievement Division)을 활용하였다.

〈표 9-2〉 차시별 뉴스포츠 활용 수업

| 차시 | 구분 | 주요 학습내용 | 비고 |
|---|---|---|---|
| 1 차시 | 뉴스포츠 이해하기 | 뉴스포츠의 가치와 현장교육 적용에서 주의해야 할 점은 무엇인가? | 4월 |
| 2 차시 | 플라잉디스크 | 플라잉디스크 던지기, 받기, 숫자판 맞추기 | |
| 3 차시 | | 플라잉디스크 어프로치, 퍼팅, 디스크 슛 | |
| 4 차시 | | 디스크골프 5홀 게임하기 | |
| 5 차시 | 스포츠 피구 | 스포츠 피구의 역사와 스포츠 피구 게임하기 | |
| 6 차시 | 킨볼 | 킨볼의 역사, 가치, 킨볼 게임의 개요 소개하기 | 5월 |
| 7 차시 | | 킨볼 공굴리기, 공중에서 치기, 받기 | |
| 8 차시 | | 2발리볼 킨볼, 4발리볼 킨볼 | |
| 9 차시 | 패드민턴 | 패드민턴 게임하기 | |
| 10 차시 | 티볼 | 티볼의 역사, 가치, 티볼 게임의 개요 소개하기 | 6월 |
| 11 차시 | | 공 다루기, 공 전달하기 | |
| 12 차시 | | 티볼 간이 게임하기 | |
| 13 차시 | 츄크볼 | 2인, 3인이 공주고 받기 | 7월 |
| 14 차시 | | 츄크볼 골대에 공 던진 후 받기, 공 던지고 받기 릴레이 게임하기 | |
| 15 차시 | | 두 팀으로 나누어 츄크볼 게임하기 | |

면담은 학생들이 뉴스포츠 체육수업을 통해 경험한 교육적 가능성을 알아보고자 상담실에서 연구자와 마주앉아 1회당 30~40분 동안 4명의 연구참여자 각각에 대해 3회 실시하였다. 면담 내용은 연구참여자들이 뉴스포츠 수업에서 경험한 것과 느낀 것에 대해 비구조화된 면담 방식으로 실시하였다. 면담의 내용은 수업활동을 하면서 경험하고 느낀 점에 대해 자유롭게 이야기 할 수 있도록 개방적인 분위기를 조성하고자 노력하였다. 면담 과정에서는 연구참여자들의 뉴스포츠 활동 경험에 대한 이야기를 주의 깊게 경청하면서 연구참여자가 자유롭게 자신의 의견을 말할 수 있도록 하였다. 이때, 면담의 내용은 연구참여자의 사전 동의를 얻어 녹음하였다. 연구참여자의 면담 내용을 녹음하면서 녹음되지 않은 연구참여자의 표정이나 행동 모습 등은 현장노트에 메모하였고, 면담이 끝난 후에 상세히 기록하였다.

연구참여자들의 수업반성일지에는 면담하기 전과 면담을 마친 후, 교사가 겪은 경험에 대하여 그 날 기억에 남는 일, 혹은 지난 날 기억에 남는 일들에 대해 반성적 사고 내용들이 포함될 수 있도록 하였다. 이때, 사건 자체를 내용 중심으로 쓰기보다는 자신의 생각이나 상황에 대한 갈등을 기록할 것을 제안하여 기술적 반성보다는 비판적 반성의 내용이 담길 수 있도록 하였다. 본 연구자는 학생들이 매주 수업시간 전에 제출한 수업반성일지의 내용을 본 연구자의 연구실에서 읽고, 중요한 의미를 포함하고 있는 단어에 밑줄을 그으면서 의미 있는 부분에 대해 설명을 해주었으며, 궁금해 하는 내용에 대해서는 조언의 글을 남겼다.

이 연구에서 면담과 수업반성일지로 수집된 자료는 Spradley(1979)가 제안한 영역 분석과 분류 분석을 토대로 분석하였다. 먼저, 수집된 자료를 반복하여 읽으면서 계속되는 패턴과 줄거리를 찾았고, 뉴스포츠 활용수업에서 드러나는 가치와 관련된 핵심용어를 도출하였다. 주요 용어들을 다시 조직하여 공통적인 것들로 묶고 합병하는 방식으로 경험 요소를 체계적으로 조직해나갔다. 이후 다시 원자료를 읽으면서 선정한 경험 요소들의 타당성을 점검하였고 분석 작업을 통해 최종적으로 경험 요소들을 도출하였다.

뉴스포츠의 교육적 가능성으로 흥미와 만족감, 참신성, 몰입성, 파급성 등의 내용을 도출하였다. 교육적 가능성의 내용들에 대해서는 보다 세밀한 이해와 포괄성으로 제한점을 갖게 되는 것을 해소하고자 부제를 통해 오해의 소지를 줄여나갔다. 이를 통해 최종적으로 '흥미와 만족감: 실(失) 지양, 득(得) 지향의 정서', '참신성: 낯선 것에 대한 아름다움', '몰입성: 동기유발을 통한 과제 참여의 지속성', '파급성: 동학년으로, 가정으로의 확산' 등의 교육적 가능성을 도출하였다.

또한, 2007 개정 체육과 교육과정의 성격, 목표, 내용, 방법, 평가의 항목 중 '목표'와 '내용'을 근거로 뉴스포츠 수업의 교육적 가능성을 반성한 결과를 세 가지 도출하였다 첫째, 흥미와 만족감 본위로 체육의 목적을 달성할 수 있는가? 둘째, 주관적 체험이 수업내용의 객관성을 보장하는가? 셋째, 학습자 중심의 활동에서 교사는 무엇을 하는가? 등을 탐색하여 뉴스포츠의 가능성과 한계를 검토하였다.

자료분석과정에서 원 자료는 연구참여자를 통해 내용의 정확성 여부를 검토하였다. 연구의 전 과정에서 도출되는 제 문제를 성의하기 위해 스포츠심리학 전공의 박사학위 소지자와 연구 동료의 점검을 실시하였다. 그리고 구성원 간 검토, 연구 동료의 점검, 면담과 연구참여자의 수업반성일지를 이용하는 다각도 분석으로 자료의 진실성을 확보해나갔다.

## 제2절 뉴스포츠 수업의 교육적 가능성과 한계를 찾아서

뉴스포츠 활용수업에 대한 학생들의 수업 경험과 그 경험의 교육적 의미를 분석한 결과, 흥미와 만족감, 참신성, 몰입성, 파급성 등이 도출되었다. 그리고 2007 개정 체육과 교육과정의 성격, 목표, 내용, 방법, 평가의 항목 중 '목표'와 '내용'을 근거로 뉴스포츠 수업의 교육적 가능성을 반성한 결과를 뉴스포츠의 한계로 정리하였다. 첫째, 흥미와 만족감 본위로 체육의 목적을 달성할 수 있는가? 둘째, 주관적 체험이 수업내용의 객관성을 보장하는가? 셋째, 학습자 중심의 활동에서 교사는 무엇을 하는가? 등을 탐색하여 뉴스포츠의 가능성과 한계를 확인하였다.

## 1. 뉴스포츠 수업의 교육적 가능성

연구참여자들은 뉴스포츠를 활용한 체육수업의 경험 속에서 스트레스 줄이기, 성취감 느끼기, 신체적 즐거움 느끼기, 거부감에서 벗어나 자신감 형성하기 그리고 게임의 가치를 발견하는 등 다양한 교육적 가치를 체험해나갔다.

### 1) 흥미와 만족감: 실(失) 지양, 득(得) 지향 정서

기존 게임 활동에서는 경쟁성이 지나치게 강조되어 동료들 간에 다툼이 일어나 마음의 상처를 입게 되고, 그로인해 체육수업의 위축을 가져오는 경우도 있었다. 게임 활동을 통한 즐거움보다는 승패의 결과에 집중하는 경우가 많다. 운동을 잘하고 적극적인 학생들은 승부욕이 강하며 자기 우월주의 의식이 배어있기 때문에 소극적인 학생들의 기회를 박탈하거나 무시하는 경향을 배제할 수 없다.

한편, 학생들은 뉴스포츠 수업에 참여하면서 친구들끼리 말다툼하고 싸우는 경우가 줄어들고 결과보다도 활동 과정 자체를 즐기게 되었다는 반응을 보였다. 이는 교구를 활용한 뉴스포츠의 특징 중 신체적 경쟁을 제한하도록 한 것이 한 몫을 한 것으로 판단된다. 학생들은 주어진 과제의 도전에 관심을 기울이면서 체육활동의 결과보다는 과정을 즐기는 법을 배우고 있었다. 스포츠는 체육의 목적 달성을 위하여 그 수단으로 이용되는 동시에 스포츠 그 자체가 교육적인 측면도 지닌다(Beedy, 1997; Shulman & Bowen, 2001).

학생들은 뉴스포츠 수업을 통해 모둠원들과 즐기면서 협동하는 법을 배웠다. 이들은 신체적 경쟁보다는 자신의 도전의식을 발휘하는데 관심을 집중하였다. 이런 가치들로 하여금 학생들은 경기에 참여하게 되었고, 사회성과 다양성을 수용할 수 있는 기회를 얻고 있었다. 특히, 뉴스포츠 수업은 학생들에게 다양한 요구와 운동 능력에 맞는 수업을 가능하도록 하는 유인가가 되었다.

> 킨볼에서 공격을 성공했을 때, 파이팅 하는 것이 처음에는 낯설었습니다. 익숙해지니까 자연스럽게 "뒤에", "마이", "파이팅!" 이라는 말이 튀어나왔어요. 왠지 뿌듯해지는 것 같은 기분이 들기도 하고……. 처음으로 공을 네트 건너편에 넘겼을 때 좋아서 고함을 질렀어요 〈유미의 면담/2012.5.16〉.

> 뉴스포츠 수업은 학생들에게 신선한 교구가 사용되기 때문에 갈등보다는 참여에 관심을 기울이다 보니 서로에 대해 덜 신경을 쓰는 것 같다. 또 교구도 처음 접하는 것이기 때문에 활동에 푹 빠지기도 한다. 킨볼의 경우에는 수업의 구조 자체가 서로 협동하지 않으면 안 되기 때문에 서로에게 의지하는 경향이 있었고, 순서대로 킨볼을 받쳐주고, 쳐야하는 특성 때문에 책임감이 많이 생기게 되었다 〈교사의 수업반성일지/2012.5.22〉.

위의 인용문에서도 알 수 있듯이 뉴스포츠의 수업 적용 결과로 나타나는 뚜렷한 현상 중 하나는 수업에 대한 만족도가 높다는 것이다. 이는 남·녀 운동수준이 높고 낮음에 관계없이 대부분의 학생들이 수업에서 흥미를 느끼고, 높은 만족도를 보였다는 김낭규(2009)의 연구결과와 일치한다. 특히, 교구를 활용한 뉴스포츠의 연구들에서처럼 학생들은 뉴스포츠 수업을 통해 도전의식, 즐거움, 모둠원들간의 협동심 등 다양한 신체활동의 가치를 경험하는 것으로 나타났다(고문수·이양구·김무영, 2011; 권진규, 2007; 전신옥, 2008). 이러한 취지를 반영이라도 하듯이, 최근 학교현장에서 이루어지는 스포츠의 내용도 남성중심에서 양성중심으로 확대되었고(김성곤, 2008; 김현우, 2010b), 참여의 목적도 '신체적 경쟁' 중심에서 '도전'과 '체험' 등의 다양한 가치로 변모하였다(김낭규, 2009; 이병화, 2008).

### 2) 참신성: 낯선 것에 대한 아름다움

학생들은 뉴스포츠 활동에 참여하면서 수업에 강한 동기를 갖게 되었다. 강한 동기의 원인은 뉴스포츠가 참신하다는 것이다. 뉴스포츠의 뉴(New)는 '새롭다'는 의미이다. 원래 학생들은 무엇인가를 처음 대하거나 접하게 되면 호기심을 통해 자연스럽게 흥미를 갖는 경향이 있다(김낭규, 2009). 물론 처음 접하는 운동 종목인 만큼 호기심이 발동하는 측면도 있을 것이다. 다만, 학생들이 기존의 체육수업에서 접하지 못했던 내용들을 경험하면서 신선함과 더불어 신체활동에 대한 적극성의 모습이 눈에 띄었다.

한편, 반대의 반응도 분명 존재하지 않을까? 일부 학생들은 기존 스포츠 내용에서 보였던 의아함도 드러내었다. 잘 할 수 있을까? 다시 한 번 실수하지는 않을까? 하는 걱정스러운 눈빛도 엿보였다. 그동안 학교 체육에서 접해왔던 축구, 배구, 농구공을 사용한 형태의 스포츠에 길들여져 있던 터인지라 어찌 보면 당연하게 보일 수도 있다. 즉 킨볼, 티볼, 츄크볼, 디스크골프 등은 학생들에게 생소하고 낯설어서 잘할 수 없을 것이라는 반응을 유도하기에 충분하다. 왜냐하면, 익숙하지 않은 것에 대한 낯섦이 존재하기 때문이다.

그러나 뉴스포츠 수업에 참여하고 난 이후부터 학생들의 반응은 완전히 달라졌다. 학생들은 낯선 것에서 익숙함으로 변하기 시작하였다. 학생들에게 교구의 참신함은 도전감과 자신감의 결과를 가져왔다. 이는 뉴스포츠를 통해 과거 경험하지 못한 새로운 스포츠, 신기하고, 재미있는 스포츠로 인식하면서 생겨난 결과로 보인다(고문수, 2012; 김낭규, 2009; 하성화, 2004).

초등학생들은 킨볼을 통해 협동심과 책임감을, 디스크골프를 통해 책임감과 배려를 경험하면서 수업에 빠져들었다. 이중 디스크골프는 4명을 한 팀으로 구성하여 1홀부터 5홀을 모두 거쳐야 끝나는 게임으로 구조화되어 있었기 때문에 자신의 역할을 충실히 마무리해야 다음 홀로 이동할 수 있다. 혹시라도 수업과 관련되지 않은 행동을 하거나 목표물에 집중을 하지 않게 된다면 이전의 홀에서 이동해 오는 친구들을 기다리게 하고, 이로써 자신의 역할을 충실하지 못하게 되는 구조다.

예전보다 수업시간에 많이 움직인 것 같아요. 홀별로 게임을 해야 하기 때문에 시작을 하면 마지막 홀까지 계속 움직여야 하거든요. 더 좋았던 것은 우리 반 애들이 플라잉디스크를 하나씩 가지고 홀을 돌아야 하기 때문에 준비물의 소중함도 알게 된 것 같아요 〈형석이 면담/2012.4.25〉.

체육수업에서 학생들은 자신의 역할을 충실히 수행하지 않는 경향이 있다. 이는 내가 하지 않아도 다른 친구들이 해줄 것이라는 보상의 심리가 발동하기 때문일 것이다. 학생들을 오랫동안 가르쳐왔지만 이러한 부분을 해결하는 방법이 그리 많지 않음을 알았다. 이런 차에 디스크골프와의 만남은 참신함 그 자체였다. 학생들에게 책임감을 키워줄 수 있는 게임이었기 때문이다. 디스크골프는 다른 사람들에게 의존하는 것이 아니라 자신이 모든 것을 수행해야하는 개인 게임의 특성을 지니고 있다. 다만, 친구들과 함께 팀을 이루어 이동한다는 것 이외에는 모든 것을 자기 혼자서 해야 한다. 디스크골프는 학생들에게 책임감을 지우는 활동으로 유용한 측면이 있기 때문에 활용 가치가 높다고 볼 수 있다 〈교사의 수업반성일지/2012.4.25〉.

디스크골프는 학생 각 개인이 디스크를 모두 하나씩 가지고 활동하기 때문에 자신의 물건에 대한 애착심이 남다르다고 볼 수 있다. 학생들은 자신이 던진 곳으로 이동하는 플라잉디스크를 보면서 어떻게 하는 것이 타수를 줄일 수 있고, 목표물에 적은 타수로 홀 아웃을 할 수 있는지에 대한 분명한 과제 성향 목표(task orientation goal)가 있었기 때문에 활동에 적극적으로 참여하는 동인이 되었다(Jarmo, et. al., 2007). 특히, 뉴스포츠 수업은 초등학교뿐만 아니라 중등학교의 혼성 체육수업에서도 긍정적인 가치를 제공하는 것으로 나타났다(김낭규, 2009; 김현우, 2010b). 학생들은 참신성을 토대로 새로운 활동에 대한 흥미가 이를 유인하기 때문이다. 이러한 측면을 고려할 때, 학생들의 호기심이 바탕이 되어 수업에 적극적으로 참여할 수 있도록 수업운영자인 체육교사는 뉴스포츠 수업이 지속적으로 변모할 수 있도록 체육과 교수학습 방법 및 수업모형과의 연관성 속에서 수업이 진행될 수 있도록 노력해야 한다.

### 3) 몰입성: 동기유발을 통한 과제 참여의 지속성

학생들의 수업참여는 학습동기로부터 만들어진다. 여러 가지 참여 동기 중에서 체육수업을 위해 가장 중요한 것은 성공의 경험을 제공하여 자신감을 키워주는 것이다(Jarmo, et. al., 2007). 교사는 학생들에게 체육수업에서 성공을 경험할 수 있도록 해야 한다. 기존의 스포츠 종목 수업에서 가장 쉽게 발견되는 모순은 모든 학생들의 능력이 똑같다는 전제로 학생들을 가르치는 것이다. 이 과정에서 어려운 운동기능들을 무리 없이 해내는 학생이 있는가 하면 어떤 학생은 구경꾼으로 전락하는 경우도 있다. 따라서 운동기능의 차가 현저히 발생되는 신체활동에서는 교사의 교수·학습 지도에 대한 반성이 절실히 요구된다.

한편, 학생들은 플라잉디스크, 킨볼, 티볼, 츄크볼 등의 뉴스포츠 수업에 대하여 운동기능이 높은 남학생들이나 운동기능이 낮은 여학생들, 운동기능 수준이나 체력, 성별에 관계없이 모두가 재미있게 즐기는 모습을 보였다. 특히, 여학생들은 티볼과 츄크볼 게임을 하는 과정에서 그 동안 경험하지 못했던 성공의 즐거움을 느끼기도 하였다.

> 오늘 체육수업은 즐거웠다. 내가 한 골을 넣었다. 너무 기쁘다. 다음 체육시간에도 츄크볼 게임을 모둠별로 시합한다. 모둠원이 되는 친구들과 협동하면서 즐겁게 참여하고 싶다 〈윤지의 수업반성일지/2012.7.12〉.

> 수업에서 가장 중요한 것은 학생들이 수업에 참여할 수 있도록 이끄는 것이다. 오늘 츄크볼 수업에서 학생들을 참여하도록 한 것은 무경쟁 게임을 도입했기 때문이다. 서로 상대방과 부딪히지 않고, 모둠원들이 서로 협동할 수 있는 구조로 되어 있었기 때문에 적극적인 움직임을 보인 것으로 판단된다. 앞으로는 남학생과 여학생들이 동시에 흥미를 느끼면서 참여할 수 있는 또 다른 뉴스포츠 수업을 구안할 계획이다 〈교사의 수업반성일지/2012.7.12〉.

학생들은 참신하고 신선한 뉴스포츠 수업을 통해 기존의 스포츠에서는 체험하지 못한 새로운 경험들을 느끼고 있었다. 무엇보다 학생들은 자신이 던진 플라잉디스크가 목표물을 향해 정확하게 날아가는 것을 보면서 기분이 좋고, 자신감이 생기게 된다고 하였다. 킨볼 게임에서도 공평하게 주어진 기회와 친구들이 응원해주는 부분에 대해 만족감을 표출하였다.

> 예전에 야구를 할 때 3명이 아웃되면 공격과 수비가 바뀌었는데 티볼 게임에서는 한 모둠의 모든 학생들이 공격을 하고 그것이 끝나면 수비를 교대로 하면서 게임을 하니까 좋은 것 같아요. 금방 끝나지 않아서 좋아요. 정지해 있는 공을 치기 때문에 여자 애들도 좋아해요 〈윤지와의 면담/2012.6.13〉.

학생들은 자신들이 경험하지 못한 신선한 교구가 사용된 체육수업에 대해 흥미를 보이는 것으로 나타났다. 이러한 흥미는 잠깐 나타났다가 사라지는 것이 아니라, 영속성의 요소가 되었다. 학생들은 뉴스포츠 수업에 대해 "재미있고 적극적으로 수업에 참여할 수 있었다."는 반응이다. 이러한 이유는 사용되는 교구가 안전하고 규칙도 다른 게임 활동과 달리 복잡하지 않은 특징들 때문인 것으로 나타났다.

형석이와 윤지는 체육수업 시간에 공을 보면 무서워서 피하는 모습을 자주 보여 왔다. 농구공, 배구공, 축구공, 심지어 딱딱한 야구공까지 날아오는 공에 대해서는 자신이 상해를 입을까봐 일단 피하고 본다. 피구게임을 할 때, 공을 무서워하던 윤지와 형석이는 부드러운 재질의 수퍼스킨디스크와 소프트발리볼 공을 사용하면서부터 공에 대한 공포감이 줄어들게 되었다. 운동기능이 좋은 유미와 용식이도 공에 대한 안도감이 게임 활동에 적극적으로 참여할 수 있는 자극제가 되었다.

> 학생들에게 새로운 교구를 사용한다고 하여 좋은 수업이 만들어지는 것은 아닌 것 같다. 학생들이 활동하는데 도움이 되는 적절한 교구가 필요한 것이

> 다. 수업에서 학생들이 두려움을 적게 느끼는 가운데 신체활동에 참여할 수 있는 방안들을 고려해야 할 것으로 보인다. 지금까지의 교구들을 보면 학습자를 고려했다기보다는 수업내용에 맞춘 교구들이 많았다. 그리고 교사는 그 교구를 가지고 학습자의 요구를 고려하지 않고 수업을 진행하였다. 추후에는 학생들이 수업에 소극적으로 참여하는 이유가 무엇인지? 더 적극적으로 참여시키기 위해서 어떠한 방안이 필요한지에 대해 고민해야겠다 〈교사의 수업반성일지/2012.4.25〉.

공에 대한 안정감은 학생들에게 체육수업에 자신감을 갖고 적극적으로 참여하게 되는 가장 큰 원동력이 되었다. 이것은 체육수업에서 의미 있는 부분이라 생각된다. 공을 사용하는 모든 종목은 거의 던지고 받는 것이 기초가 되어야 하는데, 공에 대하여 두려움을 지니고 있으면 기초적인 동작이 수행되지 않을 수 있기 때문이다. 무엇보다 신체활동은 누적이 되어 학습된 무기력 현상을 초래한다는 점에서 이에 대한 관심이 절실하다(Jarmo, et. al., 2007).

교구가 활용된 뉴스포츠 수업에서 학생들이 적극적으로 참여할 수 있었던 동인 중의 하나도 각 개인이 활용할 수 있는 충분한 교구를 가지고 있었기 때문이다. 운동 기능 수준이 낮은 형석이는 패드민턴에 대해 만족감을 드러내었다. 예전에는 배드민턴 라켓을 친구에게 빌려주고 한참을 기다려서 다시 받아서 수업에 참여하다 보니 재미를 느끼지 못하는 측면들이 있었다. 학생들이 충분히 확보된 교구를 가지고 수업에 참여하면서 집중도 되고, 활동에 참여하고 싶은 의지가 솟았다는 반응이다. 특히, 패드민턴은 형석이가 구기 운동능력이 부족하여 운동을 싫어하던 체육수업에 대하여 긍정적인 태도의 변화를 가져온 신체활동이다. 여학생인 유미와 윤지도 남학생들과 마찬가지로 패드민턴을 하는 활동에 적극적으로 참여하면서 즐거움과 자신감을 갖게 되었다.

> 패드민턴은 가볍고 손잡이가 있어 편리하다. 패드민턴을 하면서 친구에게 빌려주고 또 기다리고 하는 번거로움이 없어서 활동에도 집중할 수 있었다

〈형석이의 수업반성일지/2010.5.23〉.

패드민턴의 경우 라켓의 길이와 폭을 줄이고 규칙을 단순화하여 게임 참여자들이 기술 습득하는데 걸리는 시간을 줄이고 학생들이 빠른 성취를 가져올 수 있는 장점이 있다. 츄크볼은 상대방이 직접적으로 몸을 막는 것이 없어서 좋고, 모둠원들과 조금만 연습을 하면 언제든지 게임으로 변환할 수 있는 장점이 있는 활동이라 학생들이 선호하였고, 그 활동에 참여하면서 참여의지를 높여나갔다.

### 4) 파급성: 동학년으로, 가정으로의 확산(擴散)

학교 체육이 활성화되지 못한 점은 학교 체육의 내용이 학교에서 머무르고, 이것이 우리 주변으로 파급되지 못한 결과이다. 이중에서도 동학년이나 가정으로 연계되지 않은 것이 학교 체육 활성화에 가장 큰 제약이 되었다(고문수, 2012). 이는 파급성(pervasiveness)의 측면에서 긍정적인 분위기를 조성하지 못한 결과를 낳았다.

파급성은 공간적인 개념으로 신체활동의 장소가 옮겨가는 것으로, 한 학급에서 다른 학급으로 또는 학교에서 가정으로 연계되거나 옮겨가는 것을 의미한다. 학교에서 배우는 신체활동의 내용이 가치가 있거나 생활 속에서 지속할 수 있는 동인의 역할을 제공한다면 학교의 활동내용이 가정으로 또는 지역사회로 확대되는 토대가 될 것이다. 하지만 지금까지 학교 체육은 이 부분에 신경을 쓰지 못하였다. 앞으로는 깊이 있는 반성을 통해 학교 체육이 학생들에게 올바른 여가스포츠 및 평생 스포츠로 전이될 수 있도록 해야 할 것이다.

학교 수업이 학교에서만 끝나고, 생활 속으로 전이되지 못한 것이 체육활동의 활성화에 제약요인이 되었다. 만약, 학교 체육이 생활체육이나 가정으로 연계가 된다면 학교 체육은 그만큼 가치를 지니게 될 것이다. 왜 우리는 이 부분에 대해 관심을 등한시 한 것일까? 몰라서 그런 것은 아닌 듯싶다. 다만, 학교와 가정이 소통할 수 있는 창구가 마련되지 못한 것으로 보인다. 이러한 측면에서 앞으로는 학교에서 진행되는 체육활동도 가정으로 영역을 확대할 수 있도록 실생활 중심의 체육소재들을 구안해내야 할 것이다 〈교사의 수업반성일지/2012.7.11〉.

학교 체육은 학생들의 건강과 체력 증진뿐만 아니라, 미래의 학생들이 원만한 평생 스포츠로서 여가스포츠를 실현할 수 있도록 새롭게 역할 수행을 해야 한다. 여가스포츠 프로그램은 학생들이 효과적이고 합리적인 스포츠 활동을 보장받기 위한 구체적인 수단이며 스포츠 참여의 활성화를 위한 필수요소이다. 일반적으로 스포츠 활동은 개인의 생활 영역 안에서 자신의 요구와 취미, 흥미에 따라 행해지는 자발적 신체활동이므로 학년, 성별, 지역에 따라 개인의 욕구를 충족시킬 수 있는 내용으로 개별화되어야 한다. 무엇보다 다양한 교구를 활용한 신체활동은 학교 체육수업으로 머무는 것이 아니라, 평생 스포츠로 나아가기 위한 중간 매개체로써 중요한 역할을 한다. 학생들은 다양한 교구를 접하면서부터 신체활동을 자율적으로 즐기는 모습들이 나타났다. 이는 일시적인 흥미 현상이 아닌 지속 가능성의 모습을 보여주고 있다.

배드민턴은 집에서도 잘 치지 않고, 학교에서 하기는 해도 제대로 배운 적은 없다. 배드민턴은 재미도 없다. 재미있으면 하지 말라고 해도 하는데, 공이 맞지를 않기 때문에 재미가 없다. 오늘 선생님께서 패드민턴을 알려주셨는데, 정말 재밌다. 배드민턴보다 훨씬 잘 쳐졌다. 잘 쳐지니까 또 하고 싶다 〈윤지의 수업반성일지/2012.5.31〉.

패드민턴은 재밌다. 채가 짧아서 공에 잘 맞출 수 있고, 채에 공이 부딪히는 소리가 듣기 좋다. 학교에서 패드민턴을 하고 재미있어서 인터넷에서 한 세트를 샀다. 부모님도 재미있어 하셨다 〈용식이의 수업반성일지/2012.5.31〉.

학생들이 뉴스포츠 수업에서 만족감을 드러내고 있는 것을 보면 앞으로 학생들에게 체육 관련 활동을 선택하고자 할 때, 교구를 활용한 뉴스포츠 활동 내용들이 주 고려의 대상이 될 수 있다. 학생들이 체육수업에서 경험한 뉴스포츠 교구들은 앞으로 학교스포츠뿐만 아니라 여가활동의 스포츠를 활성화하는 부분에도 긍정적인 측면을 제공하게 될 것이다(고문수, 2012; 김낭규, 2009; 최영효, 2008).

## 2. 뉴스포츠의 한계: 뉴스포츠 수업비평

수업비평에서는 수업현상이 '교사와 학생들에 의해서 공동으로 구성된다.'는 점을 중시한다. 이러한 비평은 '교사 중심으로 수업을 관찰하는 것이 아닌가?' 하는 일부의 비판과 관련하여 중요한 의미를 지니게 된다. 수업비평은 좁은 의미의 교사의 수업 기술과 관련된 관찰만으로 한정하지 않는다. 수업비평은 교사와 학생들이 배움을 매개로 어떻게 만나는지에 관심을 기울인다. 교실뿐만 아니라, 운동장 수업도 교사가 일방적으로 진행하는 것도 학생이 일방적으로 규정하는 것이 아니라, 이 둘의 상호작용과 교섭의 과정을 통해서 나타나는 산물임을 기억해야 한다(이혁규, 2008).

뉴스포츠의 한계에서는 뉴스포츠 수업의 교육적 가능성으로 등장한 '흥미와 만족', '몰입', '참신', '파급성' 등으로 도출된 내용을 2007년 개정 체육과 교육과정의 성격, 목표, 내용, 방법, 평가의 항목 중 '목표'와 '내용'을 근거로 하여 뉴스포츠의 교육적 가능성이 지니고 있는 한계를 비평하여 초등 현장에서 뉴스포츠 수업의 방향성을 탐색하였다.

### 1) 흥미와 만족 본위로 체육의 목적을 달성할 수 있는가?

체육교과에서는 교육목표를 심동적 · 인지적 · 정의적 측면으로 나누어 구분하고, 이것들이 총체적으로 이루어내려는 바람직한 교육적 인간상을 전인으로 개념화하였다. 전인(全人)은 심동적 · 인지적 · 정의적 영역이 조화롭고 균형있게 발달되어 있는 사람이고, 체육은 이러한 제 측면들을 계발하고 함양시켜

주는 교과목이다. 또한, 교육과정을 개정할 때마다 정의적 측면의 내용을 포함시켰다(교육과학기술부, 2008).

뉴스포츠 수업의 효과인 '흥미와 만족'은 정서적인 측면의 교육목표와 밀접한 관련을 맺고 있다. 체육교육이 지향하는 목표는 1차적 경험과 2차적 경험이 어우러지는 가운데 전인을 양성하기 위한 체제로 구성이 되어야 한다. 여기서 1차적 경험은 주관적 경험의 상태를 의미한다. 수업의 맥락에서 일어나는 경험은 1차적 경험을 통하고, 의도적인 교육적 방향에 따라 재구성 및 재조직화된 2차적 경험까지를 포함하는 경험이 전인양성에 필요한 경험이다(엄태동 편역, 2001; 이규일 · 류태호, 2010).

뉴스포츠의 경험과 관련하여 탐색을 해보면 1차적인 경험으로 한정하는 경향성이 매우 높다. 뉴스포츠 수업을 시작한 이유에 대해 교사들은 현실적인 고민으로 남녀 혼성수업이 문제나 학생들의 참여 문제 등을 개선하기 위한 취지라고 밝힌 바 있다(김낭규, 2009; 이규일 · 류태호, 2010). 이처럼 뉴스포츠 수업은 근대스포츠의 한계로 지적되었던 게임의 적극적 참여와 수업에 대한 참여로 얻을 수 있는 흥미와 즐거움 등에 주목을 하고 있다. 이는 경험의 일차원적인 특성을 벗어나지 못하는 한계를 지니면서 체육교육의 통합적 목적을 달성하는데 한계를 내포하고 있다.

### 2) 주관적 체험이 수업내용의 객관성을 보장하는가?

학생들은 뉴스포츠 수업을 통해 다양한 체험을 한다. 뉴스포츠는 학생들로 하여금 '만족감', '참신성', '몰입의 즐거움', '학교에서 가정으로의 파급성' 등의 교육적 효과를 포함하는 것으로 나타났다. 그러나 뉴스포츠를 통한 학생들의 경험은 객관적인 이해를 제공하기보다는 주관적인 체험에 의존하는 경향이 많기 때문에 앞으로 더 많은 연구들이 진행되어 주관적 체험의 내용들을 객관화할 수 있는 패러다임의 형성이 제공되어야 할 것이다. 학생들의 주관적 체험은 일반화의 특성을 반영하는 부분에서는 제약의 요소가 될 수밖에 없다. 따라서 다양한 뉴스포츠 관련 연구를 통해 연구자들이 합의할 수 있는 합일점을 찾아나간다면 뉴스포츠는 교과내용 영역으로 구성될 뿐만 아니라, 학교 현장에서 학생들이 활동할 수 있는 수업의 내용으로 조직될 수 있을 것이다.

학생들이 뉴스포츠를 통해 경험하는 내용은 대부분 정서적인 측면의 고양과 관련이 깊다. '만족감', '참신성', '몰입' 등이 여기에 해당한다. 이는 위에서 제시된 '흥미와 만족'이 체육의 목적을 달성할 수 있는가의 내용에서도 이미 제시된 바 있다. 뉴스포츠가 체육에서 추구하고자 하는 교육적 통합성을 지향하기 위해서는 심동적인 측면과 인지적인 측면의 교육적 효과에 대한 검증이 이루어져야 한다.

단순히 뉴스포츠가 학생들에게 즐거움이나 만족감 등의 정서적인 측면의 결과에만 관심을 기울이게 된다면 통합성의 지향은 요원(遙遠)할 수밖에 없다. 따라서 뉴스포츠의 주관적 체험을 다른 체육의 영역에서와 마찬가지로 객관적으로 드러내기 위해서는 체육과의 수업내용으로 구성되어야 한다. 이를 위해 교육목적의 통합성을 지향할 수 있어야 하고, 체육과의 내용 영역에서 뉴스포츠의 내용이 포함될 수 있도록 저변을 확충해나가는 노력이 필요하다.

### 3) 학습자 중심의 활동에서 교사는 무엇을 하는가?

뉴스포츠 수업에서 교사는 주로 수업을 안내하고, 학생들이 체험하는 형태로 이루어지는 경향이 있다. 따라서 교사의 피드백이나 모니터링보다는 학생들의 주관적인 체험을 내용으로 하는 경우가 많다. 이러한 결과는 수업내용의 깊이와 이해보다는 단순히 유희적인 측면에서 즐거움과 만족감을 제공하는 부분에 초점을 맞추는 한계를 지닐 가능성이 높다. 이에 뉴스포츠 수업을 진행하는 교사는 뉴스포츠에 대한 해박한 지식은 물론 학생들에게 어떠한 가치를 제공할 것인가와 관련된 부분을 깊이 있게 고민하고, 학생들의 활동에 피드백과 모니터링을 제공할 수 있는 전문성을 길러야 한다. 이 과정에서 교사는 학습자 중심의 활동이 충분히 이루어질 수 있도록 과제참여시간을 제공하고, 학생들의 참여에 대한 긍정적인 기대, 수업활동에 대한 모니터링, 학생들이 경험하는 뉴스포츠활동의 문제정렬 그리고 효율적인 수업조직을 통해 뉴스포츠 활동이 학습자의 활동과 함께 교사의 전문성이 내재된 수업으로 진행될 수 있도록 하는 방안을 설계할 수 있어야 한다(고문수, 2012).

만약, 교사와 학생들 간에 상호작용이 일어나지 않는다면, 재미있는 게임을 경험시킨다는 논리를 갖고 교육적 경험의 방향이나 1차적 경험을 2차적 경험으로 재구성하는데 기여하는 교사의 교육적 개입이 마련되지 못할 것이다(이규일 · 류태호, 2010). 이는 교육적인 측면에서 학습자에게 의미 있는 체육활동을 제공하였다고 볼 수 없다. 교사가 학생들에게 의미 있는 교육활동을 제공하기 위해서는 학생들이 1차적인 경험이 2차적인 경험으로 제공될 수 있는 단서를 갖는 것이 무척 중요하다. 학생들에게 교육적 단서가 제공된다면, 개인의 주관적 경험이 창의적인 문제해결과 탐색으로 이어지는 가운데 주어진 활동을 재구성하고, 일반화하여 다른 학생들과 공감할 수 있는 경험의 장을 확대해 나갈 수 있다. 교사는 뉴스포츠 수업에서 놀이적 흥미와 학생의 주관적 체험을 객관화하기 위해 구체적인 교육방법과 통합적 수업을 마련해야 한다.

연구의 결과를 종합해볼 때, 뉴스포츠 수업은 학생들의 긍정적인 정서 함양에 많은 도움이 될 수 있음을 확인할 수 있었다. 다만, 뉴스포츠의 한계로 지적된 세 가지의 내용에 대해 깊게 고민하여 뉴스포츠의 내용이 단순히 흥미와 만족감을 제공하기 위한 수단으로 이용되기보다는 체육의 교육내용으로 구성될 수 있도록 교육의 목적이 통합되고, 교사의 전문성이 제공되어 나타날 수 있는 방안에 관심을 집중해야 할 것이다.

학생들은 뉴스포츠 수업에서 참여의지가 높게 나타났다. 뉴스포츠는 우리가 알고 있었던 스포츠 종목보다는 실시방법이나 규칙이 간단하고, 말 그대로 새롭다는 것 때문에 높은 흥미도를 보이게 되었다. 교구가 소프트하기 때문에 상해의 위험성이 낮은 것도 사실이다. 결국 흥미도와 안전성이 학생들을 수업에 참여할 수 있도록 유인가를 제공하는 것으로 나타났다. 학생은 공에 대한 안정감으로 체육수업에서 자신감을 갖고 적극적으로 참여하는 가장 큰 원동력이 되었다. 이것은 수업현장에서 대단히 의미 있는 일이다. 왜냐하면 공을 사용하는 모든 종목은 거의 던지고 받는 것이 기초가 되어야 하는데 공에 대한 두려움을 가지고 있으면 기초기능 습득이 어렵고, 그 이 후의 수업 내용도 진행되지 않기 때문이다. 공에 대한 두려움이 없는 교구가 제공된 신체활동은 초등 체육수업에서 적합한 교재로 활용될 수 있다.

또한, 뉴스포츠 수업은 학교스포츠를 넘어 여가스포츠로서 활용될 수 있음을 시사한다. 다양한 교구들이 체육수업에서 활용되면서부터 학생들이 스포츠를 자율적으로 즐기고자 하는 모습이 나타났다. 이에 교구를 활용하면서 경험한 만족감은 앞으로 학생들에게 체육 관련 활동을 선택하고자 할 때 교구의 선택이 주 고려 대상이 될 것으로 보인다. 체육수업을 통해 학생들이 경험한 스포츠는 앞으로 학교스포츠가 아닌 여가활동 스포츠로서 활성화 될 수 있으며, 학생들의 개성과 욕구를 채워 줄 수 있을 것이다.

지금까지 위에서 제시된 결과를 토대로 학술연구나 현장 적용에 도움이 될 만한 내용을 제언하면 다음과 같다.

첫째, 교구를 활용한 신체활동이 보다 활성화되기 위해서는 교구의 장점을 부각시키는 연구만이 아니라 이 수업을 실천하는 과정에서 나타나는 단점에 대한 심층적인 연구도 수행되어야 한다.

둘째, 최근 현장 체육수업에서 많이 활용되고 있는 다양한 수업모형과의 접목을 통한 실천과제에 대한 연구가 진행될 때, 체육수업모형과의 적합성으로 교구를 활용한 신체활동이 현장에서 가치를 드러낼 수 있을 것이다.

셋째, 현장 교사들은 아직도 뉴스포츠의 교구 활용에 소극적이다. 이에 교사들이 활용 가능한 다양한 활동 프로그램들이 구안 · 적용되어야 한다. 현재 교구를 활용한 신체활동에 대하여 관심을 가지는 교사는 소수이고, 전반적으로 교구를 활용한 신체활동에 대한 홍보의 부족과 제한된 연수로 인해 전문 지식이 부족한 실정이다. 따라서 현장 교사들에게 뉴스포츠 교구에 적합한 프로그램의 구안과 적용에 대한 전문지식을 습득할 수 있도록 다양한 연수와 교사들의 자발적인 노력이 강조된다.

넷째, 교구를 활용한 뉴스포츠 활동이 현장에 조기에 정착되고 적용되기 위해서는 교구의 가격이 저렴해야 하고, 학교 현장에 대한 행·재정적 지원이 필요하다. 이러한 요건이 구비될 때 현장의 교사들은 교구를 활용한 프로그램의 구안과 개발에 관심을 집중할 수 있을 것이다.

끝으로 학생들에게 의미 있는 체육수업을 제공하기 위해서는 체육의 가치를 외재적인 목표 달성과 내재적인 목표의 달성으로 분리하지 말아야 한다. 체육이 통합을 원하고 통합교육으로 최종 목표를 달성하고자 한다면 체육이 지니는 가치들을 외재적·내재적으로 분리하기보다는 '체육 하는 삶의 즐거움과 가치'라는 상위 개념으로 통합해야 한다. 이러한 측면에서 체력, 건강증진 및 운동기능의 습득을 외재적 가치의 목표 달성으로 보고, 움직임을 실현하는 과정에서 얻는 그 자체의 재미와 즐거움을 지향해나가는 체육활동이 바람직하다고 언급한 Blankenship과 Ayers(2010)의 제안은 체육의 단면만을 보는 잘못된 판단이라 여겨진다. 또한, 신체활동이 가치가 있음에도 그 가치를 인지하지 못하고, 지속적으로 참여하지 못한다면 불행하다고 볼 수 있다. 교사는 체육의 가치를 알고, 영속성(permanence)과 파급성(pervasiveness)의 신체활동을 구현하는 가운데 학생들의 변화에 동인을 제공하는 사람이어야 한다.

# 제10장

# 교사의 체육수업 반성과 신념의 구성과정을 알아보다[1)]

자신의 수업에 대한 반성은 수업방법, 내용 그리고 목표를 결정하는 중요한 가치척도이다(박은혜, 1996). 그리고 한 개인이 어떠한 교육신념을 갖고 있느냐에 따라 교육의 내용도 다르게 나타난다. 하지만 사람들은 신념보다는 주어진 일이나 역할에 따라서 자신의 일을 수행하는 경향이 있다. 그러다보니 그곳에는 학생들을 향한 간절함이 묻어나지 않는다. 학생들에 대한 간절함은 고민의 싹이 자라서 신념으로 형성될 때, 그 열매를 맺을 수 있다. '아는 만큼 보인다.'는 말이 있다. 이는 체육수업에서도 마찬가지이다. 학생들이 자신의 삶을 바르게 이해하는 부분에서도 마찬가지이다.

김무영(2010)은 반성적 사고능력 향상에 초점을 두고 교육실습 과정에서 다양한 반성의 초점, 지도의 이슈, 도전과제의 강도 등의 피드백을 제공하는 체계적인 반성 훈련이 예비교사들의 반성적 사고 향상에 기여하고 있음을 지적하

1) 본 글은 『한국스포츠교육학회지』제20권 3호(2013)에 게재된 논문을 일부 수정한 것이다. 원래 제목은 「한 초등교사의 체육수업에 대한 반성과 신념의 형성」이였으나 글 내용과의 적합성을 고려하여 「교사의 체육수업 반성과 신념의 구성과정을 알아보다」로 수정하였다.

였다. 물론 이 연구가 체계적인 반성 훈련의 구조를 지닌 것은 아니지만, 한 개인의 교사가 자신의 체육수업을 수업 계획과 수업 운영의 반성을 통해 체육수업 신념의 형성이 이루어지기까지 어떠한 실천적 노력이 있었는지를 구체적으로 제시하게 된다면 한 개인의 삶의 변화가 타인의 체육적 삶의 변화에 시사점을 제공할 것으로 보인다.

지금까지 학교 체육을 변화시키고자 하는 노력들이 있었다. 그러나 연구내용은 좋은 수업사례를 탐색하거나 체육시설의 문제점을 해결하는 가운데 좋은 체육수업을 지향해 나가고자 하는 연구들이 주를 이루었다(고문수, 2012; 김인상, 2004; 손천택 · 최환영 · 고문수, 2007; 양정모, 2011; 유정애, 2002; 최준만 · 김대진, 2007). 반면, 한 개인의 체육수업의 반성과 신념의 형성에 관한 주제를 다룬 연구의 부재로 좋은 수업을 진행하기 위한 한 개인의 수업철학이 담긴 내용들이 깊이 있게 탐색되지 못하였다.

좋은 체육수업은 교사 자신이 어떠한 수업철학을 갖고 학생들을 만나느냐에 따라 질이 달라질 수 있다. 마음으로 다가가는 수업을 지향하기 위해서는 교사의 체육수업에 대한 사랑과 열정, 수업에 대한 확고한 신념이 필요하다. 많은 선행연구자들이 타인의 체육수업의 모습을 연구하면서 좋은 수업의 사례와 방법을 찾기 위한 노력들을 기울여왔다. 하지만 자신의 교육철학에 바탕을 둔 체육의 정체성 형성을 위한 신념의 기초 작업으로 자신의 체육수업을 되돌아본다면 타인의 체육수업을 깊이 있게 탐색할 수 있을 뿐만 아니라, 자신의 체육수업을 개선하는 부분에도 큰 도움이 될 것이다.

이 글은 한 초등교사가 자신의 체육수업에 대한 반성과 교사의 역할을 충실히 수행하면서 자신의 수업을 반성적으로 성찰한 결과물이다. 이 연구는 좋은 체육수업을 지향하고자 하는 연구자의 의지가 강하게 작용하였기 때문에 잘못된 교육활동에 대해서도 과감하게 표출하였다. 특히, 체육을 지도하는 한 초등교사의 잘못을 드러냄으로써 체육교육의 정체성을 형성해 나가는 디딤돌이 되고자 하는 의지가 포함되어 있다. 이 연구는 초등교사가 자신의 체육수업을 진행하면서 문제점이라고 생각되는 부정적인 수업 운영의 내용을 파헤치고 체육수업에 대한 반성과 신념의 형성으로 좋은 체육수업을 설계하고자 하는 내면적 성찰의 이야기로 구성되었다.

위와 같은 신념과 반성에 관한 이야기는 각 교과를 막론하고 탐구중심 교사 교육론자들의 주장에 힘을 실어주었다(조순묵, 1998; 최의창, 1995a, 1995b, 1996; Schon 1983, 1987; Zeichner, 1987). 이들은 가르치는 일이 단순히 객관적 지식을 효율적으로 전달하는 것에 그치지 않는다고 주장한다(김무영, 2010 재인용). 국내 스포츠교육학 분야에서도 서양의 "반성적 사고 능력은 훈련을 통해 발달될 수 있다"(Dodds, 1989; Posner, 1985; Schon, 1983, 1987)는 전제하에 예비체육교사교육의 내용을 어떻게 조직하고 관리하면서 교육 프로그램을 개선할 것인가에 대해 많은 고민을 하였다(김선희, 2006; 김원정, 2010; 정우식 · 이호철, 2010; 조순묵 · 이기천 · 최의창 · 박종률, 2002; 최의창, 2008). 이러한 고민들은 궁극적으로 반성적 전문인을 양성하기 위한 교사교육의 내실화에 초점이 모아질 수 있었다. 하지만 현장 교사가 자신의 체육수업의 삶 속에서 드러나는 미시적인 상호작용을 파악하지 못한 아쉬움이 있다. 예컨대, 나른 교사의 삶이나 교육대학 또는 사범대학의 예비교사들의 삶을 반성적으로 성찰하는 연구(김무영, 2010; 김선희, 2006; 정우식 · 이호철, 2010; 조순묵 · 이기천 · 최의창 · 박종률, 2002; 최의창, 2008)는 많이 진행되었으나 체육수업을 운영하면서 그 과정에서 깊이 있는 내면적인 이해를 끌어내기 위한 교사 자신의 삶에 관한 미시적인 논의는 제공되지 못했던 것이다.

이러한 측면에서 이 연구는 한 초등교사가 자신의 체육에 대한 교육적 고민들을 체육수업이라는 실제적 맥락 속에서 경험하는 반성적 삶의 과정을 통해 체육수업에서 겪는 부정적인 이슈들과 체육수업의 반성과 신념 사이의 성장 노력을 토대로 체육수업 신념의 형성을 위한 정체성을 탐색하는데 그 목적을 두었다. 이 연구는 자신의 체육수업을 반성하고, 반성을 통한 신념의 형성으로 한 교사의 정체성을 형성해나가는 노력으로 좋은 체육수업을 지향하고자 하는 교사들에게 자신의 수업을 가감 없이 비평할 수 있는 분위기를 조성하는데 실마리를 제공할 것이다. 또한, 반성적 체육교사의 양성과 관련된 최근의 교육적 관심에 유용한 정보를 제공할 것으로 보인다.

## 제1절 어떻게 연구하였는가?

연구참여자는 1996년에 수도권 소재의 시작초등학교[2)]에서 교사 발령을 받았고, 2009년 전개초등학교에서 체육과 수석교사로 있었으며, 2007년부터 하늘교육대학과 최고사범대학에서 강의하는 현장 교사로 연구자 자신이다. 여기에서 연구참여자는 "나[3)]"로 표현된다. 나는 석사와 박사 학위 취득, 수업실기대회와 각종 연구대회 입상, 체육과 직무연수 강사와 장학위원으로 활동하였다. 최근에는 교육대학과 사범대학에서 예비교사들을 가르치는 일에 몰두하고 있다. 이 과정에서 나는 "어떻게 하면 좋은 체육수업을 만들 수 있을까?"를 고민하였다. 이 연구는 "나"에게 일어났던 긍정적인 측면의 체육수업보다는 부정적으로 인식되거나 현장에서 구현했던 부분들을 캐내어 탐구의 시작점으로 삼고, 이를 바탕으로 체육수업에 대한 안목의 형성에 관심을 집중하였다.

본 자료는 2000년 3월 1일부터 2012년 8월 20일까지의 체육수업반성일지와 자료 및 체육수업에 대한 자극회상질문지를 토대로 수집하였다. 특히, 머릿속에서 맴돌던 잘하지 못했던 "나"의 체육수업에 대한 생각들이 자료로 활용되었다. "나"의 체육수업일지에는 매년 한 달에 1~2회 정도 정리한 내용으로 수필 형태의 글과 일기 등이 포함되었다. 자극회상질문에는 체육수업에서 "나" 자신이 생각하거나 경험한 부정적인 측면, 체육수업 계획, 체육수업 운영, 체육수업에 대한 교사의 철학, 수업흐름, 수업목표, 수업내용, 수업방법, 수업평가 등 한 차시의 수업 속에서 구현될 수 있는 내용들에 대한 종합 포트폴리오가 포함되었다.

2) 이 연구에서 소개되는 학교는 모두 가명임을 밝혀둔다.

3) 여기에서 표현되는 "나"는 연구자 자신을 지칭하며 문맥에 따라서 "본 연구자", "연구참여자", '나' 라고 표현된다.

이 연구는 초등교사가 자신의 체육수업을 반성하고, 체육수업에 대한 신념의 매개체로 수업 반성과 신념 사이의 성장 노력을 조명하기 위해 수업반성일지와 자극회상질문지를 Spradley(1979)가 제안한 영역 분석과 분류 분석을 토대로 분석하였다. 〈표 10-1〉에서 교사의 신념 형성 과정은 초등교사가 자신의 수업을 반성하고, 신념을 형성하는 과정에서 매개체로 등장한 성장 노력이다.

〈표 10-1〉 교사의 신념 형성 과정

| 수업 반성 | 신념 형성의 연결망 | 신념의 형성 |
|---|---|---|
| 체육수업에서 반성의 관점을 제시하기 위한 내용 | 수업 반성 후에 교사로서 교육적 신념을 형성하는 매개체 | 수업 반성과 신념 형성의 매개체를 통해 형성된 교사의 정체성 |

자료분석에서는 연구참여자의 수업반성일지와 자극회상질문지에 따라 기술된 내용을 반복적으로 읽으면서 계속되는 패턴을 탐색하였고, 체육수업 경험의 가치를 표현하는 핵심용어를 찾았다. 그리고 핵심용어의 하위 용어들을 다시 조직하여 공통적인 것들로 묶고 합병하는 방식으로 경험 요소를 조직하였다. 자료분석 과정에서 연구자가 정리한 원 자료의 내용을 반복적으로 읽으면서 정확하게 기술되었는지, 보다 과장된 표현은 없는지 등에 대한 내용의 정확성 여부를 지속적으로 검토하였다.

연구 동료의 점검은 스포츠교육학 전공으로 질적 연구를 수행한 경험을 가진 박사학위 소지자 1명과 2011년부터 질적 연구를 수행하고 있는 스포츠심리학 전공의 박사학위 소지자 1명을 선정하여 정기적인 모임을 가지면서 자료분석의 내용을 논의하였다. 연구자와 동료 연구자는 원 자료의 수집과 자료분석에 이르는 전 과정에 함께 참여하였다. 수집된 자료에 대해 서로의 의견을 교환하였으며, 자료를 해석하고 해석 방법을 논의하였다. 자료의 진실성을 높이기 위해 구성원 간 검토, 연구 동료의 점검, 면담과 연구참여자의 체육일기를 종합적으로 검토하였다.

## 제2절 체육수업 반성하기

연구참여자는 체육을 좋아하면서도 학생들에게 의미 넘치는 체육수업을 만들지 못한 아쉬움을 간직하였다. 하늘교육대학의 체육교육 경험에 대한 인식과 현장 체육교육에 대한 실천의 괴리를 느끼면서 체육수업은 더욱 복잡해지고 어려워지기 시작하였다. '좋은 수업은 무엇인가?', '체육수업을 어떻게 해야 하는가?', '또 다른 수업 방법은 없을까?' 등을 깊이 고민하였다. 그러면서도 자신의 체육수업은 다른 교사들의 수업과 별반 차이를 느끼지 못하였다. Posner(1985)는 경험을 통해 배우기보다는 경험에 대한 반성을 통해 배운다고 역설한 바 있다. 본 연구자도 체육수업에 대한 경험의 반성을 통해 체육수업을 되돌아보고자 노력하였다. 체육수업 반성하기에서는 탈 교육과정, 통합적 교수·학습의 부재, 수업 절차의 비구조성, 수업목표의 부재, 수업내용과 방법의 편향성, 평가의 비효율성 등이 도출되었다.

### 1. 탈(脫)교육과정

연구참여자는 체육과 교육과정에 대한 관심의 등한시로 교육과정과 분리된 수업과 교과서 밖의 수업 내용에 관심을 기울였다. 교육과정과 수업의 내용을 따로 계획하여 운영하였다. 체육과 교육과정은 표준적인 공통의 기본 활동과 운영에 대한 지침을 제공한다. 이는 동시대를 살아가는 학생들이 필히 알고 있어야 할 내용 요소들이다. 다만, 국가수준의 기본 틀을 바탕으로 각 시도의 특성에 맞게 재편성하여 운영해야 한다. 이 연구의 참여자는 교육과정과 동떨어진 자신만의 독특한 방식으로 수업내용들을 구안·적용하였다. 여기서 독특함이란 학생들의 참여와 존중과 거리가 먼, 교사 개인의 의지에 따른 수업내용의 조직을 의미한다. 이러한 결과는 교육과정의 취지에 어긋남은 물론 교육과정의 취지가 드러난 교과서의 수업 내용 활동과도 괴리감을 느끼게 하였다.

연구참여자는 교과서를 활용하지 않는 수업을 운영하였다. 교과서는 단지 하나의 자료이지, 활용되지 않는 장서와도 같았다. 체육교과서가 어떠한 영역으로 구성되어 있는지, 학생들에게 어떠한 목표를 어떻게 제시해야 하는지 등에 대해 고민하지 않았다. 이는 주춧돌 없는 한옥에 비유할 수 있다. 교육과정과 교과서가 없는 체육수업에 대해 교육적 책임을 크게 느끼지 못하였다.

> 발령을 받고 어떻게 하면 좋은 체육수업을 만들 수 있을까를 많이 고민하였다. 하지만 얼마 지나지 않아 이러한 생각들은 머릿속에만 남아 있고 수업현장에는 없었다. 선배 교사들의 수업 내용과 방법이 "나"의 수업이 되고 있었다. "나"의 수업은 체육활동이 무엇을 근간으로 하고 있는지, 어떻게 실행하는지 등에 대해 별 고민 없이 체육수업을 진행하였다. 주변 교사들이 시키는 대로 수업을 해왔고, 이러한 수업 스타일은 "나"의 수업 운영 방법을 결정하는 지침이 되어가고 있다 〈수업반성일지/2000.5.9〉.

연구참여자는 "학생들이 좋아하는 신체활동을 하면 되지, 뭘 그렇게 꼼꼼하게 교육 자료들을 보면서 지도해야 하느냐?" 하는 반응을 보였다. 결국 체육활동이 심동적 · 인지적 · 정의적 측면에서 통합적 활동이 되지 못하면서 전인의 양성과는 거리가 먼 주관적인 수업 운영의 모습을 보였다.

## 2. 통합적 교수 · 학습의 부재

연구참여자는 수업준비의 소홀, 우천 시 생략되는 체육수업, 신체활동만을 강조하다보니 통합적 가치를 제공하지 못하는 체육수업을 계획 · 운영하였다. 무엇보다도 체육교육과정과 체육교과서에 대한 무관심이 수업활동에서 나타났다. 이는 체육수업의 본질을 훼손하고, 체육수업의 가치들을 잃어버리는 원인이 되었다.

> 교육대학을 다닐 때, 체육 관련 강좌는 물론 방과 후에는 테니스에 푹 빠져 있었다. 무엇보다 현장에 나와서는 공놀이, 줄넘기, 피구, 야구, 달리기 등의 활동만을 1년 내내 구현하였기 때문에 교과서와 관련된 내용들에 대해서는 거의 생각해보지 못하였다 〈수업반성일지/2001.12.6〉.

초등학생들이 가장 좋아하는 체육수업의 내용이 게임 활동이기 때문에 그것만 지도해도 좋아할 것이라는 생각에 크게 걱정이 되지 않았다. 하지만 이는 수업준비의 소홀로 나타났다. 우천 시에도 체육수업이 제대로 이루어지지 않았다. 학급 담임을 맡았기 때문에 교실체육 대신에 진도를 나가지 못한 교과를 가르치기도 하였다. 이러다 보니 비가 오면 체육수업은 하지 않아도 된다는 생각이 머릿속 깊이 자리 잡게 되었다. 또한, 체육교육의 목표가 구현될 수 있도록 수업 계획을 세우지 못하는 사례도 발생하였다. 연구참여자는 체육수업이 즐겁게 열심히 뛰어다니기만 하면 된다는 생각으로 학생들을 전인으로 양성하기 위한 수업목표의 계획을 마련하지 못하였다.

> 체육수업의 내용은 뭐니 뭐니 해도 스포츠이다. 학생들이 나중에라도 스포츠 활동에 적극적으로 참여하도록 유인하기 위해서는 스포츠를 잘 할 수 있는 신체활동을 우선 잘해야 한다. 학생들이 신체활동을 잘 아는 것도 중요하지만 무엇보다 더 중요한 것은 잘 할 줄 알아야 한다고 생각한다(수업반성일지/2006.6.20).

연구참여자는 통합적인 가치 측면의 조화로운 발달보다는 학생들에게 신체적인 움직임을 제공하는 것을 중요하게 인지하고 있었다. 특히, 학생들의 조화로운 발달은 신체활동 수업이 활성화되면 만들어진다는 인식을 지니고 있었기 때문에 통합적인 발달을 이루기 위한 계획과 운영이 전개되지 못하였다.

## 3. 수업절차의 비구조성

수업개선을 위한 현장연구에서 체육교과 내용에 대한 이해와 가르치는 과정 및 수업의 절차에 대한 내용의 이해는 중요한 초점이 된다(최의창, 2003). 연구참여자는 수업단계에 따른 활동내용에서 학습안내, 준비운동, 본 운동, 정리운동 등의 일관성 있는 절차를 따르지 않았다. 수업절차는 한 차시의 수업을 매끄럽게 이끌어 가는데 도움이 된다(고문수, 2012). 그렇기 때문에 체육수업의 절차가 학습과제 안내, 준비운동, 본 활동, 정리운동, 학습내용 정리의 순으로 진행될 때, 해당 내용들을 충실히 구현할 수 있는 것이다.

준비운동은 본 활동을 하기 바로 전에 진행해야 본 활동에 참여할 수 있는 몸과 마음의 준비상태를 만들 수 있다. 처음부터 운동장이나 체육관에 나오자마자 준비운동을 한다면 준비운동의 중요성이나 의미는 퇴색될 수밖에 없을 것이다. 이는 준비운동을 하는 이유를 생각해본다면 바로 이해할 수 있을 것이다. 정리운동도 똑같이 적용된다. 본 활동이 끝나자마자 정리운동을 해야 몸에 쌓인 피로를 제거하고, 하나의 신체활동이 정리되었다는 인식을 가질 수 있다. 그런데 실상은 본 운동 후 내용 정리를 하고나서, 정리운동을 하는 경우가 많다.

체육수업에서 수업의 흐름을 유연하게 만들기 위해서는 일관된 틀〔학습안내-준비운동-본 운동-정리운동-학습내용정리〕을 적용해야 한다. 그럼에도 불구하고 연구참여자의 체육수업에서는 이러한 틀의 적용이 제대로 이루어지지 않았다. 체육수업에서 자주 등장하는 수업절차의 비구조성은 학생들을 체육활동에 참여시키는 일관된 절차로부터 멀어지도록 만들었다.

> 오늘도 준비운동으로 수업을 시작하였다. 그 후 학습내용을 설명하고, 학생들을 축구게임에 참여시켰다. 학생들은 무척 즐거워하였다. 맨 처음에 모둠을 구성하는 과정에서 서로 게임을 잘하는 친구와 친사회적인 관계를 형성하려는 과정에서 갈등이 표출되기는 했지만, 게임은 금방 순조롭게 진행될 수 있었다. 수업의 맨 마지막에는 정리운동을 하고 수업을 마쳤다 〈수업반성일

지/2005.6.22〉.

연구참여자는 체육수업의 절차를 따르지 않는 한계를 지녔다. 처음에 준비 운동을 하고 학생들을 불러 모은 다음, 설명을 하고 학생들의 신체가 쿨다운 되고 난 다음에 본 활동 수업을 운영하는 모습을 보였기 때문이다. 좋은 체육수업을 만들기 위해서는 수업의 절차부터라도 교육적 유용성을 갖고 접근하는 노력이 선행되어야 교사들이 무엇을 어떻게 할 것인가에 관한 분명한 의식이 생겨날 수 있다.

## 4. 수업목표의 부재

연구참여자는 수업목표의 부재로 활동계획을 무시한 체육수업을 운영하였다. 수업목표는 수업의 방향을 결정하는 중요한 요소이다. 따라서 수업의 방향을 정하기 위해서는 반드시 수업목표가 필요하다. 연구참여자는 체육수업이 시작되었을 때, 그 차시에 해당하는 뚜렷한 수업 목표를 지니지 못하였다. 다만, "오늘은 무엇을 할 것이다"라는 수업의 주제만을 갖고 있었다. 오늘 무슨 내용을 가지고 수업할 것인지에 대해서는 언급하였지만, 학생들이 이 차시를 통해서 무엇을 해야 하고, 무엇을 얻을 수 있는지에 대해서는 명확하게 제시하지 못하였다.

활동 목표가 제시되지 못하다보니 활동내용에 대해서도 머릿속으로만 구상하는 결과가 드러났다. 차시별 수업활동 계획보다는 그때그때 상황에 적합한 계획들을 찾아나갔다. 그러다보니 활동내용이 목표와도 관련되지 않고, 활동이 자주 바뀌는 일관성이 없는 수업이 이루어졌다. 수업목표에 따른 내용의 흐름이라기보다는 목표 없이 활동내용 일변도로 진행되다보니 수업의 끝 무렵이 되어서는 학생들이 무엇을 얻게 되었는지에 대한 교육적 의미와 가치들이 부재할 수밖에 없었다.

> 체육수업에서 수업목표를 명확히 제시하지 못하고, 활동만을 안내하는 오류를 범했다. 물론 이것이 오늘만의 오류는 아닌 것 같다. 좋은 체육수업을 생각하면서 체육수업을 어떻게 운영하는 것이 좋은 가를 생각하다보니 머릿속에 떠오른 생각이다. 동료교사들의 수업도 마찬가지다. 국어수업을 잘한다고 평가받는 C교사도 체육수업은 부족함이 많았다. 여러 번 관찰하였지만, 네모칸 하나를 그리고 가운데를 쭉 선으로 그어 놓은 다음, 피구게임만을 진행하였다 〈수업반성일지/2007.10.23〉.

교사들이 체육수업을 운영할 때, 교육적 의미를 갖고 접근하기보다는 활동을 안내하고 학생들이 그저 활동에 참여하는 형태의 체육수업을 진행하는 측면이 있다. 이 연구에서도 연구참여자가 자신의 수업을 비평하면서 동료교사의 수업을 비평하는 반성일지의 내용 속에서도 확인되었다.

## 5. 수업내용과 방법의 편향성

연구참여자는 수업내용 면에서 활동내용의 획일성과 다양한 프로그램 선정의 미흡 등이 드러났다. 수업내용은 학생들의 참여를 극대화하고 신체활동의 가치를 높이는 중요한 요소임이 분명하다. 그렇기 때문에 학생들은 활동내용으로 무엇을 선택하느냐에 따라 수업의 몰입이나 활동의 역동성이 달라진다. 하지만 연구참여자는 교육과정이나 교과서를 구현하기 위한 주간학습 안내의 내용구성보다는 자신이 좋아하는 소수의 활동 주제만을 선정하여 운영하는 편향성을 보였다.

> 수업내용은 예전에 경험한 것이나 선배교사들이 제시했던 내용들 중에서 학생들에게 흥미를 제공할 수 있는 것들을 도입하였다. 좋은 수업을 위한 하나의 방편으로 활용하고자 했던 수업의 내용들이 교과서에는 없었다. 특히, 신체활동 위주의 내용이 많았기 때문에 통합적인 수업으로 전개되지는 못하

> 였다. 지금 생각해보면 신체활동 이외에도 학생들의 생각을 키워주거나 인성 교육이 가미된 협동학습의 구조가 활용된 수업의 내용들을 포함했으면 하는 아쉬움이 들었다 〈연구자의 체육수업 회고/2012.4.19〉.

연구참여자는 교육과정이나 교과서에 근거한 활동을 구현하기보다는 자신이 잘 알고 있는 활동 위주의 내용으로 수업을 구성 · 운영하였다. 체육과 교육과정은 체육교육의 방향을 설정하는 이론적 준거가 됨에도 불구하고, 이 부분이 소홀히 취급되었던 것이다. 이는 여러 영역에 대한 학습의 부재뿐만 아니라 다양한 신체활동 프로그램의 선정과 활용의 미흡으로 귀결되었다.

연구참여자의 수업방법 운영 면에서는 방법 중심의 수업설계, 질문의 획일화, 교사 위주의 시범, 예비활동의 부재 그리고 창의적인 학습 환경의 부재 등이 드러났다. 연구참여자는 방법중심의 수업설계를 하다 보니 주어진 목적을 달성하기 위해 어떻게 해야 한다는 생각보다는 "어떻게 하면 잘 가르칠 수 있을까?" 하는 방법중심의 수업을 진행해 나갔다. 질문의 형태도 수렴적 질문이나 비구체적인 질문들을 사용하였다. 또한, 학생들에게 수업을 진행하는 과정에서는 교사 일변도의 시범이 주를 이루었다. 학생의 시범이라든지, 다른 매체를 활용한 시범이나 언어와 시각이 함께하는 통합적인 측면의 시범은 제공되지 않았다.

연구참여자는 교수전략으로 스테이션교수(station teaching)를 사용하였다. 이 과정에서는 예비활동을 준비하고 있지 않아서 각 모둠의 스테이션에서 활동이 끝났을 경우에 비 과제 활동을 하는 경우가 많았다. 스테이션교수가 잘 활용되기 위해서는 이미 배운 경험이 있거나 모든 학생들이 참여하여 쉽게 해결할 수 있는 활동이 제공되어야한다. 하지만 매 수업마다 스테이션교수 전략을 적용하다보니 일부의 학생들은 잘 수행하였지만, 많은 학생들이 활동을 제대로 운영하지 못하였다. 결국 연구참여자는 학생들로 하여금 수업참여에 대한 강한 의지를 키워주지 못하였다.

체육수업에서 수업참여를 이끄는 강력한 동인 중의 하나는 창의적인 학습 환경이다. 창의적인 학습 환경은 수업 장소나 형태 및 수업운영의 묘가 포함된 부분과 창의적인 교구가 제공되는 수업이다. 연구참여자는 피구를 할 때, 창의적인 교구 측면에서 도지비와 소프트발리볼을 사용하여 학생들의 두려움을 제거하는 부분에 대해서는 관심을 갖고 있었지만, 수업 장소나 형태에 대해서는 기존의 형태와 다르지 않았다. 학생들이 피구에서 두려워하는 배구공보다 소프트한 도지비와 소프트발리볼을 사용하였을 때, 두려움을 적게 느끼고 수업에 적극적으로 참여하게 된다는 반응이다. 이는 학생들에게 어떠한 교구를 활용하여 수업에 참여하도록 할 것인가에 대한 좋은 시사점이 될 수 있다. 다만, 피구를 할 때, 사각형의 형태에다 가운데 줄을 하나 그어놓고 양 팀으로 게임을 하고 있었기 때문에 움직임을 제공하는 부분이나 움직임의 인지적 전략을 제공하는 부분에서는 제한점이 드러났다.

피구는 피하는 것뿐만 아니라, 어디로 어떻게 움직여서 공을 잡아야 하는가에 대한 전략을 포함해야 한다. 경기도교육청(2011)에서 발행한 피구지도 자료가 학교 체육에 주는 시사점에 주목할 필요가 있다.

> 스포츠피구는 공을 정확하게 던지기 위해 공을 손바닥과 손목으로 감싸고, 오버핸드드로우나 사이드핸드드로우로 던지는 방법을 강조한다. 공을 받는 방법에 있어서도 모둠원들이 사방으로 흩어져 있기보다는 일렬로 나란히 서서 앞뒤로 움직임으로써 공을 받기 위한 전략을 강화해야 한다 〈경기도교육청, 2011, p. 24-38〉.

연구참여자의 피구수업에서는 공을 피하는 활동에 주력하다보니 학생들이 공을 잡는 것보다는 피하기에 더 많은 관심을 기울이면서 공격보다는 수비에 치중하는 모습을 보였다. 피구는 공격과 수비가 동시에 이루어져야 하기 때문에 공을 잘 던지고 받는 연습이 무엇보다 필요하다.

## 6. 평가의 비효율성

연구참여자는 수업평가에서 수업과 평가를 따로 운영하는 경우도 있었고, 수업내용과 평가 내용에 대해서 관련성을 갖지 않고 평가한 경험도 있었다. 최근 수행평가의 중요성과 가치가 인정되면서 학교현장의 평가가 수행평가로 바뀌었다. 그러나 연구참여자는 수행평가를 수업의 과정 속에서 평가하기보다는 수업이 종료되고 나서도 꽤 오랜 시간이 지난 다음, 학기말에 몰아서 수행평가를 하기도 하였다. 연구참여자는 상황에 따라 2학기 수행평가의 내용을 1학기에 수행했던 유사한 내용을 그대로 적용하기도 하였다. 결국 연구참여자는 수업내용과 평가 내용이 시기적으로 완전히 다른 것을 적용하면서 학생의 변화를 살피지 못하는 우를 범하였다.

> 체육수업에서 가장 어려운 것은 평가를 어떻게 하느냐이다. 물론 수업목표가 설정되면 내용, 방법, 평가가 일관된 흐름을 갖고 운영되어야 하는 것은 당연한 이치이다. 그러나 수업을 하다보면 이것이 잘 연결되지 않는다. 평가를 할 때, 더 큰 문제가 드러났다. 수업과 평가가 동시에 진행되면 학생들의 변화나 운동수행 측면을 더 잘 이해할 수 있었겠지만, 이러한 부분에 관심이 낮았던 것 같다. 평가를 할 때, 평가를 위한 평가를 한 적도 여러 번 있었다. 수업이 끝난 한참 후에 평가하거나 어떤 유사한 내용의 경우에는 1학기의 내용을 갖고 2학기에 성적을 주기도 하였다 〈연구자의 체육수업 회고/2012.5.11〉.

학생들에게 평가는 수업의 목표 달성도를 확인하는 작업으로 매우 중요한 의미가 있다. 그런데 연구참여자는 수업목표를 명확히 제시하지 않았기 때문에 수업을 평가하는 부분에 대해서도 깊이 있는 관심을 기울이지 못하였다. 수업내용과 평가의 괴리가 대두되면서 학생들의 수업변화 도달 도를 확인하거나 피드백을 제공하는 기회가 점점 줄어들었다.

# 제3절 체육수업 반성을 통한 신념 형성의 연결망

체육수업의 반성을 통한 신념의 형성은 연구참여자의 체육수업 반성이 체육수업에 대한 신념으로 형성되어가는 성격인 동시에 체육수업의 변화를 가져오는 교사의 철학이 포함되었다. 특히, 체육수업의 반성과 신념 사이는 연구참여자의 수업활동을 반성하도록 하고, 이를 신념으로 연결시켜나가는 중개자 역할을 하였다. 한 교사의 신념이 형성되는 가장 중요한 부분이 바로 여기서 시작되었다. 체육수업의 성장 노력에는 "나" 자신의 체육수업을 반성하고, 보다 바람직한 체육교육을 운영하기 위해 어떻게 노력하였는지의 결과들이 포함된다. 즉 학습공동체와 함께하는 삶, 교사의 실천적 삶과 소통하기, 텔레마코스 스승의 삶 살기 등이 도출되었다.

## 1. 학습공동체와 함께하는 삶

좋은 체육수업을 위한 만남은 초등체육교과연구회라는 학습공동체로부터 시작되었다. 교과연구회는 해당 교과에 대해 관심을 갖고 있는 교사들이 함께 모여서 체육수업을 탐색하는 것과 교사 개인의 자기계발을 목적으로 이루어지는 교육지원 단체로서의 실천공동체이다. Wenger(1998)는 실천공동체의 교육적 의미를 중요한 타자들과의 관계 맺음으로 보았다. "나"는 2000년부터 2011년까지 초등체육교과연구회에 참여하면서 체육에 관심을 기울이는 많은 교사들과의 관계 맺음과 지식들을 탐구할 수 있는 시간을 보냈다. 관계 맺음이 잘 이루어지기 위해서는 참여가 무엇보다 중요하다(Wenger, 1998).

2000년부터 2005년까지는 교과연구회 회원으로 매월 1회 체육수업 노하우 알기, 수업지도안 작성하기, 좋은 수업 참관하기, 회원의 자기계발을 위해 음악줄넘기 연수, 골프 연수 등 다양한 교육활동을 하였다. 2005~2006년에는 지역교육청에서 초등체육교과연구회 회장을 맡으면서 체육교육이 개선되는데 관심을 집중한 시기이다. 한 달에 한 번씩 이루어지는 교과연구회이기는 했지만, 이 연구회에서 보다 알찬 수업자료 개발과 보급을 위해 관심을 기울였다. 교육청에서도 체육관련 장학자료 개발에 관심을 기울이고 있던 차였기에 체육교과연구회가 교육적인 방향으로 운영되었다.

2006년도에는 초등체육교과연구회 운영과 함께 교육청으로부터 지원을 받은 교과교육연구회 모임도 동시에 운영하는 기회를 얻었다. 이 시기에 지역교육청별로 상반기 1회, 하반기 1회 교육청 및 교육감기 줄넘기 대회가 있었기 때문에 본교 60명의 교사에게 줄넘기를 구입하여 제공하였고, 게임수업이 학교 현장에서 중요함을 인식하고 어떻게 하면 바르게 게임수업을 진행할 것인가를 고민하던 차에 안양옥(2002)이 발간한 「초등학교 게임수업 탐구」라는 책을 읽었다.

> 교육청에서 교과연구회의 활성화와 교과교육연구활동에 대한 지원의 폭을 넓혀주었고, 이를 통해 현장 교사들에게 체육교과에 도움이 될 만한 서적들을 구입하여 활용할 수 있었다. 그동안 체육과와 관련하여 장학자료들이 많이 부족하였다. 초등게임수업 탐구와 체육수업모형 서적들을 구입하여 연수를 하였고, 이 시기부터 수업 실행을 위한 노력들이 확산되기 시작하였다 〈연구자의 체육수업 회고/2012.4.11〉.

교사들에게 체육수업에서 게임 관련 교재가 도움이 될 수 있다는 생각에 교과교육연구회의 15명의 교사들에게 교재를 제공하였다. 동료 교사들과 체육공동체로서 체육교과연구회와 교과교육연구회를 운영하면서 바람직한 체육교육의 모습을 구상하였다. 이 시기는 "나"의 노력이 "너"에게 전달될 수 있다는 확신을 갖고, 체육활동에 매진하면서 체육교육의 이상적인 방향을 탐색하였다. 초등체육교과연구회 회원들은 초등체육에 대해 관심을 기울이고 있는 교사들이다. 교과연구회 운영에서는 좋은 체육수업을 위한 방향이 안내되면서 체육수업에서 반성이 싹트기 시작하였다.

> 아나공 수업이 판을 치는 수업은 이제 없어져야 한다. '교사들은 자신이 예전에 경험했던 부정적인 측면의 체육수업을 자식들에게까지 전달할 생각인가?' 라는 질문에 답할 수 있어야 할 것이다. 체육수업의 방향 탐색과 내용에 변화가 모색되어야 할 시점이다 〈연구자의 체육수업 회고/2012.5.15〉.

초등체육수업에서의 뚜렷한 수업목표의 제시, 수업 방법적인 측면에서 방법중심의 수업과 더불어 모형중심의 수업을 제안하면서 체육수업에서 교사들이 학생들에게 의도한 목표에 따라 수업모형을 적용하면서 인지적인 전략, 협동심 그리고 책임감을 함양할 수 있었다.

또한, 연구참여자는 2003년에 한국스포츠교육학회라는 학문공동체가 모인 집단에 처음 참여하였다. 그곳에서 여러 번의 학술발표 기회를 통해 학문하는 방법과 실천의 방향을 결정하는데 큰 영향을 받았다. 연구참여자의 학술발표는 2003년 8월부터 시작되었다. 대구하계유니버시아드대회(2003.8.22~26)를 기념하여 영남대학교에서 국제학술대회가 열렸고, 그곳에서 학술발표 기회를 얻었다. 떨림도 있었지만, 체육교육에 대한 학문후속세대들의 생각을 공유하는 자리인 만큼 석사과정에서 공부한 내용을 토대로 초등체육의 수업지식을 이야기하면서 학회구성원들과의 거리감을 좁힐 수 있었다. 특히, 그곳에서 한 교수님으로부터 수업지식의 개념에 대한 질문은 연구의 참여자가 학문에 정진할 수 있는 계기가 되었다. 암묵지가 무엇이고, 수업실천지가 무엇인지, 현장에서 어떠한 지식을 어떻게 적용시켜나가야 하는지에 대한 고민들이 오고갔다. 학교 체육수업에서 수업지식을 지니고 있을 때하고, 없을 때하고는 학생들의 수업참여에 많은 영향을 미치게 됨을 새롭게 이해하는 계기가 되었다. 이것이 학문에 입문하는 계기가 되었고, 이를 토대로 해마다 4~5회 정도의 학술대회에 참여하였다. 학술대회에 참여하는 것만으로도 연구참여자의 생각에 많은 변화를 제공하였다.

> 오늘 학회에 참여하면서 체육과 교육과정의 가치를 확인하고, 좋은 체육수

> 업 방법을 탐색할 수 있었다. 교사로서의 역할과 전문성의 확충을 통해 수업 목표와 내용의 선정 및 수업방법과 평가를 할 때, 어떠한 노력이 필요한지를 새롭게 알 수 있었다. 오늘의 참여를 통해 체육 하는 삶이 나 자신에게 가치가 있을 것이라는 생각을 하게 되어 기쁘다 〈수업반성일지/2003.8.26〉.

연구참여자는 학회에 참여하면서 다양한 생각을 할 수 있었다. 잘하지 못하는 체육수업에 대한 반성, 좋은 체육수업 프로그램을 하지 못하는 부분에 대한 반성, 최선을 다하지 못한 체육수업에 대한 반성 등 연구자 자신을 제 3자의 시각에서 살펴볼 수 있었다. 2003년부터 2011년까지 수십 차례의 학술대회에 참여하면서 여러 번 발표도 하고, 토론자 또는 청중으로 참석하면서 체육교육의 교육적 의미와 체육수업의 방향을 탐색할 수 있었다. 아울러 체육이 무엇인지, 어떻게 가르쳐야 하는지, 체육이라는 학문의 가치를 새롭게 인식하였다. 지금은 학회활동이 연구참여자 생활의 일부분이 되었고, 학회에 참여하면서 체육에 대한 정체성과 체육수업에 대한 신념이 형성되었다.

무엇보다 2003년부터 대학원에 다니는 동료들과의 세미나와 좋은 수업과의 만남에 대한 토론 및 각종 체육관련 과제에 대한 프로젝트는 체육에 대한 안목을 형성하는 기회가 되었다. 체육이라는 학문이 우리 생활 속에서 가치가 있다는 것을 느끼는 시간이었다. 자신의 수업을 동영상으로 촬영하여 수업비평을 하는 시간과, 동료교사들의 좋은 체육수업을 점검하는 과정에서 체육수업에 대한 정체성을 조금씩 형성할 수 있었다. 박사과정에서 스포츠교육학과의 만남은 "나" 자신이 생각하고 있던 체육에 관한 연구내용들을 되돌아보고, 현장 체육수업의 바른 모습을 생각할 수 있는 통로였다.

> 여러 가지 고민들이 중첩되지만, 대학원생들과의 만남은 체육교육 하나로 결집된 공동체였다. 나는 이곳에서 여러 동학들과 체육수업의 방법은 물론 학생들과의 관계 개선, 좋은 체육수업을 만들기 위한 다양한 전략들을 논의하였다. 어제보다 오늘, 오늘보다 내일을 꿈꾸는 사람들과의 만남 속에서 바람직

한 체육교육의 방향에 대한 틀이 조금씩 형성되어가고 있음을 확인할 수 있었다 〈수업반성일지/2003.7.8〉.

학생들이 경험하는 갈등의 문제, 교사들이 경험하는 체육수업의 어려움, 수업방법과 수업모형의 선택과 활용, 다문화가정 학생들과의 만남, 뉴스포츠 교구의 도입과 활용의 문제 등에 관심을 갖게 되면서부터 체육교육이 "나"의 삶 속으로 들어왔다. 대학원에서 1년에 두 번씩 진행된 스포츠교육학 전공생들과의 세미나는 체육에 대해 심도 깊게 생각하고 체육적 삶으로 입문하는 계기가 되었다. 체육교육 실천공동체들과의 만남은 "나"를 변화시키고 "나"를 새롭게 담금질하였다.

벅찬 가슴을 주체할 수가 없다. 앞으로 무엇인가를 더 잘 할 수 있겠다는 생각이 든다. 오늘 세미나를 통해 우리 스포츠교육학 구성원들이 더욱 발전하는데 일조하고 싶다. 내년에 후배 원생들을 만난다면 지금 보다 많은 지식과 안목으로 그들이 진행해야 할 발걸음에 원동력을 제공하고 싶다. 이야기만이 아니라, 행동으로 옮길 수 있는 실천력 있는 내가 되도록 분발할 것이다 〈연구참여자의 세미나 후기/2004.2.30〉.

연구참여자는 현장 교사들이 좋은 체육수업을 만드는데 가장 필요한 것이 무엇인지, 어떻게 하면 좋은 체육수업을 만들 수 있는지, 학습자의 참여를 강화하기 위한 방안과 교육적 의미를 표출하는 부분이 무엇인지 등에 대해 고민하였다. 이 과정에서 연구참여자는 현장성이 높고, 실질적으로 학생들의 체육수업을 개선할 수 있으며, 현장 교사들이 꼭 알고 실천해야할 체육교육의 문제들에 대해 관심을 기울였다. 연구참여자는 학급 담임교사로 있을 때나 체육전담교사로 있을 때에도 이 부분을 고민하였고, 이는 곧 체육수업 개선을 위한 현장 연구로 이어졌다.

현장에서 초등학생들과 수업개선을 위한 노력의 결과들은 지역교육지원청의 수업지원센터 홈페이지나 한국체육학회지와 한국스포츠교육학회지 등에 글을 투고하여 현장 체육수업의 개선 결과를 일반화하였다. 또한, 일반화한 자료들을 현장에서 필요한 사례들을 담아 이론과 실제가 결합되는 내용으로 정리하여 체육관련 전공 서적으로 출간하였다. "나"는 체육관련 서적을 발행하면서 과거 체육수업에 대한 반성과 연구자 자신의 수업을 깊이 있게 반성하였다.

## 2. 교사의 실천적 삶과 소통하기

연구참여자는 2007년부터 우리체육 편집위원으로 활동하였다. 우리체육은 스포츠교육학을 전공한 현장 교사들을 주축으로 집필진을 구성하여 이론과 실제 간의 간극을 좁히고, 이론가와 실천가들이 서로 쉽게 소통할 수 있는 가운데 우리체육이 간단(間斷)없이 진행되어 체육교육의 변화를 지향하고자 발행하는 학술 잡지이다. 체육교육의 학문적 발전과 교육실제의 소중한 경험을 공유하자는 교육적 의도로 창간호(2007. 10)부터 특집 4호(2009. 8)까지 4회에 걸쳐 발행된 「우리체육」의 주된 내용은 자유목소리, 이슈, 연구요약, 서평, 기획기사, 논문(general article) 등의 섹션을 기본 틀로 구성하였다. 「우리체육」을 통해 체육의 학문적 이론과 교육 현장과의 간극을 이어주는 교량 역할로서 자리매김하고자 노력하였다. 특히, 체육교육과 관련된 잡지 발간을 통해 체험적 지식에 대한 이해의 지평을 확장할 수 있었다.

「우리체육」 5호부터는 교육현장에 종사하는 실천가들의 호응에 힘입어 교육 실천가들의 생생한 현장성과 실천적 지식의 경험을 확장시키고자 독자들이 이해하기 쉽고 교육현장에 올바르게 투영할 수 있는 작업을 시도하였다. 내용의 틀은 체육현장의 이슈를 다룬 핫 이슈(hot issue), 좋은 수업을 안내하는 수업사례, 학교 체육 개선을 위한 읽을거리, 창의적인 교수학습 환경을 제공하는 이런 저런 수업, 현장의 체육교사의 수업실제에서 발생하는 어려움과 딜레마를 해결하는 수업 Q&A, 학생들이 체육수업을 통해 느낀 글들을 소개하는 우리들의 체육수업, 최근의 체육도서를 소개하고 안내하는 서평 등으로 구성하였다. 다만,

각각의 내용들에서는 시대적 · 사회적 요구를 교육 실천가들이 능동적으로 대처해 나갈 수 있는 교육의 실제성과 현장성을 충분히 구현할 수 있는 내용들이기 때문에 체육을 가르치는 '좋은 체육 교사로 성장하기'의 가치를 온전히 구현할 수 있는 유인가 역할을 하였다.

> 「우리체육」은 새로이 부각되고 있는 체육교육의 이슈와 실천사례들, 교육현장에서 발생하는 딜레마적 요소를 개인적인 접근이 아닌 공동의 문제로서 바라보고 해결할 수 있기 때문에 독자들이 미처 알지 못했던 체육 교수행위에 대한 발견과 이해를 객관적으로 경험함으로써 교육 실천가들의 지적 자극을 충족시킬 수 있으며 배움의 교육적 가치를 수용할 수 있는 장이 될 것이나 〈수업반성일지/2010.8.3〉.

「우리체육」은 학생들에게 의미 있는 교육경험을 제공함을 물론 체육을 가르치는 행위의 변화를 촉진함과 동시에 체육에 대한 안목과 새로운 통찰력을 획득하도록 하였다. 「우리체육」은 체육을 담당하는 연구자와 실천가들에게 체육교육의 실제를 향상시킬 수 있는 접근방법에서 개인적인 접근이 아닌 공동체로서 성장할 수 있는 단초의 역할과 체육교육이 어떻게 진행되어야 하는가에 대한 연구참여자의 삶과 성장에 활력소가 되었다.

## 3. 텔레마코스 스승의 삶 살기

텔레마코스의 스승은 곧 멘토[4]교사를 의미한다. 이 연구참여자는 수업컨설팅을 통해 체육에 대한 인식과 변화를 고양시켜나갔다. 현장에서 수업장학과 컨

4) 멘토의 기원은 BC 18세기 그리스 시대의 유명한 시인 호머가 지은 서사시 오디세이아에서 찾을 수 있다. 이 작품의 주인공이자 고대 이타케의 왕인 오디세이는 뜻하지 않게 트로이 전쟁에 출전하게 되자 친한 친구이자 충실한 신하인 멘토에게 자신의 집안과 아들 텔레마코스의 교육을 부탁한다. 그날 이후 멘토는 텔레마코스에게 가정교육과 훗날 왕이 되기 위해 필요한 교육을 시키면서 상담자와 아버지의 역할까지 도맡아 한다. 즉 멘토는 단순한 지식만 전달해주는 스승이 아니라 삶의 지혜를 가르쳐주는 인생의 안내자를 의미한다.

설팅 지원단으로 활동하면서 자신의 체육수업에 대한 반성과 신념의 형성과 관련된 디딤돌 역할을 하였다. 연구참여자는 무엇보다 체육과 수석교사로서의 삶에 큰 압박감과 중압감을 느끼고 있었다. 하지만 학교 체육의 변화와 관련하여 다른 교사들과 함께 소통할 수 있다는 생각에 행복감을 표출하였다. 수석교사로서 상당한 중압감을 느꼈지만, 수업컨설팅을 통한 체육수업의 변화를 생각하면서 여러 교사들과 체육수업에 대해 소통의 시간을 가졌다.

연구참여자는 2009년 2월에 수석교사가 된 이후 2009년을 어떻게 보낼지, 학생들에게 어떻게 다가갈지, 어떠한 수업 내용을 제공할지 등을 고민하면서 초등 체육교과서를 분석하였다. 2009년에 5학년 체육을 담당하게 되었지만, 각종 연수나 체육 실기대회 및 수업지도안을 컨설팅 하는 입장이라 학년별로 체육교과의 내용을 통찰할 수 있어야 한다고 생각하였다.

> 수업컨설팅은 2009년 2월 말부터 시작되었다. 교직 2년차에 접어든 이명호(가명) 교사로부터 체육수업 컨설팅을 의뢰받았다. 아직 학기가 시작되지도 않았는데 수업 컨설팅을 의뢰 받은 것은 놀라운 일이 아닐 수 없었다. 아무튼 새로운 역할을 수행해야 하는 입장이어서 많은 것을 준비해야만 했다 〈수업반성일지/2009.3.4〉.

L교사는 5월 초에 실시되는 체육과 임상장학의 대상자였다. 해당 교사로부터 장학수업을 준비해야 한다는 이야기를 듣고, 수업내용의 선정부터 수업지도안 작성에 이르기까지 많은 시간을 함께 보냈다. 5월에 진행된 임상장학의 결과는 전반적으로 잘했다는 반응이다. 4월부터는 연수가 폭주하기 시작하였다. 교내 신규교사 연수는 물론 교내 동료장학과 5월 중순경에 진행되는 수업실기대회 지도안 검토 등이 매일 진행되었다. 연구참여자가 근무하는 인근학교의 체육연수와 교육청 연수 및 서울시교육청 연수와 방학 중 초등1급 정교사 자격연수와 초등체육담당교사 직무연수 그리고 체육교육한마당과 초등체육한마당에서의 발표 등 각종 지도안 협의와 심사 그리고 연수 및 발표를 하였다. 시도교육청

이나 교내에서 이루어지는 연수의 내용도 상이하여 준비를 게을리 해서는 안 되는 노력의 연속이었다.

> 교사들과의 소통은 체육수업에서의 동료장학, 튜터지원 장학, 멘토링제 운영, 공개수업지도안 분석과 협의, 수업실기대회 심사, 대학에서의 수업비평 등의 활동을 통해 소통의 영역을 넓혀갈 수 있었다. 그리고 각각의 지원 활동을 하면서 타인의 수업을 명확하게 분석하고, 의미 있는 교육적 지원을 통해 나 자신의 체육수업에 대한 정체성을 생각해보는 기회가 되었다 〈수업반성일지/2009.6.3〉.

연구참여자는 멘토의 역할을 수행하면서 자신을 돌아보는 계기가 되는 것은 물론 체육교육의 정체성을 형성하는 시간을 가졌다. 연구참여자가 지금까지 체육에 대한 연구를 게을리 하지 않고, 꾸준히 노력할 수 있었던 것도 수석교사의 노력이 밑거름이 되었음을 회고하였다.

## 제4절 체육수업의 신념 형성하기

한 개인이 체육에 대해 강한 신념을 지니고 있을 때와 신념을 지니고 있지 않을 때의 열정과 신체활동의 모습은 크게 다르다. 신념이 강한 사람은 체육활동의 교육적 가치를 인식하고, 좋은 체육수업을 만들기 위해 다양한 전략과 의미 있는 체육수업을 구안하며, 학생이나 동료교사들과 소통하면서 체육에 대한 정체성을 형성하기 위해 체육의 결 만들기에 적극적으로 참여하는 것으로 나타났다(고문수, 2012).

이 연구에서는 체육의 교육적 가치탐색을 “혼(魂)”으로, 좋은 체육수업을 만들기 위해 다양한 전략의 실행을 “창(創)”으로 그리고 학생이나 교사와의 소통으로 결을 만들어 나가는 것을 “통(通)”으로 제시하여 체육수업 신념의 정체성을 논의하였다.

연구참여자는 체육수업에 대한 반성을 통해 체육의 교육적 가치가 무엇이고, 학생들에게 무슨 내용을 어떻게 전달할 것인가를 고민해왔다. 이러한 고민은 학생들과 교사 자신으로 하여금 체육교육에서 무엇을 어떻게 해야 하는가를 생각하도록 하는 실마리가 되었다. 아울러 동료교사들과 수업에 참여하는 학생들에게 도움을 제공할 수 있는 노력의 전환점이 되었다.

## 1. 혼(魂): 체육의 가치 탐색하기

학생들은 체육활동을 통해 체력의 향상, 즐거움, 자신감 그리고 도전감을 경험하였다. 이러한 체육에 대한 긍정적 가치는 삶의 문화를 긍정적으로 만드는 특성을 지닌다. 이는 '혼'이 학생을 움직이는 힘이 있다는 표현 속에서도 잘 드러나 있다(이지훈, 2010). 체육활동에는 반드시 신체활동의 가치가 내재되어 있어야 한다. 학생들이 신체활동을 통해 유의미한 가치를 경험한다면, 이를 지도하는 교사들도 체육수업에 대해 긍정적으로 참여할 뿐만 아니라, 더 좋은 체육수업을 만들기 위한 과정으로 "나는 여기에 왜 있는가?"라는 물음에 대해 생각해 볼 수 있다. 교사가 지니는 체육에 대한 가치는 학생들에게 전달되고, 교사들은 학생들이 경험하는 가치를 고양시키기 위해 체육수업의 변화와 새로운 가능성을 탐색하는 체육수업을 구안하게 된다.

체육을 지도하는 교사는 자신의 체육수업에 대한 반성으로 좋은 체육수업을 만들기 위한 변화의 신념을 간직해야 한다(김무영, 2010). 무엇보다 교사들은 체육활동이 제공하는 교육적 비전을 구체적으로 탐색해나가면서 학생들에게 가치를 전달하는 노력을 해야 한다. 교사들은 '혼'이 제공하는 가치의 구체성을 표현한 대목을 토대로 체육의 가치를 새롭게 인식할 필요가 있다.

7,000m 높이로 히말라야 상공을 나는 새가 있다. 그 새들은 호흡을 줄이고 자신의 몸무게를 줄여서 찬바람이 부는 상공을 넘어 인도로 간다. 이 새들이

야말로 우리가 말하는 드높은 '혼'의 상징이다. 혼은 비전이요 가치요 신념인 것이다 〈이지훈, 2010, p. 38〉.

위에서 언급한 것처럼 '혼'은 꿈이고, 비전이며, 신념이다. '혼'은 하는 일에 대하여 목적의식과 소명의식을 간직하는 일이다. 연구참여자는 초등교사의 경험을 바탕으로 자신의 삶을 반성하였고, 보다 좋은 수업, 보다 나은 학생 관계와 주변 관계에 대한 변화의 지향점을 찾아나갔다. 그 결과 지금 잠시 일이 잘 안되더라도 포기 하지 않고 끝까지 참고 견디는 힘을 얻을 수 있었다. 이는 연구결과에서 연구참여자가 체육수업의 반성을 통한 신념의 연결망으로 제시된 학습공동체와 함께하는 삶, 교사의 실천적 삶과 소통하기, 텔레마코스 스승의 삶 살기 등에서 구체적으로 표현된바 있다.

연구참여자는 현실에 안주하지 않고, 좋은 체육수업을 위한 꿈의 실현을 위해 끊임없이 노력하고 있었다. 연구참여자가 체육의 교육적 가치로 '혼'을 만들 수 있었던 것은 꿈과 비전을 갖고 실천의지를 보인 것이 구체적인 계기가 되었다. 연구참여자는 자신의 체육수업을 반성하고 수업을 통한 교육적 신념을 형성하기 위해 여러 가지 성장 노력을 위한 활동에 참여하면서 체육수업의 가치를 탐구해나갔다.

## 2. 창(創): 다양한 전략 실행하기

2007년 아카데미 최우수 조연상을 받은 배우이자 음악가 앨런 아킨은 "사람은 성장하고 있거나 썩어가고 있거나 둘 중 하나이다. 그리고 중간은 없다. 가만히 서 있다면 썩어가고 있는 것이다."라는 표현을 통해 움직임과 변화의 중요성을 언급한 바 있다. 이는 '창'의 필요성을 단적으로 드러낸 표현으로 해석된다. 이러한 측면에서 체육수업도 창을 추구하지 않으면 썩어가고 있는 것이다. 중간은 존재하지 않는다는 측면으로 해석할 수 있다.

연구참여자는 무엇보다 체육수업과 활동을 가치 있게 생각하였다. 체육을 통해 자신이 새로운 꿈을 꿀 수 있었고, 그러한 꿈들은 많은 사람들과 공유할 수 있는 통로가 되어 주었다. 자신 혼자만의 변화가 아니라, 자신과 다른 사람들과의 만남을 통해 좋은 체육수업을 만들어나가는 다양한 전략의 습득으로 의미 있는 체육수업을 전개하는 힘을 얻을 수 있었다. 연구참여자는 체육수업 반성하기의 과정을 거치면서 학습공동체와 함께하는 삶, 교사의 실천적 삶과 소통하기에 참여하면서 텔레마코스 스승의 삶 살기를 실천하였다. 현재의 체육수업을 그대로 받아들이거나 무비판적인 삶으로 체육수업을 이끌기보다는 소통의 연결망을 통해서 체육수업에 대한 이해의 폭을 확장해나갔다. 특히, 체육수업에서 다양한 전략의 표출을 위해 자신의 수업을 반성하였고, 소통의 연결망들을 펼쳐나갔다.

'혼'이 씨를 뿌리는 과정이라면, '창'은 그 결실을 거두는 것이다. '창'은 바로 실행으로 대변된다. 즉 꿈을 현실로 바꾸는 과정을 새롭게 인식할 수 있다. 늘 새로워지려는 노력이 바로 '창'인 것이다. '창'은 다양한 수업의 전략을 실행하면서 위험을 감수한다. 하지만 도전하는 것을 두려워하지 않고 새로움을 지향하며, 익숙함을 뒤집어 새로움을 만들어 내도록 한다.

연구참여자는 체육수업에서 다양한 전략의 실행(수업반성과 체육수업 신념의 연결망을 위한 교사의 실천적 노력)을 통해 학생들로 하여금 수업활동에 적극적으로 참여할 수 있는 동인의 역할을 제공하고자 노력하였다. 무엇보다 교사 자신이 좋은 체육수업을 만들기 위해 반성하는 자신의 수업에 대한 회고가 자신의 과거와 현재를 되돌아보고, 미래를 설계할 수 있는 단초가 되었다.

연구참여자는 자신의 수업반성에서 긍정적인 측면보다는 부정적인 측면이 많이 내포되어 있음을 피력하였다. 이는 자신을 좀 더 담금질하기 위한 모습인 동시에 학생들에게 의미 있는 체육활동의 유인가를 제공하는 교사 자신의 반성으로 엿보인다. 학생들에게 좋은 수업을 전개하기 위한 노력을 수업반성과 체육수업 신념의 연결망으로 형성되는 과정에서 '창'의 모습이 구체화되었다. 이지훈(2010)이 "창은 '혼'을 노력과 근성으로 치환하는 과정이다. '창'은 매일 새로워지는 일이다. '창'은 익숙한 것과의 싸움이다."라고 언급한 표현 속에 신념의 구체적인 모습이 잘 드러난다.

## 3. 통(通): 학생과 소통하기

이 연구의 참여자는 체육의 가치를 알고, 그 가치를 구체적으로 표출하기 위해 다양한 전략의 실행을 만들면서 학생 또는 동료교사들과의 의사소통을 통해 결을 만들고 있었다. '혼'과 '창'을 통해 연구참여자의 체육수업을 반성하고 새로운 변화를 위해 노력해야 하는 마음을 간직하였다. 초등학생들이 체육수업에서 무엇을 원하는지, 누구와 모둠이 되기를 원하는지, 학생들에게 나타나는 갈등을 어떻게 해결하고자 하는지 등에 대해 탐색하였다. 특히, 학생들과의 의사소통을 잘하기 위해 좋은 수업의 의미와 변화를 위해 창의적인 학습 환경과 신체활동 프로그램의 구안에 관심을 기울이고 있었다.

위의 모든 내용들은 교사의 '혼'과 '창'을 통해 학생들과의 소통을 추구하는 구체적인 과정이다. '통'은 문자 그대로 서로 통하는 것이다. 무엇을 통하려는 것인가? 그것은 바로 체육의 가치인 '혼'을 통하는 것이다. 다만, '통'을 위해서는 두 가지의 과제가 남아 있다. 하나는 통하기 위해서는 상대를 이해하고 인정하며, 상대방의 말에 귀를 기울여야 한다. 또 하나는 통하기 위해서는 마음을 열고 서로의 차이를 존중할 수 있어야 한다(이지훈, 2010).

> '통'은 모든 사람이 벽돌을 쌓는 진정한 의미(즉 성당을 쌓는 일)를 함께 나누는 일이다. 통은 벽돌을 빨리, 많이, 예쁘게 그리고 다른 성당과 다르게 쌓는 노하우를 함께 나누고 함께 실행하는 일이다. 또한, 서로의 차이를 인정하고 마음을 열어 모두의 행복을 추구하는 일이다. 이렇게 마음과 비전을 함께할 때 일터에는 웃음꽃이 피고, 저마다의 창에 시너지가 더해져 예상치 못한 큰 성취를 이루게 된다(이지훈, 2010, p. 198).

연구참여자는 체육수업에서 학생들과 다양한 전략을 실행하면서 학생들과 친밀감을 형성하고 있었다. 학생들이 무엇을 좋아하고, 싫어하는지, 어떠한 교구를 수업에 활용하는 것이 좋은 지 그리고 학생들이 경험하는 갈등을 어떻게 줄일 수 있는지 등을 고민하였다. 이를 통해 학생들과의 교감이 이루어지면서 학생들과 소통할 수 있었고, 체육교육의 결을 만드는 기반을 형성해나갔다.

## 제5절 반성연구의 시사점을 찾아서

교사의 신념은 '사람을 가르치는 일'로써 학습자 개개인에게 큰 영향을 미치기 때문에 매우 중요하다(고문수, 2012; 전용진 · 김무영, 2011). 특히, 교육은 효과적인 기법만으로는 환원될 수 없는 다양한 가치들이 내재되어 있다. 그렇기 때문에 가르치는 일에서 '도덕적 기예(moral craft)'로서의 인성까지를 포함할 수 있는 도덕적 신념이 필요하다(Fullan & Hargreaves, 1996).

연구참여자는 수업반성을 통해 자신의 수업에 대한 제반 내용들이 잘못 운영되고 있음을 깨닫게 되었다. 그리고 깨달음을 통해 보다 좋은 수업을 지향하기 위해 수업반성의 성장 노력에 관심을 기울여 나갔다. 이러한 반성의 성장 노력들은 신념을 강화하고 자신의 신념을 체육수업에서 실현시킬 구체적인 방법을 찾는 노력으로 나타났다. 이후 수업반성과 신념 형성의 연결망은 수업 정체성으로서의 체육교육에 대한 신념으로서 '혼', '창', '통'을 형성하였다. 연구참여자는 체육수업 반성과 신념의 성장 노력으로 제시한 세 가지 차원이 서로 분리가 아니라, 하나로 통합이 되어야 한다고 생각하였다. 좋은 교사의 특징은 수업에 대한 반성과 신념이 일치되고, 반성과 신념을 연결하는 각각의 체육관련 내용들이 성장을 위한 노력들을 포함하지만 각각의 내용들은 한 개인의 개체 속에서 통합적인 모습으로 추출될 수 있도록 심혈을 기울일 필요가 있다.

교사는 자신의 교육적 수행에 대하여 끊임없이 성찰하는 반성적 실행자(reflective practitioner)가 되어야 한다(김무영, 2010에서 재인용; 전용진 · 김무영, 2011). 교사교육에서 반성이 중요한 아이디어로 등장한 것은 교사를 이론적인 지식의 보유자(container of knowledge)가 아니라 현장에서 스스로 지식을 구성하여 지혜를 발현하는 지식의 사용자(user of knowledge)로 간주되기 때문이다. 교육의 신념이 실행과 상호작용하면서 행동을 유인하지만 실제 경험에 대한 반성이 신념의 변화를 유도하여 교사의 교육적 수행에 교육적 가치를 더하게 된다(Wolcott, 1995). 수업 반성은 체육수업의 실천과정에서 다양한 환경과의 상호작용을 통해 순간적이고, 불규칙적이며, 동시다발적으로 일어난다. 우리가 가지고 있는 수업 반성에 대한 정보는 간접적이다. 이는 반성하는 사람이 이전의 행위들과 비교하여 현재는 무엇을 생각하는지를 파악할 방법이 없기 때문이다(김무영, 2010; Hatton & Smith, 1995). 물론 이 과정을 한마디로 명확히게 구분 짓고 정의하기는 힘들다. 반성을 바라보는 접근 방식은 반성의 기준, 반성의 유형, 반성의 절차, 반성의 단계 등으로 다양하게 이루어질 수 있고, 이를 이해하는 관점도 접근방식에 따라 달라질 수 있기 때문이다(김무영, 2010; Bain, Ballantyne, Packer & Mills, 1999; Hatton & Smith, 1995; Schon, 1983, 1987).

여기서 연구의 참여자는 연구자 자신이다. 교사로서 자신의 체육수업을 반성하고, 수업반성과 신념의 성장 노력을 탐색한 후, 체육수업의 신념 형성을 위한 교사 자신의 정체성 형성에 대한 흐름을 탐색하였다. 하지만 위에서 언급한 것처럼 반성에 대한 관점이 반성의 기준, 반성의 유형, 반성의 절차 그리고 반성의 단계 등 다양한 흐름의 구조를 지닐 수 있기 때문에 추후 연구에서는 이 부분에도 관심을 기울여야 할 것이다.

이 연구는 2000년 3월부터 2012년 8월까지 10여 년 동안 체육수업을 운영한 한 초등교사의 삶을 탐색하기 위해 수업반성일지와 자극회상질문지를 활용하였다. 다만, 현시점에서 과거 10여 년간의 모습을 탐색한 부분이 매우 주관적인 측면을 지니고 있음을 밝힌다. 무엇보다 이 연구는 연구의 목적과 방향에 부합되는 의도성을 가지고 정해진 기간 동안 수집된 자료를 바탕으로 연구를 진행한 한계점을 지니고 있다. 다만, 한 교사가 자신의 체육수업의 삶을 되돌아보고, 미래의 변화를 지향한다는 것은 좋은 체육수업을 위한 방안인 동시에 좋은 교사로서의 변화를 지향하는 만큼 교사의 전문성 향상과 학습자의 역할 모델로서 교육적 가치를 제공할 수 있을 것이다.

이 연구에서 체육교육에 대한 반성과 신념의 형성 과정은 교육을 교육답게 만들고자하는 연구자 자신의 철학이 내포되어 있다. 많은 사람들이 좋은 체육수업을 지향하면서 타인의 사례에서 가치를 탐색하는 경우가 있지만, 이는 보는 관점에 따라서는 한 번 보거나 읽고 넘어가면서 내면화의 과정을 거치기에는 한계점을 지닐 수밖에 없다.

하지만 한 개인의 삶을 반성하고 그 과정에서 경험하는 신념의 형성은 보고 넘어가는 과정을 체득으로 전이시키고 내면화하는 측면을 포함한 것은 교사의 전문성 측면에서 매우 유용한 가치를 지닌다. 전용진 · 김무영(2011)의 연구에서는 '신념의 실천 도구'와 '신념의 방패'를 만들기 위해 반성을 제안하였다. 연구의 결과에서도 신념의 가치를 내면화하기 위해서 자신의 체육수업에 대한 반성이 이루어져야함을 제안하였다. 물론 신념을 갖고 새로운 변화를 추구하기 위해 반성이 필요하듯이 반성이 있을 때, 새로운 신념의 형성이 가능함을 이해할 필요가 있다. 이러한 측면에서 반성과 신념 중 어느 것이 더 먼저 이루어져야할 선 · 후행의 관계라기보다는 동시에 존재하는 통합의 관점으로 보는 것이 타당할 것이다.

교사의 수업 반성과 신념은 수업의 가치를 담보할 수 있는 지향점이다(김무영, 2010; Jones & Turner, 2006; Tabachnik & Zeichner, 1984). 신념이 강한 교사는 흔들림 없는 교육철학을 토대로 좋은 수업을 강구하려고 노력한다. 반면에 신념이 약한 교사는 확고하지 못한 교육철학을 지닐 수 있다는 점에 주목해야 한다(전용진 · 김무영, 2011). 무엇보다 신념이 강한 교사로서 학생교육에 열정을 쏟기 위해서는 예비교사교육에서부터 반성과 신념이 조화를 이루는 가운데 확고한 교육철학을 갖고 체육수업에 임할 수 있도록 해야 한다. 이는 예비교사들이 추후 현장교사로 임용되었을 때, 확고한 교육적 신념을 갖도록 하여 자신의 체육수업에 대한 반성과 사색을 토대로 '속 깊은 현장 교사'로 성장하는 단초가 될 수 있다.

추후 연구에서는 현장교사의 반성과 신념이 사전에 확고한 틀로 자리매김하여 흔들림 없는 교육을 실천할 수 있도록 예비교사교육에서부터 신념과 교직

관을 확립하는 부분에 관심을 기울여야 한다. 예비교사교육기관에서는 예비교사들이 반성과 신념을 형성하는데 도움을 제공하는 체육수업 프로그램의 구안과 신념의 변화 및 유지를 위해 필요한 전제요소들을 도출하는 연구를 진행해야 한다. 반성과 신념의 형성에 관한 논의의 출발점은 '내일'이 아니라 바로 '오늘'이다.

# 제4부

# 스포츠교육의 과제를 말하다

제11장 학교운동부 활성화를 위한 발전에 고민하다

제12장 다문화 가정 학생을 위한 체육수업 활성화 방안을 생각하다

제13장 행복한 삶을 만들기 위한 스포츠교육의 역할과 과제를 조우하다

# 제11장

# 학교운동부 활성화를 위한 발전에 고민하다[1)]

엘리트 스포츠로서의 학교 체육은 학교를 대표하는 소수의 학생선수들을 대상으로 실시되고 있다. 학교운동부는 넓은 의미에서 전문적인 체육활동의 참여를 통하여 운동기량의 습득과 훈련 및 평가의 기회를 제공하고 경쟁과 협동의 기회를 갖는 동시에 애교심과 학교를 통합하는 가치 습득의 기회를 제공한다. 또한, 엘리트 스포츠는 새로운 기술의 개발이나 체육내용의 확대와 이를 통한 체육학습 영역 개발과 같은 내재적인 가치로서도 의미가 있다. 학교운동부는 우수 학생선수자원 공급을 통하여 전문체육의 국제 경기력 향상과 유지에 기여하고 있으며, 우리나라 엘리트 스포츠의 근간으로 평가되고 있다(권순용, 2010).

지금까지 국제대회 성적만을 놓고 보면 학교운동부는 한국 스포츠의 입장에서 마르지 않는 샘과 같은 역할을 해 왔으며 선수를 발굴하여 훈련시키고 다시 상급학교로 진학시키는 과정 속에서 우수한 학생선수를 키워오면서 국가와 사회에서 필요로 하는 선수를 공급하였다(김무영, 최덕묵, 2007). 학교운동부의

1) 본 글은 『한국초등체육학회지』 제17권 1호(2011)에 게재된 논문을 일부 수정한 것이다.

존재 의미는 교육적 가치, 애교심, 엘리트 스포츠 자원의 충원 등 좁은 의미에 국한되지 않는다. 학교운동부를 통한 스포츠의 발전은 궁극적으로 그것을 관람하는 대중들과 선수들을 동일시하여 체육의 대중화와 생활체육의 확산에도 크게 기여하였다.

엘리트 스포츠는 다양한 종목의 스포츠 대중화에 기여할 뿐만 아니라 국민들의 욕구를 통일된 의도의 공동체로 묶어주는 역할을 한다. 우리나라 선수들이 국제대회에서 탁월한 경기모습을 보여주거나 우수한 성적을 거두게 되면 국가 위상의 제고와 함께 국민들은 국가 공동체의 일원으로서 자긍심과 성취감을 느끼게 된다. 이는 국민의 통합적 정서를 자극하여 공동체 의식을 함양하는데 중요한 역할을 제공한다.

반면, 국가 발전의 총체를 가늠할 수 있는 엘리트 스포츠의 중요성에도 불구하고 그것의 근간이 되는 학교 엘리트 스포츠는 매우 어려운 상황에 처해 있다. 내용적으로는 학생선수의 발굴 단계에서 양성단계에 이르기까지 변화된 시대의 상황에 동떨어져 심각한 갈등을 빚었다(임채홍, 2005). 무엇보다 학생선수를 육성하는 스포츠의 뿌리라 할 수 있는 초등 단계에서의 학생선수 선발에 어려움을 겪으면서 한국의 엘리트 스포츠가 그 뿌리부터 고사의 위기를 맡게 된 것이다. 학생들은 힘들고, 많은 시간을 소비하는 운동을 피하고 있으며, 학부모들의 교육수준과 경제수준이 높아짐에 따라 자녀에게 상급학교 진학을 목적으로 선수생활을 권유하는 경우가 감소하고 있다. 뿐만 아니라 출산율 저하에 따른 한 자녀 가정이 늘어나면서 학부모들은 자녀가 힘든 운동을 하는 것을 원하지 않는 이유도 함께 작용하고 있다. 비인기 종목의 경우, 초등학교에서 학생선수들을 선발하는 일부터 어려움을 겪고 있어 운동부를 유지하는데 심각한 현실적 장애가 있음이 지적되었다(김무영, 최덕묵, 2007).

국내 전문가들은 엘리트 스포츠의 근간인 초등학교 운동부 학생선수의 선발과 육성 구조를 획기적으로 전환하여 운동에 소질이 있는 학생들이 자발적·능동적으로 학생선수의 길을 선택할 수 있는 길을 열어주어야 함을 주장하고 있다(손천택, 2004; 손천택, 최기표, 안상수, 2007; 임태성, 1999; 홍양자, 2000).

만약, 그러한 정책이 마련되지 못한다면, 그간 우리나라 선수들이 각종 국제대회에서 보여준 우수한 경기력을 지속적으로 유지하는데 어려움을 겪을 수밖에 없다(손천택, 2004; 이창섭, 2010). 스포츠클럽을 통해서 우수한 선수를 선발 · 육성할 수 있는 여건이 성숙되지 못한 상황에서 초등학교 학생선수를 충분히 선발하지 못하게 되면 일본이 2001년 골드플랜 계획 이전까지 보여준 국제대회에서의 경기력 급락과 같은 결과를 초래할 수 있다(이대형, 2010).

국가의 형편과 사정에 따라 학생선수를 양성하는 시스템이 다를 뿐, 세계 각국은 각종 스포츠를 통해 학교 체육의 질을 높이고 생활체육의 기초를 마련할 뿐 아니라, 국가의 위상을 제고하기 위해 많은 관심과 노력을 경주하고 있다. 북미 국가들은 자발적으로 참여하는 학교 체육을 통해서 학생선수들을 육성하고 있으며, 서유럽 국가들은 지역사회를 기반으로 하는 스포츠클럽을 중심으로 학생선수들을 육성하고 있고, 동유럽이나 개발도상국들은 학교를 중심으로 국가가 주도하여 선수들을 육성하고 있는 상황이나(이대형, 2010). 그러나 우리나라의 경우, 사회 각 분야가 시대변화에 적응하며 합리적으로 변화하는 반면, 선수의 공급과 육성이라는 측면에서 과거의 형태를 답습하며 변화에 발 빠르게 적응하고 있지 못한 것이 사실이다.

한국 스포츠 정책 및 실천과 관련하여 보다 현실적이면서 객관적인 성찰과 진지한 논의가 반드시 필요한 시점이다. 이러한 논의는 한국 엘리트 스포츠의 원류라 할 수 있는 초등학교 스포츠에서부터 시작되는 것이 바람직하다고 생각된다. 이것은 뿌리가 없이 줄기가 있을 수 없으며 열매 역시 맺을 수 없는 이유에 근거한다.

이 연구는 초등학교 학교운동부 학생선수의 선발과 육성, 훈련환경 등 외형적 측면에서 논의하고자 한다. 특히, 초등 현장에서 직접 학생선수들을 지도하는 실천가의 관점으로 제시되었기 때문에 보다 실증적인 논의가 가능할 것으로 보인다. 궁극적으로 이를 통해 초등학교 학교운동부의 바람직한 변화의 방향을 짐작하고자 하는 것도 이 연구의 중요한 목적이다.

## 제1절 어떻게 연구하였는가?

이 연구는 두 부분으로 나누어 탐색되었다.

첫째, 학교운동부의 현황 탐색을 위해 운동부 학생선수, 운동부 지도교사, 운동부 전용시설, 운동부 재정 등을 살펴보았다.

둘째, 학교운동부의 현황 탐색을 토대로 학교운동부의 활성화 방안을 탐색하였다. 구체적으로 학생선수 선발을 위한 스포츠과학 시스템 구축, 학교 체육 지도자의 전문성 제고, 학교운동부 전담 지도교사제 마련, 학교운동부의 코치 임금의 현실화 및 자질 향상 방안, 학교스포츠클럽과의 네트워크 형성 등을 토대로 학교운동부 활성화 발전 전략을 기술하였다. 학교운동부의 활성화 발전 과제를 탐색하기 위하여 국내·외 선행연구들을 검토하여 분석하고 해석하였다.

## 제2절 학교운동부의 현황을 알아보다

### 1. 운동부 학생선수

학생선수를 양성하는 일반적인 구조로는 피라미드형이 적합하다. 그러나 우리나라 학생선수 육성구조를 보면 밑이 좁은 항아리형의 구조로 이루어졌다(손천택, 2004). 이러다보니 학교를 중심으로 선수를 육성하는 과정에서 초등학교 선수들에 비해 중학교나 고등학교 선수들의 숫자가 더 많은 특징을 지닌다.

초등학교 수준에서 운동 잠재력이 있는 선수들을 충분히 선발하지 못하고 있으며, 그로 인해 중·고등학교 선수육성이 제대로 이루어지지 않고 있는 현실이다. 국내·외 경기에서 승리를 위해 학생선수들은 단기적 처방 위주의 기술훈련에 집중하고, 지도자의 입장에서는 선수를 혹사시키는 이유가 되기도 한다.

궁극적으로 몇몇 우수한 선수를 제외하고는 선수 대부분이 부상과 기초체력 저하 등을 이유로 경기력이 점진적으로 발전하지 못하고 중도 탈락하게 된다. 이러한 선수육성 구조의 문제를 근본적으로 해결하기 위해서는 초등학교에서 운동 잠재력이 있는 학생선수들을 충분히 선발할 수 있는 방안을 강구해야 한다.

## 2. 운동부 지도교사

운동부 지도교사는 학생선수를 선발하고 육성하는 과정에서 코치의 역할 못지않게 중요하다. 시합시즌이 되면 지도교사는 수업을 뒷전으로 하고 경기장에 나가봐야 하며 그로 인하여 역할갈등의 문제에 부딪힌다. 운동부 활동에 적극적인 지도교사의 경우 시합대비 훈련에 자주 참여하며, 그로인한 피로의 누적으로 수업과 가정생활에 적지 않은 영향을 받기도 한다. 초등학교 선수들이 연중 참여하는 대회는 대개 4~6회 정도이고, 이 가운데 2~3회는 지방대회이고, 나머지는 전국규모 대회이다(강신욱, 2003; 손천택, 2004).

한편, 운동부 지도교사들은 학생의 선발과 지도에 뚜렷한 목적보다는 학교의 사정에 따라 운동부를 맡게 되는 경우가 많다. 또한, 이들이 시합에 나갈 경우에는 다른 교사들이 운동부 지도교사의 공백을 메우기 위해 해당 교과수업을 진행해야 하기 때문에 교사들 간 갈등의 원인이 되고 있다(고문수, 2010b).

## 3. 운동부에 대한 주변의 인식

학교 현장에서 학생들을 지도하다 보면 스포츠에 대한 잠재력과 뛰어난 재능을 가진 학생들을 만나게 된다. 학교운동부를 맡고 있는 지도자로서 학생의 부모님과 운동에 관련된 상담에서 가장 힘든 점은 비인기 종목에 대한 불신감과 학생 장래에 대한 불안감, 즉 대학 진학 문제, 직업 및 경제력 문제 등이 있다.

현재 우리의 사회가 물질만능주의로 흘러가다 보니 부모들도 학생이 체육에 대한 탁월한 영재성을 지녔어도 운동에 대한 잘못된 편견과 선입관으로 인해 전문적인 운동을 권유하면 찬성하는 경우가 거의 없다. 이처럼 현장에서 잠재력과 재능을 가진 학생들을 선수로 발굴 · 육성하는데 많은 제한점을 지니게 된다. 이러한 부분을 해소하기 위해서는 지도자에 대한 처우 개선과 운동선수들의 직업적 가치를 높이고, 운동선수들의 진로에 관한 전망을 밝게 한다면 운동부와 운동에 대한 부모님들의 부정적 인식이 현재보다는 많이 개선되어 선수를 발굴하는 과정에서 어려움이 줄어들 것이다.

## 4. 운동부의 전용시설

학생선수들이 주체라면 시설은 활동을 가능하게 하는 객체로서 운동부 운영의 필수적 요소이다. 그러나 최근 시설 설비 기준이 완화되면서 체육교육과정의 정상적인 운영이 어려운 정도의 체육시설을 갖춘 학교들이 많이 생겨나고 있다. 학교 체육시설이 열악한 상황에서 학생선수들을 위한 별도의 스포츠시설을 마련하는 것이 쉽지 않은 현실이다. 이러한 현실에서 학교가 채택할 수 있는 대안은 외부시설을 대여하거나 원거리 유휴시설을 임차하는 것이다. 원거리 시설의 사용허가를 얻어낸다고 할지라도 이동수단을 구하는 것이 쉽지 않을 뿐만 아니라, 이동에 많은 시간이 걸리므로 이용에 여러 가지 불편이 따르고 있다.

인기종목과 비인기종목간의 차별은 시설확보에서도 나타난다. 대개 인기종목은 비인기종목에 비해 예산이 우선 배정되어 자체 시설을 확보하는데 유리할 뿐만 아니라, 주변시설의 사용이 용이한 반면 비인기종목은 학교 스스로 시설을 갖추지 않으면 훈련에 제한을 받을 수밖에 없다. 또한, 전국소년체육대회와 같은 큰 대회에서 성적을 내는 종목과 그렇지 않은 종목에 대해서는 시도교육청이 예산을 차등 배정하고 있다. 그 결과, 성적을 내지 못하는 종목은 열악한 재정여건으로 인해 패배의 늪에서 헤어나는 것이 사실상 불가능한 상황이다. 각 스포츠 종목의 육성목적이나 훈련여건을 신중하게 고려하여 예산을 균형 있게 배정해야한다. 하지만 종목이나 성적 위주로 예산을 편중 배정하고 있어 훈련환경은 더욱 악화되는 실정이다.

## 5. 운동부의 재정

운동부의 육성과 관련하여 필수적으로 대두되는 것이 재정의 문제이다(채재성, 2004). 운동부는 일반 학생에 비해 소수의 학생들이 참여하는 활동이다. 그럼에도 불구하고 학교 체육에 배정된 예산의 많은 부분을 운동부 육성에 사용하고 있다. 학교운동부의 국가사회적 역할이나 기능을 제대로 알지 못하는 교사들이 제기하는 예산편중의 문제가 여전히 해결되지 않고 있는 상황이다. 운동부에 학교 운영비의 상당부분을 지출하고 있지만 여전히 부족한 예산과 그로 인해 일반 학생들이 감수할 수밖에 없는 불이익과 관련하여 운동부 지도교사, 관리자, 교육청 간에 적지 않은 갈등이 발생하게 된다(고문수, 2010b).

체육활동에 필요한 교구 구입 예산을 운동부 예산으로 배정하는 과정에서 예산 배정의 우선순위와 관련하여 관리자, 일반교사, 운동부 지도교사 간의 신경전이 적지 않게 벌어지고 있다. 심한 경우 운동부 폐지문제가 제기되기도 한다. 운동부 지도교사의 입장에서는 열악한 훈련 여건을 개선하여 성적을 낼 목적으로 적극적인 예산지원을 요청할 수밖에 없으나 한정된 예산으로 운동부뿐만 아니라 다른 교육활동에도 지원해야 하는 관리자의 입장도 이해가 되는 상황에서 운동부 육성에 필요한 예산을 둘러싸고 구성원들 간 신경전이 끊이지를 않는다(이대형, 2010).

결국 학교예산으로 충당되지 않는 부분은 선수 본인의 학부모 부담으로 남게 된다. 운동부 육성에 필요한 예산을 학부모에게 부담하게 하는 것 역시 그렇게 간단한 문제가 아니다. 선진국의 경우처럼 학생들이 자발적으로 참여하고 학부모들이 즐겁게 수용하는 상황이 아닌데다 선수생활을 하는 학부모들의 경제수준이 대체로 일반 학부모들에 비해 높지 않기 때문에 운동부 지원금을 마련하는 과정에서 마찰이 적지 않게 발생한다. 학교에서 지원하는 예산이 부족하고 학부모들이 부족분을 충당하지 못하면 훈련기간을 단축하거나 대회출전 횟수를 줄이는 결과를 가져와 경기력 저하를 초래하는 경우도 있다.

체육정책 지정종목의 육성에서는 교육지원청과 학교관리자 간의 책임 회

피성 갈등이 자주 발생한다. 운동부 지도교사 간의 갈등으로도 나타난다. 학교 관리자는 정책종목을 지정한 교육지원청이 예산에 대하여 책임져야한다고 주장하는 반면, 교육지원청에서는 예산부족을 이유로 학교나 학부모들이 예산의 일부를 부담해 줄 것을 요청하고 있다. 이런 상황에서 지도교사와 교육청간 그리고 지도교사와 관리자간의 예산책임 논쟁으로 갈등이 발생한다(고문수, 2010b).

## 제3절 학교운동부의 활성화 방안은 무엇인가?

초등학교 학교운동부의 현황을 살펴본 결과, 잠재력 있는 학생선수를 선발하지 못하는 어려움, 운동부 지도교사의 갈등, 운동부에 대한 낮은 인식, 운동부 전용시설의 부재, 운동부의 재정 부족 등으로 좋은 훈련여건에서 효율적인 지도가 이루어지지 않고 있었다. 이에 학교운동부의 현황을 토대로 학교운동부의 활성화를 위한 발전 과제를 학생선수 선발 방식의 개선과 스포츠과학 시스템의 도입, 체육지도자의 전문성 확보 및 전담교사제, 코치 임금의 현실화 및 자질향상, 스포츠클럽과의 네트워크 구축 그리고 안정적 재정확보와 시설 인프라 구축 등의 차원으로 나누어 논의하고자 한다.

### 1. 선발 방식의 개선과 스포츠과학 시스템 도입

스포츠 선진국에서는 학교 체육이나 스포츠클럽을 통해 다양한 운동경험을 하는 가운데 운동 잠재력이 있는 학생들이 선수로 선발되므로 학업과 운동을 병행해 나가는데 큰 문제가 없다. 그러나 우리나라의 경우는 학생선수로 선발되면 수업보다는 훈련과 시합에 우선적으로 참여해야 하는 현실에서 학생이 아닌 선수로서의 역할이 강조된다(고문수, 2010a). 이러한 운영 시스템에 부정적 시각을 갖고 있는 학부모들은 자녀들이 학생선수가 되는 것을 허락하지 않고 있으며 이것이 운동 잠재력이 있는 학생들이 학생선수로 육성되지 못하는 주원인이 되었다(이동우, 2005).

특히, 비인기 종목들은 최소한의 선수조차 확보하지 못하고 있다. 이는 상급 학교의 팀이 많지 않고 프로팀이 없어서 장래가 보장되지 않기 때문인 것으로 사료된다. 이의 해결 방안으로는 유사한 성격의 종목을 통합하여 선수들을 선발하고, 상급 학교로 진학하는 시기에 자신에게 적합한 스포츠 종목을 선택하도록 하는 방안을 강구할 수 있다(이대형, 2010).

독일에서 올림픽 메달을 획득한 선수들을 대상으로 처음 운동을 시작한 종목을 조사한 결과, 약 70%가 메달을 획득한 종목과 상이하였는데, 이는 운동선수의 종목 전환이 활발하고 자신의 경기력을 최대한 발휘할 수 있는 종목으로의 전환이 의미가 있음을 시사 하는 증거이다(고문수, 2010b). 하지만 우리 현실을 고려해볼 때, 어려움이 많아 보인다. 이에 현실적인 대응방안으로 학생선수를 선발하기 위해서는 각 시도에 설립된 체육관련 중 · 고등학교에서 비인기 종목을 집중적으로 육성하는 방안을 시도교육청에서 추진한다면 실효성을 거둘 수 있을 것이다(이동우, 2005).

또한, 학교운동부 학생선수 선발은 스포츠과학 시스템의 구축으로 학생선수들을 선발해나가야만 중도에 탈락하는 학생선수들이 줄어들게 되고 자신이 종목에 몰입하여 운동을 지속해나갈 수 있게 된다. 현행 초등학교시기에 학교운동부 학생선수를 발굴하는 시스템은 과학적인 기준에 의한 선발보다는 코치의 추천이나 감독의 판단에 의한 발굴에 의존하고 있다.

학생선수의 발굴은 눈에 보이는 경기 기능보다는 유전적 · 환경적 · 심리적인 요인이 복합적으로 반영되고 있음을 간과해서는 안 된다. 스포츠 선진국이 우수선수 조기발굴을 위한 스포츠 경쟁력 강화를 목표로 과학적 선수 발굴 시스템을 확보하는데 많은 노력을 기울이는 부분에 주목할 필요가 있다. 다음에 제시된 2010년 광저우 아시안 게임의 사격 국가대표 선수들의 사례는 학생선수 선발과 스포츠과학 시스템의 구축의 결과가 얼마나 중요한지를 시사 하는 측면이다.

> 대한민국 사격 대표팀이 2010 광저우 아시안게임 대회 초반 '릴레이 금메달'을 따내며 화려하게 출발했다. 한국 대표 팀은 대회 첫날인 11월 13일 남자 50m 권총 단체전 우승을 시작으로 이틀째인 14일에는 남자와 여자 10m 공기권총에서 단체전, 개인전에 걸린 4개의 금메달을 휩쓸며 사격에서만 5개째 금메달을 따냈다. 대회 시작 이틀 만에 금메달 5개와 은메달 1개, 동메달 2개를 확보한 한국 대표팀의 활약 뒤에는 '아낌없는 투자'가 있었다. "내심 금메달 10개를 목표로 하였다"는 변경수 사격 대표팀 감독은 "작년부터 중국을 넘기 위해 스포츠과학연구소의 박사들과 심리교육을 실시했고, 체육회의 아낌없는 지원 덕에 따뜻한 곳에서 훈련도 많이 했다."고 언급하였다. "출발부터 순조롭게 나가고 있다."고 자평한 변 감독은 "남은 종목에서도 자신 있게 경기를 해서 금메달 10개의 벽을 넘겠다."는 포부를 밝혔다. 〈미디어 다음의 내용 중에서, 2010.11.14〉

우수한 학생선수를 선발하기 위해서는 현재의 경기 실적을 위한 방안의 마련보다는 먼 미래의 엘리트 체육의 국가사회적 역할을 중요하게 인식하는 방안과 학생선수 선발에 대한 안목을 형성할 수 있는 체계적인 지원 프로그램들이 마련되어야 한다. '구슬이 서 말이라도 꿰어야 보배다.'라는 말이 있다. 이는 초등학교에서부터 우수한 학생선수들을 선발하여 중도에 포기하지 않고, 선수로 발돋움하는 터전을 마련해야 하는 중요성을 시사한다.

## 2. 체육지도자의 전문성 확보 및 전담 교사제

학교 체육지도자의 전문성은 학생선수 선발은 물론 학생선수 지도와 관리에 꼭 필요한 요소이다. 현재 초등학교 현실은 학교 체육지도자들이 전문성을 지니고 있다고 보기에는 회의적인 측면이 많다. 초등학교에서 운동부지도자는 체육부장이나 남교사 위주의 편성으로 이루어지고 있다(고문수, 2010a).

무엇보다 초등학교별로 남교사의 비율이 30%미만이라는 점을 감안한다면 학교운동부지도자로 선발되는 경우는 운동을 좋아하거나 운동부 관리에 대한 전문성이 있는 교사를 대상으로 선발한다기보다는 자신의 희망 업무의 배정으로부터 멀어진 교사들에게 전가하는 경우가 종종 있다. 이러한 현실은 학교운동부지도자의 자질과 전문성에 큰 문제를 지니게 된다.

운동부지도자의 전문성이 부족할 경우에는 학부모와의 관계 및 학생들과의 신뢰감(Rapport) 형성에도 부정적인 영향을 미칠 수 있다. 이러한 측면을 고려해볼 때, 운동부지도자들이 전문성의 요소를 갖출 수 있는 방안을 검토해야 한다. 교육대학의 예비교사양성 기관에서 체육교과 전담제를 운영하여 일정 비율의 예비교사들을 체육심화과정 예약제로 선발한 다음, 초등예비교사의 양성과 차별화된 교육을 제공하여 현장에 투입한다면 이들이 감독교사로서의 역할을 지금보다는 훨씬 더 충실히 구현할 수 있을 것이다.

그밖에도 학교 체육지도자의 전문성 제고를 위해 대학 내 엘리트 체육 관련 교육과정을 개설할 필요가 있다. 교육대학에서 운영되는 교육과정의 이론이 주로 내용학 중심으로 구성되어 있다(손천택 · 최환영 · 고문수, 2007). 이에 '엘리트 체육지도법'과 '엘리트 체육의 이해' 등의 전공과목이 신설되어 엘리트 체육에 대한 이해와 운동부지도자로서의 안목을 형성할 수 있도록 해야 한다. 이때, 엘리트 체육과 관련한 전공과목의 개설에 있어서 기능위주의 지도내용 편성보다는 학생선수를 선발하고 육성하는데 필요한 제반 환경에 대한 안목의 형성에 무게를 두어야 한다.

학교운동부지도자의 전문성을 높이기 위해서는 운동부지도자의 양성과 더불어 이들이 학교현장에서 전문성을 발휘할 수 있도록 지원을 해야 한다(Vallee & Bloom, 2005). 현재 초등학교 교사들은 방학을 이용하여 연수나 재교육을 받을 수 있는 기회가 매우 다양하다. 이러한 측면을 고려하여 운동부지도자들이 방학 중에 교육지원청의 지원 하에 전문적인 소양을 배울 수 있는 연수들을 적극 도입해야 한다. 학교운동부의 문제점은 운동의 주체들에 대한 지원방안을 마련하지 않으면서 성과 위주의 결과를 중시하는 풍조들이 만연해있다는 점이다. 과정 없는 결과는 산출될 수 없음을 직시하여 학교운동부지도자들이 전문성을 드러낼 수 있는 구체적인 방안들에 초점이 모아져야 할 때이다.

학교운동부 전담 지도교사제의 도입도 초등학교에서 엘리트 스포츠를 활성화하는데 기여하게 될 것이다. 운동에 대한 이해가 높은 전문가를 채용하는 방식으로 이들이 현장에 들어오면 학교운동부 육성에 많은 도움이 될 수 있다. 이는 1999년에 중등체육 2급 정교사 자격증 소지자를 대상으로 일정한 시험과 연수를 거쳐 초등 체육교과 전담교사로 채용한 사례와 동일한 맥락으로 이해될 수 있다.

다만, 학교운동부 전담 지도교사제는 체육교과를 담당하는 것이 아니라, 학교운동부가 있는 학교에서 교육청과 학교장의 관리 아래 학생선수를 육성하는 전문교사를 의미한다. 학교운동부 전담 지도교사제는 학급 담임교사나 체육부장이 학교운동부를 맡을 경우에 발생할 수 있는 운동부지도에 대한 시행착오를 줄이는 동시에 학급 담임교사들이 본연의 역할에 충실할 수 있도록 교실수업권을 주는 방안이다.

학교운동부를 전담하는 지도교사제의 현실적인 대안으로 초등학교 현장에서 근무하는 스포츠강사의 활용 방안을 검토해볼 수 있다(고문수, 2010c). 스포츠강사는 2008년부터 초등 체육수업의 활성화 방안으로 중등체육 2급 정교사 자격증 소지자, 생활체육지도자 및 경기지도자를 대상으로 선발되었다. 그리고 2011년 3월까지 연차적 증원을 통해 1,500명이 전국의 초등학교에서 스포츠강사로 활동하고 있다(박희근, 2010).

초등학교 스포츠강사 배치(2008년 이후, 교육과학기술부-문화관광체육부 MOU사업)

초등교사의 체육수업 부담 경감 및 체육활동 활성화를 위해 초등학교에 스포츠강사 배치: 825명( '08)→1,000명( '09)→1,300명( '10)→1,500명( '11)→1,800명( '12)→2,000명( '13)→2,200명( '14)→2,500명( '15년)

스포츠강사는 체육수업에서 담임교사와의 팀티칭이나 방과 후 교육활동

지원만이 가능하고, 학교운동부를 육성하지 못하도록 되어 있다(신동영, 2011). 하지만 전국의 많은 초등학교에서 배치된 스포츠 강사가 학교운동부를 지도하고 있는 것이 현실이다. 스포츠강사들은 방학 중에도 근무를 하고 있고, 그 과정에서 학교운동부를 지도하는 학교도 꽤 많이 있다. 이들이 내세우는 어려움 중의 하나는 시도 대회나 전국소년체육대회에서 학생선수들이 입상을 했을 때, 그 실적은 모두 감독교사에게 돌아가고 스포츠강사들은 아무런 혜택을 받지 못한다는 것이다.

> 스포츠강사가 학교운동부를 지도할 수 없도록 되어 있는데, 학교는 방학에도 보수도 없이 학생선수들을 지도하도록 강요합니다. 스포츠강사는 1년 단위로 재계약을 하는데 신학기가 되기 전부터 학교에서는 특정 종목을 육성하는 운동부가 있는데, 그 운동부를 맡아서 지도할 수 있는 스포츠 강사를 배치해달라는 요구하는 겁니다. 교육지원청은 스포츠강사들의 희망하는 학교와 관계없는 곳에 배치하는 경우가 많습니다. 〈이임선 스포츠강사와의 면담 중에서/2010. 11. 15〉

초등학교에서부터 꿈과 희망을 갖고 학생선수로 성장하고픈 학생들을 체계적으로 지도해야 하는 것은 교육자들의 몫이다. 그럼에도 불구하고 지금 당장의 이익만을 생각하고 정해진 규정을 무시한 채, 스포츠강사를 학교운동부지도에 투입하는 것은 문제가 있다(고문수, 2010c; 신동영, 2011). 이에 스포츠강사들에게 학교운동부 전담지도교사의 역할을 제공하는 방안을 생각해볼 수 있다. 다만, 스포츠강사들의 전문성이 학교 현장에 투입되어 학생선수들을 양성하는데 보탬이 되기 위해서는 선행되어야 할 과제들이 남아 있다.

신분 안정이나 보수 문제가 바로 그것이다. 스포츠강사제[2]가 2015년까지 한시적인 정책으로 만들어진 만큼, 해당 전문가들의 논의를 통해 이들의 신분보장

2) 2013년 3월부터 시행되고 있는 학교체육진흥법에는 전국의 모든 초등학교에 스포츠강사를 둘 수 있다는 조항이 새롭게 추가되어 스포츠강사제가 지속화될 가능성이 높다.

과 안정적 보수 확보는 물론 학교운동부 학생선수 육성에 지도자로서 역할을 수행할 수 있는 방안까지 마련될 수 있도록 정부차원의 노력이 있어야 할 것이다.

학교 체육의 활성화와 학교운동부 육성은 밀접한 관계가 있다. 학교 체육을 활성화하기 위해 등장한 스포츠강사들이 학교 체육수업을 지원함과 동시에 학교운동부 육성의 핵심으로 등장하게 된다면 현재 체육부장이나 초등 교사들이 운동부를 지도하면서 학생들의 학업을 등한시하는 부분들은 상당부분 해소될 것이고, 학교운동부 활성화에도 큰 도움이 될 것이다.

## 3. 학교운동부 코치 임금의 현실화 및 자질 함양

학교운동부 학생선수의 선발과 육성의 과정에서 무엇보다 중요한 것은 학교운동부 지도자들의 안정적인 생활보장이다. 그러나 현실은 운동부 코치들이 학생선수들을 지도하는데 여러 가지 환경적인 어려움에 처해있다는 것이다. 학교운동부를 맡고 있는 코치들의 평균 임금은 도시근로자의 월평균 소득에도 못 미치는 수준일 뿐만 아니라 전임코치의 계약기간이 1년 이내이며, 재임용 여부가 경기실적에 좌우되고 있어 고용불안이 심화되고 있는 상황이다(신동영, 2011).

운동부 지도자는「기간제 및 단시간근로자 보호 등에 관한 법률」제4조 제1항 7호에 따라 무기계약(정규직) 전환대상 예외로 분류되어 있다. 이에 코치관리규정 등 관련 규정 개정으로 계약기간을 유연하게 하는 등 고용안정을 위한 개선방안의 마련이 시급하다. 학교운동부 육성의 출발점인 초등학교에서 학생

〈표 11-1〉 시 · 도교육청별 코치관리규정의 계약기간 명시 현황

| | 서울 | 부산 | 대구 | 인천 | 광주 | 대전 | 울산 | 경기 | 강원 | 충북 | 충남 | 전북 | 전남 | 경북 | 경남 | 제주 |
|---|---|---|---|---|---|---|---|---|---|---|---|---|---|---|---|---|
| 1년 단위 | ○ | ○ | ○ | ○ | ○ | ○ | ○ | ○ | ○ | ○ | ○ | ○ | ○ | ○ | ○ | ○ |
| 등급제 | | ○ (2등급) | | | | ○ (3등급) | | | ○ (3등급) | | | | | | | |

※ 2009년 등급별 보수액(강원): 1등급(월 160만원), 2등급(월 150만원), 3등급(월 140만원)
자료: 교육과학기술부(2009). 선진형 학교운동부 운영시스템 구축 계획(안).

〈표 11-2〉 일반코치의 월급여액, 재원, 계약기간(특수학교 제외)

| 급별 | 일반코치 | | | | | | | | | | | | | |
|---|---|---|---|---|---|---|---|---|---|---|---|---|---|---|
| | 인원수 | 월급여액(만원) | | | | | 월 급여 재원 | | | | 계약기간(년) | | | |
| | | ~99 | 100~149 | 150~199 | 200~ | 계 | 학교 예산 | 학부모 후원 | 기타 | 계 | 1년 미만 | 1~2년 미만 | 2년 이상 | 계 |
| 초 | 439 | 146 | 173 | 92 | 28 | 439 | 88 | 199 | 142 | 439 | 146 | 227 | 56 | 439 |
| 중 | 464 | 88 | 157 | 134 | 85 | 464 | 82 | 268 | 124 | 464 | 147 | 205 | 122 | 464 |
| 고 | 603 | 69 | 216 | 138 | 189 | 603 | 135 | 262 | 186 | 603 | 214 | 227 | 162 | 603 |
| 계 | 1,506 | 303 | 546 | 364 | 302 | 1,506 | 305 | 729 | 452 | 1,506 | 507 | 659 | 340 | 1,506 |
| (%) | | (20.1) | (36.3) | (24.2) | (20.1) | | (20.3) | (48.4) | (30.0) | | (33.7) | (43.8) | (22.6) | |

자료: 교육과학기술부(2009). 선진형 학교운동부 운영시스템 구축 계획(안).

선수를 육성하는 코치들의 경제적, 신분적 안정성을 확보하는 일은 초등학교 학교운동부 육성은 물론 한국 체육의 초석을 다지는 일이다(이동우, 2005). 이는 코치들이 신분보장을 받기 위해 승리 지상주의에 빠지지 않고 체계적이면서 과학적으로 학생선수들을 지도할 수 있는 시발점이 된다. 교사들에게 연수가 제공되는 것과 같이 코치들에게도 정부나 교육청 차원에서 코칭스쿨을 마련하여 학교운동부 육성에 대한 안목을 향상시킬 수 있는 방안이 제공되어야 한다.

학교현장의 코치들이 스포츠의 교육적 가치를 실천하고 전문 지식과 기능을 위한 기법적 자질과 내적 성숙을 위한 심법적 자질을 갖춘 이상적 코치로 성장할 수 있는 교육이 필요하다(김선희, 2009; 최의창, 2007, 2010). 운동부 코치들이 코칭중심의 코칭에서 학생중심의 코칭으로 전환할 수 있도록 코칭철학과 코칭윤리를 강화해야 한다(Galipeau & Trudel, 2006).

학교운동부의 성과는 학생선수를 지도하는 운동부 코치들의 직접적인 지도를 통해서 나타난다. 학생선수들을 직접 가르치는 사람은 코치들이므로 기회가 있을 때마다 이들에게 계속적으로 재교육을 실시하여 학생선수들을 바르게 이끌어갈 수 있는 자질을 함양해주어야 한다. 초등학교 학생선수의 육성을 최전선에서 담당하는 초등학교 코치들의 자질을 향상하는 것은 초등학교 엘리트 체육은 물론 한국 엘리트 체육의 초석을 다지는 계기가 될 것이다.

대부분 코치들이 교육지원청에 소속되거나 학교의 후원금으로 보수를 받고 있어서 그들의 코칭능력의 개발에 관심을 갖는 주체가 없어 자기계발에 소홀히 하는 경향이 있다. 따라서 비시즌 동안 초등학교 코치들이 코치아카데미나 기타 교육기관에서 해당 지도종목에 대해 일정기간의 교육을 의무적으로 받도록 하여 코치로서의 자질을 높일 수 있도록 지원해야 한다.

한편, 초등학교 코치는 학생선수를 가르치는 지도자이므로 선수들이 '참 좋은 체육인'(최의창, 2010) 또는 심동적 · 인지적 · 정서적으로 통합된 인간으로 성장할 수 있도록 가르쳐야 한다(Anderson, 2001, 2002; Feezell, 2004). 코치는 스포츠의 사회문화적 가치를 중요하게 인식하고 직접 가르치거나 지도과정을 통해서 자연스럽게 학생선수들에게 스며들도록 해야 한다. 해당 스포츠 종목별로 코치 아카데미가 상설 운영된다면 코치들이 정기적인 지도자교육을 통해 초등학교 엘리트 체육의 기반을 공고히 하게 될 것이다.

## 4. 학교스포츠클럽과의 네트워크 형성

유럽이나 미국 등 스포츠 선진국들은 스포츠클럽 시스템을 이용하여 학생선수들을 육성하고 있는 반면 우리나라는 학교를 중심으로 학생선수를 육성하고 있다. 이 과정에서 우리는 학업을 뒷전으로 놓고 운동에만 전념하고 있는 반면, 외국의 경우에는 학업과 운동을 병행해나가고 있다. 만약, 우수한 학생선수라도 정상적인 학교생활을 하지 않으면 선수생활은 물론 상급학교의 진학에도 어려움이 있을 수 있다.

운동부 육성 방안으로 지역 스포츠클럽과 네트워크를 구축하여 방과 후 학교프로그램이나 학생들이 지역 동호인과 함께 운동하는 가운데 우수한 학생선수들을 발굴하는 방안을 고려해야 한다(고문수, 2010; 김승재, 2010; 손천택, 2004; 이대형, 2010). 다만, 우리의 교육 현실을 감안한다면 아직은 어려움이 제기될 수도 있다. 학생선수들의 치열한 입시 경쟁과 상급학교 진학을 준비하는 교육환경 속에서 스포츠클럽이나 방과 후 교육활동을 통해서 학교운동부 학생선수 자원을 확보한다는 것은 현실적으로 어렵기 때문이다.

만약, 학교운동부 학생선수를 스포츠클럽에서 양성하는 것이 어렵다면, 학생들로 하여금 체육의 중요성과 운동의 가치를 알 수 있도록 학생들이 좋아하는 운동, 한두 종목을 선정하여 꾸준히 참여할 수 있는 뒷받침을 제공할 때, 학생선수 자원의 마련이 쉽게 이루어질 수 있을 것이다. 또한, 1년에 한두 번 각시도별로 스포츠 체전을 통해 스포츠 활동에 참여할 수 있는 동인의 지속성을 제공만 한다면 스포츠의 중요성에 대한 인식의 형성은 물론 스포츠문화를 생활 속에서 실현하는 계기가 될 수 있다. 체육교육의 관계자들은 학교운동부 학생선수의 자원은 학교 체육을 강화할 때 서서히 만들어진다는 굳은 신념을 잊지 말아야 한다.

## 5. 안정적 재정 확보와 시설 인프라 구축

학교운동부 학생선수를 선발하고 육성하는 부분에서 재정 확보가 무엇보다 우선시 된다. 학교 체육이 재정을 안정적으로 확보하여 지속적인 발전을 거듭하기 위해 엘리트 체육 관련 단체들이 학교운동부에 대한 재정적 지원을 지금보다 훨씬 더 적극적으로 해야 한다. 학교운동부 육성에 필요한 예산은 관할 교육지원청에서 부담하고 있으나 지방자치단체로부터 체육예산을 배정받아서 학교 엘리트 체육으로 편성하는 방안이 적극 검토되어야 한다. 축구, 농구, 야구처럼 프로팀이 구성되어 있는 종목의 경우에는 프로팀과 학교 급별 팀 간에 지원협약을 체결하여 팀 운영에 필요한 재원을 확보하는 방안을 강구해 나갈 때 학생선수의 양성에 도움이 될 수 있다.

또한, 학교운동부 학생선수를 육성하는데 필요한 시설들이 제대로 갖추어져 있을 때, 학생선수들은 자신의 기량을 다할 수 있을 것이다. 지역사회의 공공시설, 기업체나 민간단체의 보유시설과 학교 체육 시설간의 시설지원 협약을 체결하고, 운동시간을 조절하여 공동으로 사용하는 방안이 적극적으로 모색된다면 훈련장소가 없어서 배회하는 일은 생기지 않을 것이다.

하지만, 학교 체육환경과 문화수준에 따라서 이용하기 힘든 곳이 많기 때문에 학교 내 체육시설을 확보하는 것이 중요하다. 학생선수들의 기량은 시설의 환경에 따라서도 매우 다르게 나타난다. 운동할 수 있는 시설이 존재하는 것으로 만족하는 것이 아니라, 운동할 수 있는 최적의 시설 마련으로 훈련의 효과를 극대화할 수 있어야 한다.

2010년 광저우아시안게임에서 국내 사격선수들의 금빛 사냥은 국민들의 정서를 맑게 해 주었다. 이는 국민들의 정서뿐만 아니라, 우리 대한민국을 세계에 알리는 시발점의 역할을 하였다. 그러나 우리 국가대표 사격선수들의 열악한 시설환경을 이해한다면 우리 스스로도 반성하게 될 것이다. 대한민국 선수들의 승전보를 전하던 아나운서와의 면담에서 국가대표 사격 변경수 감독은 태릉선수촌에서 사격을 연습할 수 있는 공간이 폐쇄되는 바람에 지방에서 수개월 동안 여관방을 전전하면서 훈련을 해왔다고 하였다. 심지어 국가대표의 환경이 이러한데 학교운동부 양성의 요람인 초등학교의 시설 또한 미루어 짐작이 가능하다.

운동할 수 있는 장소의 위치와 안전성도 중요하다. 인천의 K초등학교는 정책종목으로 양궁을 육성하는데, 감독교사는 "시설 인프라 방안으로 구청 선수들이 사용하는 장소를 이용하지만 거리가 멀고, 산언덕을 오르내려야 하기 때문에 학부모들은 학생선수들의 안전관리에 신경을 곤두세우고 있다."는 것이다. 이는 시설인프라의 구축 앞에 학생선수들의 안전에 대한 배려가 또 하나의 장애로 등장한 사례이다.

이 연구는 학교운동부의 현황을 바탕으로 학교운동부를 활성화하는데 도움을 제공하여 초등학교 학교운동부가 한국 스포츠 전반에 보다 적극적으로 기여하기 위해서 첫째, 학생선수 선발 방식의 개선과 스포츠과학 시스템의 도입, 둘째, 체육지도자의 전문성 확보 및 전담교사제 마련, 셋째, 코치 임금의 현실화 및 자질향상, 넷째, 스포츠클럽과의 네트워크 구축, 다섯째, 안정적 재정확보와 시설 인프라 구축 등 다섯 가지 차원에서 세부적인 실천의 아이디어를 제시하였다.

얼마 전 국민체육진흥공단의 '더 나은 스포츠 환경을 위하여'라는 공익광고는 다음과 같은 인상적인 내용으로 시작한다.

2009년 초등학교 야구팀 수 -1000(일본):99(한국)
2009년 남자 실업 핸드볼 팀 수 -3001(독일):5(한국)
2009년 국제 규격 아이스링크 수 -2007(미국):17(한국)
2009년 등록 축구클럽 수 -16,697(이탈리아):100(한국)

이 광고 문구는 우리나라 선수들의 탁월성에 감탄과 찬사를 저절로 낳게 한다. 당시 국내 축구에 대한 무관심 속에서 일궈낸 한 · 일 월드컵의 '기적'적인 4강과 남아공 월드컵 사상 첫 원정 16강, 불과 5명의 국가대표로 구성된 스키점프선수들의 '기적'적인 선전, 변변한 아이스링크도 없이 일궈낸 '기적' 적인 김연아 선수의 성공, 몇 개 팀이나 있는지 잘 알려지지도 않은 여자 축구팀의 '기적' 적인 월드컵 우승, 수십만의 펜싱 동호회가 활동한다는 유럽에 낯선 한국 펜싱의 '기적' 적인 메달, 여자 핸드볼 대표 팀의 '기적'적인 선전, 양궁과 역도, 스케이팅에서의 '기적'적인 메달 획득과 감동적인 승리의 소식이 그것이다. 사실 우리나라 선수들의 활약상에는 여기저기 '기적'들이 만들어지고 있다. 이처럼 광고에서 숫자가 말하는 객관적인 환경의 열악함과 눈부신 성적 사이의 괴리를 설명하는 단어는 '기적' 말고는 달리 찾을 수 없다고 볼 수 있다.

그간 국가와 사회는 학생선수를 양성하는 스포츠 영역에서만큼은 선수 개개인은 물론이고 그를 둘러싸고 있는 많은 관련자들에게 큰 빚을 지고 있음을 부인하기 어렵다. 물론 관련자들이란 학부모, 코치, 감독, 지도교사 들을 의미한다. 이들의 고행(苦行)에 가까운 노력과 헌신을 통해 얻은 승리를 국가와 사회는 너무 쉽게 공유하려 한다는 비판에서 자유로울 수 없다. 물론 그 고행은 초등학교 학생선수를 육성하는 스포츠에서부터 시작된다.

국가와 사회는 국위 선양, 국익 창출, 국민 통합 및 관련 산업의 부흥 등을 학생선수를 양성하는 스포츠 존재 이유로 부각시키고 있으며 크고 작은 대회에서 선전하는 학생선수들에 대한 기대와 의존도는 더욱 커져만 간다. 선수 개인은 이에 더해 자신의 영달과 명예를 위해 노력한다. 그리고 선수들은 국제경기에서 메달을 획득하면 예외 없이 국가와 국민에게 감사의 말씀을 올린다.

하지만 언제까지나 선수와 학부모, 지도자의 개인적인 노력에만 의존하면서 선수들의 겸연쩍은 공치사를 듣는 불편함을 감수할 것이며, 언제까지 우수선수 양성을 위한 스포츠에 대한 제도의 무관심을 '기적'이라는 단어로 지속할 것인지에 관해 자문할 필요가 있다. 그동안 선수들이 일군 '기적'을 통해 얻은 수많은 유·무형의 이익은 단순히 양적으로 환원하기 어렵다. 이렇게 얻은 공적 이익을 학생 선수를 선발하고 육성하는데 재투자할 시기가 온 것이다. 학생 스포츠를 지원하고 육성하는 목적이 우수선수를 키워 가시적인 목적을 달성하는 것이 아니라 학생들의 스포츠 참여를 통해 보다 나은 삶을 위한 초석에 두어야 함은 재론할 여지가 없다. 평생 스포츠의 기초를 제공하는 초등 체육의 발전과 중등 체육교육의 발전, 나아가 생활체육과 학생선수를 양성하는 스포츠의 동반 성장을 위한 다양한 논의를 기대해 본다.

# 제12장

# 다문화 가정 학생을 위한 체육수업 활성화 방안을 생각하다[1)]

일반 학생들뿐만 아니라 다문화 가정의 학생들도 학교에서 학습하는 교과목을 통해 많은 영향을 받는다(고문수, 2012; 김미숙, 2005; 김정원, 2006; 김정원 · 이혜영 · 배은주 · 허창수, 2005; 배은주, 2006; 조영달 · 윤희원 · 박상철, 2006). 다문화 가정 학생들의 학교생활 적응 양상을 보면, 일반 학생들과 달리 한국의 생활문화에 낯설기 때문에 상대적인 어려움을 겪는 것으로 나타났다. 여기에서는 출신국가, 한국 체류 기간, 부모의 한국어 능력, 한국사회로 온 시기 그리고 부모의 사회경제적 배경 등 다양한 변수들이 작용하고 있었다. 이러한 측면에서 다문화 가정 학생들의 적응 양상을 고려한 통합적인 적응 방안을 모색할 필요가 있다(오은순 등, 2007).

유럽의 다문화교육은 다문화교육이 시작된 이래 각국의 다문화 유입 양상에 따라 많은 시행착오를 경험하였다. 초기에는 교육적인 효과나 건전성 그리고 교육체제 내에서의 관리 가능성 등을 주의 깊게 고려하지 못하였다. 다문화교육

1) 이 글은 한국연구재단의 시간강사연구지원사업 지원(2011)을 받아 이루어진 연구로 『한국스포츠교육학회지』 제20권 4호(2013)에 실린 것을 부분적으로 수정한 것이다.

의 목표는 소수집단이 자신의 전통을 포기하고 주류 사회나 문화에 흡수되거나 혼합되기를 기대하는 것이다. 이는 문화적 동화주의 정책으로 일컬어진다. 이후 학자들의 심층적인 연구와 실천가들의 노력을 통해 다양한 관점에서의 접근, 소수집단 우선, 소수집단과 일반 학생을 대상으로 하는 교육 그리고 교과 및 범교과적 접근이 강조되었다(Bennett, 2007; Coelho, 1998; Salili & Hoosain, 2001).

국내에서도 다문화교육에 대한 관심이 고조되면서 관련 연구들이 활발히 수행되고 있다(고문수, 2012; 김경숙 · 함정혜 · 김도연 · 주성순, 2009; 김정원 · 이혜영 · 배은주 · 허창수, 2005; 배은주, 2006; 이경숙 · 이경은 · 김종선, 2013; 장인실, 2008; 장인실 · 전경자, 2013; 조영달 · 윤희원 · 박상철, 2006; 조용태, 2006). 학교 교육 현장에서는 다문화 연구학교를 운영하는 계기가 되었다. 또한, 정부에서는 국가수준의 다문화교육센터를 지정하여 운영하였고, 다문화 연구기관들이 협동연구를 수행함으로써 체계적이고 장기적인 정책지원을 시도하기 시작하였다. 한국교육과정평가원의 국가수준 교육과정의 개정 연구에서도 다양성 존중의 관점을 포함하는 교육과정을 지향하면서 각 교과별로 다문화교육 관련 내용을 포함하였다. 2007 개정 교육과정에서는 다문화교육을 국가 · 사회적 요구로 인식하여 교육과정 총론과 재량활동에서 다문화교육의 방침을 구체적으로 제시한 바 있다(고문수 · 최덕묵, 2009).

유럽에서는 세계 스포츠 문화 축제를 정기적으로 개최함으로써 각 나라 고유의 스포츠 놀이를 공연하고 함께 체험함으로써 상호 문화를 이해하는 프로그램을 실천하고 있다. 이중 학교에서 이루어지는 체육활동은 원만한 대인관계의 형성과 사회 적응력을 높이는데 좋은 수단이 되고 있다(최덕묵 · 고문수, 2009; 권민혁, 2008에서 재인용). 그렇기 때문에 학교 체육에서는 다문화교육에 도움이 되는 체육수업의 구체적인 내용과 방법을 발굴하여 운영해나가야 한다. 예컨대, 학교 체육에서는 학생들의 직 · 간접적인 교수활동과 학습활동을 통합할 수 있는 교육내용을 포함하여 학생들의 경험을 통합적으로 만들어야 한다. 통합성이 가미된 체육수업은 기존에 전개되었던 기능 중심의 교육에서 벗어날 수 있고, 학생들에게 신체활동을 총체적으로 경험하도록 할 것이다. 무엇보다 통합적인 체육은 다문화사회의 학생들에게 심동적 · 인지적 · 정의적인 측면을 통합하여 즐거운 체육수업을 만드는데 도움을 제공할 수 있다. 다문화사회에 필요한 학교 체육수업의 방향을 살펴보면 다음과 같다.

첫째, 문화적 다양성을 인정하는 긍정적인 분위기를 조성해야 한다(고문수 · 김재운, 2012; 고문수 · 최덕묵, 2009). 통합적인 교육은 관심으로부터 등장한다. 관심이 없다면 아무리 통합의 중요성을 간직하고 있더라도 교육적인 방향으로 진행되기 힘들다. '다름'과 '차이'를 인정하는 문화적 다양성을 바탕으로 학생들의 시각과 사고를 확장해야 한다. 학생들에게는 다름과 다양성이 함께 공존하고 있기 때문에 수업의 방향도 교사 일방성에서 학생과의 상호적인 활동을 포함하는 양방향으로 진행되어야 한다.

둘째, 통합적인 학습프로그램을 운영해야 한다. 2007년 개정 체육과 교육과정의 초등학교 4학년 여가활동 영역의 '여가와 전통놀이'에서는 우리의 전통놀이와 외국의 전통놀이가 어우러지는 마당을 마련하였다. 4학년 도전활동 영역에서 제시된 '태권도'와 '씨름'의 내용은 태권도와 씨름을 다른 나라의 민속스포츠와 비교 체험하면서 문화적 다양성을 이해하도록 해야 한다. 이는 국제결혼 및 외국인 노동자의 증가와 북한에서 온 새터민의 유입 등으로 우리 사회를 다문화사회로 급격하게 변화시키고 있는 상황에서 국제적인 이해를 높일 수 있는 방법이다(고문수 · 최덕묵, 2009; 권민혁, 2008에서 재인용).

셋째, 체육수업에서 학습전략과 학습조직을 효율적으로 운영하기 위해서는 협동학습의 구조(STAD, TGT, 직소 등)를 활용해야 한다. 이는 학교현장에서 다양한 갈등을 경험하는 다문화 가정 학생들에게 적합한 수업방법이다(고문수 · 김재운, 2012; 권민혁, 2008). 무엇보다 또래 갈등이 체육수업에서 자주 발생하는 경향이 있다. 갈등은 사회의 촉진을 유도하기도 하지만 지나친 갈등은 사회통합을 저해할 수도 있다. 체육수업에서 발생하는 갈등은 다양한 양상을 띤다. 학생들이 게임수업에서 경험하는 갈등상황은 모둠구성하기, 모둠나누기,

역할수행하기 및 규칙의 적용과정에서 갈등을 경험하는 것으로 나타났다(고문수, 2006). 갈등이 학생들의 활동과 관계를 증대시키기도 하지만 한편으로 심각한 갈등을 야기하여 모둠원들과의 관계를 소원하게 만들 수 있다. 이러한 문제를 줄이기 위해 체육수업에서 학생들의 관계를 통합할 수 있는 통합 체육 프로그램으로 협동학습의 구조를 활용해야 한다.

넷째, 초등학생들이 체육수업에서 심동적 · 인지적 · 정서적으로 통합된 경험을 얻도록 해야 한다. 통합프로그램의 운영은 단순하거나 일방적인 활동으로 진행하기에는 한계가 있다. 학생들이 신체활동 프로그램에 참여하면서 통합적인 이해와 안목을 형성하기 위해서는 다양한 교수 · 학습 방법을 동원해야 한다. 즉 신체활동에서 직 · 간접적인 체험을 포함해야 한다. 학생들을 통합적인 인간으로 만들기 위해서는 스포츠 관람하기, 활동 체험하기, 스포츠 관련 책읽기, 글쓰기, 감상문쓰기 등을 통해 타문화에 접근할 수 있는 기회를 가져야 한다.

그러나 위에서 제시한 것처럼 체육과에서 추구하고자 하는 목표가 학생들의 심동적 · 인지적 · 정서적인 측면에서 조화로운 발달과 수업 속에서 드러나는 갈등을 줄이는 특성(고문수, 2006; 최의창, 2007)을 지니고 있음에도 불구하고, 체육과에서 다문화교육에 대한 관심이 크게 진작되지 못한 아쉬움이 있다. 또한, 다문화 가정의 학생들에게 도움이 되는 통합적인 체육의 방향을 제시하지도 못하였다. 다문화 배경을 가진 학생의 인식은 물론 체육수업을 운영하는 교사와 다문화 가정 학생들의 학부모가 무엇을 원하는지를 깊이 있게 통찰하지 못하면서 학교 현장에서 다문화 배경을 지닌 학생들에게 체육교육에서 무엇을 어떻게 지원할 수 있는가에 대한 관심이 논의의 선상으로 떠오르지 못하였다.

이러한 측면에서 이글의 목적은 초등 체육수업에 대한 다문화 가정 학생과 교사 그리고 학부모의 인식을 토대로 다문화 가정 학생들에게 도움이 되는 다문화 체육수업 활성화 방안을 탐색하는 데 있다.

## 제1절 어떻게 연구하였는가?

이 글에서는 다문화 교육을 위한 체육수업 활성화 방안을 탐색하는데 목적이 있다. 본 연구자는 연구참여자들의 체육수업을 직접 진행하고, 그들의 관점에서 의미를 받아들이고, 그들이 형성하는 사회적 실제를 세밀하게 드러내고자 연구참여자, 자료수집, 자료분석 그리고 연구의 진실성 확보 방안을 제시하였다.

이 연구는 수도권 소재의 Y초등학교로 유치원을 포함하여 43학급으로 구성되어 있다. 3학년부터 6학년까지 각각 7학급으로 구성되어 있고, 모든 학년에 10여명의 다문화 배경을 가진 학생들이 포함되어 있다. 본 연구에서는 다문화 배경을 가진 5학년 10명의 학생 중 4명을 유목적 표집법(Purposive sampling)을 이용하여 선정하였다. 연구에 참여한 4명의 학생은 모두 각기 다른 반 학생들이다. 이들은 각각 한국인 아버지와 인도, 필리핀, 중국 출신 어머니 밑에서 생활하면서 학교생활에 적응하는데 어려움을 겪고 있었다.

"가" 학생은 한국인 아버지와 인도인 어머니 사이에 태어난 국제결혼 가정의 자녀로 학교생활을 착실하게 하는 모범적인 여학생이다. 체육활동에서는 리더 역할을 수행하며 친구관계가 매우 좋다. 신체활동에 적극적으로 참여하고 운동에 소질이 있으며 체육시간을 가장 좋아한다. 연구에 참여한 학부모는 인도인 어머니로 자녀교육에 많은 관심을 기울이면서 학교 행상에 적극적으로 참여하고 있다.

"나" 학생은 한국인 아버지와 필리핀 어머니 사이에 태어난 국제결혼 가정의 자녀이다. 수업시간에 말이 없으나 학급을 위해 봉사하기를 좋아하는 남학생이다. 수업태도는 좋으나 학업성취도가 낮아서 방과 후에 담임교사의 지도를 받고 있다. 체육수업 시간에는 다른 친구들에 비해 운동능력이 부족하여 주변인으로 머문다. 한편, 뉴스포츠 활동에 참여하면서부터 점차적으로 체육활동에 흥미를 갖게 되었다. 체육활동에서 모둠원들과 협동과 참여의 기회를 제공하는 츄크볼과 킨볼 활동에 참여하면서 긍정적으로 바뀌어가고 있다. 연구에는 아버지와 어머니 모두가 참여하였다. 두 분 모두 소극적인 성격을 지니고 있었고, 학교에서 이루어지는 수업활동에 관심이 낮은 편이다.

"다" 학생은 한국인 아버지와 중국인 어머니 사이에 태어난 국제결혼 가정의 자녀이다. 키가 크고 성격이 유순한 여학생이다. 친구들에게 다정다감하나 학업성취도는 그리 높지 않은 편이다. 움직이는 것을 싫어해서 체육시간에 소극적으로 참여하곤 한다. 반면 뉴스포츠 활동이 가미된 체육수업을 경험하고부터 수업활동에 자신감을 갖게 되었다. 연구에 참여한 "다" 학생의 어머니는 자녀교육에 관심이 많다. 맞벌이를 하면서도 학교 행사에는 빠짐없이 참여하면서 자녀의 학교생활에 관심이 많았다.

"라" 학생은 한국인 아버지와 인도인 어머니 사이에 태어난 외국인 근로자 가정의 자녀이다. 학급에서도 교과에 적극적으로 참여하고 글쓰기에 정성을 기울이는 남학생이다. 학급의 친구들과도 잘 어울린다. 친구들과 큰 문제없이 학교생활을 하지만 체육활동을 통해서 친구들과 더 가까워지면서 학교생활에 참여하고 있다. "라" 학생의 학부모 모두가 연구에 참여하였다. 두 분은 모두 동호인 테니스 회원으로 활동하면서 신체활동을 중요하게 생각하였다. 학교교육에서도 다양한 신체활동이 이루어져야한다는 것을 제안하였고, 자녀가 방과 후 스포츠부 활동에서 적극적으로 참여할 수 있도록 지원하고 있었다.

연구 참여교사는 연구에 참여한 학생들의 체육전담교사이면서 체육수업 개선 연구에 관심을 기울이고 있다. 연구 참여교사는 수도권 소재의 Y초등학교에 재직하고 있으며, 교직 경력은 14년이고 나이는 40대 초반이다. 학교현장에서는 뉴스포츠 활용 수업이 학생들의 신체활동에 도움이 되고 학생들의 적극적인 참여를 이끌어내는 장점을 살려 체육교과의 내용과 뉴스포츠의 내용을 조화시키는 체육수업을 만들고 있다.

연구자는 학생들이 주어진 교구를 어떻게 활용해야 하는지에 대한 총체적인 접근법에 대한 이해를 높이고 있으며, 학생들이 체육활동에 즐겁게 참여하면서 책임감을 함양하기 위한 활동에도 관심을 갖고 있다. 연구자는 다문화 가정 학생을 위한 체육수업 활성화 방안 연구를 수행하면서 연구참여자들과의 긴밀한 관계를 형성하기 위해 방과 후 신체활동으로 스포츠 활동부도 조직하여 운영하면서 다문화 배경을 가진 학생들이 학교생활에 적응해나가는데 도움을 제공하고 있다. 이 연구에서는 해당 학교장과 담임교사의 허락 하에 체육수업을 직접 진행하는 과정에서 통합 체육수업 프로그램과 뉴스포츠 활동으로 학생들의 참여를 높여가면서 다문화 가정의 학생들이 빠른 시간 안에 한국의 문화에 적응해나갈 수 있도록 지원하는데 관심을 집중하였다.

자료는 면담과 체육수업일기를 토대로 수집하였다. 면담에서는 다문화 가정의 학생들이 체육수업에 참여하면서 경험하는 긍정적인 측면과 부정적인 측면을 알아보고자 비구조화 면남을 활용하였다. 연구 참여 교사와의 면담에서는 다문화 배경을 가진 학생을 만나기 전과 만난 후에 달라진 점이나 새롭게 생각하고 있는 점을 알아보았다. 학부모와의 면담에서는 다문화 가정 학생들의 체육수업에 대한 긍정적 인식과 체육수업의 문제점 그리고 좋은 체육수업을 위한 기대 등으로 나누어 체육수업 운영에 대한 학부모들의 인식을 종합적으로 검토하였다.

면담시간은 1회 당 30분 이상을 이용하여 연구참여자들이 경험하는 다양한 내용들을 탐색하였다. 무엇보다 인문적 체육수업을 통해 경험하는 연구참여자의 경험적 사실과 생각들을 가능한 많이 담아낼 수 있도록 추가질문과 피드백을 제공하였다. 연구참여자의 체육일기는 일주일에 한 번씩 체육수업이 끝난 후에 교사에게 바라는 점, 수업에서 재미있었던 점, 수업에서 교사나 친구들에게 도움을 받고 싶은 점 등에 대한 자신의 느낌을 자세하게 작성하였다. 이후 연구자는 학생들이 제출한 체육일기의 내용을 읽고, 중요한 의미를 포함하는 단어에 밑줄을 그으면서 의미 있는 부분에 대해 설명을 제공해주었고, 궁금한 점과 면담에서 드러나지 않은 이야기에 대해서는 조언을 남겼다.

면담과 연구참여자의 체육일기는 Spradley(1979)가 제안한 영역 분석과 분류 분석을 토대로 분석하였다. 연구참여자와의 면담 자료를 반복하여 읽으면서 문화적 의미의 범주를 찾는 영역분석을 하였다. 이때, 중요하다고 판단되는 통합 체육을 통해 드러나는 교육적 가치와 관련된 내용을 찾아서 그 내용을 가장 잘 요약해줄 수 있는 주제를 빈 공간에 기입하였다. 연구참여자의 체육일기는 인문적 체육수업의 가치와 관련된 내용을 중심으로 줄 단위로 분석하였다.

분류 분석에서는 소주제를 포괄하는 중간 분류 주제를 찾고, 계속해서 중간 분류 주제를 포괄하는 대주제를 찾았다. 이 과정에서 수집된 자료를 여러 번 정독하면서 자료의 수집과 분석의 순환적 과정을 통해 수정 · 보완하면서 문화적 주제를 찾았다. 자료분석과정에서 원 자료는 연구참여자를 통해 내용의 정확성 여부를 검토하였다. 그리고 연구의 전 과정에서 도출되는 제 문제를 상의하기 위해 연구 동료의 점검을 실시하였다.

연구자는 당초 설정한 연구 문제와 연구 방법이 타당한지에 대해 꾸준히 검토하고 반성하였다. Guba(1981)는 양적 패러다임의 전통적 개념인 신뢰도와 타당도의 기준을 질적 패러다임에서는 진실성(trustworthiness)이란 개념으로 설명한다. 이 연구는 질적 연구 논리의 철학적 인식론에 기반을 두어 원 자료를 이용해 결론을 수렴하는 과정에서 연구 기법상의 반성적 주관성, 심층적 기술 및 다각도 접근법으로 자료의 진실성을 확보하였다.

질적 연구에서 연구 도구는 바로 연구자이다. 따라서 연구자가 지니고 있는 시각의 간주관성은 연구 결과의 진실성을 강조하는 질적 연구에서 중요한 측면이다. 따라서 연구의 타당성, 즉 진실성을 확보하기 위한 방안으로 이 연구에서는 전문가 협의의 과정을 거쳤다. 이는 자료의 수집 및 분석의 순환과정에서 연구자의 지나친 편견으로 인하여 왜곡된 자료 해석을 방지하기 위함이다.

## 제2절 다문화 배경을 가진 학생이 인식하는 체육수업 경험

다문화 가정의 학생들은 뉴스포츠를 활용한 체육수업을 통해 양면적인 수업의 가치를 표출하였다. 학생들은 수업 참여의 적극성과 만족감과 협동심 배양

등의 긍정적인 체육수업의 세계와 할거리가 없는 수업, 경쟁이 부담스러운 수업, 흥미 없는 체육수업에 대한 인식 등 부정적인 체육수업의 세계를 동시에 경험하는 것으로 나타났다.

## 1. 긍정적인 체육수업의 세계

첫째, '수업 참여의 적극성'이다. 다문화 가정의 학생들은 패드민턴이나 소프트발리볼 등의 뉴스포츠 활동에 대하여 운동기능이 다소 높은 남학생들이나 운동기능이 다소 낮은 여학생들 모두가 즐겁게 참여하였다. 특히, 여학생들은 자신들이 즐기기에 부담스러운 발야구나 축구보다는 츄크볼이나 티볼 게임에서 즐거움을 경험하는 것으로 나타났다. 여학생들은 무엇보다 자신에게 기회가 주어지는 수업과 복잡하지 않은 체육활동을 선호하였다.

> 츄크볼에서 성공을 경험하였다. 다음 시간에도 츄크볼 게임을 한다고 한다. 더 노력하여 츄크볼 골대에 잘 던지기도 하고, 튕겨 나오는 공을 잘 잡고 싶나("가" 학생의 체육일기).

플라잉디스크도 모든 학생들이 참여할 수 있고 규칙이 단순하여 몸을 부딪치는 일이 없기 때문에 적극적으로 참여할 수 있다. 다문화 가정의 학생들은 플라잉디스크를 활용한 체육수업에서 각 개인이 플라잉디스크를 가지고 모둠활동에 참여하기 때문에 흥미 있고, 협동할 수 있는 기회가 된다는 반응이다. 학생들은 정해진 활동을 마무리해야 뒤에 따라오는 다른 친구들이 할 수 있기 때문에 책임감을 함양하는 부분에서도 플라잉디스크가 유익한 활동임을 언급하였다.

> 플라잉디스크를 가지고 하는 게임에서 여학생들이 잘할 수 있고 적극적으로 게임에 참여하는 모습을 보고 깜짝 놀랐어요("가" 학생과의 면담).

다문화 가정의 학생들은 뉴스포츠 종목이 재미도 있고 성공할 수 있는 기회가 많기 때문에 긍정적으로 인식하는 것으로 나타났다. 학생들은 자신이 던진 플라잉디스크를 바라보면서 자신감과 성취감을 느끼고 있었다. 티볼 게임은 자신의 차례가 공평하게 주어지고 친구들이 잘 할 수 있도록 격려해주기 때문에 좋다는 반응이다. 특히, 배트의 모양이 예쁘고, 배트의 부드러움으로 인해 흥미를 느낄 수 있었다고 한다. 무엇보다 뉴스포츠를 활용한 체육수업은 기본 운동 수행능력이 크게 높지 않아도 활동에 참여할 수 있고, 성공할 수 있는 기회가 많다는 측면에서 긍정적으로 인식하고 있었다. "나" 학생과 "다" 학생은 체육수업 시간에 공에 대한 두려움을 가지고 있었다. 이들은 공을 가지고 하는 수업에서 기본적인 동작이 던지고 받는 동작인데 그 기본적인 동작조차 할 수 없었다. 하지만 "나" 학생과 "다" 학생은 뉴스포츠 활동의 소프트발리볼에서 부드러운 재질의 공을 사용하면서 공에 대한 두려움이 줄어들었다. "라" 학생도 부드러운 재질의 공을 사용하면서 수업에 자신감을 갖고 참여할 수 있었다.

> 소프트발리볼 공으로 수업을 해서 그런지 맞아도 아프지 않았어요. 다른 애들도 좋아했고, 저도 좋았어요. 날아오는 공도 잡으려고 달려간 적이 있었어요("라" 학생과의 면담).

뉴스포츠를 활용한 체육수업에서는 남녀 학생들이 함께 참여할 수 있고, 복잡하지 않은 규칙과 게임방법으로 신체활동을 활성화하는데 도움이 되었다는 반응이다. 상대적으로 낮은 운동 기능 수준을 보이는 "나" 학생도 뉴스포츠 수업에 참여하면서 점차적으로 만족감을 드러내었다. 구기 운동에 대해 흥미를 보이지 못하던 "나" 학생에게 츄크볼은 체육수업을 긍정적으로 생각하도록 하는 계기가 되었다. 여학생인 "가" 학생과 "다" 학생도 게임 활동에서 자신감을 보여 나갔다. 이는 뉴스포츠의 종목들이 운동 기능의 수준을 낮출 수 있는 다양한 장치들을 포함하는 부분에서 가치를 드러내었다. 티볼의 경우를 보면 공을 티 위에 놓고 칠 수 있고, 학생의 신장에 맞게 높낮이를 조절할 수 있어서 쉽게 공을 맞출 수 있다는 것이다. 패드민턴도 라켓 길이가 짧고 규칙을 단순화 하여 학생들이 기술을 습득하는데 오래 걸리지 않는다. 츄크볼도 상대방과의 몸싸움이 없고, 소프트한 공을 상대방에게 건네주고 받으면 되기 때문에 큰 무리 없이 참여하는 것으로 나타났다.

둘째, '만족감과 협동심의 함양'이다. 다문화 가정의 학생들은 학기 초 체육수업에서 게임 활동에 참여하면서 부족한 운동 기능에 대해서 친구들로부터 많은 비난을 받고 있었다. 이들은 운동을 하고자 하는 욕망을 지니고 있으나 좌절의 경험과 동료들의 비난으로 운동을 기피하는 것으로 나타났다. 이들은 개인적인 운동기능을 요구하는 종목보다는 집단과 집단 간 승부가 갈리는 게임에서 더욱 많은 소외감을 느끼고 있었다. "나" 학생은 두 명이 가위 바위 보를 해서 모둠원을 뽑을 때 소외가 되었던 경험을 갖고 있었다. 하지만 체육수업이 진행되면서 점차적으로 수업에서 적극적인 참여의지를 보이는 계기가 있었다. 모둠끼리 경쟁하는 팀게임토너먼트 게임을 하고 나서, 등수끼리 비교하면서 모둠원들 각각에 대해 점수를 부여하는 활동에 참여하면서 학생들의 인식이 조금씩 바뀌는 계기가 되었다.

> 처음에 술래를 피하여 안전한 곳으로 이동하는 릴레이에서 정해진 대로 하지 않고, 자기들끼리 마음대로 좋아하는 애들하고 바꿨어요. 저는 잘하지 못하는 애들하고만 모둠을 하게 되어 기분이 나빴어요. 그런데 상대편과 짝을 만들어서 정해진 거리를 달리고, 수준이 비슷한 짝과 비교하여 점수를 주었을 때, 제가 이겼거든요. 친구들도 저를 칭찬해서 그때 정말 좋았어요("다" 학생과의 면담).

전통적인 게임 활동의 승패에 길들여져 있는 학생들은 활동과정을 학습하기보다는 게임 활동의 결과에 주목하는 경향을 보인다. 반면, 다문화 가정의 학생들은 뉴스포츠 활동에 참여하면서 즐거워하고 모둠원들과 협동하는 방법을 배울 수 있었다. 특히, 신체적 경쟁보다는 자신의 도전의식을 발휘할 수 있었다.

이러한 것들이 다문화 가정의 학생들로 하여금 게임 활동에 보다 활동적으로 참여하도록 하고, 협동과 사회성을 함양할 수 있는 기회가 되었다.

> 디스크골프를 하면서 더 좋은 점수를 얻기 위해 도전할 수 있게 되었어요. 5홀 게임이었는데, 거리도 다 다르고 던지는 방법도 여러 가지로 도전할 수 있게 만들어져서 흥미를 갖고 참여한 적이 있어요("나" 학생과의 면담).

## 2. 부정적인 체육수업의 세계

첫째, '할거리가 없는 수업'이다. 다문화 가정의 학생들은 체육수업시간에 소극적인 참여모습도 보였다. 한두 명이 주도권을 행사하기 때문에 많은 학생들이 할 거리가 없는 것도 수업에서 소극적인 모습을 가져오는 원인으로 작용하였다. 특히, 학교에서 체육수업의 가장 큰 문제점은 무엇을 어떻게 해야 하는가에 대한 구체적인 활동 거리가 없다는 점이다. 학생들은 할거리가 있는 수업, 하나의 활동이 끝나면 다음에 무엇을 해야 하는지를 분명하게 제시할 수 있는 수업을 원하였다.

> 나는 체육수업시간에 적극적이지 못하고 혼자서 친구들의 모습만을 바라본 적이 많다. 그래서 그런지 운동장 보다는 교실에서 하는 체육수업이 더 좋다. 운동장 수업을 더 싫어하는 더 큰 이유는 운동장 체육수업에서 친구들이 놀리기 때문이다. 그리고 체육수업 시간에 무엇을 해야 하는지 잘 몰라서 적극적이지도 못하다("나" 학생의 체육일기).

둘째, '경쟁이 부담스러운 수업'이다. 다문화 가정의 학생들은 체육수업에서 경쟁하는 활동에 대해 부정적으로 인식하였다. 학생들이 신체활동을 잘하지 못하는 상황에서 그것을 할 수 있도록 안내하는 것은 개인 활동에 도움이 되지만, 잘하고 싶어도 경쟁의 요소를 가미하여 활동을 적극적으로 참여할 수 있는 긍정적인 환경을 마련하지 못하는 부분에 대해서는 회의적인 태도를 보였다. 다만, 개인 간의 경쟁보다는 모둠 간의 경쟁이 도입되는 구조에 대해서는 부담을 크게 느끼지 않는 것으로 나타났다. 이는 모둠 간의 경쟁에서 어려움이 생기더라도 친구들과 함께 있기 때문에 위안이 된다는 반응을 통해 확인할 수 있다.

> 디스크골프를 할 때 개인점수를 내는 것보다 모둠원들의 점수를 더하는 것이 더 좋다. 내가 좋은 점수를 냈을 때는 개인점수가 높아서 좋은 점도 있지만, 실수를 해서 점수를 나쁘게 얻는 경우가 많기 때문에 실망할 때도 많기 때문이다. 그렇기 때문에 나는 친구들과 함께 점수를 더해서 다른 모둠과 경쟁하는 것을 더 좋아한다("가" 학생의 체육일기).

이처럼 다문화 가정의 학생들은 개인적 경쟁보다는 모둠 간 게임을 통해 모둠 내 협동을, 모둠 간 경쟁을 유발할 수 있는 협동학습의 구조가 활용된 게임수업을 원하고 있었다.

셋째, '흥미 없는 체육수업'이다. 다문화 가정의 학생들은 체육수업에 참여하면서 흥미를 느끼지 못한 경험을 간직하고 있었다. 이들은 체력이 좋지 않고, 신체활동에 흥미도가 낮은 것을 원인으로 생각하였다. 현장 교사들도 이들이 겪는 어려움을 지나쳐버림으로써 체육수업에서 적극적으로 참여할 수 있는 여건을 만들어주지 못하였다. 이것이 학생들로 하여금 체육활동에 자신감을 잃고 신체활동을 부정적인 시각으로 바라보면서 체육의 필요성을 느끼지 못하도록 하는 원인이 될 수 있다. 여학생의 경우에는 체육수업에서 높은 수준의 기술을 요구하기 때문에 기초 운동기능을 숙달하는 것에 부담감을 느꼈다. 때로는 낮은 운동 기능에도 좌절을 경험하기도 하였다. 학생들이 경험하는 좌절감은 수업에 대한 동기를 떨어뜨리고 체육수업을 부정적으로 인식하도록 하는 원인이 된다.

> 체육시간에 피구하는 것이 제일 싫다. 그 이유는 공을 한 번도 못 만져보기

때문이다. 공을 던지더라도 친구들이 잘 못했다고 막 뭐라고 떠들어 댄다 ("다" 학생의 체육일기).

학생들의 수업에 대한 적극적인 참여는 자신감을 형성하는 동기가 된다. 그렇기 때문에 체육수업을 진행하는 교사들은 체육수업에서 학생들에게 성공을 경험할 수 있도록 도와주어야 한다. 체육수업을 하다보면 어려운 기능을 무리없이 수행하는 학생이 있는가 하면 구경꾼으로 머무는 학생이 있기도 하다.

## 제3절 체육수업에 대한 교사의 인식

### 1. 다문화 가정 학생을 만나기 전의 교사 인식

연구 참여교사는 다문화 가정 학생을 만나기 전까지 체육수업에 대하여 긍정적인 인식을 갖고 있었고, 체육수업을 통한 학생들의 변화를 지향해나갔다. 하지만 전통적인 수업 방법과 방식에 대해 고수하는 형태로 운영되다보니 기능 중심 수업을 활용하는 것으로 나타났다. 수업 준비 부분에서도 기존의 수업지식을 토대로 운영해 나갔고, 새로운 변화를 지향하는 부분을 지양한 측면이 강하였다. 무엇보다 수업 준비가 부족한 관계로 다양한 신체활동 프로그램을 구성해 나가지 못하는 아쉬움이 드러나고 있었다.

첫째, '방법 중심의 학습을 지향하고, 모형 중심의 학습을 지양'이다. 대부분 체육수업은 기본 운동기능에 대한 설명과 시범 및 시범에 따른 운동기능의 연습 그리고 마지막 차시에 게임이나 행위의 실천과 관련된 수업 형태로 운영되는 방법 중심으로 수업을 운영하게 된다. 이러한 결과는 운동 기능이 좋은 학생들에게는 수업에 적극적으로 참여하고, 활동을 통해서 성취감을 느낄 수 있는 기회가 되지만, 운동 기능이 부족한 학생들에게는 상대적으로 소외감내지는 학습된 무기력을 경험하면서 체육수업에 대하여 부정적인 인식을 쌓도록 한다. 연구 참여 교사도 기존에 운영되던 일반적인 체육 현상과 다르지 않은 수업을 운영해 나갔다.

> 평상시 수업과 마찬가지로 운동장에서 축구게임을 했어요. 소수의 학생들은 열심히 뛰어다니는 모습을 보였지만, 많은 학생들은 축구게임에 관심을 드러내지 않더라고요. 학생들이 협동심이 부족하고, 개인 기량을 발휘하는 전략을 사용해야겠다는 생각도 하고……. 어떻게 하면 학생들의 개인적인 측면을 줄이고, 모둠이나 팀이 서로 협동하면서 축구게임을 잘 할 수 있을까?를 고민하게 되더라고요(연구 참여 교사와의 면담).

이는 최근의 교육 현상인 창의 · 인성 수업을 원하는 요구사항들에 반응하지 못한 결과이다. 학생들이 수업에서 경험하는 다양한 문제로 인식되는 협동의 부족, 문제해결능력과 인지적 이해의 부족, 책임감의 부족 등 인지적 측면과 정서적 측면의 부족을 메워줄 수 있는 수업을 구현해내지 못하고 있었다.

둘째, '준비성이 부족한 체육수업의 운영'이다. 익숙함은 또 다른 익숙함으로 전이된다. 체육수업이 심동적 · 인지적 · 정의적인 측면의 통합으로 전인적인 인간을 육성하는 것이 목표임에도 불구하고, 지금까지의 체육수업은 체육이 추구하는 통합성을 지향하지 못한 아쉬움이 있다. 자그마한 결과들이 모이면 큰 결과를 가져오게 된다. 그러나 연구 참여 교사는 체육수업에서 특별한 준비를 하지 않고 수업을 진행하였다. 수업목표가 뚜렷하게 드러나 보이지 않는다. 수업의 방향을 정하기 위해 수업목표가 반드시 필요함에도 불구하고, 뚜렷한 목표를 지니고 있지 못하였다. 수업목표가 정해지지 못하다보니 활동 내용도 그때그때 상황에 맞게 신체활동에 학생들을 참여시키곤 하였다. 수업목표에 따른 내용의 흐름보다는 활동 내용별로 수업을 진행하다보니 수업의 끝 무렵에는 학생들이 무엇을 얻게 되었는지에 대한 교육적 의미와 가치들이 드러나 있지 못하였다.

> 학생들로 하여금 체육수업을 통해서 무엇을 얻도록 할 것인가? 이것이 무엇보다 중요하다. 학생들에게 좋은 수업을 만들어나가고자 하는 의지와 생각이 수업을 바꾸기 때문이다. 하지만 연구 참여 교사는 항상 하던 대로 운동장에 나와서 학생들에게 축구게임이나 피구게임을 하였다. 여러 번 수업 관찰을 하였지만, 네모 칸을 두 칸으로 나누어 피구게임을 주된 수업으로 운영하는 모습을 보였다(연구자의 수업일지).

셋째, '다양한 신체활동 프로그램의 부족'이다. 연구참여자는 수업 측면에서 획일성과 다양한 신체활동 프로그램 선정의 미흡을 드러냈다. 수업내용은 학생들의 참여를 이끄는 중요한 요소이다. 그러나 연구의 참여교사는 수업 프로그램의 획일성이외에도 활동 내용에서도 다양한 교구를 활용하지 못하는 수업의 모습을 보인 결과 학생들의 참여를 낮게 만들고 있었다. 특히, 제한된 활동 주제로 수업을 운영하는 편향성을 보였다. 이처럼 체육수업에서 가장 문제가 되는 것은 학생들이 신체활동에 참여할 수 있는 프로그램이 부족하다는 점이다. 설사 프로그램이 존재하더라도 무엇을 어떻게 해야 하는가와 관련한 구체적인 내용이 부족한 실정이다. 학교 체육수업에서 학생들이 자신의 변화를 지향할 수 있는 신체활동 프로그램을 접하면 활동적인 움직임은 물론 인지적인 측면과 정서적인 측면에서도 긍정적인 효과를 얻게 된다. 이 연구에 참여한 교사는 자신이 익숙한 활동 내용을 선정하여 학생들에게 전달하였다.

> 이전에 경험한 수업내용이나 다른 반 교사들이 운영하는 수업내용을 그대로 활용하는 경우도 있었다. 계획에 의한 수업의 운영이라기보다는 즉흥성이 강한 것으로 보인다. 좋은 수업을 만들어서 학생들에게 제공하여 열의가 보이지 않았다(연구자의 수업일지).

결국, 변화를 갈망하거나 다양한 신체활동 프로그램을 제공해야겠다는 구체적인 인식을 생각하지 못하는 수업을 운영하였다. 이러한 모습은 새로움을 추구하는 것을 꺼려하는 교사의 일반적인 모습의 연장선상으로 볼 수 있다.

## 2. 다문화 가정 학생을 만난 후의 교사 인식

연구 참여교사에게 다문화 가정 학생의 출현은 체육수업이 어떠해야 하는가와 관련된 부분에 반성할 수 있는 기회를 제공하였다. 본 연구에 참여한 교사는 협동학습의 구조가 활용되어야 하고, 수업의 준비에 대한 새로운 마음의 변화와 다양한 신체활동 프로그램의 제공으로 다문화 가정의 학생들이 즐겁게 참여할 수 있는 신체활동에 대해 고민하였다.

첫째, '협동학습의 구조 활용'이다. 체육수업에서 학생들에게 무엇을 얻도록 할 것인가의 문제는 체육의 목표와 관련하여 꼭 생각할 내용이다. 학생들이 수업에서 경험하는 갈등의 내용이 해결되지 못하고 지속될 때, 개인적인 성향을 보이는 학생들에게 협동과 배려의 정신을 제공하기 위해 어떠한 방법으로 수업을 운영하면 좋을까 등을 고민해야 한다. 단순히 "시간이 지나면 해결될 것이다."라는 사고는 옳지 못하다.

연구 참여 교사는 다문화 가정 학생의 등장에 대해 과거의 모습과는 약간 다른 모습을 보였다. 이들의 수업태도는 어떠한지, 이들이 한국어를 어느 정도 사용하고 있는지, 이들의 친구관계는 어떠한지 등에 관심을 기울였다. 그러면서 체육수업에서 무엇을 어떻게 할 것인가와 관련하여 생각의 변화를 경험하였다. 또한, 다문화 가정의 학생들에 대한 관심은 일반 학생들이 경험하는 갈등과 개인적인 이기주의 성향을 줄이기 위한 방법으로도 전이되었다. 학생팀성취배분과 팀게임토너먼트를 활용하여 모둠 내 협동을, 모둠 간 경쟁을 유발할 수 있는 체육수업을 하면서 학생들이 서로 공동체의 구성원으로서 소중하다는 인식을 갖게 되었다.

시교육청에서 교과연구회의 활성화와 교과교육연구활동에 대한 지원이 학

> 생들의 수업을 새롭게 생각할 수 있는 기회라고 생각해요. 또한, 다문화 가정의 학생들을 체육수업에서 만나면서 이들에게 도움이 되고 싶다는 생각도 했어요. 낯선 환경에서 수업을 하는 이들이 수업에 들어왔을 때, "수업을 어떻게 하면 좋을까?"를 생각하는 것이 좋을 것 같아요. 물론 늦은 감은 있지만 다른 학생들에게도 좋은 수업을 만들어야겠다는 생각을 하면서 어제는 디스크골프를 할 때, 협동학습의 구조를 활용한 학생팀성취배분과 팀게임토너먼트 구조를 가지고 학생들과 만나게 되어서 좋았어요(연구 참여 교사와의 면담).

둘째, '수업의 준비와 긍정적 태도의 형성'이다. 체육수업에 대한 준비성은 좋은 체육수업을 만드는 원동력이다. 연구 참여 교사는 학생들의 신체활동에 적합한 준비물은 무엇인지, 학생들에게 어떠한 목표를 제공할 것인지, 학생들이 체육수업을 통해 즐거움과 의미 있는 학습의 경험을 할 수 있는 방법은 무엇인지 등을 고민하였다. 교사들은 다문화 가정의 학생들을 만나면서 체육수업에 대한 준비와 태도 부분에서 적극적이고 긍정적인 태도를 보이기 시작하였다.

> 한 달에 한 번씩 초등체육교과연구회에 참석하면서 체육수업이 변화해야 한다는 생각을 많이 했었다. 그러나 변화 없는 체육수업의 연속이었다. 아침에 학교에 올 때만해도 오늘 체육수업을 잘 해야지 하는 마음을 먹었는데 정작 체육수업 시간이 되면 그 생각은 온데간데없고, 평상시의 수업 형태대로 운영되기 일쑤다. 이런 나에게 좋은 수업을 해야 한다는 생각을 갖게 한 것이 다문화 가정의 학생들이다. 이들은 낯선 문화와 환경에 적응하기에 많은 어려움이 있음에도 불구하고 체육수업만큼은 열띤 의지를 보였기 때문이다. 나는 이들을 만나면서부터 다문화 가정의 학생들은 물론 학급의 학생들에게 좋은 수업을 제공하기 위한 부분에 관심을 갖고 교구회사인 (주)인터존 코리아를 방문하여 사장님과 현장에서 활용할 수 있는 참신한 교구들에 대해 이야기를 나누었고, 현장에서 활용할 수 있는 뉴스포츠 활동으로 컬링을 알게 되었고, 이를 학생들에게 제공하는 수업을 운영하면서 수업이 점차적으로 탄력을 받

으면서 학생들의 참여를 극대화 할 수 있었다(연구 참여 교사의 수업일기).

셋째, '다양한 프로그램의 구안'이다. 연구 참여 교사는 다양한 신체활동 프로그램을 구안하여 수업을 운영하는 적극성을 보였다. 특히, 학생들에게 다양한 프로그램을 제공하기도 하고, 학생들과 함께 신체활동 관련 프로그램을 만들어서 체육수업을 운영하기도 하였다. 그리고 이러한 결과들을 모아 서적을 출판하여 현장에서 활용할 수 있도록 보급하기도 하였다. 연구 참여 교사는 특히, 학습자 수준에서 가르치기와 과제 내 변형이 제공된 게임을 통해 다문화 가정의 학생들이 체육수업에 쉽게 접근할 수 있는 유인가를 제공하였다.

> 플라잉디스크를 활용한 체육수업의 퍼팅게임에서는 디스캐쳐라는 목표물을 중심으로 하여 가까운 거리에서 점차적으로 멀어지면서 학생들이 성공감을 맛볼 수 있도록 쉬운 난이도에서 점차 어려운 난이도로 구조화한 적이 있었다(연구자의 수업일지).

## 제4절 체육수업에 대한 학부모의 인식

다문화 가정의 학부모들은 자녀들이 학교에서 어떻게 생활하고 있는지에 대하여 궁금해 하였다. 무엇보다 언어 습득의 어려움으로 친구들과 잘 어울릴 수 있는지 등을 고민하였다. 학부모들은 자녀들의 학교생활에 대해 이런 저런 걱정을 하면서도 체육교과를 통한 자녀들의 학교생활 적응에 대해서는 긍정적인 생각을 하였다.

다만, 체육교과가 어떠한 방향으로 진행되어야 자녀들의 성장에 도움을 제공할지와 관련해서는 분명하지는 않지만 수업 내용이 흥미 있게 전개되고, 다양한 신체활동이 포함되는 수업으로 자녀들의 생활에 도움이 되어주기를 원하였다. 이 연구에서는 다문화 가정 학생의 학부모들의 체육수업에 대한 긍정적 인식, 체육수업의 문제점, 좋은 체육수업을 위한 기대 등으로 체육수업 운영에 대한 학부모들의 인식을 탐색하였다.

## 1. 체육수업에 대한 긍정적 인식

첫째, '심신 발달의 증대'이다. 학부모들은 자녀들이 체육수업에 참여함으로써 심신의 조화로운 발달과 학업에 대한 부정적 스트레스와 정서적인 불안과 갈등을 줄이는 계기가 되었다는 반응이다. 자녀들이 체육수업에 참여하면서 체력도 좋아졌고, 운동을 좋아하게 되었으며, 교실 수업에 대한 부담감을 줄일 수 있는 계기가 되었다는 반응이다. 학생들은 주당 3번하는 체육수업을 소중하게 생각하였고, 신체활동이 더 많이 이루어지기를 원하고 있었다.

> 저희 애가 체육수업 시간을 무척 좋아합니다. 운동장에서 움직이는 활동을 하면서 친구들과 많이 친해졌거든요. 다른 공부하는데도 조금씩 자신 있어 하는 것 같아요. 우리 애처럼 필리핀에서 온 수리야도 체육을 통해서 몸과 마음이 한결 나아지고 있다고 하더라고요. 앞으로도 좋은 체육수업 많이 만들어주셨으면 좋겠습니다("가" 연구 참여 학생의 학부모).

둘째, '사회적 상호작용의 증대'이다. 학교 체육수업은 학생들로 하여금 심동적 · 인지적 · 정서적으로 통합된 온전한 인간을 양성하는 것을 목적으로 한다(최의창, 2007). 다문화 가정의 학부모들은 체육수업이 정서적인 측면에서 자녀들에게 도움이 된다고 하였다. 자녀들이 사회성의 발달을 기를 수도 있고, 교실 수업과 달리 친구들과 지속적으로 움직이기 때문에 몸과 마음으로 소통할 수 있는 기회가 된다는 것이다. 학부모들은 자녀들이 체육수업에 참여함으로써 사회적인 유대관계를 경험하고 긍정적으로 사고하며 친구들을 사귈 수 있기를 원하였다.

> 애들과 운동장에서 뛰어놀면서 긍정적으로 많이 바뀌었습니다. 처음에 한국에 와서 방황도 많이 하고, 교과시간에 잘 알아듣지도 못해서 힘들었거든요. 그런데 체육시간은 무척 좋아하더라고요. 저희 애가 축구를 잘하는데 친구들과 함께 게임을 하면서 서로의 관계가 친해졌거든요. 체육활동을 많이 했으면 좋겠습니다("나" 연구 참여 학생의 학부모).

셋째, '자신감 획득의 기회'이다. 학부모들은 자녀들이 체육수업에 참여함으로써 신체적 그리고 사회적인 측면에서 많은 변화를 가져왔을 뿐만 아니라, 일상생활 속에서 자신 있게 행동하고 외부상황에 능동적으로 대응할 수 있는 방향으로 변화되었다고 생각하였다. 학부모들은 자녀들이 체육수업에 참여함으로써 스포츠를 좋아하고, 친구들과 잘 어울리며, 소극적인 성격이 적극적으로 변화하고 있다고 언급하였다. 무엇보다 자녀들이 자신에 대한 존중감과 신뢰성이 높아졌다고 생각하였다.

> 우리 애는 자신감을 많이 갖게 된 것 같아요. 체육활동을 좋아하다보니 친구들과도 잘 어울리는 것 같고요. 애들한테 더 많은 체육활동을 시켜줬으면 좋겠어요. 집에 돌아오면 힘들었고, 늘 시무룩했던 애가 체육활동을 하면서 많은 친구들과도 사귀게 되었고, 체육수업도 재미있어서 학교에 가는 것도 좋아하게 되었어요("다" 연구 참여 학생의 학부모).

## 2. 체육수업의 문제점

학부모들은 체육수업의 평가와 관련하여 적극적인 지원을 원하였다. 다문화 가정의 자녀들이 교과 선호도에서 가장 좋아하는 과목은 체육교과로 나타났다. 그러나 체육수업의 내용은 운동 기능 중심의 체육수업에 비해 자녀들이 간접적인 체험활동을 통해 운동에 대한 안목을 형성할 수 있는 기회가 부족하다고 언급하였다.

> 대부분 체육수업이 신체활동만 하고, 평가는 전혀 다른 것들이 이루어지는 것 같습니다. 신체활동과 관련된 평가가 마련되면 좋겠고, 저희 애들이 신체활동을 하다가 생기는 문제나 고민하는 것들이 생겼을 때, 어떻게 하는 것이 좋을지에 대해 토의하는 기회도 있어야 될 것 같습니다. 애들이 좋아하는 체육수업에서 다양한 평가가 이루어지면서 신체활동을 잘 할 수도 있고, 많은 것들을 알 수 있는 체육수업이 만들어지면 좋겠습니다("가" 연구 참여 학생의 학부모).

첫째, '획일적인 교수 · 학습'이다. 체육수업은 신체활동을 통해 학생들의 참여를 이끈다. 하지만 간접적인 신체활동들도 체육수업을 유의미하게 만드는 학습방법임을 인지해야 한다(유정애, 2007; 최의창, 2003; 최의창, 2007). 교육은 인간행동의 의도적인 결과를 제공하기 때문에서 체육수업에서 직접적인 신체활동과 간접적인 신체활동을 제공하여 학생들이 통합적인 인간으로 성장할 수 있는 토대를 마련해야 한다(고문수, 2012; 고문수, 2013).

또한, 획일적인 내용만으로 수업하는 것도 많은 문제를 지닌다. 학부모들은 자녀들이 교과서에 있는 다양한 신체활동의 내용을 경험하면서 성장하기 때문에 편협하지 않은 수업내용으로 학생들의 생활이 풍요롭게 만들어질 수 있기를 기대하였다. 특히, 다문화 가정의 학생들에게 도움을 제공하기 위해서는 교수 · 학습이 보편성과 개별성이 존재해야함에도 불구하고 모든 방법이 똑같게 적용되는 것에 대해 많은 아쉬움을 남겼다.

> 체육수업을 하면서 애들 성격도 달라지는 것 같아요. 그런데 체육활동이 거의 비슷한 것 같아서 조금 아쉽습니다. 다양한 방법으로 활동을 해주었으면 좋겠습니다. 우리 애들이 친구들과 잘 어울릴 수 있는 방법도 좋고, 우리 애들이 체육수업에서 소외되지 않도록 다양한 역할을 만들어 주는 것도 좋은 것 같아요("나" 연구 참여 학생의 학부모).

둘째, '수업내용의 흥미와 다양성 결여'이다. 체육수업 내용이 흥미롭게 구성된다면 학생들의 참여는 높아질 수 있다. 반대로 수업내용이 흥미롭지 못하거나 다양성이 부족하다면 수업참여는 그만큼 낮아질 수밖에 없다. 다문화 가정의 학부모들은 수업내용이 흥미가 부족하고 다양성의 결여는 수업의 질을 낮추기 때문에 교사들이 수업의 질을 높일 수 있도록 다양한 세미나와 연수가 마련되기를 희망하였다. 학생들이 가장 좋아 하는 교과가 체육수업인 만큼 학생들이 신체활동을 통해 행복감을 맛볼 수 있도록 다양한 수업내용을 탐색하고 구현해나갈 수 있는 접근 방법을 제안하였다.

> 학생들은 학교에서 체육수업을 가장 좋아합니다. 다른 것보다 체육을 하면서 친구들과 많이 친해졌거든요. 그런데 우리집 애하고 이야기를 하다보면 같은 내용을 계속 반복해서 수업을 한다고 하더라고요. 애들이 더 잘 적응을 잘 할 수 있도록 다양한 체육활동을 해주었으면 좋겠어요. 물론 재미있으면 더욱 좋을 것 같아요. 선생님들이 주기적으로 연수를 받는 것으로 알고 있는데……. 우리 애들이 체육수업에 재미있게 참여할 수 있도록 선생님들이 다양한 연수를 받았으면 좋겠어요("라" 연구참여자의 학부모).

## 3. 좋은 체육수업을 위한 기대

좋은 체육수업은 학생들로 하여금 성취감과 자존감을 높이도록 한다. 또한, 학생들이 생활 속에서 긍정적인 사고를 형성하는데 도움이 되는 수업이다. 좋은 체육수업을 위해서는 체육교구의 확보, 우수 교사의 선발, 다양한 신체활동 프로그램의 구안 및 학생들의 수업 참여를 활성화하기 위한 노력들이 통합적으로 운영되어야 한다.

첫째, '시설 및 충분한 교구의 확보'이다. 체육시설과 교구는 체육수업에서 꼭 필요한 물적 환경이다(김사엽, 2010). 그리고 다양한 시설과 교구가 충분히 확보될 때, 학생들에게 제공하는 수업의 내용도 달라질 수 있다. 최근 초등학교 체육시설과 교구를 보면 매우 제한적임을 알 수 있다. 다문화 가정의 학부모들은 자녀들이 체육수업에서 다양한 시설과 수업교구가 확보되기를 원하였다. 한두 가지의 수업교구보다는 다양한 교구들이 있다면 수업의 내용도 다양해지고, 자녀들이 활동할 수 있는 할 거리도 많아질 것으로 생각하였다.

> 아이가 집에 와서 디스크 골프 얘기를 한 적이 있어요. 제가 봐도 재미도 있고, 학생들의 참여도를 높일 수 있는 내용이라고 생각을 했습니다. 학생들이 한 홀, 한 홀 도전하면서 점수를 얻는 형태이기 때문에 도전감도 경험할 수 있다고 생각해요. 물론 좋은 시설도 필요할 것 같습니다. 축구골대 그물망이 너덜너덜 한 것을 보았습니다. 애들이 좋은 시설에서 체육과목을 공부했으면 좋겠습니다(가" 연구참여자의 학부모).

둘째, '우수 교사와의 만남'이다. 학부모들은 자녀들이 체육수업을 가장 좋아하는 만큼 체육수업을 잘 지도할 수 있는 교사가 수업해줄 것을 원하였다. 사람마다 유사하지만 한두 가지에 자신감을 갖고 있으면 다른 것들에도 관심을 기울일 가능성이 높다. 하지만 무엇인가에 자신감이 부족하다면 다른 것에도 즐겁게 참여한다는 것은 어려운 일이다. 이러한 부분에서 학부모들이 자녀들이 가장 좋아하는 체육수업을 통해 학교생활은 물론 교실수업에서도 친구들과 잘 어울릴 수 있기를 희망하는 것은 당연해 보인다. 학부모들은 좋은 프로그램을 만들어서 자녀들에게 흥미를 제공하고, 활동적인 움직임을 가져올 수 있는 교사와의 만남을 원하고 있었다.

> 지금까지 선생님들은 애들의 생각보다는 선생님의 생각만 강요하는 경우가 많았거든요. 좋은 프로그램과 애들을 크게 생각할 수 있는 선생님을 만났으면 좋겠습니다. 이번 체육선생님은 참 좋습니다. 애들에게 좋은 활동도 많이 제시해주고, 팀으로 운동할 수 있도록 하는 것이 좋아요. 앞으로도 좋은 수

업을 해주셨으면 좋겠습니다("다" 연구참여자의 학부모).

셋째, '다양한 신체활동 프로그램'이다. 학부모들은 다문화 가정의 자녀들이 실기와 이론을 병행할 뿐만 아니라 친구들과 친해질 수 있는 신체활동의 내용을 제공하면 좋겠다는 생각이다. 자녀들이 다른 학생들과 잘 어울리기 위해서는 교실 공간보다는 쉬는 시간이나 운동장에서 체육활동을 하면서 자연스럽게 함께 할 수 있는 프로그램이 필요하다. 특히, 작은 모둠으로 나누어 친구들과 함께 문제를 해결해나가는 협동학습 프로그램과 자녀들이 수업에서 소외되지 않도록 모두가 함께 참여할 수 있는 프로그램을 원하였다.

> 지금 체육수업을 하는 선생님은 정말 좋은 것 같아요. 매번 이것저것 새로운 활동들을 만들어서 애들에게 수업한다는 얘기를 들었거든요. 학생들이 힘차게 움직일 수 있도록 좋은 내용도 제시해주고, 여러 친구들과 협동할 수 있는 프로그램들을 만들어주기도 합니다. 애가 집에 와서 직소수업을 해서 좋다고 얘기도 했습니다("나" 연구참여자의 학부모).

넷째, '수업 참여기회의 확대'이다. 다문화 가정의 자녀들과 학부모들은 체육수업이 빠짐없이 운영되기를 바라고 있다. 전년도에는 체육수업을 일주일에 한 번 정도 했다고 한다. 그러다보니 자녀들이 체육수업을 좋아함에도 불구하고 신체활동에 참여할 수 있는 기회가 적었던 것으로 보인다. 올해 체육수업에서 가장 크게 바라는 점이 있다면 자녀들이 체육수업에 참여할 수 있는 기회를 많이 갖기를 원하였다.

학부모들은 체육수업에서 자녀들이 소외되지 않도록 모둠에서 역할이 주어지기를 바라고 있다. 체육수업을 보면 운동을 잘하는 학생들이 주도권을 행사하면서 다수의 학생들이 참여기회를 갖지 못하는 경우가 발생한다. 학부모들은 운동장에서까지 혼자이면 안 된다는 생각이다. 이들은 체육수업을 통해 자녀들이 소외되지 않고 학급의 구성원으로서 역할을 다하기를 원하였다.

수업을 할 때, 애들이 소외되지 않았으면 좋겠습니다. 모든 활동에 함께 참여하고, 그 속에서 행복감을 느꼈으면 좋겠습니다. 다른 수업보다도 체육 수업을 좋아하는데 그 수업에서 조차도 즐거움을 경험하지 못한 다면 안 될 것 같습니다. 운동장에서 움직이면서 많은 친구들을 사귈 수 있도록 팀 활동도 많이 하고, 운동 기능도 익힐 수 있으면 좋겠습니다("라" 연구참여자의 학부모).

## 제5절 다문화 체육수업 활성화 방안을 모색하다

학교 체육과 마찬가지로 다문화 관련 체육수업에서도 통합적인 체육수업의 목표를 지향하지 못한 아쉬움이 있다(고문수, 2012). 다문화 관련 체육수업에서 다문화사회에 대한 이해와 학교 체육의 과정, 다문화 가정 학생들의 학교 적응, 요구 사항 그리고 문제점 등에 대한 지적은 많이 이루어졌다(고문수, 2012; 권민혁, 2008; 조혜영 · 서덕희 · 권순희, 2007).

그러나 다문화 가정 학생을 위한 통합적인 체육수업은 어떠해야 하는지에 대한 이해는 아직도 부족하다. 이러한 측면에서 이 연구는 다문화 가정의 학생들이 한국사회의 체육수업에서 무엇을 원하는지, 학부모들은 자녀들이 좋아하는 체육수업을 어떻게 운영해야 하는지 그리고 교사 측면에서 다문화 가정 학생들을 위한 체육수업에서 어떠한 지원을 제공해야 하는지를 종합적으로 검토하였다. 그 결과, 학업지원 프로그램의 마련, 다양한 협동 학습의 구조를 활용한 체육수업 프로그램, 다문화 관련 연수와 인성 함양에 도움이 될 수 있는 교사교육의 제공 그리고 체육시설 및 교구의 확보 등 〈그림 12-1〉과 같은 네 가지 조건을 충족해야 함이 도출되었다.

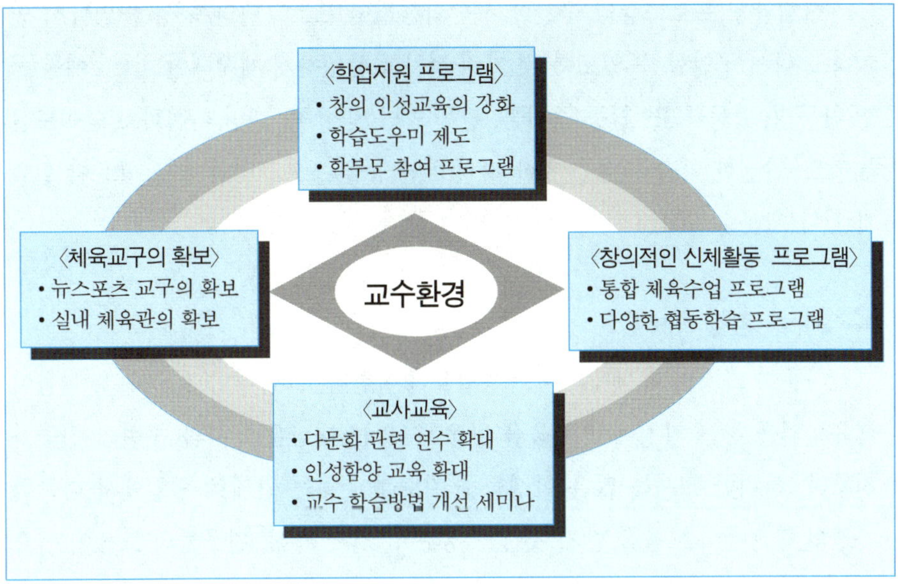


[그림 12-1] 다문화 체육수업 활성화 방안

## 1. 학업지원 프로그램

### 1) 창의 · 인성교육의 강화

최근 체육교육은 기존의 운동 기능 중심에서 학생의 전인적 성장을 위해 통합적 역할을 하는 체육을 중시하고 있다. 특히, 체육교육은 신체활동을 통해 일상적인 것을 새롭게 받아들이고 가치 있는 경험을 하도록 하며, 자신을 가다듬고 공동체 속에서 도덕적 행동을 실천하도록 한다. 체육교육은 창의적으로 문제를 해결하고 인성을 기를 수 있는 다양한 학습 활동을 제공하며, 학습자가 창의성 및 인성교육의 요소들을 주도적으로 탐색, 인지, 판단하여 실천할 수 있도록 한다. 이러한 측면에서 다문화 가정의 학생들도 체육수업을 통해 창의성과 인성을 함양할 수 있도록 신체활동의 내용을 강화하고, 지원할 수 있는 협동학습의 구조를 활용한 체육수업 및 모둠별로 문제해결능력의 함양을 지원할 수 있는 다양한 프로그램을 구안 · 적용할 필요가 있다.

신체활동 프로그램의 구안에서는 학생들이 프로그램의 특성을 명확히 인지하고 나서 구안할 수 있도록 몇 가지 절차를 분명하게 제시해야 한다. 예를 들면 활동명, 활동 목표, 활동 준비물, 활동 방법 및 규칙, 게임의 변화로 난이도를 높여요, 안전한 학습 환경을 위한 지원 방안 등을 프로그램의 틀로 활용할 필요가 있다(고문수, 2012).

### 2) 학습도우미제도

다문화 가정의 학생들은 체육수업을 좋아한다. 그럼에도 불구하고, 이들이 체육수업을 하는 과정에서 도움을 받을 수 있는 대상은 교사와 주변의 친구가 전부다. 하지만 교사는 많은 학생들을 지도해야 하는 관계로 수업에서 다문화 가정의 학생들이 도움을 받지 못하는 경우가 많다. 특히, 친구들의 도움이 필요하지만 친구들도 자신의 문제를 해결해야 하기 때문에 다른 친구들에게 도움이 되는 부분에도 한계가 있다. 따라서 2008년 9월부터 초등학교 현장에 등장한 스포츠 강사의 도움을 받으면 보다 수월하게 문제점들을 해소할 수 있는 방안이 될 수 있다.

체육수업을 지도하는 교사가 스포츠 강사와의 팀티칭을 통해 체육수업에서 어려움을 겪고 있는 학생들에게 도움이 되는 방안을 고민한다면 다문화 가정의 학생들이 경험하는 문제뿐만 아니라 체육수업에서 학습된 무기력을 경험하는 학생들에게도 큰 도움이 될 것이다. 학습도우미제도는 체육수업의 신체활동에서 학생들이 경험하는 부정적인 측면을 해소하기 위한 방안으로 활용한다면 많은 학생들이 체육수업을 통해 긍정적인 가치를 함양해나가는데 도움이 될 수 있을 것이다. 고문수(2011)의 선행연구에서 스포츠 강사와 함께하는 체육수업 중 수업컨설팅 코너의 운영이 학생과 교사들에게 큰 도움이 되었다는 부분은 좋은 시사점이 될 수 있다.

### 3) 학부모 참여 프로그램

학교수업에서 학부모들이 참여하는 수업은 자녀들의 모습을 확인할 수 있는 좋은 방법이다. 물론 일회성 행사보다는 지속성을 가질 수 있도록 장기적인 계획을 수립해야 한다. 교육기부 사업의 일환으로 학부모와 함께하는 체육수업 프로그램을 운영하면 학부모들의 요구를 확인하는데 도움이 될 수 있다. 학부모 참여 프로그램은 가정과 학교가 서로 소통하는 가운데 다문화 가정 학생들의 요구사항을 확인할 수 있고, 학부모들에게 부탁하고 싶은 점들을 자연스럽게 제공할 수 있는 접점이 될 수 있다.

또한, 방과 후 체육활동 프로그램에 학부모와 함께 하는 신체활동 프로그램을 개설하여 운영한다면 다문화 배경을 갖고 있는 자녀들이 학교생활에 적응해 나가는데 큰 도움이 될 수 있다. 방과 후 교육활동에서도 정과 체육에 참여하면서 보편성의 문제로 다문화 가정의 학생들에게 제공되지 못한 관심이나 교육의 내용들이 개별성의 문제로 접근되면서 이들이 경험하면서 드러나는 고민을 공유할 수 있고, 이들에게 적절한 신체활동 내용과 교수 · 학습 방법을 적용하는 계기가 될 수 있다. 무엇보다 학교행사에 학부모가 참여할 수 있는 기회의 제공은 서로의 편견을 줄이고, 소통의 접점을 찾는데 유익한 실마리가 될 수 있다.

## 2. 창의적인 신체활동 프로그램

### 1) 통합적 체육수업 프로그램

체육 교과 내용을 주제별로 통합하여 조직하는 것을 기본 원칙으로 해야 한다. 이론적 내용과 실기 기능을 따로 가르치는 기존 방법에서 탈피하여 체육수업을 할 때, 지식(이론), 기능(실기), 태도(가치)를 통합하여 전인교육의 목표를 성취해야 한다(유정애, 2007; 최의창, 2003; 최의창, 2007). 체육수업 방법이 더 다양화하고 학생 중심적으로 변화하는 추세이다. 따라서 체육수업을 할 때에는 직접적인 체험 활동과 간접적인 학습 활동(읽기, 쓰기, 감상하기, 조사하기, 토론하기 등)을 포함한 다양한 학습활동을 병행하는 교육과정의 경향을 파악해야 한다(고문수, 2012; 고문수, 2013; 유정애, 2007).

### 2) 다양한 협동학습 프로그램

체육수업에서 학생들의 참여는 학생들이 스스로 참여하는데 많은 한계가 있다. 참여의 과정도 어려울 뿐 아니라 참여가 지속적으로 이루어지는 것은 더욱 힘들다. 그렇기 때문에 체육수업을 운영하는 교사의 역할이 무엇보다 중요하다. 교사가 어떠한 내용을 어떻게 전개할 것인가를 구상하여 운영하기 때문에 무엇에 관심을 기울일 것인가 하는 문제에 고민을 해야 한다. 이 연구에서는 학생들이 개인적 이기주의를 버리고 다른 친구들과 체육수업에 참여할 수 있는 학생팀성취배분(Student Team Achievement Divisions)과 팀게임토너먼트(Team Game Tournament 그리고 직소(Jigsaw Ⅰ, Ⅱ) 수업의 전략을 구사하여 각 모둠의 학생들뿐만 아니라 다문화 가정의 학생들이 게임의 결과에 모두 기여할 수 있는 방안을 마련해야 한다(고문수, 2011; 고문수, 2012). 이러한 프로그램은 협동하지 않거나 친구들에게 갈등의 원인을 제공하는 학생들이 있는 집단에 활용하면 크게 도움이 된다. 협동 학습의 구조를 활용한 체육수업은 학생들의 참여도와 수업을 통한 학생들의 사고를 긍정적으로 변화시키는 것으로 나타났다(고문수 · 최덕묵, 2009).

## 3. 교사교육

### 1) 다문화 관련 연수확대

2007년 개정 교육과정에서 제안된 창의적인 체험활동은 학교의 독특한 교육적 필요나 학생의 요구 등에 따른 범교과 학습과 자기 주도적 학습이 이루어지도록 하였다. 그러나 2007년 개정 체육과 교육과정을 검토해보면, 다문화교육에 대한 이해를 제공하는 부분이 표현활동의 일부를 제외하고는 거의 드러나지 않았다. 이러한 측면에서 다문화교육에 대한 이해를 제공할 수 있는 다문화 관련 연수가 확대될 필요가 있다. 특히, 교사들이 학생들의 문화적 · 경험적 특성에 대한 이해, 다문화 수업 방법과 자료 활용 및 환경 구성, 학부모의 요구 파악, 편견과 고정관념에서 벗어나 자유로운 분위기 조성, 다문화에 대한 풍부한 지식 그리고 다문화교육에 대한 확고한 신념 등의 내용이 담긴 연수 등을 활성화해야 한다(고문수 · 최덕묵, 2009; 오은순 등, 2007).

### 2) 인성 함양 교육의 확대

학교 체육은 학생들의 직 · 간접적인 교수활동과 학습활동을 통합할 수 있는 교육내용을 포함해야 한다. 이는 학생들의 경험을 통합적으로 만드는데 도움이 될 수 있다. 통합성이 가미된 체육수업은 기존에 전개되었던 기능 중심의 체육교육에서 벗어나 학생들에게 신체활동을 총체적으로 경험하도록 한다. 통합적인 체육은 다문화사회의 학생들에게 심동적 · 인지적 · 정의적인 측면을 통합하여 즐거운 체육수업을 만드는데 도움을 제공할 수 있다(고문수, 2012; 김경숙 등, 2009). 또한, 학교 체육수업에서 인성교육을 지속적으로 실시하여 학생들이 다른 사람들과 함께 더불어 살아가는데 필요한 인성의 요소들을 학습하여 내면화할 수 있도록 지도해야 한다. 인성교육의 실천방안으로 협동학습의 구조를 활용한 체육수업, 팀 활동하기로 서로를 배려하면서 공동으로 성공을 체험할 수 있는 수업의 구조를 만들어야 한다(이재용, 2013).

그 밖에 책임감 모형을 활용하여 학생들에게 개인적 · 사회적 책임감을 가르치고 협동할 수 있도록 수업을 구조화해야 한다. 예컨대, 책임감이 있다는 것이 무엇을 의미하는가에 대한 개념 정리와 학생들끼리 협동할 수 있는 과제를 제시하는 것이 필요하다. 이러한 목적을 실행하기 위해 특정한 전략을 마련하는 것이 필요하다(이재용, 2013에서 재인용). 학생들에게 왜 책임감을 가지고 협동을 해야 하는가를 성찰할 수 있는 기회를 제공하면서 인성 관련 논의로 접근할 필요가 있다. 교육은 저절로 만들어지는 것이 아니다. "교육은 인간행동의 의도적인 결과를 제공한다."라는 교육의 목적에도 나와 있듯이 일회성으로 끝나는 것이 아니라, 지속성을 토대로 학생들이 생활 속에서 내면화할 수 있는 강력한 동인이 필요하다.

### 3) 교수 · 학습 방법 개선 세미나

체육수업은 물론 다문화 가정의 학생들이 체육활동을 통한 긍정적인 변화에 크게 기여할 수 있다. 권민혁(2008)이 다문화교육 프로그램으로 제안한 집단따돌림 예방 프로그램, 또래 갈등 해소 프로그램, 일반 학생 대상 다문화교육 강화 프로그램 개발, 체육 방과 후 지원 강화 방안 등은 교수 · 학습 방법의 개선에 도움이 될 수 있다. 그밖에 학습자 관리에도 관심을 기울여야 한다. 학년 초나 학기 초에 다문화 가정의 학생들과 일반 학생들에게 지켜야할 규칙을 제시하고 일관성 있게 적용함으로써 부적절한 행동을 최소화해야 한다. 다문화사회 속에서 학생들이 서로 갈등의 원인을 제공하거나 왕따 등으로 친구들의 학교생활을 어렵게 만드는 요인들을 사전에 예방할 수 있는 다양한 수업 개선 세미나를 개최해야 한다.

## 4. 체육교구의 확보

### 1) 뉴스포츠 교구의 확보

뉴스포츠 수업은 학생들의 긍정적인 정서 함양에 많은 도움이 된다(고문수 · 김재운, 2012). 다만, 현장의 교사들은 뉴스포츠의 내용이 단순히 흥미와 만족감을 제공하기 위한 수단으로 이용되기보다는 체육의 교육내용으로 구성될 수 있도록 교육의 목적이 통합되고, 교사의 전문성이 제공되어 나타날 수 있는 방안에 관심을 집중해야 한다. 다문화 가정의 학생들은 뉴스포츠를 활용한 체육수업에서 참여의지가 높게 나타났다(고문수 · 김재운, 2012).

뉴스포츠는 활동 방법이나 규칙이 간단하고, 말 그대로 새롭다는 것 때문에 높은 흥미도를 가져오는 계기가 되었다. 교구가 부드럽기 때문에 상해 위험성이 낮은 것도 한몫을 하였다. 학생들에게 공에 대한 안정감은 활동에서 자신감을 갖고 적극적으로 참여하는 큰 원동력이 된다. 이것은 수업현장에서 대단히 의미있는 일이다. 공을 사용하는 모든 종목은 거의 던지고 받는 것이 기초가 되어야 하는데 공에 대한 두려움을 가지고 있으면 기초기능 습득이 어렵고, 그 이후의 수업 내용도 진행되지 않기 때문이다. 공에 대한 두려움이 없는 교구가 제공된 신체활동은 초등 체육수업에서 적합한 교재로 활용될 수 있다. 일반 학생은 물론 다문화 가정의 학생들이 학교에서 적극적으로 참여할 수 있는 유인가가 되는 뉴스포츠 교구를 확보하여 이들의 참여를 지속화해야 할 것이다. 한두 번의 참여기회는 결국에는 활동 참여의 적극성을 높이는 동기요소가 된다.

### 2) 실내 체육관의 확보

체육수업은 대부분 운동장에서 진행하기 때문에 기후의 영향을 받게 된다. 장마철에는 기후로 인한 수업결손이 잦은 편이다. 이렇게 수업의 결손이 수시로 일어나게 된다면 학생들에게 체육은 중요하지 않은 수업이라는 인식이 생기게 되어 체육교과에 대한 신뢰가 떨어질 수 있다. 이러한 측면에서 기후의 영향을 받지 않기 위해서는 실내체육관의 설치가 필요하다. 만약, 실내체육관 신축에 어려움이 있다면, 빈 교실을 활용하는 방안도 있다. 최근 방과 후 학교 활성화 방안으로 각 학교에서는 방과 후 교실 열풍이 불고 있다. 그 결과 빈 교실들을 방과 후 교육활동 장소로 활용하는 학교가 늘어나고 있다. 이러한 맥락에서 정책적인 지원을 통해 빈 교실들을 체육실로 전환하여 수업할 수 있도록 하는 것도 좋은 방안이다. 다문화 가정의 학생들이 다른 교과보다 체육교과를 통해 자신감을 얻고, 학교생활에 적극성을 보이고 있다는 측면은 체육활동이 어떠한 환경적인 제약 조건에서도 이루어져야 할 필요성이 있음을 시사 하는 부분이다.

다문화교육에서는 교사의 역할이 무엇보다 중요하다. 다문화 가정의 학생들이 학교생활에 적극적으로 참여하고, 그 생활 속에서 가치를 찾도록 안내하기 위해서는 통합적인 교육활동을 제공해야 한다(고문수 · 최덕묵, 2009). 통합성이 제공되는 체육수업은 학생들에게 신체활동을 총체적으로 경험할 수 있도록 안내할 뿐만 아니라, 다문화사회에서 학생들이 심동적 · 인지적 · 정서적인 측면을 통합하여 즐거운 체육수업을 만드는데 도움을 받을 수 있기 때문이다.

수업 활동 측면에서는 학습전략과 학습조직을 효율적으로 설계하여 다문화 가정의 학생들이 경험하는 갈등을 줄여나가야 한다. 학생들이 경험하는 갈등은 활동에 대한 참여로부터 멀어지게 하는 부정적인 측면을 지니고 있다. 이에 다문화 가정의 학생들이 학교 체육에 소속감을 갖고 적극적으로 참여하도록 자극하기 위해서는 협동학습의 구조가 포함된 수업활동이 요청된다. 학생들이 학생팀성취배분의 협동학습의 구조와 팀게임토너먼트의 협동학습의 구조를 활용하여 체육활동에 적극적으로 참여하도록 안내해야 한다. 물론 협동학습의 구조를 활용한 체육수업이 학생들에게 갈등을 제공하지 않는 것은 아니다. 다만, 협동학습의 구조 전략은 모둠 내 협동을, 모둠 간 경쟁을 유발하기 때문에 수업시간이 바뀔 때마다 모둠의 구성원을 서로 다르게 구성하게 된다면 갈등은 상당부분 해소할 수 있을 것이다. 그리고 체육수업 내용 및 학습자의 특성에 따른 학습조직 형태를 활용하여 학생들의 학습을 유용하게 만드는 방안을 강구해야 한다.

# 제13장
# 행복한 삶을 만들기 위한 스포츠교육의 역할과 과제를 조우하다[1]

인간의 동기는 매우 미스터리이다. 동기 장애는 동기가 희비해지거나 동기 자체가 사라진 상태를 의미한다. 그러면 약화된 동기를 어떻게 강화할 수 있을까? 인간은 욕구에 따라 움직이는 생명체다. 그러므로 욕망이 사라진 인간은 아무것도 하지 않으려 한다. 수용소에서 생활하던 많은 포로가 죽은 것도 살고자 하는 욕구가 사라졌기 때문임을 빅터 프랭클의 증언을 통해 알 수 있었다. 통제할 수 없는 사건을 반복해서 겪을 때의 부정적인 경험이 그 일과 무관한 분야에까지 나쁜 영향을 미친다. 즉 한 가지가 안 될 때는 다른 일도 하고 싶지 않게 된다. 실패한 경험 때문에 욕구가 떨어지면 아무 일도 하지 못한다. 간혹 외부의 힘에 의해 어렵게 시작한다 해도 곧 멈춰버린다. 그래서 아예 시작하지 않거나 도중에 포기해버리기 일쑤다. 심리학에서는 이런 현상을 '시발 행동의 저하'라고 부른다. 통제 불가능한 상황에 맞닥뜨린 생명체는 처음에는 반발하지만 자기 반응으로 그 사태를 변화시킬 수 없다는 것을 알고

1) 본 글은 『2013년 한국스포츠교육학회 추계 학술대회(2013년 11월 22일)』에서 발표된 논문을 부분적으로 수정한 것이다.

> 나면 곧 소극적이고 수동적인 성향을 보인다. 이후 이들의 마음속에는 어떤 반응을 해도 결과를 얻지 못한다는 인식이 싹트고 '무엇을 해야 하는지, 왜 그것을 해야 하는지 모르는 상태'가 된다. 이는 '동기와 욕망'이 고장 났다는 신호다. 그렇다면 동기를 다시 강화하기 위해서는 어떻게 해야 할까?
>
> 〈박경숙(2013)의 '문제는 무기력이다'의 내용 중에서〉

위의 이야기는 동기가 무엇보다 중요하다는 것을 의미한다. 스포츠현상에서도 동기는 학생들의 참여를 높일 수도 있고, 낮출 수도 있다. 학생들은 신체활동에서 높은 동기를 가지고 있을 때 활동에 몰입한 경험들이 있을 것이다. 반면, 동기가 형성되지 못하면 몰입은커녕 쳐다보지 않을 수도 있다. 물론 학생들의 참여가 높다고 하여 동기가 형성되었다고는 볼 수 없는 측면도 있다. 즉 마지못해 억지로 참여하는 경우들이 있기 때문이다.

학생들의 체육수업에서도 자의가 아니라 타의에 의해 이끌려서 수업에 참여하는 경우도 발생한다. 교육이라는 것이 의도적이고 계획적인 인간행동의 결과를 도출하는 것이기는 하지만 교육의 내용이 무엇보다 학생들의 참여를 이끌 만한 긍정적인 유인가를 제공할 때 참여가 높아질 수 있는 것이다. 교사들이 운영하는 체육수업을 살펴보면 목적도 내용도 방법도 평가도 없는 체육수업들이 많다. 최근 학교에서 진행되는 수업을 보더라도 어떠한 목표를 달성하기 위해 어떠한 내용을 어떠한 방법으로 이끌어 나가는지에 대한 흐름을 명확히 이해하기 힘든 부분이 많다.

2009 개정 교육과정에 근거한 체육과 교육과정의 교수 · 학습의 방향을 보면 창의 · 인성을 지향하는 교수 · 학습 방법, 개인차를 고려한 수준별 수업, 자기 주도적 교수 · 학습 환경 조성, 통합적 교수 · 학습 활동, 효율적 교수 · 학습 방법의 선정과 활용이라는 대전제가 제시되어 있지만, 이 부분에 대한 실천이 미미하게 나타나고 있다. 이의 원인이 되는 것은 학습자 측면이라기보다는 교수자 측면이다.

체육과 수업의 방향을 지향하기 위해서는 교사들이 수업 방향에 대한 뚜렷한 인식과 철학적 방향이 내면에 깊숙이 스며들어 있어야 한다. 그렇지 않으면 교사 자신의 삶 자체의 변화는 이루어지지 않고 교육만 하는 기현상을 초래할 수 있다. 한편, 교사들은 학생들의 행복한 삶은 과연 무엇인지, 이들이 원하는 행복을 지원하는 방안이 무엇인지를 통찰할 수 있어야 한다. 그리고 학생들에게 유의미한 교육적 활동을 제공하기 위해 무엇이 필요하고, 어떻게 지원할 것인가에 대한 고민해야 한다.

본 글에서 제시하는 행복한 삶을 만들기 위한 스포츠교육의 역할과 과제는 많은 부분을 고민하게 만들 수 있다. 교수자의 입장을 표출해야 하는지, 학습자의 입장을 대변해야 하는지, 아니면 교수자와 학습자의 입장을 동시에 고려해야 하는지 등이 혼란스러울 수 있다. 하지만 본 글에서는 스포츠교육에 종사하는 교사의 측면에서 학습자를 바라보고, 학습자의 성장을 중심으로 하여 이들에게 도움을 제공할 수 있는 스포츠교육자의 노력과 전문성 함양이라는 측면에 초점을 맞추었다.

## 제1절 행복한 삶과 체육수업은 어떤 관련성이 있는가?

### 1. 학생의 행복한 삶

체육에서 행복한 삶을 지원할 수 있는 방안은 무엇일까? 우선 행복에도 공식이 있음을 우리는 이해하고 있어야 한다(Seligman, 2004). 즉 H(Happiness) = S(Scope of happiness) + C(Circumstances) + V(Variance)이다. 여기서 H(Happiness)는 학생의 영속적인 행복의 수준, S(Scope of happiness)는 이미 설정된 행복의 범위(유전적 특성, 쾌락의 늪), C(Circumstances)는 삶의 상황으로서 행복에 영향을 미치는 외적 환경(돈, 결혼, 사회생활, 부정적 정서, 나이, 건강, 교육, 날씨, 종교 등), V(Variance)는 개인이 스스로 통제할 수 있는 자율성(과거에 대한 만족도, 미래에 대한 낙관주의, 현재의 행복)을 가리킨다. 여기에서 학생들은 자신의 행복한 삶을 위해서는 V(Variance)에 관심을 집중해야 한다. 학교에서 학생들의 현재의 행복한 삶은 교사와의 상호작용 속에서 극대화될 수 있는 부분이 많다. 이러한 측면에서 교사의 책무성은 막대하다고 볼 수 있다. 이에 현장의 교사들은 학생들이 행복한 삶, 행복한 체육수업을 만들 수 있도록 끊임없는 노력을 지원해야 한다.

교사들이 체육수업에서 학생들에게 다양한 교구를 준비하여 수업에 몰입하도록 한다면 학생들이 체육수업의 가치를 느끼는 동시에 행복지수는 높아질 것이다. 학생들의 행복은 긍정적인 정서와도 밀접한 관련을 맺는다. 체육수업에서 발생하는 학생들의 정서를 보면 긍정적인 정서 못지않게 부정적인 정서가 표출되고 있음을 확인할 수 있다(고문수, 2010). 학생들은 긍정적인 정서를 경험할 때 행복함을 느끼고, 정서적으로도 안정을 취하게 된다. 이러한 측면에서 학교 체육수업은 학생들의 긍정적인 정서를 고양함으로써 삶의 행복을 지향해나가는데 도움이 되도록 지원해야 한다. 학교 체육수업에서 학생의 행복은 체육수업의 가치를 통해서 확인할 수 있다. 학생들은 신체활동이나 체육수업을 통해 건강과 체력향상, 도전감과 자신감 등의 긍정적인 정서를 지니고 있었다. 또한, 신체활동은 불안과 디스트레스(Di-stress)를 줄이는데 기여하는 것으로 나타났다(김병준, 2006).

## 2. 교사의 좋은 체육수업

교사가 좋은 체육수업을 만들어간다는 것은 무엇을 의미할까? 다양하게 이야기할 수 있지만, 여기서는 학생들이 수업활동에 적극적으로 참여하면서 움직일 수 있는 여건을 마련하는 부분에 초점을 두었다. 이러한 측면에서 체육수업은 학생들에게 다양한 신체활동을 제공하는 부분에 관심이 모아져야 한다. 그리고 이러한 관심이 교육적 실천으로 나타날 때, 학생 개개인은 움직임 욕구를 실현하고, 운동을 수행하는데 필요한 기본 운동기능과 체력을 증진하게 된다. 교육적인 측면에서는 학생들이 운동과 건강에 관한 지식을 이해하고, 사회적으로 바람직한 태도를 함양하는 부분에 목표가 있다(교육인적자원부, 2002; 유정애, 2007; 이대형 · 이승범, 2007). 이는 체육활동이 성장하는 학생들의 심동적 · 인지적 · 정서적인 발달에 큰 영향을 미치기 때문이다(박노혁, 2003; Wuest & Bucher, 1999).

2007 개정 체육교육과정에서는 학생들에게 신체활동의 가치를 제공할 것을 제안하고 있다(유정애, 2007). 신체활동의 가치는 의도적으로 계획한 스포츠나 무용 등의 신체활동에 지속적으로 참여하고 수행하는 과정에서 경험하거나 교육의 결과로 얻어지는 교육적 가치를 의미한다. 신체활동의 가치는 목적적 가치와 내용적 가치를 포함한다. 여기서 신체활동을 수행하는 동기는 신체활동의 목적적 가치에 해당하고, 신체활동 수행 과정에서 학습하는 교육내용으로 개념, 원리, 운동 기능 및 전략, 경기 운영, 문제 해결 그리고 태도 등은 내용적 가치에 해당된다.

체육수업에서 체육의 가치를 이해하면서도 학생들이 적극적으로 참여하지 않는 상황에서 체육교육과정이 제시하는 심동적 · 인지적 · 정의적으로 통합된 목표를 추구하는 체육수업을 진행한다는 것은 매우 힘든 일이다. 하지만 교사가 수업활동에 대하여 열정을 표출한다면 학생들의 수업참여는 높아질 것이다. 최의창(2007)은 수업활동에서 교사의 DIY(Do It Yourself)를 제안하였다. 이는 주어진 환경에서 자신의 철학을 바탕으로 교육활동을 전개하는 것을 말한다. 미래 체육수업의 방향을 설정하는 것도 다름 아닌 DIY의 입장에서 접근해야 할 것이다.

교육활동이 실천으로 옮겨지기 위해서는 교사가 교육적 믿음이나 신념의 책무성을 구현할 수 있어야 한다. 학생들이 신체활동에 참여할 수 있는 여건만 조성된다면, 학생들의 체육활동이 가치 있게 이루어지는 것은 큰 문제가 되지 않는다. 왜냐하면 학생들이 체육수업을 좋아하고, 체육수업을 통한 교육적 가치를 긍정적으로 바라보고 있기 때문이다(고문수, 2008; 곽은창 · 권순정, 1999; 김윤희, 1999; 김윤희 · 강신복, 2000; Carlson, 1995; Luke & Sinclair, 1991).

교사들은 학생들이 수업활동에 적극적으로 참여할 수 있는 다양한 프로그램을 설계하는 부분에 관심을 집중해야 한다. 좋은 체육수업은 창의적인 학습 환경이 제공되고, 그에 적합한 장비가 사용되며, 새로운 수업 프로그램이 마련될 때 만들어질 수 있다. Good과 Brophy(1994)는 교사 측면에서 좋은 수업의 특성에 대한 학습자들이 갖고 있는 잘못된 개념들을 추출하거나 예상하고, 학습자 자신이 무엇을, 어떻게, 왜 학습하고 있는가를 이해할 수 있게 하는 초인지 전략을 가르치며, 다양한 학습 수준의 목표를 제시해야 한다고 언급하였다. 뿐만 아니라, 교사는 다른 교과 영역과의 통합적인 수업을 진행하며, 평가를 통하여 자신의 수업 반성 자료로 활용해야한다.

Lotie(1975)는 수업을 잘하는 것은 교사가 학생들에게 교육적 영향을 주었다는 것을 느낄 때이며, 이는 교사의 만족감과 긴밀하게 연결된다고 주장하였다. 이러한 만족감은 심리적 보상으로서의 교사의 성향을 말하는데, 교사들은 심리적 보상을 직업 만족감의 가장 중요한 원천으로 인식하고 있다. 교사는 한 학생 또는 학생 집단에 영향을 주어 그들이 무언가 배웠다는 것을 알게 될 때 만족감을 느끼며, 직접 가르치는 행동인 수업을 잘함으로써 자긍심이 높아지게 된다. 교사는 위와 같은 노력을 기울일 때, 좋은 체육수업을 지향에 나가는 출발점에 위치할 수 있다. 교사는 좋은 체육수업을 만들기 위하여 학습자 개개인의 필요와 능력에 따라 적절한 과제를 정하여 지속적으로 실천할 수 있는 방안을 강구해야 한다.

한편, '학생들을 체육활동에 즐겁게 참여시키기 위해 어떻게 해야 하는가?'에 대한 물음은 체육활동의 모습을 변화시키는 원동력이 되고, 변화를 지향하는 체육수업은 학생들의 참여를 이끄는 실마리를 제공한다. 그럼에도 불구하고, 지금까지 여러 해 동안 이 부분에 대한 관심이 실제 활동으로 이끌어 졌다고 보기에는 어려움이 많아 보인다. 그렇다면 이 부분에 대하여 어떠한 모습을 보여야하는가? 이제부터 진지하게 고민할 때이다.

학생들은 내재적으로 동기가 유발되었을 때, 체육수업에 몰입하게 된다. 그러나 내재적인 동기유발은 학생들이 스스로 만들어나가는데 한계가 있다. 주변의 여건이 조성될 때, 학생들의 잠재적인 동기가 외연적으로 드러나고, 이것이 자신의 기호에 맞게 형성될 때, 내재적인 동기로 전이되는 것이다. 동기는 학생의 정서와도 밀접한 관련을 맺게 된다. 그리고 학생의 정서는 신체활동을 통해 표출하게 된다. 이러한 측면에서 학생들의 정서와 동기를 별개로 생각하기보다는 같은 맥락에서 접근하는 것이 적절할 것이다. 학생들의 정서가 긍정적으로 작용하면 학습활동도 적극적인 참여를 가져올 수 있기 때문이다.

2007 개정 체육교육과정은 건강 활동, 도전 활동, 경쟁 활동, 표현 활동, 여가 활동으로 구성되어 있다. 그리고 각각의 활동은 학생들에게 심동적 · 인지적 · 정의적인 통합을 통해 신체활동의 가치를 드러내는데 초점이 있다. 학생들이 체육수업의 가치를 높이기 위해서는 체육활동에 흥미를 갖고 참여하도록 이끌어야 한다. 학생들에게 체육의 가치를 높이고, 체육활동에 몰입할 수 있도록 학습활동 전반에 관심의 초점이 모아져야 하는 이유가 바로 여기에 있다. 체육활동은 학생들의 신체에 다양한 변화, 즉 심동적 · 인지적 · 정의적인 태도의 형성에 긍정적인 영향을 미치게 된다. 학생들이 학교 현장의 체육수업에 대해 어떠한 인식을 하고 있으며 무엇을 배우고 있는지를 살펴보는 것은 좋은 체육수업에 대한 현재와 미래의 방향을 설정하는데 중요한 단서가 된다.

## 제2절 스포츠교육의 역할: 더 나은 체육세상 만들기 I

사토마나부 교수는 '수업이 바뀌면, 학교가 바뀐다.'라는 저서에서 배움이 있는 수업 만들기의 혁신을 제시하였다(손우정 역, 2012). 그는 배움 공동체의 기본철학은 "모든 학생들의 배울 권리와 모든 학생들에게 질 높은 배움을 보장하자"는데 있으며, 이를 실현하기 위해서는 우선 교실(운동장, 체육관)이 배움의 공동체로 거듭나야 한다고 주장하였다.

척 마틴은 『관심』이라는 책에서 관심 갖기, 변화하기, 전달하기의 철학을 통해 관심의 중요성을 피력하였다(김명신, 2006). 요컨대 관심 갖기는 교사가 자신이 무엇을 어떻게 할 것인가와 관련하여 끊임없이 탐구심을 수행하고, 그

부분에 대하여 이해의 폭을 넓히는 것을 의미한다. 변화하기는 관심 갖기를 통해 자신이 지속적으로 그 부분에 몰입하는 가운데 변화하는 삶을 만들어 가면서 자신의 삶에 변화를 체험하는 것을 의미한다. 그리고 전달하기는 관심 갖기와 변화하기를 통해서 경험한 가치들을 혼자보다는 다른 사람과 공유하기를 희망하고, 다른 사람들도 자신의 변화처럼 가치 있는 삶을 만들어가기를 간절히 바라는 마음에서 공유하는 삶의 철학을 추구하는 것을 의미한다. 이처럼 사토마나부 교수의 수업 만들기와 척 마틴의 관심에 대한 이야기는 스포츠교육자들의 전문성이 무엇보다 선행될 필요가 있음을 시사한다.

## 1. 맵과 템포를 만들자(MAP+TEMPO)

아담 브룩스는 "수업의 질은 교사의 질을 능가할 수 없다."는 표현을 통해 교사의 중요성을 언급하였다. 체육수업과 관련하여 교사의 중요성 중에서 무엇보다 우선시 되는 것은 교사의 전문성이다. 우리는 교사 전문성에 대한 전제요소로 마음의 지도(MAP)를 간직해야 한다. 그러고 나서 마음의 지도를 바탕으로 교사의 전문성(TEMPO)을 함양해 나가야 한다.

여기서 지도(MAP)란 도덕성(morality)과 책무성(accountability) 그리고 열정(passion)을 지닌 교사를 의미한다. 그리고 이를 기반으로 전문성(TEMPO)을 펼치기 위한 교사의 노력에 관심을 경주해야 할 것이다. 교사 전문성의 요소 중 T는 과제참여시간(time on task), E는 학생에 대한 교사의 기대(expectation), M은 학생의 활동에 대한 모니터링(monitoring), P는 학생들이 당면한 문제를 정렬(problem assigned) 그리고 O는 수업조직(organization)과 시간 분배 등을 잘해야 하는 교사의 전문성 요소들이다. 특히, 교사의 관심과 노력이 체육교육의 방향을 설계하고, 이러한 노력이 체육교육의 가치를 높게 드러내는 원동력이 됨을 잊지 말아야 한다. 체육수업의 가치를 바르게 이해하고, 이 가치를 드러내기 위한 활동으로 학습활동이 진행될 때, 체육은 바람직한 모습으로 정착되어 나갈 것이다.

## 2. 메이커 있는 교사가 되자(MAKER)

우리는 MAKER있는 가르침을 제공하는 교사가 될 필요가 있다(이지헌 역, 2011). 여기서 M(Method)은 방법, A(Awareness)는 학생 이해, K(Knowledge)는 지식 내용, E(Ends)는 가르침의 목적과 이상, R(Relationships)은 교사와 학생의 관계를 가리킨다. 가르침의 이 5가지 요소는 'MAKER'라는 공통된 틀을 구성한다. 5가지 요소의 영문 첫 글자를 합치면 'MAKER'가 된다.

첫째는 방법(M)이다. 학생들이 성취해야할 지식, 이해, 기능을 획득하도록 그들을 도와주는 기능과 테크닉을 가르치는 것을 의미한다. 여기에 포함될 것은 많다. 체육수업을 어떻게 계획하는가? 과제를 어떻게 만들어서 학생들에게 부과하는가? 학생들의 학습 결과를 어떻게 평가하는가? 수업평가 결과를 학생이나 학부모에게 어떻게 전달하는가? 등이다. 여기서 '어떻게'라는 단어가 나타나는 것이 눈에 띈다. 즉 여기서 '방법'은 '어떻게' 가르치는가에 관한 것이다.

둘째는 학생 이해(A)이다. 이것은 교사가 자기 학생들에 관해서 무엇을 아는가와 관련이 있다. 학생의 흥미, 재미 그리고 관심을 의미한다.

셋째는 지식(K)이다. 교사가 가르치는 교과에 관해서 알고 있는 것을 지칭한다. 체육 교사라면 체육에 대하여 얼마나 알고 있는가? 중요한 개념, 이론, 사실을 얼마나 제대로 파악하고 있는가? 여러 가지 체육 분야에서 공통적으로 사용되고 있는 탐구 방법에 얼마나 숙달하고 있는가? 교과에 대한 이해가 깊어서 체육 내용을 왜곡시키지 않은 채 학생들이 쉽게 이해할 수 있도록 자유자재로 설명할 수 있는가? 등이 해당된다.

넷째는 목적(E)이다. 이는 교사가 가르치는 목적이나 자기 학생들을 위해 갖는 목적이다. 무엇을 가르치는가? 이는 우리가 학교에 다니는 아동이나 청소년을 위해서 추구하는 고상한 이상을 의미한다.

다섯째는 관계(R)이다. 이는 교사가 학생들과 맺는 관계를 가리킨다. 교사와 학생들의 신뢰가 형성되어 학생들의 고민이나 지니고 있는 문제점들을 터놓고 이야기할 수 있는 사이인가? 아니면 학생들이 건전한 비판적 사고, 도덕적 사고를 제대로 하는 사람이 되는데 더 많은 도움을 줄 수 있는 역할을 하는가의 측면이 해당된다.

## 3. 창의적인 마인드 갖기

학생들에게 창의성의 구성요소를 생활 속에서 실천할 수 있는 환경을 조성해야 한다. 창의성의 구성 요소에는 창의적 사고 능력과 창의적 성향이 포함된다. 창의적 사고 능력에 대해 Torrance(1962)는 창의적 인지 능력을 유창성, 융통성, 독창성 등 세 가지 요인으로 구분하였고, Guilford(1975)는 유창성, 융통성, 정교성, 독창성, 민감성, 상상력 등 여섯 가지 요인으로, Williams(1982)는 유창성, 융통성, 독창성, 정교성의 네 가지 요인으로 제안하고 있다.

창의적 성향에 대해서는 여러 학자들에 의해서 연구되었다. Eysenck (1997)은 창의적 성향이 높을 경우에 개인적 태도와 사회적 행위에서 독립성, 개방성, 반사회적 태도 등이 두드러진다고 하였고, Torrance(1962)는 용기, 호기심, 사고와 판단에서의 독자성, 자신이 하고 있는 일에 대한 몰두, 직관이용, 사물을 낭연한 것으로 받아들이지 않음, 낙관적 태도, 모험심으로 제안했다. 위의 내용과 여러 학자들(Williams, 1982; Treffinger, 1980)의 견해를 고려하여 정리하면 〈표 13-1〉와 같다.

체육교육에서 창의성은 2007 개정 체육과 교육과정에 잘 드러나 있다. 즉 창의적인 사고력과 표현 능력이 강조되고 있다. 특히, 무용과 체조 등의 내용을 포함하고 있는 표현 활동 영역에서는 창의성과 관련하여 신체 활동 창작에 주안점을 두고 창의적 표현을 강조한다. 다른 내용 영역에서는 직접적으로 창의성을 언급하고 있지는 않는다하더라도 부분적으로는 스포츠(게임) 상황에서 요구되는 문제 해결력, 확산적 사고 등 여러 측면을 언급하고 있다.

체육과에서의 창의성은 주로 새로운 움직임을 구성하거나 표현하는 것뿐만 아니라 기존의 움직임 기술을 주어진 문제 상황에서 그 상황에 맞게 변형하

〈표 13-1〉 창의적 사고 능력과 창의적 성향

| 구분 | | 내용 |
|---|---|---|
| 창의적 사고 능력 (발산사고 능력) | 유창성 | 특정한 문제 상황에서 가능한 한 많은 아이디어나 반응을 산출 하는 능력 |
| | 융통성 | 고정적인 사고방식에서 벗어나 여러 각도에서 다양한 해결책을 찾아내는 능력 |
| | 독창성 | 기존의 것과 다르게 새롭고 독특한 아이디어를 산출하는 능력 |
| | 정교성 | 기존의 아이디어에 흥미롭고 유용한 세부사항을 추가하는 능력 |
| 창의적 성향 | 민감성 | 주변 환경에 대한 예민한 관심과 새로운 탐색 영역을 넓히려는 성향이나 태도 |
| | 독립심 | 다른 사람의 생각이나 평가에 개의치 않고 혼자서 일하려는 성향이나 태도 |
| | 호기심 | 생동감 있게 주변 사물에 대해 의문을 갖고 질문을 제기하는 성향이나 태도 |
| | 개방성 | 자신의 경험에 제한 받지 않고 모든 가능성을 수용하려는 성향이나 태도 |
| | 인내심 | 불확실함을 견디며 끝까지 포기하지 않는 성향이나 태도 |
| | 모험심 | 험을 감수하며 장애를 극복하려는 성향이나 태도 |

거나 적용할 수 있는 능력까지도 포함하고 있다(박남환 · 송형석, 2004; Alter, 2003; Anderson, 2002). 예를 들면, 무용 또는 창작 스포츠뿐만 아니라 스포츠 경기 상황에서 움직임 공간을 창조적으로 활용할 수 있는 능력 함양을 효율적으로 수행할 수 있는 능력도 창의성으로 인식되고 있다.

## 4. 스포츠교육의 사회변화 읽기

21세기 체육학습을 뒷받침할 스포츠교육 환경이나 시스템을 설계, 재설계, 구축, 재구축한다는 것은 그리 쉬운 일이 아니다. 하지만 다행스럽게도 21세기형 교육으로 전환시켜 나가는 과정에서 이미 많은 업적을 이룩한 학교와 열정적인 교사와 헌신적인 지도자들의 수가 증가하고 있다. 체육학습을 위한 새로운 길을 개척하고자 하는 이들의 선구자적 노력은 우리에게 이 시대와 앞으로 다가올 시대에 대비해 우리 학생들을 더 나은 방법으로 교육시킬 수 있으리라는 희망과 자신감을 제공한다. 그렇지만 교육환경이 변화하지 않으면 문제를 해결하는데 어려움을 경험할 수 있다.

21세기가 진행됨에 따라 우리는 학생들이 미래를 준비할 수 있도록 새로운 체육학습 솔루션과 새로운 학교문화 그리고 새로운 교수 방법을 개발해 내야한다. 21세기의 체육학습은 학생들이 알고 있는 내용을 새로운 신체활동 상황에 적절하게 적용할 수 있는 능력과 지식을 갖추도록 해야 한다. 본 글에서는 한국교육개발원 역(2013)에서 제안한 21세기 학습 성과 영역의 내용을 스포츠교육 상황에 적합하게 구성하여 소개하고자 한다. 앞으로의 스포츠교육 상황에서는 다음의 내용에 관심을 집중해야 한다. 예컨대, 21세기 학습의 '7C' 스킬이 있다.

첫째, 비판적(Critical) 사고 및 문제해결 능력이다.
둘째, 창의성(Creativity) 및 혁신이다.
셋째, 협력(Collaboration), 팀워크, 리더십의 발휘이다.
넷째, 다문화적(Cross-cultural) 이해이다.
다섯째, 의사소통(Communication)능력의 향상이다.
여섯째, 컴퓨터(Computing)활용 및 정보통신기술활용능력이다.
일곱째, 직업(Career) 및 자기주도 학습이다.

위의 '7C' 스킬은 스포츠교육 상황에서만 가르치는 것이 아니라 다른 교과 그리고 생활 속에서 자연스럽게 접근할 수 있는 체험의 기회를 제공해야 한다. 스포츠교육자들은 학교 체육은 물론 방과 후 체육활동이나 학교스포츠클럽에서 학생들로 하여금 생활 기술을 익힐 수 있도록 다양한 접근에 대한 고민을 해야 한다. 아울러 해당 활동을 운영하는데 필요한 직 · 간접적인 체험활동이 상호 유기적으로 연계될 수 있는 방안에도 초점을 모아야 한다.

## 제3절 스포츠교육의 과제: 더 나은 체육세상 만들기II

BBC(2013.10.22)의 보도에 따르면 적절한 체육활동이 청소년의 학업능력 향상에 도움이 된다는 연구결과가 발표되어 화제를 모으고 있다. 학생 5,000여 명을 대상으로 체육활동량과 영어, 수학, 과학 성적 간의 상관관계를 검토한 결과에서 남학생의 경우 운동량이 17분 증가할 때마다 학업능력이 향상된 것으로 드러났으며, 여학생의 경우 12분인 것으로 나타났다. 특히, 여학생의 체육활동은 과학교과 성적에 영향을 미친다는 것이다.

관련 연구자들은 아동이 하루 운동 권장량을 섭취했을 때 학업성취에 미치는 영향을 분석하였다. 조사 결과 대다수 10대 학생들은 하루 운동 권장량인 60분 체육활동량에 거의 미치지 못한 것으로 나타났다. 그러나 매일 평균 15분 정도의 운동이 학업성취 향상에 긍정적인 영향을 미치는 것으로 드러났으며, 향상 정도는 약 1/4등급에 해당한다고 주장하였다. 따라서 하루 권장량인 60분 운동을 모두 할 경우 한 등급 수준(예컨대, C학점에서 B학점으로 향상)의 학업성취 향상이 가능하다고 주장하였다. 그러나 연구자들은 이번 연구 결과가 제한적인 연구 대상에 한하여 도출된 검증이라고 강조하면서도, 신체활동은 신체적 건강 이상의 차원으로 중요한 의미가 있다고 강력하게 주장하였다.

미국 하버드대 존 레이티 교수 연구진도 신체활동을 하면 두뇌 혈류량의 증가하고 심리적 안정감의 생성은 물론 주의력과 집중력 및 학업 성적의 향상을 가져온다는 연구결과를 발표하였다(이상헌 역, 2009). 우리는 위의 사례를 통해 체육활동이 학생들의 성장 발달에 긍정적 가치를 지니고 있음을 확인할 수 있다. 이러한 측면에서 앞으로 더 나은 체육세상을 만들기 위한 스포츠교육의 과제를 크게 세 가지 측면에서 탐색하여 현장 체육교육의 발전에 시사점을 제공하고자 한다.

## 1. 스포츠교육의 미디움웨어: 협동적 학교문화와 공동체적 전문성 개발

최의창(2006)은 학교개선의 미디움웨어 측면에서 협동적 학교문화의 조성과 공동체적 전문능력개발주의를 제안하였다. 여기서 미디움웨어는 미디움(매체, 매개, 중간)이라는 단어에 함의되어있는 바와 같이, 하드웨어와 소프트웨어가 잘 작동할 수 있도록 그 중간에서 이 둘을 연결해주고 이어주는 매체 역할을 하는 요인을 의미한다. 최고 사양의 하드웨어와 최신 버전의 소프트웨어가 제대로 작동을 할 수 있도록 만드는 매개체가 필요하다는 것이다. 추운 겨울날 야외에서 불을 피우기 위해서는 땔감(하드웨어)과 불씨를 만들 수 있는 부싯돌(소프트웨어)만 필요한 것이 아니다. 무엇보다 중요한 것은 이들이 작용할 수 있도록 산소, 즉 공기가 있어야만 한다. 이처럼 교육현장에서는 교육 개선을 위해 가시적인 형태의 교육제도(법률, 규정)와 비가시적인 형태의 교육문화(교육풍토, 분위기)가 함께 공존해야 한다.

스포츠교육에서도 이는 똑같이 적용될 수 있다. 스포츠로 세상의 불을 밝히고자하는 교육관계자들의 헌신적인 노력과 교육의 질을 개선하고자 하는 공동체적 전문성 개발을 위한 노력이 한 곳에 집중될 때, 스포츠교육은 새로운 교육의 결과를 산출해낼 수 있다. 공동체적 전문성 개발이 필요한 이유는 한두 명의 교육적 노력으로는 스포츠교육의 전체의 변화를 가져오는데 시간이 너무 많이 걸린다. 스포츠교육의 교육적 가치와 지향점을 만들기 위해서는 공동체적 전문성 개발을 위한 협동적 학교문화의 조성이 무엇보다 우선시 되어야 한다. 한곳을 바라보고 함께 할 수 있는 스포츠교육에 대한 분위기가 조성될 때, 학생들의 행복한 삶이 시작된다.

## 2. 스포츠교육 관련자의 역할 재정립

스포츠교육 관련자들은 스포츠교육을 통해 더 나은 체육세상을 만들기 위한 역할에 최선을 다해야 한다. 예비교사교육기관에서부터 학교현장 그리고 생활체육으로 연계되는 과정에 대한 종합적인 이해와 안목을 토대로 스포츠교육의 중요성과 방법에 대한 명확한 철학을 지니고 있어야 한다. 스포츠교육자들은 출발점으로 예비교사교육을, 전환점으로 학교 체육을, 성장점으로 평생체육이 생활화될 수 있도록 관심을 집중해야 한다.

### 1) 예비교사교육

예비교사교육에서는 행복한 삶을 위한 교사의 준비단계로서 중요성을 갖는다. 내용적 측면에서는 예비교사 교육에서 체육에 대한 인문성과 예술성 강화 그리고 활동적인 삶을 위한 라이프 스킬로의 삶 변화에 관심을 가져야 한다. 특히, 교육 방법 측면에서는 예비교사들에게 철저히 현장과 접목될 수 있는 교육적 혜안을 넓혀주어야 한다. 이것은 지식 습득이나 기능 습득만으로는 절대 이루어질 수 없다. 따라서 예비교사 교육은 실습 학기제를 통해 학교 현장에 대한 체득이 이루어져야 하겠다. 중등의 경우 4주간의 실습으로는 학교가 어떤 곳인지를 알기에는 매우 부족한 부분이 있다.

현장 교사들이 한 목소리로 주장하는 것이 바로 현장과 괴리된 전문 교육기관의 교육적 운영 방안에 문제가 있다는 것이다. 예비교사 교육이 현장의 숨소리를 느끼며 배우고 준비하는 과정이 될 수 있도록 운영해야 한다. 이를 위해 교사교육자는 이론중심의 연구가 아닌 실천중심의 연구를 수행해야 한다. 예비교사들에게 다각적인 수업 컨설팅을 제공하여 현장 적용성을 높일 수 있도록 지원해야 한다.

### 2) 학교 체육

이 시기는 행복한 삶을 위한 환경을 펼칠 준비를 하는 시기이다. 내용적 측면에서 학교 체육은 유아체육의 연장선이자 평생체육으로의 준비기라고 할 수 있다. 교육 방법적인 측면에서 현장의 교사들은 학생들이 즐겁게 참여하는 체육수업을 만들기 위해 많은 노력을 기울이고 있다. 그러나 초등학교는 초등학교만의 체육수업을, 중학교는 중학교만의 체육수업이 이루어지고 초등체육과 중등체육도 연계성이 이루어지지 않는 현실에 유아체육과의 연계성을 기대하기란 어려운 것이 현실이다.

문서화된 국가수준의 교육과정에서는 초·중등 체육교육과의 연계 방안을 제안하고 있다. 그러나 현장 체육에서 그 연계성이 잘 이루어지고 있는가? 잘 이루어지고 있다면 왜 유아체육에서 배웠어야 할 기본 기능조차도 초등체육에서 다루고 있으며 조합된 운동 기능을 가르쳐야 할 중등에서 또 다시 기본기능을 가르치고 있는가? 던지기 과제를 예를 들어보자. 유아체육에서 던지기는 멀리 던지는 것이 중요한 것이 아니라 던지는 경험을 통해 자신의 신체에 대한 조정 능력을 향상시키는 가운데 건강한 심신을 만드는데 관심을 기울인다.

초등체육의 던지기 과제는 도전활동으로 던지기의 방법과 원리를 익혀서 자신의 신체적 수월성과 타인의 기량에 적극적으로 도전하는 가운데 자신에게 어떠한 문제가 있는지, 이를 해결하기 위해 어떠한 노력을 기울여야 하는지 등에 관심을 기울이도록 한다. 중등에서는 던지기를 활용한 종합적인 운동을 할 수 있는 안목을 키워주어야 한다.

교육 일각에서 초등 체육의 문제점을 지적하고 있지만, 이는 체육교육의 연계성이 이루어지지 않은 현실에서 닭이 먼저냐 달걀이 먼저냐를 주장하는 것과 다르지 않다. 수학에서 유아기에 '수'를 익히지 않고 초등학교에 입학했다고 가정하자. 그러면 초등에서 그 학생에게 '수' 개념에 대한 보충지도를 통해 사칙연산을 익히기 위한 과정으로 이끌기 위해 노력할 것이다.

그러나 체육은 그러한 단계를 뛰어넘거나 배우지 않아도 누구나 할 수 있을 것이라고 치부해버린다. 이러한 발상 자체가 위험한 것이다. 물론 기능위주의 체육은 지양해야 하지만 기능을 통한 유능감도 형성되어 있지 않은 상태에서 정의적인 측면을 강조하는 것은 '수' 개념도 모르는 학생에게 사칙연산의 성취감과 도전의식을 갖도록 강조하는 것과 같을 것이다. 따라서 운동의 기능에 대한 체계적인 연계성 연구가 절실할 때이고, 이러한 것들을 기반으로 정의적인 교육과 연계성을 갖고 함께 이루어져야 한다. 기능만을 강조하여 교육하는 교사는 없다. 기능 교육과 신체활동 속에서 정의적인 영역이 고르게 발달될 수 있도록 교사가 모델링이 되고 환경을 구성하는 것이 중요하다. 이러한 것들은 학교 체육만으로는 힘들다. 따라서 학교스포츠클럽이나 방과 후 학교 체육 프로그램과의 연계가 이루어져야 한다.

또한, 교사들이 학생들과 긍정적인 신뢰관계를 형성할 수 있도록 해야 한다. 긍정적인 관계는 학생을 이해하는데서 출발하는데 이것이 바로 학생 개개인의 수준과 성취를 위한 출발점이기 때문이다. 인성교육은 좋은 프로그램을 투입하는 것이 아니라, 교사 자신이 학생들에게 모델링이 됨으로써 학생들이 자연스럽게 익히고 배우는 것이다. 그리고 이러한 것들이 자연스럽게 학습되도록 긍정적인 환경을 구성해야 한다.

### 3) 평생체육

평생체육에서는 행복한 삶을 스포츠교육에 참여하는 대상자들이 스스로 만들어갈 수 있는 지원책이 필요하다. 신체활동의 내용 측면에서는 학교 체육에서 경험한 내용들 중에서 한두 가지 선정하여 생활 속에서 활용할 수 있도록 해야 한다. 학교 체육에서 배운 운동의 가치와 핵심역량을 학생들이 체득하고 이를 실생활로 이끌어가도록 하는 것이 중요하다. 이를 위해서는 학교와 지역사회가 공동체를 형성하여 학생들에게 자연스럽게 체육적 경험이 지속되도록 하는 것이 중요하다. 이러한 것들이 바로 평생체육의 기초가 된다. 학교 현장에서는 평생체육과의 연계성을 위해 교두보 역할을 해야 한다. 이를 위해 체육교사는 지역 스포츠 센터나 클럽과의 협력을 통해 운동을 심화하고자 하는 학생을 연결해주어 평생체육활동의 구성원이 되도록 해야 한다.

## 3. 대학과 현장간의 소통: 실천 중심의 현장 연구를 찾아서

스포츠에 참여하는 많은 사람들에게 행복한 삶을 제공하기 위해서는 학교 체육교육에서부터 변화가 일어나야 한다. 현장과 괴리된 연구에서 벗어나 현장과 밀착된 연구로의 방향성이 만들어져야 한다. 지금까지 좋은 체육수업을 만들기 위한 다양한 전략과 방안들이 대두되었음에도 불구하고, 지금의 학교 체육이 변화하고 있지 못한 것은 아쉬운 부분이다. 체육관련 종사자들은 유아체육에서부터 학교체육 그리고 생활체육에로의 전이가 형성되는 연계성 있는 체육교육을 통해 학습자들로 하여금 행복한 삶을 구현할 수 있도록 노력해야 한다. 이를 위한 방안으로 대학과 현장간의 소통을 통해 실천 중심의 체육환경과 문화를 조성해나가야 한다.

교육의 수혜자들에게 행복한 삶을 만들어주고자 한다면 이제 대학의 연구자들은 책상 앞에서 연구하기보다는 현장과 소통하면서 연구하고, 그 결과를 현장에 재적용하면서 문제점의 탐색과 해결책을 제시하기 위한 방안을 탐색하는데 더 많은 시간을 보내야 할 것이다. Rosenholtz(1989)의 두 가지 학교문화를 통해 시사점을 제공받아야 한다. 그녀는 학교의 형태를 정체된 학교와 달리는 학교라고 칭한 바 있다. 여기에서 정체된 학교는 학생의 성적이 아주 낮고 교사들은 혼자서 일하고 서로 도움을 청하지 않는다. 반면, 달리는 학교에서 교사들은 서로 함께 일을 하고, 돕는 활동에 적극성을 보인다고 언급하였다. 변화를 지향하는 달리는 학교에서는 수업개선이 개인적 성취가 아니라 협동적 성취며, 교사들이 나아지기 위해서는 동료들과 함께 분석하고 평가하고 실험해야 하는 것으로 생각되고 있다(최의창 역, 2006에서 재인용).

학교 체육 연구문화의 풍토도 정체된 풍토보다는 달리는 풍토의 마련이 시급히 이루어져야 한다. 특히, 대학에서 교수들도 현장과 함께 소통하면서 실천적인 아이디어를 생산해내는데 도움이 될 수 있는 달리는 풍토를 마련하여 현장교육이 이론과 실제가 병행될 수 있는 공동체적인 문화를 조성해야 한다. 학생들에게 꿈과 보람을, 현장 교사에게 교육적 혜안을, 대학 교수에게 현장과 대학교육의 변화에 관한 실천적인 아이디어 소통 통로가 마련되기를 희망한다.

위에서 제시한 행복한 삶을 만들기 위한 스포츠교육의 역할과 과제에 대한 이야기는 쾌도난마(快刀亂麻)의 해법을 제시하기보다는 우리 모두가 스포츠교육의 방향성과 지향점을 찾고자하는 취지에서 이해하면 좋을 듯하다. 지금 문득

늘 고민하던 한귀절의 문구가 생각난다. 그것은 다름 아닌 '우리는 체육수업을 왜하지?' 이다. '나는 왜 체육수업을 하는 걸까?' '그 수업을 통해 이루어내고자 하는 것은 무엇인가?' 또 '지금까지 이룬 것은 무엇인가?' 대답해본다면 아무것도 없는 것 같다.

오늘도 고민한다. 물론 학생들의 행복한 삶을 만드는데 많은 사람들이 기여하고 있다. 지금 이순간도 많은 학자들이 머리를 맞대어 논의하고 있다. 그럼에도 불구하고 학생들의 행복함이 그려지지 않는 이유는 무엇일까? 사회의 무관심 때문인가? 아니면 나의 무능 때문인가?

이제 위의 고민에 대해 내가 생각했던 그 무엇인가에 대해 진지하게 재검토하고, 행복의 길을 위한 스포츠교육의 역할과 과제에 대해 진심어린 노력을 새롭게 기울일 것을 다짐해본다. 지금까지의 체육교육에서 드러난 부정적인 문제점을 찾기보다는 긍정적인 측면을 더욱 부각시켜서 부정적인 문제점들이 긍징 속에 묻힐 수 있는 방안에 대하여 더 많은 관심을 기울이고 싶다.

최근 우리나라 청소년의 각국 국제지표(인성교육범국민실천연합, 2012)를 살펴볼 때, 학생들이 학업성취도 측면에서는 세계적인 순위에 있지만, 타인을 배려하고 함께 일할 수 있는 능력 등 사회적 상호작용이나 학교소속감 및 행복지수 측면에서는 OECD 가입국 중 최하위에 있다는 사실은 우리 교육계의 실상을 되짚어 보아야할 측면이다.

그렇다면 앞으로 교육의 주체들로 하여금 행복한 삶을 만들어주는 데 스포츠교육은 어떠한 역할을 수행해야 하는 걸까? 지금까지 교육계에서는 말로만 행복한 삶을 만들어준다고 했지 실제적인 측면에서 학습자들로 하여금 행복함을 만들어주지 못한 부분이 많다고 본다. 이제 그 고리를 끊어야할 시점이다. 그리고 바로 여기 세미나 장소에서 행복한 삶을 지향하는 스포츠교육에 대한 소통의 문화와 교육적 역할에 대한 다짐이 만들어졌으면 한다.

행복한 삶을 만들기 위한 노력이 스포츠교육만의 역할은 아니라고 본다.

한두 교과가 아닌 전 교과로, 한 학급 또는 한 학교의 문화형성이라기보다는 전국 단위의 학교에 이르기까지 공동의 관심사로 연결되어야 한다. 특히, 한두 교사의 노력만으로는 부족하다. 초 · 중 · 고 · 대학에 이르기까지 전 국민의 관심사로 집약될 때, 행복한 삶을 만들기 위한 교육적 노력이 순항의 길로 접어들 것이다.

제5부

# 교사와 체육수업

# 제14장
# 교사의 체육수업을 탐색하다

## 제1절 책무성을 지닌 교사들의 수업 흔적

교사들은 수업에서 나타나는 복잡하고 역동적인 상황을 고려해야 하며 불안정하고 뚜렷하게 나타나지 않는 조건들을 알맞은 활동으로 만들기 위한 다양한 기술과 역할 그리고 책임을 지니고 있어야한다. 그 중에서 무엇보다 관심을 두어야 할 부분은 교수활동이다. 교수활동을 효과적으로 이끌기 위해서는 교사와 학습자 사이에 서로 바람직한 인간관계가 형성되어 있어야 하고, 교사 자신이 교수활동에 대한 지식형성을 토대로 학습지도 방법을 개선하여 아동들이 학업에 대한 성취감을 경험할 수 있도록 동기를 부여해야 한다. 교육의 성공요소인 교사의 교수능력을 향상시키는 데 가장 효과적인 방법은 동료교사들의 수업과 수업활동에서 나타나는 아동들의 반응을 관찰하고, 과제를 아동들의 수준에 알맞게 제공하는 것이다.

본 글은 4년제 일반대학에서 교직과목을 이수하거나 대학원에서 교직을 이

수하여 중등학교 2급 정교사 자격증을 소지한 사람으로 1999년 9월에 수도권에서 초등학교 체육전담교사로 발령을 받은 3명의 교사들이 2002년 3월부터 2003년 5월까지 학급 담임교사로 있으면서 체육수업을 진행하고 있는 과정과 모습의 일부를 연구자가 수업관찰과 면담을 토대로 정리한 내용이다.

## 1. 창의적 학습 환경과 장비

전문적인 교사들은 효율적인 학습 환경을 아동들에게 제공하기 위해서 교실환경을 변화시키고 수정해야 하며, 교수활동에 필요한 자료를 신속하게 준비해야한다. 연구에 참여한 교사들은 아동들에게 적절한 학습 환경과 장비를 이용하여 창의적인 학습활동이 일어나도록 동기를 부여하고 있었다. 특히, A교사는 높이뛰기에서 스텝과 착지동작 및 유연성을 기를 수 있는 방법들을 사용하여 두려움 대신 자신감을 갖고 적극적으로 참여할 수 있도록 다양한 학습방법을 제공하였다.

> 높이뛰기에서 스텝 방법을 익히기 위해 타원을 그려 놓고, 놀이를 하는 것처럼 그곳을 자유롭게 뛰어다니게 하거든요……. 스텝을 익히기 위해 타원을 돌면서 점프연습을 단계적으로 진행하고 착지동작을 익히기 위해서는 아동들로 하여금 두려움을 제거해 주기 위해 뜀틀 위에 매트를 깔아놓고 뒤로 구르기를 시키죠……. 아동들에게 배면뛰기에서 유연성을 길러주기 위해 림보도 활용해요.

반면에 B교사는 교수활동을 진행하는 과정에서 창의적인 학습 환경과 장비의 이용에 대하여 교수활동을 관찰한 후에 면담한 결과 교사의 정확한 언어 제시가 필요하다는 것을 지적하였다.

> 축구에서 공을 드리블하는 방법은, [즉] 발의 안쪽, 바깥쪽, 발등 부위로, 자

신의 신체를 공뿐만 아니라 상대방을 주시하면서 공을 드리블 해야죠. 만일 아동들이 공을 정확하게 드리블을 할 수 없다면 어떻게 하면 효율적으로 공을 드리블 할 수 있겠는가에 대한 질문을 통해 문제점들을 해결해 보도록 안내를 해야 하거든요. 이것은 두 가지의 개념을 드러내고 있어요. 첫째는 아동들에게 실재적인 상황의 운동수행에 대하여 변화를 가져오도록 안내를 해주는 것이고, 둘째는 아동들에게 동기를 유발시켜 어떻게 하면 되겠는지를 생각하게 하여 운동 [기본] 기능의 발달에 변화를 가져오도록 하는 역할을 제공하는데 관심을 가지고 있죠.

C교사는 교수에서 흔히 나타날 수 있는 단조로움을 해결하고 즐겁게 참여할 수 있도록 하는 창의적인 학습방법으로 개인의 이기심을 줄이고 친구들 간의 협동심을 길러주기 위해서 혼자보다는 주로 여러 명이 함께 할 수 있는 학습방법을 사용하였다. 특히, 협동학습의 필요성을 부각시키기 위해 판자를 이용한 학습장비의 구안이 돋보였다.

두 명의 친구가 판자 위에 공을 놓고 반환점을 돌아오는 경기를 하였는데, 시간이 흐르면서 아동들이 단조롭다는 생각을 가지고……. 판자에 구멍을 10개 내고, 그 구멍에 줄을 당겨서 아동 10명이 그 위에 공을 놓고 서로가 협동을 하여 공을 위로 튀기기를 하는 경기를 했어요. 처음에는 공을 튀길 수 없었지만 시간이 지나면서……. 아동들은 구성원으로서의 소속감과 단체 활동에서 서로를 존중하면서 수업에 참여하게 되었지요.

## 2. 과제제시의 형태

과제제시는 교수활동 중의 하나로 교수상황의 소개, 교수조직, 교수목표 등과 같은 다양한 요소로 구성된다. 교사의 역할은 교수 상황에서 학습자에게 학습내용과 그 중요성을 알려주고, 교수를 위한 조직에서 인원, 공간, 연습시간을 구성하며, 교수목표 영역에서 교수의 중심내용과 목표를 설정하는 것이다.

교사들은 과제제시의 방법에 대해 자신이 경험한 운동종목이나 내용을 지도할 때에는 시범과 설명을 자신 있게 보이고 있었으며, 그 반대의 경우에는 과제제시에 자신이 없다는 공통된 현상을 보이고 있었다. A교사는 과제를 차시별 내용을 잘 지키면서 계통적으로 적절하게 제시하고 있었으며, 과제제시 방법도 과제개선형으로 안내를 하였고, 과제내용과 방법 면에 있어서도 이상적인 모습을 보였다.

> 뜀틀 넘기는 도움닫기, 발 구름, 공중 동작, 착지로 이루어지는데 오늘은 지난 시간에 이어 도움닫기를 하여 뜀틀에 손을 짚고 뛰어넘어 안전하게 착지하는 운동을 할 거예요. 얘들아! 이리 나와서 뛰어넘기를 해보자……. 여러분들이 뛰어넘기를 해 본 결과 어떻게 하는 것이 뛰어넘기에 좋았었는지 친구들의 모습을 관찰한 결과를 이야기해 볼까요?

B교사는 '떠돌이 까치' 노래로 동기를 유발한 후에 도입단계에서 주먹야구에 대한 부분 부분의 내용을 팬터마임을 보여주면서 과제를 제시하였고 아동들은 주먹야구라고 외쳐댔다.

> 자, 그래요. 오늘은 여러분들이 주먹야구에 대하여 수업을 할 거예요. 교과서를 보면서 어떤 내용이 있는지 살펴보도록 하자.

이에 뒤질세라 아동들은 교과서를 펴고 오늘 수업할 내용에 대하여 소곤소곤 친구들과 이야기를 하고 있었다. C교사는 교사의 시범과 아동들의 시범에서 단순 과제제시형의 방법을 사용하였고, 아동들이 어려움을 느낄 만한 내용에 대해서는 "어떻게 하면 해결할 수 있을까?" 라는 질문을 통해 과제를 탐색해 보도록 하였다.

> 아동들로 하여금 자유롭게 높이뛰기를 한 다음에 잘 하는 아동을 시범보이거나 교사가 시범을 제공해요……. 배면뛰기를 할 때는 자신감을 갖는 것이 무엇보다도 중요해요……. 자신 있게 달려와서 방향을 틀어서 힘차게 디딤 발을 구르고 반대 발은 위로 힘껏 들어 올리면서……. 이렇게……. 해 볼 수 있겠죠? 어디 여러분들이 직접 해 볼까요?...... 배면뛰기에서 왜 몸의 방향을 이렇게 틀어야 하는지 생각해 보자.

이와 같이 수업지식을 가지고 있는 운동영역에서는 운동 기능의 단계와 원리에 따라 적절한 과제제시를 제공하고 있었지만, 수업지식에 대한 경험이 적은 운동영역을 지도하는 경우에는 자신감이 없었으며, 시범이나 피드백을 제공하지 못하고 단지 교수내용에 접하게만 하였다. 비교적 수업지식이 체계적으로 형성되어 있다고 인정받고 있는 A교사도 비전문 영역의 과제제시에 대해서는 제한적이었다.

> 철봉에서 거꾸로 오르기를 지도하는데 학생들이 하나도 못하는 거예요. 거꾸로 오르기에 대한 방법은 알고 있는데, 실질적으로 시범을 못 보이니까 적절한 과제제시를 할 수가 없었어요. 학생들은 선생님도 못하는데 저희가 어떻게 해요! 라는 말까지 하였는데, 그 때는 너무 쑥스럽더라고요. 학생들에게 이런 부분이 내가 자신이 없구나 하는 생각이……. 내가 시범을 보일 수 있는 종목이면 별 문제가 없는데 시범이 안됐을 경우에 결국은 과제제시도 말로만 하게 되고…….

## 3. 분석 및 해석

교사들은 창의적 학습 환경과 장비가 이용되는 수업에서 아동들에게 적절한 학습 환경과 장비를 이용하여 창의적인 학습활동이 일어나도록 동기를 부여하고 있었다. 이러한 현상은 전문적인 교사들은 “효율적인 학습 환경을 아동들에게 제공할 목적으로 교실환경을 변화시키고 수정한다."는 글귀와 상통한다. 효율적인 체육교수를 하기 위해서는 교수활동에 필요한 자료를 신속하게 준비하여야 한다. 즉 교수내용에 따른 자료의 준비와 활용능력이 무엇보다도 중요하다고 볼 수 있다.

하지만 수업활동에서 창의적인 학습 환경과 장비의 사용이 너무 중요한 나머지, 장비를 수업시간에 준비하도록 하여 아동들에게 대기시간을 너무 많이 제공하는 학습 환경의 마련은 바람하지 못하다고 볼 수 있다. De Marco(1998)는 교사가 아동들의 운동 기능 수행을 효율적으로 진단하고, 창의적인 학습 환경과 장비를 제공하며, 언어적인 피드백을 신속하게 제공하기 위해서 체육에 대한 수업지식이 형성되어 있어야 한다고 주장하였다.

과제제시의 방법에 대해 자신이 경험한 운동종목이나 내용을 지도할 때에는 시범과 설명을 자신 있게 보이고 있었으나, 그 반대의 경우에는 과제제시에 자신이 없다는 공통된 현상을 보이고 있었다. 이것은 "교과 전문가들은 비전문가들의 경우 능력이 부딪쳐 할 수 없는 것을 그들의 전문성을 이용하여 교수(pedagogical) 활동을 구성할 수 있다"는 선행연구(Schempp et al., 1998)의 결과와 일치한다. 상대적이기는 하지만 교과 내용에 대한 전문성이 있기에 더 잘 가르칠 수 있었다고 보이며, 교사교육에 관한 연구들이 주는 시사점들을 연구하는 것이 교육 현장에 긍정적인 변화를 가져오는데 기여할 수 있다고 본다.

과제제시와 관련하여 교사들의 교수유형을 보면 과제 설명, 교사나 아동들의 시범, 연습이라는 운동기능 학습의 체계를 따르고 있었다. 여기에서 중요하게 생각할 문제는 과제 설명에 대한 부분이다. 예를 들면, 배구에서 오버토스를 할 수 있다는 교수목표가 정해졌을 때, 대부분의 교사들은 "얘들아, 선생님을 보면서 이렇게 따라 해보는 거야!"라는 식의 시범만을 보여주거나, 또는 "야, 저기 누구누구가 참 잘하는데 저렇게 해보지 않겠니?"라고 타인의 행동 결과를 그저 보게만 하고 자기의 것으로 만들어 보라는 식의 말은 과제제시가 불명확하게 이루어진 상황이다.

배구 토스를 가르치는 교수활동에서 나타나는 대부분의 문제는 교사의 정확한 언어제시와 시범이 이루어지지 않는다는 것이다. 그 결과, 가슴 앞에서 공을 손으로 친다거나 "저는 잘 못하겠는데요!"라는 답이 나오게 된다. 뿐만 아니라, 오버 토스를 하는 과정에서도 아동들에게 피드백을 제공할 때, "교사들은 이렇게 해야 한다!"라는 동작만을 보여줄 뿐, "이렇게 하는 것이 어떻게 하는 것이냐?"라는 물음에는 대답을 못하게 된다. 그렇기 때문에 간단한 언어적인 설명으로 과제제시가 정확하게 이루어지지 않으면 아동들의 활동에 정확한 피드백을 제공할 수 없을 뿐만 아니라, 교수활동에서 내용을 설명하고 시범을 보이는 데 걸리는 시간을 단축시키지 못하여 "아동들의 과제학습시간을 확보하지 못했다."라는 식의 답답한 결과를 가져오게 된다. "배구 오버토스는 이렇게 하는 거야!"라는 식의 시범보다는 배구토스가 이루어지는 과정, 즉 배구 오버토스의 기본은 '머리 위에서'라고 언어로 정확하면서도 간결하게 제시하면서 가르치는 사람의 시범이 동시에 이루어진다면, 아동들은 과제를 더욱 쉽게 이해하고 수업활동에 즐겁게 참여하게 된다.

따라서 현장에서 체육을 가르지는 교사들은 간결하면서도 정확하게 과제를 제시하는 방법을 배우기 위해 관련 문서나 인터넷 사료, 또는 역량 있는 교사교육자들과의 연계를 형성하는 것이 필요한 것이다. 그리고 아동들의 개인차를 고려한 과제제시가 이루어지기 위해서는 과제 내 변형(intratask variation)과 아동들의 선택에 의한 가르침(teaching by invitation)[1]이 제공되어야 한다.

## 제2절 준비운동과 정리운동이 꼭 필요한 이유는?

학생들에게 운동을 시작하기에 앞서 준비운동의 중요성을 인지시키는 것은 매우 중요한 일이다. 준비운동은 학령기의 학생들에게 바람직한 운동습관을 확립하기 위한 교육적 수단일 뿐만 아니라 토론과 시범, 연습 등과 같은 실질적

1) intratask variation과 teaching by invitation에 대한 논의는 Tjeerdsma(1995)를 참조하였다.

인 모둠활동을 위한 교육적인 수단으로서의 중요한 가치를 지니게 된다. 학생들이 준비운동을 해야 하는 이유는 준비운동이 학생들로 하여금 점차적으로 주어진 신체활동에 준비할 수 있도록 만들기 때문이다. 자동차나 자전거의 기어를 서서히 변속하는 것이 바람직한 것처럼 신체를 점차적으로 편안하게 해서 운동에 대한 준비를 하는 것이 현명한 것이다. 급하게 기어를 변속하듯이 운동을 시작하게 되면 신체에 불필요한 압박을 가하게 되어 불편하고 거북한 상태를 초래하고 피로를 쉽게 느끼도록 만든다. 효과적인 준비운동은 몸과 마음을 활동에 대한 준비를 하게 해주고 부상을 방지하고, 운동수행을 개선하는데 도움을 제공한다.

편안하고 서서히 운동을 시작하는 것은 운동 경험을 보다 안락하게 하고 근육 당김과 같은 상해가 일어날 가능성을 줄이도록 한다. 학생들은 활동 중에 근육을 당기는 경우가 많지는 않지만 좋은 습관을 일찍 형성하는 것이 무엇보다 중요하다. 학생들은 어릴 적부터 스트레칭을 하여 근육을 따뜻하게 하는 것이 운동을 할 때 필요한 중요한 준비 단계라는 것을 배워야한다. 긍정적인 운동 경험에 안전하게 참여하는 것은 신체활동에 장·단기적으로 참여하는 것을 효과적으로 장려하는 데 필수적이다. 학생들은 근육통을 느낄 수 있는 불편한 운동을 서둘러하게 되면 체육시간을 달가워하지 않을 수 있기 때문이다. 준비 운동을 하는 동안에 포함되어야할 활동으로는 가동(mobility) 운동, 맥박을 상승시키거나 몸을 데우는 활동 및 짧은 정적 근육 스트레칭 등이 있다.

첫째, 가동 운동은 주 활동(팔 돌리기, 옆으로 굽히기, 무릎 들어올리기 등)에서 사용될 관절들의 통제된 움직임이다. 이러한 운동들은 관절내의 체액을 따뜻하게 하고 순환시키어 좀 더 자유로운 활동을 가능하게 하고 활동에 대한 준비를 시켜준다. 아직도 차가울 때 근육이 빠른 속도로 가동 범위의 말단에 부담을 가하여 일어나는 부상의 위험이 있기 때문에 통제되지 않은 내던지는듯한 활동은 억제되어야 한다.

둘째, 맥박을 상승시키거나 몸을 데우는 활동으로는 걷기, 조깅, 스키핑,

옆으로 걷기, 행진 등이 있는데 이는 체온을 상승시킨다. 이러한 활동들은 심박율과 호흡률을 점차적으로 증대시킴으로써 심폐계통(심장, 폐, 혈관)을 준비시킨다. 따라서 이것은 근육에 좀 더 많은 산소를 공급하고 운동을 하는 동안 근육이 데워지게 진다. 학생들은 신체가 완전히 데워지고 알맞은 스트레칭을 하지 않고서는 활발한 전력 질주나 계속적인 점프를 계속해서는 안 된다.

셋째, 짧은 정적 근육 스트레칭은 안전하게 근육의 길이를 늘려주고 근육의 당김이나 뻣뻣함과 같은 부상을 막는데 효과적이다. 준비운동에는 달리기를 위한 장딴지 근육, 점프를 위한 사두근과 같은 근육처럼 주 활동에서 사용될 근육에 대하여 짧은 정적 스트레칭이 포함되어야 한다. 각 스트레칭은 6초에서 10초간 정지된 상태로 유지되도록 한다. 스트레칭에 익숙하지 않은 학생들은 처음에 짧은 시간만 하고 스트레칭 자세에 익숙해짐에 따라 점차적으로 시간을 늘리도록 한다. 그리고 이어지는 활동에 따라 가동 운동이나 맥박을 올리는 활동을 준비운동 안에 포함시킨다. 예컨대, 농구의 준비운동은 수업의 주제(공간 확보, 정확한 패스, 대인 방어 등)에 따라 간단한 활동을 구성해야 한다. 이것은 수업의 초점을 맞추는데 도움이 되고 학생들을 심리적으로 준비하도록 한다. 가동 운동과 맥박을 올리는 활동은 병행할 수 있다. 어떠한 순서로도 구성할 수 있고 시간을 효율적으로 사용하기 위해 걷거나 조깅을 하면서 어깨를 돌리는 것과 같이 동작을 결합할 수 있다. 근육이 데워졌을 때만이 안전하게 스트레칭이 시행될 수 있고 맥박을 올리거나 신체를 데우는 활동을 한 후에 스트레칭을 해야 한다(Alter, 1988).

정리운동은 학생들이 신체가 점차적으로 운동을 중지하는 것에 대한 준비를 하도록 해주고 뻣뻣한 근육통을 감소시키는 데 도움이 된다. 높은 기어에서 낮은 기어로 갑작스럽게 변속하는 것이 차에 무리가 가듯이 인체에도 무리를 줄 수 있다. 정리운동은 활발한 운동으로부터 심박 수와 호흡을 원래 상태로 회복시킨다. 또한, 근육의 피로를 풀어주면 혈액순환을 돕는다. 만약 운동 후 즉시 정리운동을 하지 않으면 혈액순환에 장애가 나타나고, 급기야는 피곤함과 어지러움을 유발할 수 있다. 이렇기 때문에 정리운동은 전력 질주나 점핑과 같은 활발한 운동을 한 후에 더욱 중요하다. 학생들은 서서히 활동을 약하게 하지 않으면 어지럽고, 기력이 없거나 구역질을 할 수 있다. 정리운동은 혈액순환이 안정상태로 서서히 낮추고 근육에 축적된 젖산 등과 같이 피로를 느끼게 하는 노폐물을 경감시킨다. 그러나 주 활동이 빠르고 격렬한 운동을 포함하지 않으면 특정한 맥박을 낮추는 운동이 필요하지 않을 수도 있다.

정리 운동은 맥박을 낮추거나 몸을 식혀주는 활동을 포함해야 하는데 근육 스트레칭이 역시 유용하다. 맥박을 낮추다가 몸을 식혀주는 활동은 가볍게 조깅하기, 걷기, 무릎 들어올리기와 같은 단순한 가동운동 등을 활용하여 그 강도를 점차적으로 편안하게 감소시키며 혈액 순환과 근육에 쌓인 노폐물을 제거하는 데 도움이 된다. 특히, 에너지를 많이 소모하거나 격렬한 활동을 한 후에는 정리운동을 하는 것이 매우 중요하다. 근육 스트레칭은 근육이 땅기지 않게 하여 유연성을 유지하는 데 도움이 되고 어떠한 근육통이라도 경감시키는 데 도움이 된다. 정리운동의 예를 들면, 던지기를 한 후에 가슴과 위 팔 아래쪽 근육을, 달리기나 점프를 한 후에 장딴지나 허벅지 근육을 풀어주는 것처럼 주 활동에 사용된 근육을 보다 긴 정적 스트레칭을 하는 것을 포함해야 한다. 이때, 각 스트레칭은 10초에서 12초 동안 정지된 상태에서 시행되어야 한다. 준비운동과 마찬가지로 스트레칭에 익숙하지 않은 학생들은 처음에는 스트레칭을 짧게 하고 스트레칭 자세에 익숙해져 감에 따라 시간을 점차적으로 늘리는 것이 효과적이다.

준비운동과 정리운동은 매우 중요하기 때문에 수업 종료시간이 연장되더라도 반드시 실시해야 한다. 이러한 과정은 바람직한 운동 습관의 형성과 평생교육 차원에서도 긍정적인 영향을 미치게 된다. 정리운동을 실시하지 않는 것보다는 차라리 주 운동을 짧게 하는 편이 더 바람직하다고 할 수 있다. 또한, 정리운동 시간은 교사가 학생들로부터 개별적인 피드백을 제공받고, 핵심 사항을 점검할 수 있는 좋은 기회가 된다.

# 제15장
# 과제 내 변형을 활용한 교사의 교수전략

교사들은 체육수업에서 아동들이 게임과 놀이를 통해 즐거움과 체력향상을 가져와야 한다는 부분을 상소하면서도 정작 게임과 놀이가 진행되는 수업 과정에서 학습자 개인의 수준에 적합하게 제공되는 과제 내 변형이 이루어진 게임수업을 수행하지 못하고 있다. 과제 내 변형은 아동과 교사 간의 상호작용이 이루어지는 과정에서 교사가 개입하면서 과제를 조정하여 개별 아동들이나 소집단 구성원에게 어렵게 혹은 쉽게 만들거나 좌절을 느끼는 아동들에게는 좀 더 쉬운 과제를 제시하는 것을 포함한다. 여기서 중요한 것은 과제에 대한 교사의 결정이 아동들의 능력이나 관심사에 관한 교사의 지식에 근거한다는 것이다. 물론 과제 내 변형이 한 학급의 모든 아동들의 요구를 충족시킬 수 있도록 과제를 만족스럽게 조정할 수 있는 보장된 해결책은 아니다. 다만, 과제 내 변형은 특정한 시간과 수업에서 다소의 아동들에게는 효과적일 수 있는 긍정적인 측면을 지니고 있다. 따라서 과제 내 변형에 대한 성공의 가능성을 높이기 위해 교사들은 학습자의 발달수준에 적절한 게임을 통해서 아동들에게 흥미를 유발하도록 하여 게임 활동에 관심을 갖고, 적극적인 참여를 유인하는 안내자 역할을 수행해야 한다. 즉 교사들은 아동들에게 기본 운동기능의 발달을 촉진하고, 운동수행 방법을 경험하도록 하여 역동적인 게임 상황에서 운동의 수행능력을 발휘하도록 자극할 수 있어야 한다.

본 글은 피구(Dodgeball)를 게임의 주제로 선정하여 초등학교 5학년 아동들의 기능별 수준에 적합하도록 과제 내 변형 게임을 설계하고 적용한 체육수업에서 아동들이 경험한 게임에 대한 인식의 내용과 논의를 중심으로 정리하였다.

## 제1절 신체활동에 대한 변화

아동들은 과제 내 변형 게임수업을 통해 기본 운동기능에 변화를 보였다. 즉 아동들은 공간의 크기, 모둠원들의 인원수, 정적인 던지고 받기, 동적인 던지고 받기 등의 과제 내 변형 게임을 하면서 공에 대한 두려움이 줄어들었고, 패스와 공을 다루는 기능에 변화를 보였으며, 공을 피하는 방어적인 기술에서도 향상을 보였다. 또, 아동들은 게임 활동 전에 동기유발로 제공한 긴 줄넘기 뛰어넘기와 줄을 뛰어넘으면서 빠르게 공을 전달하는 게임을 통해 순발력에서 변화가 나타나고 있었다. 이 과정에서 순발력이 좋은 아동들은 게임수업에서 리더로서의 역할을 함과 동시에 모둠원으로부터 인정을 받고 있었다.

그 밖에도 아동들은 변형게임을 통해서 게임에 대한 이해와 전술을 이해하게 되었다는 견해를 가지고 있었다. 전술은 짧은 시간의 제한 속에서 실행되는데, 이때 요구되는 문제해결을 위한 의사결정은 게임의 규칙, 상대 모둠원과의 관계, 자신이 수행할 수 있는 기술 등에 대한 지식을 요구한다. 이러한 일련의 지식을 기반으로 게임 상황을 파악하는 것이 전술적 이해인데, 이 부분이 변형 게임수업을 통해 형성된 것이다.

뿐만 아니라, 과제 내 변형 게임수업을 통해 체력과 건강에도 변화가 나타났다. 이 연구에서 차시별로 안내된 변형 게임수업을 진행한 결과, 과제참여시간이 증가하면서 운동량이 많아 체력이 향상되고 있는 것으로 밝혀졌다. 게임수업에서 체력향상은 과제 내 변형 게임수업의 의도한 결과는 아니었지만, 과제를 수행하면서 대기시간과 이동시간이 적어야한다는 게임의 특성상 아동들은 변형 게임이 이루어지는 동안 주어진 과제활동에 몰입하면서 많은 시간을 보내고 있었다. 특히, 사각의 변형 피구는 아동들이 움직여야할 공간이 하나 더 생겼기 때문에 분주히 빈 공간을 찾아서 움직여야만 했다. 이러한 이유로 아동들은 자신의 신체를 보호하면서 과제 수행의 목적(상대방을 맞추는 일)을 달성하기 위해 움직이게 되었다. 과제 내 변형 게임수업은 일반 게임에서 이루어지는 대기시간과 이동시간의 소비를 줄이고, 주어진 과제활동에 전념하면서 게임의 참여시간을 극대화시키는데 기여하고 있었다.

## 제2절 학습 환경을 통한 변화

전문적인 교사들은 효율적인 학습 환경을 아동들에게 제공할 목적으로 학습 환경을 변화시키기 때문에 체육을 지도하는 교사들은 효율적인 체육교수가 이루어지도록 교수활동에 필요한 자료를 신속하게 준비할 수 있어야 한다. 본 내용에서도 아동들은 학습 환경을 변형하고, 새로운 장비가 투입되도록 설계된 게임수업에서 적극성을 보이고 있었다. 즉 공간과 공의 크기 변화와 맞추어야 할 부위에 대한 규칙의 변화가 제공된 수업에서 즐거움을 경험한 것이다. 평소에는 장비가 사용된 게임수업에 관심이 없던 아동들도 신문지, 긴 줄넘기, 그리고 다양한 크기의 공이 준비물로 사용된 게임수업에 관심을 갖고 참여하였다. 교사들은 아동들에게 적극적인 수업활동을 제공하기 위해 수업에 필요한 각종 자료를 고안하거나 변형하는 노력이 있어야 한다는 중요성을 확인하는 계기가 되었다.

또, 아동들은 거리와 높이가 조절된 던지기와 잡기의 공놀이 게임과 변형 피구에서 바쁜 움직임을 보였다. 즉 네모를 반으로 나누어 이쪽과 저쪽으로 팀을 구분하는 기존의 게임유형에서 경기장을 4칸의 사각형과 타원 형태로 제시한 공간 크기에 변화가 제공된 피구에서 적극성을 보인 것이다. 아동들은 단순히 게임의 형식만 변형하는 것이 아니라, 규칙에도 변형이 제공된 게임 활동에 재미를 느끼고 있었다. 정해진 규칙에 융통성이 가미된 변화를 주다보니, 남학생과 여학생이 서로 어울려서 활동하는 게임이 이루어졌고, 이를 통해 남녀 아동들이 함께 참여할 수 있는 기회가 제공되었다. 결국 과제 내 변형 게임은 남녀 혼성수업에 대한 인식의 제고와 아동들 각 개인의 사고의 변화에도 긍정적으로 작용하는 동기가 되었던 것이다.

## 제3절 상호작용에 대한 변화

아동들은 게임수업에서 상호작용의 특징으로 협동과 긴밀한 교우관계를 경험하고 있었다. 게임수업은 아동들에게 다양한 협동의 경험과 교우관계의 형성, 팀워크를 강조하는 계기가 되며, 바쁘고, 즐겁게 수업에 참여하도록 하는 긍정적인 작용을 한다. 본 내용에서도 아동들은 변형 피구게임으로 제시한 술래를 피해서 공 던지고 받기의 활동에서 술래에게 공을 뺏기지 않으려고 노력하였다. 처음에는 자기가 좋아하는 친구에게만 공을 던져주다가 술래에게 뺏기는 경우가 자주 있었다. 아동들은 게임에 참여하는 시간이 증가하면서 좋아하는 친구만이 아니라, 모둠의 다른 구성원들에게도 공을 던지게 되었고, 그 과정에서 새로운 친구들과 공을 주고받았다. 서로에게 이러한 모습이 자극제가 되었는지, 게임의 과정에서 패스하는 모습을 자주 보였다.

모둠별로 이루어진 변형 게임 활동 후에 변형 피구를 재실행하였는데, 그 과정에서 아동들은 이전보다 움직임이 활발하였고, 모둠원들은 긍정적인 상호작용을 하면서 패스를 하였으며, 개인 위주의 활동에서 벗어나 모둠원들과 상호작용하는 활동으로 게임의 활력을 되찾고 있었다. 따라서 교사들은 게임수업에서 아동들이 수업에 즐겁게 참여할 수 있도록 과제에 대한 안내와 게임을 통해서 친구들과 상호작용의 모습이 나타날 수 있도록 조력자의 역할을 수행해야 한다.

## 제4절 과제 내 변형 게임수업에 대한 논의

본 내용에서는 초등학생들에게 과제 내 변형 게임을 설계하고 적용한 상황에서 드러난 초등학생의 세 가지 변화에 대해 논의하고자 한다.

첫째, 신체활동에 대한 변화가 중요하다. 현대인은 건강한 삶에 대한 욕구인 웰니스(wellness)가 높아짐에 따라 체육활동에 대한 관심이 증가하고 있다. 이러한 체육활동은 개인의 건강을 관리하고, 올바른 습관과 태도를 형성하는 것이라고 할 수 있다. 운동을 선호하는 사람들은 어릴 적부터 움직이는 활동에 참여하는 것으로 나타났다. 성장하면서도 항상 움직이는 것이 몸에 배어있어야만 성인이 되어서도 운동하는 습관을 형성하게 된다. 이 연구에서는 초등학생들의 발달단계에 적합한 게임을 마련하여 아동들이 게임 활동에 즐겁게 참여하는 가운데 게임에 대한 흥미를 갖도록 하는데 관심을 기울였다. 결국 아동들은 변형게임의 참여를 통하여 기본 운동기능의 측면에서 긍정적인 변화를 경험하고 있었다. 기본운동 기능과 관련하여 초등학생에게 제공되는 운동들은 발달 단계적 나이와 신체적 능력에 부합될 수 있어야 한다. 동일한 나이의 아동들일지라도 발달 단계적 나이로 보면 차이가 날 수도 있기 때문에 차별화가 이루어진 변형된 과제를 제시하는 것이 무엇보다 중요하다. 또, 게임에서 아동들이 운동 종목이나 속도 그리고 거리 및 장비를 선택할 수 있도록 그들 자신의 수준에서 제시된 과제를 수행하도록 하는 것이 무엇보다 중요하다고 볼 수 있다.

둘째, 학습 환경에 대한 변화가 수반되어야 한다. 초등학생들은 체육수업의 내용 중 게임영역에 대하여 높은 선호도를 보이고 있다. 제 7차 초등학교 체육과 교육과정에 따르면 구기 종목을 중심으로 한 게임영역이 30퍼센트 이상을 차지하고 있고, 실제로 현장에서 이루어지는 대부분의 체육수업이 게임중심으로 진행되고 있다. 이 부분은 우리나라만이 아니라, 미국의 경우에도 전체 체육교육과정에서 게임을 가르치는 수업이 약 65%에 이르고 있는 등 실제로 진행되는 현장 체육수업의 대부분이 게임수업이라고 해도 과언이 아니다. 이러한 게임수업의 비중을 감안하여 게임수업 중 변형이 제공된 게임수업을 제공하여 아동들의 게임수업에 대한 인식을 살펴본 결과, 초등학교 아동들은 게임수업에서 창의적인 학습 환경과 장비 제공의 필요성, 게임 활동을 통한 즐거움 만끽 그리고 원형의 게임 활동에 대한 아쉬움 등의 모습이 드러났다.

흔히 게임수업을 보면 원형게임을 그대로 적용하다보니, 아동들의 발달수준에 맞지 않는 경우가 종종 발생하게 된다. 이러한 활동이 누적되어 아동들은 게임은 단순히 잘하는 아동들만의 소유물인양 인식을 해왔다. 하지만 제 7차 초등학교 체육교육과정에서는 게임중심 수업 모형을 적용한 아동들의 인식과 전략에 관심을 두고 있다. 이러한 측면에서 이 연구는 학습자의 수준에 맞게 제공된 과제 내 변형 게임을 통하여 게임수업에 대한 아동들의 인식의 변화와 게임수업을 이끌어가는 전략을 경험하도록 자극하는 발달단계에 적합한 수준별 게임수업을 설계하였다. 아동들은 이러한 활동에 참여하면서 평소에 경험하지 못했던 자신의 신체 움직임에 적합한 수준의 게임에 참여하면서 자신감과 게임에 참여하는 태도에서 적극적인 모습과 즐겁게 참여하는 등의 긍정적인 요소들이 나타나고 있었다. 하지만 일부의 아동들은 원형 게임의 규칙을 바꾸거나 학습자의 수준을 고려한 게임 활동이 새롭고, 색다른 재미를 제공한 게임 활동에 즐겁게 참여를 하면서도 한편으로 게임 활동에 대한 불만의 소리도 들렸다. 아동들이 변형이 제공된 게임 활동에서 게임의 방법과 종류에 대해 아쉬움을 드러내는 것은 학습과제가 자신들이 평소에 활동하던 놀이의 형태와 게임의 규칙이 다르게 제공되고 있기 때문인 것으로 사료된다.

셋째, 아동들과의 상호작용을 통한 공존지수(network quotient)의 형성이 요구된다. 아동들은 체육수업에서 동료들을 이해하고 배려하며, 협동심을 발휘하여 당면한 문제를 해결하기보다는 포기하거나 경쟁하고, 대립하며, 남의 탓으로 돌리는 경향이 있다. 이러한 문제점을 해결하기 위해서 교사들은 스포츠와 게임 등의 신체 관련 활동들에 협동학습의 요소들을 적용하여 보다 효율적인 운동기능의 향상을 기하고, 친 사회적인 인성의 도야 방안을 연구해야 한다. 또,

과제의 난이도와 변형을 통하여 아동들의 참여를 증대하고, 이를 토대로 아동들 간의 상호작용 증대에 관심을 기울여야한다.

연구의 참여자들은 과제의 난이도에 대한 변형이 제공된 게임수업을 통하여 당면한 문제를 혼자보다는 친구와 서로 의논하고, 협동하면서 게임수업을 전개하면서 협동적인 태도의 형성과 교우관계에 긍정적인 모습을 보이고 있었다. 이는 스포츠교육모형에서 팀 선정과 조직 그리고 다양한 역할 부여로 아동들에게 협동할 수 있는 기회를 제공하게 되고, 이를 통해서 아동들은 협동의 중요성을 학습하는 것과 마찬가지로 연구에 참여한 아동들도 변형이 제시된 과제활동에 참여하면서 자신의 역할을 충실히 수행하면서 모둠원들과 협동하는 게임의 참여모습을 보인 것이다.

초등학교 체육교육과정의 내용 중 게임단원은 다른 어떤 단원보다도 아동들 간의 상호작용을 최대로 고양시킬 수 있는 특성을 가지고 있다. 게임의 특성상 혼자보다는 여러 명의 아동들이 함께 어울려서 활동하는 과정에서 그 효과를 극대화 할 수 있게 된다. 이러한 측면에서 아동들의 미래는 혼자보다는 친구들과 서로 어울려서 살아가는 공존지수가 높은 아동들이 성공을 하게 되고, 미래의 선도적인 주인이 되기 위한 첩경임을 인식해야 한다. 사람들이 함께 살아가야 한다는 당위성은 나 혼자서 할 수 없는 일들을 친구들과 서로 도와가면서 문제를 해결하는 방법이 쉽다는 진리에서 보는 바와 같이 학교 체육수업에서도 혼자의 활동보다는 친구들과 서로 어울려가는 가운데 도움을 주고받는 것이 체육의 가치를 높일 수 있는 과정임을 인식할 때, 체육활동에서 아동들의 상호작용을 극대화할 수 있는 게임수업의 제공은 체육의 위상을 드러내기 위한 전략의 요소가 될 수 있다. 논의에 대한 결과를 볼 때, 과제 내 변형이 적용된 게임수업은 초등학교 체육교육에서 효율성이 높으며, 아동들의 흥미를 유발하고, 즐거운 마음으로 참여하도록 이끌어 수업목표에 부응할 수 있다는 사실을 확인하였다. 따라서 교사들은 게임수업에서 가르치고자 하는 종목의 기능과 그 종목이 가지는 특징을 토대로 게임을 운영하는 방법에 대한 이해와 게임에 대한 창의적이고, 체계적인 수업계획을 마련해야 한다. 아울러 게임을 지도하는 교사들은 학교 현장에서 게임수업의 교육적 가치를 깊이 있게 인식하면서 효과적인 게임수업을 제공하기 위한 방안의 마련에 몰입해야 할 것이다.

# 제16장 스포츠교육 연구 계획서 작성하기

## 제1절 연구자의 자질

연구 계획서는 쉽게 쓸 수 있는 것이 아니다. 다양한 연구 방법론에 대한 이해와 무엇인가를 찾기 위해 끊임없이 탐구하는 열정이 필요하다. 다음의 내용은 스포츠교육자가 질적 연구를 수행하는 과정에서 갖추어야 할 자질이다(김영천, 2006에서 재인용).

첫째, 연구는 소외되지 않은 노동이어야 한다. 연구는 연구 집단, 연구재단, 연구참여자들의 관여와 협조가 절대적이다. 연구는 연구자 개인을 만족시키는 것 이외에도 연구에 관련된 모든 이익 집단들의 협동을 필요로 한다.

둘째, 연구자가 갖추어야 할 덕목은 호기심과 현재 지도적인 패러다임에 대한 불만족이다. 연구자는 전통적인 연구방법을 사용하여 기존의 지식을 조금씩 증가시키는 것이 중요하지만 그보다 더 의미 있는 것은 전통적인 이해를 넘어 새로운 통찰력을 발견하기 위한 노력이다.

셋째, 연구는 개인적인 활동이기 때문에 연구보고서는 연구의 경험에 대한 생생한 기술을 담고 있어야 한다. 보고서에는 연구자가 자신의 가치를 어떻게 잠재적으로 위치시켰는지를 자세하게 기술할 수 있어야 한다. 연구 활동에 대한 이러한 기록은 연구 결과를 증명하기 위한 필요뿐만 아니라 독자를 자극하기 위한 것이어야 한다. 무엇보다 연구자는 자신의 독자에게 다가갈 수 있는 글쓰기 기술을 간직해야 한다.

넷째, 연구는 순환적인 글쓰기를 통해 지금의 글을 새롭게 변환하는 노력을 끊임없이 지속해야 한다. 비록 지금의 글이 완벽하다할지라도 이를 새롭게 고치려는 각고의 노력이 기울어질 때, 나만의 글이 새롭게 탄생할 수 있다(고문수, 2010).

다섯째, 누구라도 연구 방법론에 대한 훈련과 노력 없이 좋은 연구를 할 수 없고 좋은 논문을 쓸 수 없다. 반드시 일련의 학습과 훈련을 통해서 연구의 능력을 향상시켜야 한다(유정애, 2004).

좋은 연구를 수행하기 위해서는 연구방법론(research methodology)과 연구방법(research method)에 대한 이해가 필요하다. Potter(1996)에 의하면 방법론은 연구 목적을 성취하기 위한 수단을 산출하는 전략들을 말하며, 연구방법은 이 목적들을 성취하기 위한 서비스로 사용되는 기법을 의미한다. 방법론이 '청사진' 이라면 방법은 '도구' 로 이해될 수 있다. 예컨대, '방법' 이 연구 결과를 얻기 위해 사용되는 특수한 활동으로 다양한 실험설계, 표집절차, 측정도구, 자료의 통계적 처리 등을 포함한다. 방법은 지식을 추구하기 위해 사용되는 세부적이고 논리적인 계획이나 절차를 말한다.

한편, '방법론' 은 방법(method)이라는 단어에 논리(logos)를 추가한 것으로 지식을 얻기 위해 활용되는 계획에 대한 연구를 의미한다. 이처럼 '방법론' 은 현상에 대한 이해를 성취하기 위해 수행하고자 하는 가능한 계획을 검토하는 것이다(유정애, 2004).

## 제2절 연구 계획서 쓰기

※ 자신의 관심 분야를 토대로 연구 계획서를 작성하고, 연구를 수행하면서 도출된 결과를 연구 동료의 점검과 연구조언자의 코멘트를 바탕으로 자신만의 창의적인 글쓰기에 도전해보자.

### 연구제목

| |
|---|
| |

### I. 서론: 관심 갖기

| |
|---|
| |

## II. 연구방법 : 연구를 어떻게 할 것인가?

### 1. 체육문화

2. 연구자의 위치

3. 연구참여자

## 4. 자료수집

### 1) 심층면담

### 2) 참여관찰

3) 연구참여자의 일기

4) 문서자료

5. 자료분석

6. 자료의 진실성

7. 연구윤리

## Ⅲ. 연구 결과 : 새롭게 알게 된 것은 무엇인가?

### 1. 상위주제

### 가. 하위주제

1) 하위주제에 따른 글쓰기

2) 하위주제에 따른 글쓰기

나. 하위주제

1) 하위주제에 따른 글쓰기

2) 하위주제에 따른 글쓰기

## 2. 상위주제

### 가. 하위주제

1) 하위주제에 따른 글쓰기

2) 하위주제에 따른 글쓰기

나. 하위주제

1) 하위주제에 따른 글쓰기

2) 하위주제에 따른 글쓰기

## Ⅳ. 논의: 연구결과를 분석하고 해석한 내용은 무엇인가?

### 1. 핵심주제

논의(분석과 해석)

## 2. 핵심주제

논의(분석과 해석)

3. 핵심주제

논의(분석과 해석)

## V. 결론 및 제언: 관심에서 나오기

### 1. 결론

### 2. 제언

## 참고문헌

〈부록〉 프로젝트 연구계획서(예시)

# 학교폭력 예방을 위한 용서 함양 신체활동 프로그램 개발 및 적용에 관한 해석적 실행연구[1)]

## 1. 서 론

### 1) 연구목적, 연구의 필요성

"나쁜 기억을 지우는 가장 좋은 방법은 용서입니다."

이 말은 아이러니하게도 기억력 천재로 알려진 '카츠'가 한 말이다. 그는 나쁜 기억을 지우는 가장 좋은 방법으로 '용서'를 꼽았으며, 영어 단어 '용서하다'(forgive)와 '잊다(forget)'가 비슷한 부분에 대하여 우연이 아니라고 말한다. 남과 자기 자신을 용서할 수 있어야 나쁜 기억을 지울 수 있다는 것이다(연합뉴스, 2013.05.28). 하지만 용서는 나쁜 기억을 지우는 것뿐만 아니라 자존감 향

1) 이 글은 2014년 한국연구재단 인문사회분야 학술지원사업 신진연구자지원과제에서 선정된 고문수(2014)의 연구계획서 내용을 수정하여 제시한 것이다.

상, 대인관계 향상, 신체 건강 등의 긍정적인 효과가 있다는 연구 결과들이 보고되었다(Enright, 2001; Fitzgibbons, 1986; Hope, 1987; Worthington, Sandage & Berry, 2000). 이러한 결과들만 보아도 학교폭력을 예방하는 데 '용서'가 매우 효과적인 동기가 될 수 있을 것으로 보인다.

최근 자신을 험담했다는 이유로 같은 반 친구를 집단 폭행하고, 암매장한 고등학생들이 구속되는 사건이 있었다. 청소년이 저지른 죄라고 믿기지 않을 정도의 참혹한 사건이었다. 과연 이러한 사건의 발단이 소중한 인간의 생명을 빼앗아갈 만한 일이였는지, 이 사건의 발단을 다시 한 번 되짚어 보고자 한다. 사건의 발단은 '자신을 험담' 했다는 사실이다. 험담은 학교에서 흔히 발생하는 아니 유치원생부터 성인에 이르기까지 어디서나 존재하는 현상이다. 물론 험담의 발생을 옹호하는 것은 아니다. 하지만 여기서 중요하게 생각해야 할 점은 '험담'이 아니라 '험담을 받아들이는 마음'이다. 교사들은 종종 누군가의 험담으로 인해 분노를 참지 못하는 학생들을 지도할 때, "너를 험담한 것은 나쁘지만, 너만 진실하면 신경 쓰지 마렴."이라고 설득하곤 한다. 하지만 그 사건의 시작점에서 자신을 험담한 친구를 용서했다면 결과는 어떻게 바뀌었을까?

학교폭력은 학교 안팎에서 발생하는 신체적 폭력(구타, 집단 폭행)과 정서적 · 성적 폭력(인격모독, 집단 따돌림 등)과 같은 유형 · 무형의 모든 폭력행위를 말한다(이순래, 2002; 정희태, 2011). 최근 학교폭력의 유형과 정도는 점점 교묘하게 은밀화 되고 있는데, 그 예를 보면 집단따돌림, 사이버 폭력(예: 인터넷 아이디를 도용하거나 게시판에 욕설을 올려놓기 등), 돈이나 물건을 빼앗기, 심한 욕설이나 협박, 폭행 등을 들 수 있으며, 특정 의류 브랜드를 통한 계급문화, 빵셔틀(자신보다 힘이 센 학생들에게 강요당해 빵이나 담배 등을 사오는 잔심부름을 하는 학생이나 혹은 그 행위 자체를 일컫는 신조어로, 학교폭력을 배경으로 탄생한 용어)의 형태로 나타나고 있다. 또한 초 · 중 · 고가 연계된 학교폭력은 또 다른 심각한 문제를 야기한다. 즉 중학생들이 6학년 학생 중 자신들의 모임(일진회 같은 모임)에 포섭하기 위해 갖가지 방법을 사용하고 있다. 회유책에서부터 협박, 폭력까지 그 형태가 다양하다. 이와 같이 학교폭력 문제는 학교 자체만의 해결보다는 지역사회가 함께 힘을 합쳐야만 가능할 것이다.

최근에는 학교폭력 이슈에도 불구하고 이것이 일상화되어 가고 있으며 폭력을 인식조차 못하는 경향을 보인다. 그 중 대표적인 것이 빵셔틀(46%), 졸업빵, 홈피욕설과 악성댓글을 다는 것, 성적인 모욕감을 주는 것, 원하지 않는 행동을 강요하는 것 등이다. 이러한 예들이 바로 학생들이 자신의 행동이 학교폭력인지 아닌지 조차 모르는 상태로 학교폭력을 가하고 있음을 보여준다. 김재운(2012)은 학교폭력 예방교육은 학생들의 학교폭력 인식에 대한 개선에 효과적임을 강조하며, 이에 대한 근본적인 대책이 필요함을 피력하였다. 학교폭력은 피해학생에게는 씻을 수 없는 큰 상처를 남긴다. 임재룡(2011. 1. 29)은 청소년기에 또래 관계에서 오는 심리적인 고통, 자아존중감 상실, 수치감, 무기력감, 좌절감 등은 학교폭력 피해 학생들에게 몸에 상처가 나는 것 보다 더 큰 고통을 야기한다고 밝히고 있다.

특히, 학교폭력 피해 경험이 있는 학생이 그렇지 않은 학생보다 가해학생이 되는 비율이 더 높은 것으로 나타났다(이경미 · 박태우, 2011. 12. 27 재인용). 이는 결국 다른 학생을 용서하고 배려하려는 마음 없이 나의 피해 보상을 또 다른 학생에게 가하는 재생산의 과정을 낳게 되는 것이다. 학교폭력의 또 다른 심각한 문제는 가해자가 성인이 되어 다시 범죄를 일으킬 가능성이 높다는 것이다. 반면, 피해 학생들은 오랜 시간 동안 외상 후 스트레스 증후군과 같은 엄청난 정신적 상처에 고통 받게 된다. 결국 학교폭력의 행동적 외연적 해결은 진정한 의미의 해결책이 아닌 임시방편적 해결일 뿐이다. 그 당시에는 해결이 된 것 같은 착각이 오히려 추후에 더 큰 피해를 양산할 수도 있기 때문이다. 내면의 변화 없이는 가해자도 피해자도 더 큰 피해만 받게 될 뿐이다. 내면적인 변화와 함께 행동의 변화가 이루어지기 위해서는 피해에 대한 나쁜 기억을 잊어야만 한다. 서두에서 밝혔듯이 나쁜 기억을 잊기 위해서는 자기용서와 타인용서를 통해 정서적 · 신체적 건강을 찾는 것이 중요하다.

학교 차원에서 학교폭력 신고전화 117 운영, 스쿨 폴리스 도입, 학교폭력 관련 법안 및 대책위 운영 등 상당히 많은 노력을 기울여 오고 있지만, 학교폭력은 쉽게 줄어들지 않고 있다. 학교나 정부 그리고 학자들에 이르기까지 학교폭력 발생 이후의 시점부터를 학교폭력의 시작이라고 생각해 왔다. 그래서 대부분의 학교폭력 프로그램이나 처치들이 학교폭력 발생 이후의 것으로 가해자나 피해자들의 관점에서 주로 다루어졌다(오문섭, 2010; 나명흔, 2006; 윤필규, 2004; 전정우, 이창용, 2006; 손준구, 2001). 물론 학교폭력의 예방차원에서 진행된 연구들도 있다(고문수, 2013b; 김재운, 2012; 엄혁주, 2012). 하지만 이러한 연구들은 학교폭력의 예방차원이라고는 하지만 단순히 신체활동, 팀 활동, 단체 활동 그리고 상담 등의 참여로 예방될 수 있을 것이라는 예측적 한계를 갖고 있다. 위의 연구에서는 행위에 대한 예방적 차원에서 학생 내면의 변화보다는 행동의 변화만을 다루었다.

한편, 학생의 내면에 자리하고 있는 미움과 분노 등을 조절하는 것은 일차적인 예방일 뿐이고, 진정한 변화는 상대방을 용서하는 데에서 출발할 필요가 있다. 위에서 제시한 사건을 되짚어보면, 험담을 들었을 때 분노를 조절하거나 미움을 없애기 위한 행위를 교사나 중재자가 미리 알았다면 미연에 방지할 수도 있었을 것이다. 그러나 이는 그 당시에는 가능할지 몰라도 험담을 당한 학생들이 상대방을 용서하지 않은 상황에서는 언제든지 재발할 수 있는 것이다. 이렇듯 용서는 주변 친구나 다른 사람들 모두에게 긍정적인 결과를 초래하고 상호간에 발생하는 갈등을 성공적으로 해결해 주는 가장 효과적인 방법이다(고문수, 2006). 더욱이 용서는 피해학생이 가해학생에게 갖게 되는 분노, 미움, 두려움 등을 포기하거나 없애줄 뿐만 아니라 상대방에 대한 입장이나 상황을 이해하고 공감해주는 전형적인 친사회적 이타행동이 될 수 있음을 기억해야 한다(McCullough, et. al., 1998).

이렇듯 용서는 과거부터 중요한 미덕이나 가치로 여겨져 왔음에도 불구하고, 이에 대한 명확한 개념이나 과학적 경험을 바탕으로 한 연구들이 미진하였다. 이것은 용서를 종교적 차원에서 구원과 사랑의 측면으로만 바라 본 결과이다. 그럼에도 불구하고 용서에 대한 경험적 연구는 1980년대 후반부터 행동 · 사회 과학자들에 의해 체계적인 연구가 진행되었으며, 개념화 연구는 1990년대 말부터 진행되었다. 이러한 결과로 용서는 관념적 접근에서 과학적 접근으로 변화하기 시작하였다(Worthington, 2005).

용서 개념의 관점도 McCullough 등(1998)은 대인 간 용서(interpersonal forgiving)로, Mauger 등(1992)은 자신과 타인에 대한 용서로, Enright와 HDSG(1996)는 자기용서의 중요성 그리고 Thompson 등(2005)은 용서를 지각된 침해에 대한 재구조화로서 접근하였다. 이러한 관점의 다양한 변화에 따른 혼란은 용서 개념에 대한 연구가 더 필요함을 시사한다. 용서는 행복의 관점에서 대인관계 갈등으로 인한 상처의 효과적인 치유(권석만, 2006)이고, 대인관계 문제 해결과 예방 그리고 학교폭력 갈등의 문제 해결과 예방책으로 상담학과 교육 현장에서 그 중요성이 부각되고 있는 실정이다. 이에 학교폭력의 예방적 차원으로서 용서에 대한 개념화 과정과 이를 측정하고 활용할 수 있는 척도의 개발 그리고 용서 관련 신체활동 프로그램이 시급히 개발되어야 할 시점이다.

학교폭력은 사안발생 보다는 예방적 차원에서 다루어져야 하며, 이 또한 신체활동을 통한 용서 프로그램 방안이 가장 설득력 있게 받아들여지고 있다. 선행연구에서도 학교폭력 해결을 위해 스포츠의 중요성을 강조하며, 적극적인 신체활동은 움직임 욕구의 해소와 함께 심리적, 사회 · 정서적 측면에서의 다양한 필요와 욕구를 충족시켜주는 열쇠가 된다는 점에서 청소년들의 긍정적인 성장과 발달에 필요한 요소가 된다고 밝힌바 있다(오문섭, 2010; 나명흔, 2006; 윤필규, 2004; 전정우, 이창용, 2006; 손준구, 2001). 왜냐하면 적극적인 신체활동은 신체와 체력 증진과 더불어 자신감, 즐거움, 인내심 그리고 행복을 경험하도록 하기 때문이다(김재운, 2012). 그러나 선행연구들을 살펴보면, 단순히 스포츠 활동 참가에 따른 학교폭력의 긍정적 효과만을 제시하였을 뿐, 체육수업이나 스포츠 활동을 통해 학교폭력을 예방하고 해소할 수 있는 구체적인 용서 함양 신체활동 프로그램은 아직까지 제시되지 못하였다.

이러한 측면에서 본 연구는 용서를 바탕으로 초등학교 학생의 학교폭력 예방을 위해 용서 함양 신체활동 프로그램을 개발하여 적용 한 후, 이를 토대로 중학교에 확대 보급하는 데 그 목적이 있다. 먼저, 초등학교에서 학교폭력 피해사례가 접수된 학교의 학생과 현장 교사들의 개방형 설문과 면담 그리고 국내 · 외 문헌연구로 '신체활동을 통한 용서 과정' 개념화를 통해 구성요소들을 추출한 후에 용서과정 척도를 개발하고, 프로그램의 효과검증을 토대로 초 중학교 현장에 적용하고자 한다.

### 2) 중점 연구내용

본 연구는 학교폭력 예방을 위한 용서 함양 신체활동 프로그램을 개발하고 적용하는 종단연구로서 총 3년으로 계획되어 있다. 특히, 초등학교 학생의 학교폭력 예방을 위해 개발된 용서 함양 신체활동 프로그램을 중학교 1학년 학생들에게 확대 보급하는 데 그 목적이 있다. 특히, 양적 연구와 질적 연구를 혼합하는 연구를 통해 연구의 객관성을 확보하고, 연구참여자의 심층적인 이해를 탐색할 것이다. 구체적인 연구내용은 다음과 같다.

1년차에는 집단 따돌림 등 학교폭력 피해사례가 발생하는 연령이 점점 낮아지고 있는 시점에서 초등학생과 체육관련 전문가 및 교육자를 대상으로 기초조사를 실시하고, 신체활동을 통한 용서과정 개념화를 통해 구성요소를 추출한 후, 이를 바탕으로 용서과정 척도를 개발할 것이다.

2년차에서는 1년차에서 추출된 주제를 통해 프로그램을 구안하고, 개발된 프로그램을 6학년 학생들에게 적용하여 인성의 한 구성 요소인 용서를 수업 속에서 구현하고자 한다.

3년차에서는 1, 2년차에서 개발되고 적용된 프로그램을 중학교에 확대 적용 · 보급할 예정이다. 초등학생과 중학생은 1~2년 차이에도 불구하고 외연적인 변화는 물론 내면적인 변화 또한 그 폭이 넓기 때문에 학교폭력 예방을 위한 용서 함양 신체활동 프로그램은 반드시 연계해서 개발될 필요가 있다. 본 연구에서 계획된 3년의 연구 계획과 연구참여자들은 서로 독립적이라기보다는 지속성을 갖는 종단연구인 학교폭력 예방을 위한 용서 함양 신체활동 프로그램의 적용에 참여할 것이다. 이를 통해 학생들은 초 · 중학교에서 학교폭력의 가해자와 피해자가 아닌 바른 인성의 함양으로 타인을 배려할 수 있는 학생으로 자신과 타인을 용서하는 자아로 성장할 것이다.

### 3) 연구 추진전략

본 연구는 3년에 걸쳐 학교폭력 예방을 위한 용서 함양 신체활동 프로그램을 개발하고 적용하고자 한다. 이에 연구의 참여자도 1년차 연구참여자부터 3년차 연구참여자까지 그 폭이 상당히 넓다. 구체적인 연구 추진 전략으로는 첫째, 초등학교 5학년 학생들을 대상으로 학교폭력 가해자 및 피해자의 현황과 실태를 토대로 이를 예방하거나 해결하는 데 도움이 되는 용서 함양 신체활동 프로그램을 개발하여 이들에게 즐거운 학교문화 속에서 생활할 수 있는 의미 있는 용서 함양 신체활동 프로그램을 제공하고자 한다. 둘째, 1년차 연구대상인 5학년 학생들이 6학년이 되었을 때, 가장 많은 학생들이 포함된 한 학급을 선정하여 이들에게 용서 함양 신체활동 프로그램을 적용하고, 그 과정에서 나타나는 문제점을 종합적으로 검토한 후 초등학교 6학년 학생들에게 적합한 용서 함양 신체활동 프로그램을 확정할 계획이다. 셋째, 초등학교에서 개발된 학교폭력 예방을 위한 용서 함양 신체활동 프로그램을 중학교 1학년 학생들에세 적용하고, 그 과정에서 나타나는 문제점을 검토 · 수정하여 중학교 1학년 학생들에게 적합한 학교폭력 예방을 위한 용서 함양 신체활동 프로그램을 구안하여 일반화할 계획이다. 연구 추진 전략은 다음과 같다.

### (1) 1년차 계획서

| 과제 1 | 용서과정 구성요소 추출 및 척도 개발 | | | | | | | | | | | |
|---|---|---|---|---|---|---|---|---|---|---|---|---|
| 월<br>연구내용 | 14년<br>5월 | 6월 | 7월 | 8월 | 9월 | 10월 | 11월 | 12월 | 15년<br>1월 | 2월 | 3월 | 4월 |
| 1. 선행연구 분석 및 연구 계획 재검토 | | | | | | | | | | | | |
| 2. 연구 세미나(10회) | | | | | | | | | | | | |
| 3. 참여관찰 · 심층면담 · 현장노트 · 연구참여자의 체육일기 | | | | | | | | | | | | |
| 4. 자료분석 및 해석 | | | | | | | | | | | | |
| 5. 중간보고서 작성 | | | | | | | | | | | | |
| 6. 전문가 회의(3회) | | | | | | | | | | | | |
| 7. 1년차 최종 보고서 작성 및 학회 발표 | | | | | | | | | | | | |

### (2) 2년차 계획서

| 과제 2 | 프로그램 개발 및 프로그램의 초등학교 6학년 적용 | | | | | | | | | | | |
|---|---|---|---|---|---|---|---|---|---|---|---|---|
| 월<br>연구내용 | 15년<br>5월 | 6월 | 7월 | 8월 | 9월 | 10월 | 11월 | 12월 | 16년<br>1월 | 2월 | 3월 | 4월 |
| 1. 선행연구 분석 및 연구 계획 재검토 | | | | | | | | | | | | |
| 2. 연구 세미나(10회) | | | | | | | | | | | | |
| 3. 심층면담 · 참여관람 | | | | | | | | | | | | |
| 4. 자료분석 및 해석 | | | | | | | | | | | | |
| 5. 중간보고서 작성 | | | | | | | | | | | | |
| 6. 전문가 회의(3회) | | | | | | | | | | | | |
| 7. 2년차 최종 보고서 작성 및 학회 발표 | | | | | | | | | | | | |

### (3) 3년차 계획서

| 과제 3 | 용서 함양 신체활동 프로그램의 중학교 1학년 적용 | | | | | | | | | | | |
|---|---|---|---|---|---|---|---|---|---|---|---|---|
| 연구내용 \ 월 | 16년 5월 | 6월 | 7월 | 8월 | 9월 | 10월 | 11월 | 12월 | 17년 1월 | 2월 | 3월 | 4월 |
| 1. 1 · 2년차 연구결과 비교 검토 | ━ | ━ | ━ | ━ | ━ | ━ | ━ | ━ | ━ | ━ | ━ | |
| 2. 연구 세미나(10회) | | ━ | ━ | ━ | ━ | ━ | ━ | ━ | ━ | ━ | ━ | |
| 3. 심층면담 · 참여관람 | ━ | ━ | ━ | ━ | ━ | ━ | ━ | ━ | ━ | ━ | | |
| 4. 자료분석 및 해석 | | | ━ | ━ | ━ | ━ | ━ | ━ | ━ | ━ | | |
| 5. 중간보고서 작성 | | | ━ | ━ | ━ | ━ | ━ | ━ | ━ | ━ | | |
| 6. 전문가 회의(3회) | ━ | | | | | ━ | | | | | ━ | |
| 7. 3년차 최종 보고서 작성 및 학회 발표 | | | | | | | | | | | ━ | ━ |

## 2. 연구방법

본 연구는 2014년 5월부터 2017년 4월까지 3년에 걸쳐 수도권 소재의 초등학교 5 · 6학년 학생과 중학교 1학년 학생들을 연구참여자로 선정하여 학교폭력 예방 및 해결을 위한 용서 함양 신체활동 프로그램을 개발하여 적용하는 데 있다. 본 연구에서 제안하게 될 용서 함양 신체활동 프로그램은 학생들에게 직 · 간접 체험활동이 포함된 통합적인 수업 내용이 될 것이다. 프로그램은 용서과정 모형을 기본 틀로 구성하고, 프로그램 운영방법에 있어서는 Kagan의 협동학습 구조(학생팀성취배분과 팀게임토너먼트, 직소 구조, 생각-공유-수행)와 Hellison의 책임감 모형을 활용하여 학생들이 자신의 신체활동에 책임감을 갖고 자신의 역할을 충실히 수행하는 가운데 주어진 문제를 공동으로 해결하면서 상대방을 배려하고 공감하여 용서할 수 있는 체육문화를 조성할 계획이다. 여기에 바탕이 되는 용서과정 모형은 1년차에서 용서과정 개념화를 통해 개발할 예정이다. 선행연구들에서 제시한 용서모형과 용서 과정은 외국의 사례와 문화에 적합하게 구성되었기 때문에 현재 우리 학교문화와 체육문화 그리고 신체활동에 적합한 과정이 먼저 연구되어야 한다. 이를 위해 본 연구는 질적 연구와 양적 연구를 병행할 것이다. 특히, 본 연구자는 연구참여자들의 체육수업을 직접 관찰할 것이며, 그들의 관점에서 의미를 받아들이고, 그들이 형성하는 사회적 실체를 보다 세밀하게 드러내고자 연구자의 위치, 연구참여자의 선정, 자료 수집, 자료분석, 자료의 진실성 확보 방안 그리고 연구윤리를 제시하였다.

### 1) 검사 도구 개발을 위한 연구방법(용서과정 개념화)

#### (1) 문항 개발 과정

용서과정을 한국의 문화와 상황에 맞게 재개념화하고, 이에 대한 한국형 용서과정 검사 도구를 개발함으로써 신체활동을 통해 개발될 수 있는 요소들을 측정하는 데 일차적 목적을 두고 있다. 〈그림 1〉의 검사의 제작과정에서 볼 수 있듯이 기존 용서관련 연구를 고찰한 후, 우리나라 초등학교 5 · 6학년 학생 그리고 체육관련 교수 및 교사들에게 신체활동에서 나타나는 용서의 구성요소를 추출하기 위해 개방형 기초 조사와 포커스 집단 면담을 실시하고 델파이 분석을 통해 구성요소를 추출할 것이다. 델파이 분석은 전문가 집단 연구라고도 하는데, 본 연구에서는 전문가(교수), 교육전문가(교육자, 박사) 등 30명을 선정하여 용서과정 구성 요소를 추출하고자 한다. 이러한 일련의 과정을 통해 용서과정 구성요인을 추출하고 선행연구에서 활용된 문항과 개방형 설문지에 대한 원자료 그리고 연구참여자의 인터뷰를 바탕으로 문항을 구성할 것이다. 구성된 문항은 신뢰도와 타당도(내용 타당도, 탐색적 요인분석, 확인적 요인분석)를 검증할 것이다.

문항은 3차에 걸쳐 연구자 주제 하에 전원 합의로 교차검토를 하고, 초등학교 5학년을 대상으로 예비검사를 실시하여 최종 문항을 개발할 것이다. 본 연구

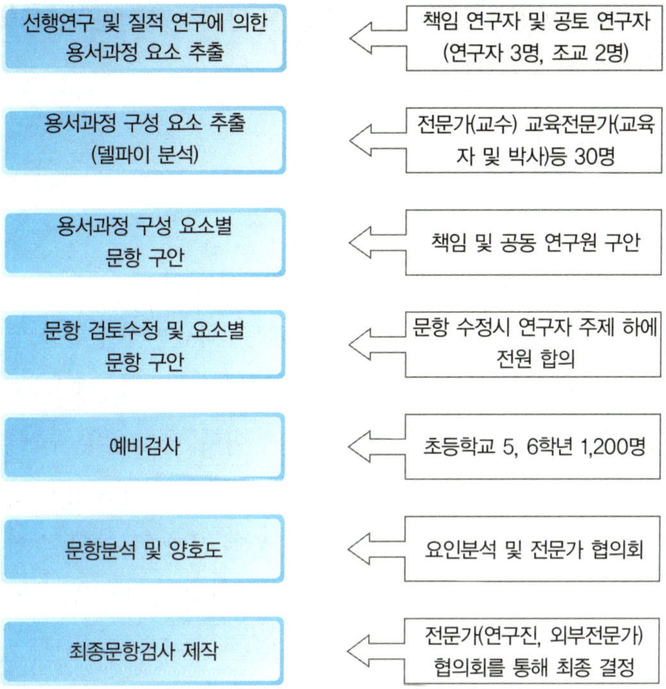


[그림 1] 검사의 제작과정

는 수도권 소재 5학년 초등학생을 모집단으로 설정한 후 유층집락무선 표집법(stratified cluster random sampling)을 이용하여 표본을 추출할 것이다. 먼저 개방형 설문을 위해 경기도 2개 지역, 인천 2개 지역에 초등학교와 중학교 각각 1학교씩 총 8학교를 선정하여, 해당 학교 관리자(교감 또는 교장)에게 설문조사를 위한 연구의 목적과 방법에 대한 설명을 한 후 동의를 받아 실시할 것이다. 그리고 이들 중 교사의 추천이나 자발적인 참여 그리고 설문 응답에서 인터뷰가 필요하다고 판단된 학생들을 대상으로 심층면담을 진행할 예정이다.

(2) 척도 타당화 방법

최종 개발 문항은 초등학교 5학년 학생을 대상으로 신뢰도와 타당화 과정을 거쳐 개발할 것이다. 먼저 타당화 작업을 최종 문항은 Windows용 SPSS 18.0

버전과 AMOS 8.0 버전을 이용하여 기술통계, 탐색적 요인분석 그리고 확인적 요인분석 과정을 거쳐 개발할 것이다.

### 2) 프로그램 개발

#### (1) '용서 함양 신체활동 체육수업' 프로그램 구안

'용서 함양 신체활동 체육수업' 프로그램은 6학년의 도전활동 영역에서 협동학습의 다양한 수업모형 중 해당 차시에 가장 적합한 모형을 적용하여 용서 함양 신체활동이 이루어지도록 설계할 것이다. 이때, 용서 함양 주제들은 1년차에서 추출된 용서 요인들을 통해 구안할 것이다. 특히 본 연구자가 도전활동 영역을 중심으로 교육과정을 재구성하여 용서 함양 신체활동 체육수업을 구상하고자 하는 이유는 자칫 소외의 경험을 가장 빈번하게 경험할 수 있는 도전활동에서 용서 함양 신체활동 체육수업을 통해 협동과 배려의 과정에서 자아존중감과 공동체 의식 등의 인성을 함양할 수 있으리라는 확신이 있기 때문이다. 프로그램의 주 활동과 관련된 내용에 관한 팀 내의 토론과 상호작용은 동료교수의 효과와 협동학습의 효과를 배가시킬 수 있는 전략으로 활용될 것이다.

#### (2) 프로그램 개발을 위한 연구방법

본 연구에서의 프로그램은 1년차에서 추출된 용서 주제(요인)들을 활용하여 질적 연구 절차를 토대로 구안할 것이다. 구체적인 연구방법은 다음과 같다.

##### ① 연구자의 위치

질적 연구에서는 연구자가 연구 도구로 인식되기 때문에 연구자의 연구 능력과 더불어 주변 상황을 파악하고 해석할 수 있는 연구자 배경이 무엇보다 중요하다(김영천, 2006). 이를 위해 본 연구자는 이론적 준비과정으로 대학에서 학생들을 가르치면서 질적 연구에 대한 이해를 높이기 위해 체육관련 교과교육 연구회 세미나, 그리고 스포츠교육학 및 스포츠심리학을 전공한 현직 교사들과

정기적인 만남을 통해 질적 연구에 대한 이해를 높여나갔다. 대학에서는 예비교사를 대상으로 학교폭력 예방을 위한 용서 함양 신체활동 프로그램의 구안에 관심을 갖고 이론 강좌인 체육교육을 강의하고 있다. 특히, 교직이수자들이 실습을 나갈 무렵에는 이들에게 창의 인성교육을 통해 학생들이 서로를 배려하고 함께하는 체육수업을 위한 방안과 관련된 과제를 내주고, 실습 후에 과제의 내용을 토대로 세미나를 개최하여 초 · 중등 현장에서 학교체육수업이 어떠한 방향으로 진행되어야 하는가를 탐색하고 있다. 최근에는 인성 함양을 위한 팀 활동 체육수업 프로그램 개발 연구를 하면서 체육수업을 통한 학생들의 인성 함양에 집중하고 있다. 다만, 질적 연구를 수행하면서 연구자의 주관성을 탈피하고자 용서 함양 문항 검사지의 개발과 용서 과정 척도를 개발하여 초중학교 현장 적용 과정에서 객관성을 확보할 필요성을 느끼게 되었다.

특히, 본 연구자는 최근 학교에서 학교폭력이 심화되고 있음에도 뚜렷한 방침들을 내놓고 있지 못한 부분에 아쉬움을 감출 수 없었다. 학생들의 내면적인 모습뿐만 아니라 외연적인 모습은 교실수업보다는 운동장이나 체육관 수업에서 자연스럽게 나타나는 특징이 있다. 이에 학생들에게 의도된 학교체육 및 신체활동 프로그램을 구안 · 적용하여 학생들이 즐거운 학교생활에 도움이 될 수 있는 실마리를 제공하고 자 한다. 본 연구에서 제안하게 될 신체활동 프로그램들은 지금까지 오랜 시간동안 체육활동과 관련하여 뚜렷한 방향이나 틀이 없이 진행되었던 학교 체육의 방향에 구체적인 시사점을 제공하게 될 것이다.

② 연구참여자의 선정

본 연구는 학교폭력 예방을 위한 용서 함양 신체활동 프로그램을 개발하고 적용하는 데 있다. 구체적으로 학교폭력 가해자 및 피해자의 현황과 실태를 토대로 이를 예방하거나 해결하는 데 도움이 되는 신체활동 프로그램을 개발하는 데 있다. 본 연구는 수도권 소재의 초등학교에서 학교폭력이 가장 심각하게 일어났던 또는 일어나고 있는 학교를 선정하여 학교폭력 가해자 및 피해자의 현황과 실태를 파악하고 이들에게 즐거운 학교문화 속에서 생활할 수 있는 학교폭력 예방을 위한 용서관련 신체활동 프로그램을 제공하고자 한다. 본 연구는 학교폭력 예방을 위한 용서 함양 신체활동 프로그램을 개발하고 적용하기 위해 초등학교 5 · 6학년 학생을 연구참여자로 선정할 예정이다. 연구 대상 학급은 학교폭력이 가장 심각한 해당 학년의 한 학급을 선정하여 이들이 친구들과 상호 간에 친사회적인 행동을 하고, 서로를 배려하고 공감함으로써 용서할 수 있는 프로그램을 구안하고, 이들에게 가장 긍정적인 교육효과를 제공한 프로그램들과 이 프로그램을 지원할 수 있는 교육방법이 통합된 지원 프로그램을 구안할 것이다. 이 밖에도 이를 측정할 수 있는 용서과정 척도를 개발하고 활용할 계획이다.

③ 자료수집

본 연구는 학교폭력 예방 및 해결을 위한 용서 함양 신체활동 프로그램을 개발하고, 이를 초중학생들에게 적용하고자 참여관찰, 심층면담, 현장노트(field notes), 연구참여자의 체육일기 등을 토대로 자료를 수집할 것이다. 자료수집 기간은 2014년 5월부터 2017년 4월까지 총 3년이고 종단적 연구이다.

• 참여관찰

참여관찰은 연구자가 연구참여자들의 학교 체육수업과 신체활동에 장시간 참여하면서 그들의 활동에서 경험하는 학습내용과 체육활동을 관찰하여 기록하고 해석하기 위해 실시한다. 참여관찰은 수도권 소재의 한 초등학교의 5 · 6학년 학생들 중에서 연구자의 접근성과 참여관찰 여부에 동의하는 한 학급을 유목적 목적표집으로 선정할 것이다. 참여관찰은 학교폭력 예방을 위해 구안된 용서 함양 신체활동 프로그램을 개발하는 과정에서 학생들의 행동이나 장면에서 중요하다고 생각되는 내용과 체육수업이 전개되는 과정에서의 느낌을 기록할 예정이다. 또한, 체육수업 중이나 체육수업 직후에 연구자가 듣고, 관찰한 학생들의 일반적인 모습과 특이 사항을 기록할 것이며, 자료를 분석하는 과정에서 발견되는 궁금한 사항을 확인하는 데 필요한 추가 자료의 수집을 위해 수시로 참여관찰을 하면서 면담을 수행할 계획이다. 또한, 이 과정에서 용서과정 척도와 관련

척도들로서 사전 · 사후 검사를 통해 양적 검사도 병행할 것이다.

본 연구에서의 주된 관찰내용은 연구참여자들의 체육수업과 스포츠 여가 활동의 참여 이전 및 이후의 모습과 참여과정에 대한 내용이다. 첫 번째 측면은 연구참여자들이 체육수업과 신체활동에 참여하기 이전의 5분과 끝난 이후 5분의 모습을 중심으로 이루진다. 체육수업과 신체활동이 시작되기 이전의 5분 동안 연구참여자들의 행동 모습이 체육수업과 신체활동에 어떠한 영향을 제공하는지와 끝난 후 5분 동안의 행동을 관찰함으로써 학생들의 프로그램에 대한 참여 인식과 태도의 모습을 확인할 것이다. 두 번째 측면은 연구참여자들의 체육수업과 신체활동의 참여 과정을 중심으로 이루어질 것이다. 연구참여자들에게 학교폭력 예방을 위해 용서 함양 신체활동 프로그램을 적용하는 과정에서 연구참여자들이 경험하는 내용, 교사와 학생 및 학생들 사이의 상호작용 그리고 연구의 목적과 관련된 그 밖의 내용에 관한 자료를 수집하기 위해 체육수업의 제반 모습을 관찰하도록 한다. 참여관찰을 통해서 얻은 자료는 참여관찰 기록지에 자세히 기록하여 자료분석과 해석의 자료로 활용한다. 또, 관찰을 실시하는 동안 중요한 내용은 메모하였다가 관찰이 끝난 직후 누락된 내용을 삽입할 것이다.

• 심층면담

면담 내용은 연구참여자들의 개인적 요인과 맥락적 요인이 어떻게 결합되고 분열되는지를 구체적으로 파악하기 위하여 신체활동 프로그램에 대한 자신의 생각과 의견, 체육수업 중 학교폭력 예방 프로그램에 대한 자신의 생각과 의견, 참여 태도, 모둠원들과의 상호작용, 용서과정에 대한 생각, 교사와 학생의 의견 교환, 학생들이 어떤 생각을 하면서 프로그램에 참여하는지, 그 과정에서 겪게 되는 어려움은 무엇인지 그리고 겪고 있는 문제들은 어떻게 해결하는지 등을 포함할 계획이다.

개별 심층면담은 참여관찰 과정에서 궁금한 내용은 연구참여자들이 주로 이용하는 상담실이나 해당 학급의 교실에서 연구참여자와 마주 앉아 1회당 1시간 동안 모둠장에 대해 각각 3회 실시할 것이다. 또, 연구를 진행하면서 궁금하거나 필요한 사항에 대해서는 방과 후 실시하는 면담에 동의한 학생들을 대상으로 추가적으로 자료를 수집할 계획이다. 집단 심층면담은 연구참여자들이 프로그램의 참여과정에서 경험하는 다양한 내용들을 알아보기 위해 모둠의 남녀 각각 1명씩을 선정하여 4회 실시할 것이고, 1회당 약 1시간정도 집단면담을 실시할 것이다. 집단면담에서 연구참여자들이 자신의 의견을 모두 드러낼 수 있도록 협동학습의 구조인 '돌아가며 이야기하기'로 참여를 유도할 것이다(정문성, 2002). 본 연구에서 개별면담과 집단면담을 동시에 사용한 이유는 초등학생의 일반적인 상황을 고려하였기 때문이다. 본 연구자들의 과거 경험과 한국의 초등학생은 수줍음을 타는 특성이 있기 때문에 개별면담을 실시할 경우 학생들은 거의 이야기를 하지 않았으며, 명료하게 대답하지 않는다는 연구 결과를 고려하였다(김영천, 2006).

면담 내용은 연구참여자의 사전 동의를 얻어 녹음할 것이고, 면담의 과정에서 중요하게 생각되는 내용은 컴퓨터에 직접 기록할 예정이다. 또한, 이 과정에서 연구참여자의 면담 내용을 녹음하면서 녹음되지 않은 연구참여자의 표정이나 행동모습 등은 현장노트에 메모하여 면담이 끝난 직후에 상세히 기록할 예정이다. 그리고 녹음된 면담 내용은 전사기(transcriber)를 사용하여 축어적으로 이서하여 분석의 자료로 활용할 것이다.

• 현장노트

현장노트는 연구자가 연구참여자들의 수업환경에 들어가서 이들이 고민하고 경험하는 체육활동의 문화를 연구자의 시각에서 진술하는 내용이 포함된다. 현장노트에는 수업시간은 물론 쉬는 시간에 일어나는 내용들도 포함하여 학교폭력 예방을 위한 용서 함양 신체활동 프로그램을 개발하는 부분에서 인용문으로 활용할 것이다. 현장노트는 학생들이 자기도 모르게 경험하고 제공하는 시각적인 모습을 기술하는 데 유용하다. 또한, 학생들이 신체활동을 과정에서 무엇을 하는지를 확인하고, 왜 그렇게 행동을 했는지 등에 대한 심층면담의 자료를 확보하는 부분에도 유용한 측면이 있다. 본 연구에서는 참여관찰 시 연구참여자의 모습을 비디오로 녹화할 것이다. 비디오 녹화는 체육활동에서 보이는 연구참여자의 장면과 학생들 간의 대화 내용을 녹화하고, 녹화한 내용은 컴퓨터에 옮겨 자료를 보완하고 자료분석 시 활용할 것이다. 비디오 촬영은 대학원에 재학 중인 보조 연구자로 하여금 실시하고, 분석내용에 대한 의견을 교류할 것이다. 아울러 수업현장에서 나타나는 다양한 경험적 내용과 연구참여자의 모습이나 연구참여자를 통해 드러나는 내용들을 현장노트에 기록하고, 수업 후 이를 이서하여 자료분석 시 활용하고자 한다.

• 연구참여자의 체육일기

연구참여자의 체육일기는 참여관찰과 심층면담의 과정에서 학생들이 이야기하지 못하거나 겉으로 드러내는 부분에서 어려움을 느낄 수 있는 내용들을 확인하고, 이들의 내면세계를 면밀히 살피고자 하는 의도로 활용될 것이다. 특히, 연구참여자의 체육일기는 체육 지도 교사와의 협의를 통해 체육수업이 끝난 후에 학교나 가정에서 정리하도록 과제로 안내할 것이다. 체육일기의 내용에는 학생들이 체육활동에 참여하고 난 후에 궁금하거나 문제가 해결되었으면 하는 내용 중 하나를 선택하여 자신의 생각과 느낌을 기록하도록 한다. 구체적으로 프로그램의 적용과정에서 학생들이 경험한 내용, 체육활동을 하면서 어려움이 있는 측면에 대한 기술, 자신이 체육수업에 참여하면서 궁금해 하는 것, 교사에게 바라는 점, 수업에서 재미있었던 점, 수업에서 교사나 친구들에게 도움을 받고 싶은 점 등을 기술하여 자신의 수업활동을 되돌아보고자 한다. 연구참여자의 체육일기는 연구 기간 동안 매주 한 번씩 용서 함양 신체활동 프로그램 수업이 끝난 후에 자신의 느낌을 자세하게 작성하도록 할 것이다. 그러고 나서 본 연구자는 학생들이 제출한 체육일기의 내용을 읽고, 중요한 의미를 포함하는 단어에 밑줄을 그으면서 의미 있는 부분을 설명해주고, 궁금해 하는 내용과 인터뷰에서 드러나지 않은 이야기에 대해서는 조언의 글을 남길 것이다.

④ 자료분석

본 연구는 학교폭력 예방을 위한 초중학교 용서 함양 신체활동 프로그램을 개발하기 위하여 참여관찰, 심층면담, 현장노트 그리고 연구참여자의 체육일기의 내용을 활용할 것이다. 즉 참여관찰, 심층면담, 현장노트 그리고 연구참여자의 체육일기 자료를 Spradley(1979)가 제안한 자료분석 방법 중 영역 분석(domain analysis), 분류 분석(taxonomic analysis)의 절차와 수업과정 분석을 병행할 것이다. 연구참여자와의 심층면담 자료를 반복하여 읽으면서 문화적 의미의 범주를 찾는 영역분석을 할 것이다. 이때, 중요하다고 판단되는 체육수업의 교육적 가치와 관련된 내용을 찾아서 그 내용을 가장 잘 요약해줄 수 있는 주제를 빈 공간에 기입해나갈 것이다. 그리고 현장노트와 연구참여자의 체육일기는 체육수업 프로그램의 가치와 관련된 내용을 중심으로 줄 단위 분석을 실시할 것이다.

분류 분석에서는 소주제를 포괄하는 중간 분류 주제를 찾고, 계속해서 중간 분류 주제를 포괄하는 대주제를 찾아나갈 것이다. 이 과정에서 수집된 자료를 여러 번 정독하면서 자료의 수집과 분석의 순환적 과정을 거치면서 수정 · 보완하고 문화적 주제를 찾아낼 것이다. 자료 분석과정에서 원 자료는 연구참여자를 통해 내용의 정확성 여부를 검토할 것이다. 아울러 연구의 전 과정에서 도출되는 제 문제를 상의하기 위해 연구 동료의 점검을 실시할 것이다.

수업과정분석은 '계획분석'을 변형시켜서 개발한 것으로 수업 이외의 각종 사건이나 현상 등을 분석하는 데 유용하게 사용할 수 있다. 특히, 수업과정 분석의 경우 각 과정의 시간할애분석이 매우 중요하기 때문에 그 유용성이 훨씬 큰 것으로 나타나고 있다. 과정분석 방법은 각 활동의 시작되는 시간을 기록하고, 화살표의 길이를 실제 사용된 시간과 비례하도록 하기 때문에 그림만으로도 각 활동이 계속된 시간을 쉽게 비교할 수 있다. 또한 상위선은 전체적인 윤곽을 나타내주고, 중위선은 각 수업활동이 구체적으로 어떻게 이루어졌는가를 소요된 시간 및 행위자와 함께 보여준다. 각 수업활동의 하위활동은 필요에 따라 하위선으로 계속 상세화 할 수 있다. 따라서 수업 전체의 흐름과 학생들의 상호작용

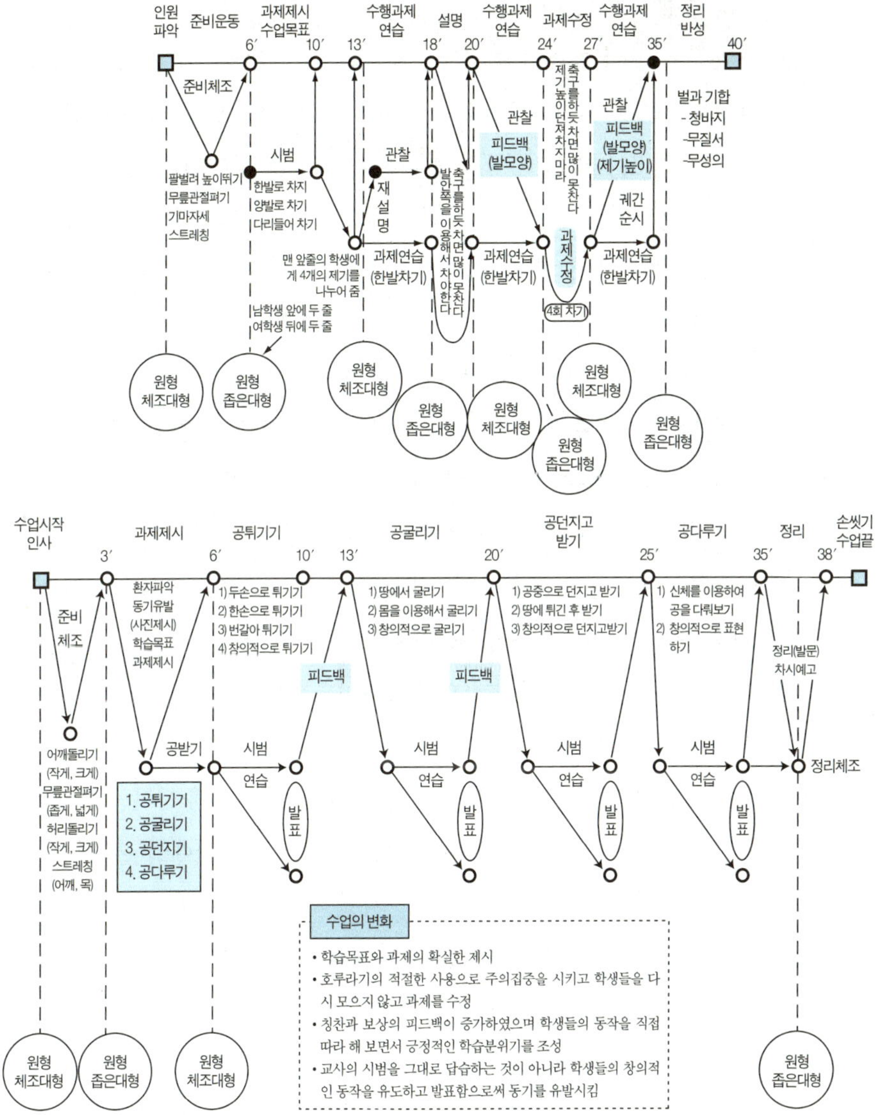


**[그림 2] 수업과정분석의 예**

등을 한꺼번에 나타난다(이용숙 등, 2005). 본 연구에서는 용서 함양 신체활동 프로그램의 수업과정에 나타나는 인성적인 측면의 학생행동의 특이점을 발견하기 위하여 내용분석을 병행할 필요가 있다.

⑤ 연구의 진실성 및 윤리

Guba(1981)는 양적 패러다임의 전통적 개념인 신뢰도와 타당도의 기준을 질적 패러다임에서는 '진실성'(trustworthiness)이란 개념으로 설명하였다. 본 연구에서는 질적 연구 논리의 철학적 인식론에 기반을 두어 원 자료를 이용해 결론을 수렴하는 과정에서 연구 기법상의 반성적 주관성, 심층적 기술을 통하여 자료의 진실성을 확보할 것이다. 질적 연구에서 연구 도구는 바로 연구자이기 때문에 연구자가 지니는 시각의 간주관성은 연구 결과의 진실성을 강조하는 질적 연구에서 중요한 측면이다. 따라서 본 연구에서는 연구의 타당성, 즉 진실성을 확보하기 위한 방안으로 전문가 협의의 과정을 거치고자 한다. 이는 자료의 수집 및 분석의 순환과정에서 연구자의 지나친 편견으로 인하여 왜곡된 자료 해석을 방지하기 위한 것이다. 또한, 전문가 협의회를 통해 본 연구의 전반적인 과정에서 자료 수집 방법, 절차의 합리성, 귀납적 범주분석 과정 그리고 결과의 타당성 등을 질적 연구 경험이 있는 전문가들과 협의할 것이다.

질적 연구는 자료수집 과정에서 연구참여자와 일상 속에서 개인적인 접촉이 이루어지고, 참여관찰과 심층면담의 과정에서 연구참여자와 직접 대면하면서 자료를 수집하기 때문에 연구의 과정에서 발생할 수 있는 윤리적인 문제에도 주목을 해야 한다(김영천, 2006; 신옥순, 2001). 이러한 측면에서 본 연구자는 윤리적인 문제를 고려하여 연구참여자에게 자발적 동의를 획득하기 위하여 학교폭력 예방을 위한 용서 함양 신체활동 프로그램의 적용에 관한 의도와 목적을 설명할 것이다. 이러한 설명 과정을 통하여 연구자는 연구참여자로부터 연구에 자발적으로 참여하겠다는 허락을 받을 것이다. 자발적 동의는 연구참여자가 연구의 모든 과정에 대한 충분한 설명을 듣고 연구에 자발적으로 참여해야 하는 것을 의미한다. 또한, 본 연구에 동의한 연구참여자의 자료에 대해 비밀을 유지할 것이다. 비밀유지는 연구참여자의 모든 신상명세 내용이 비밀스럽게 보관되어야 하며 외부인에게 제공되어서는 안 된다는 것을 의미한다(김영천, 2006).

본 연구자는 연구참여자의 체육일기와 인용된 내용을 삽입하는 부분에서 연구참여자의 정보를 담고 있는 질적 자료가 타인에게 노출되지 않도록 비밀을 보호하기 위해 익명을 사용할 것이다. 그리고 자료수집 과정에서 얻게 된 모든 자료는 임의로 수정하지 않으면서 원 자료를 그대로 보존할 것이다. 다만, 심층 면담에서 수집한 자료의 내용 중에서 '중복적인 표현'과 '명확하지 않은 의미 표현' 내용을 인용문으로 채택하는 과정에서는 의미와 형식이 훼손되지 않는 범위 내에서 표현된 어휘들을 수정할 것이다.

### 3) 프로그램의 효과검증

본 연구는 프로그램 효과검증을 위해 질적 연구와 양적 연구를 혼용하여 초중학생들의 용서 함양 신체활동 프로그램의 적용 가능성을 확보하는 데 깊이를 제공함으로써 학생들로 하여금 학교폭력을 예방하고, 줄여나가는 데 기여할 수 있는 실제적인 교육 프로그램을 제공할 것이다.

#### (1) 양적 분석

##### ① 연구대상

용서 함양 신체활동 프로그램의 실행과 평가를 위해 본 프로그램에 초 · 중학생 각각 1개 반을 실험집단으로 하고 학교스포츠 클럽에 참가하는 학생들 각각 1개 반을 통제집단으로 할 것이다. 통제집단은 실험집단과 동일학교에서 학교스포츠클럽에 참여하는 학생 중 무선 표집으로 30명을 선정할 것이다.

##### ② 연구도구

- 용서 척도: 1년차에서 개발된 용서 척도를 활용할 것이다.
- 친사회적 행동 척도: 친사회적 행동을 측정하기 위해 Eisenberg와 Mussen(1989)의 이타성 자기 검사지를 번안하여 수정 · 보완한 김수연(1995)의 친사회적 행동 검사지를 사용할 것이다. 원 척도는 나눠주기, 공감하기, 도와주기, 보호하기, 협력하기, 친절하기 등의 6가지 하위 요인으로 28개 문항으로 구성되어 있다. 질문지는 전혀 그렇지 않다'(1점)에서 '매우 그렇다'(5점)까지의 5점 리커트 척도로 평정한다.

- 공감 척도: 본 연구는 공감지수를 측정하기 위해 차화정, 김혜리, 이수미, 엄진섭, 이승복(2011)이 개발한 자기 보고형 한국어판 아동용 공감지수(EQ-C) 척도로서 3요인(정서공감, 사회기술, 인지공감) 22문항으로 구성되어있다. 질문지는 전혀 그렇지 않다'(1점)에서 '매우 그렇다'(5점)까지의 5점 리커트 척도로 평정한다.

③ 자료분석

본 연구에서는 용서 검사, 친사회적 행동, 공감지수 검사의 신뢰도와 타당도를 알아보기 위하여 탐색적 요인분석과 검사에 대한 내적 일치도(Cronbach' alpha)를 산출할 예정이다. 또한, 사전, 사후 그리고 지연검사를 통해 반복측정 분산분석(repeated ANOVA)을 활용할 것이다.

(2) 프로그램 실행을 통한 사례 연구(질적 분석)

① 연구참여자

학교폭력을 예방하기 위한 용서 함양 신체활동 프로그램의 실행에 관한 사례연구는 프로그램에 참여한 학생 중 본 연구에 동의하고 용서 함양 신체활동 프로그램에 적극적으로 참여의사를 밝히는 남학생 3명과 여학생 3명을 선정할 것이다.

② 자료수집

본 연구는 프로그램에 참여한 학생의 활동 경험 실제를 구체적으로 이해하기 위해 중학교 1학년 학생을 대상으로 '문화기술적 사례연구'를 수행할 것이다. 문화기술적 사례연구는 하나의 정체, 현상 또는 사회 단위에 대한 철저하고 통합적인 서술 그리고 분석으로 구체적인 수집 방법은 참여관찰, 심층면담, 현장노트 그리고 연구참여자 일기를 활용할 것이다. 구체적인 내용은 용서 함양 신체활동 프로그램을 개발하는 과정에서 기술된 자료수집 방법과 유사한 형태로 이루어질 것이다. 다만, 참여관찰에서는 학생들의 수업 참여에 관한 문화를 보다 잘 이해하기 위해 모든 수업에 참여하여 학생들의 모습을 담아낼 예정이다.

③ 자료의 분석과 진실성 확보 방안

심층면담, 참여관찰, 현장노트 그리고 체육수업일기를 통하여 수집된 자료의 분석은 사례기록과 귀납적 범주분석을 주된 방법으로 하여 원인연쇄분석, 수업과정분석을 실시하고자 한다. 질적 연구에서의 자료분석은 모든 단계 내에 통합된 일련의 순환적 절차를 진행시켜 나간다. 즉 자료수집 이전의 분석적 귀납(Analytical Induction)이 아니라 수집된 자료로부터 범주화하여 유형화한다. 귀납적 범주화 과정에서는 다양한 원자료를 일정한 기준에 따라 유사한 주제들로 범주화시켜서 의미 있는 주제를 생성할 것이다.

특히, 본 연구에서는 자료의 진실성을 확보하기 위해 다각도 분석을 실시할 것이다. 다각도 분석의 전제는 첫째, 어떤 사실에 대한 이해는 특정한 한 가지의 방법에 의존하기보다는 여러 가지 방법이나 자료에 의존하였을 때, 그 연구참여자에 대한 탐색과 이해가 보다 정확할 수 있다는 측면에 있다(Mathisons, 1988). 둘째, 상이한 두 가지 이상의 방법들이 동일한 현상에 대하여 동일한 결과를 도출하였을 때, 연구자가 내린 연구 결론이 보다 신뢰할 수 있다는 입장을 지지할 수 있다. 이에 본 연구에서는 수집된 자료와 범주화된 자료의 일관성을 확보하기 위하여 여러 자료를 범주화한 후 이를 비교하여 일관성을 확인할 것이고, 참여관찰, 심층면담, 현장노트, 연구참여자의 체육일기를 이용하는 등 다양한 출처의 자료를 활용하는 자료의 통합을 통하여 연구의 진실성을 높여나가고자 한다.

### 4) 선행연구의 검토 및 결과

최근 국내에서 학교폭력 가해행동 재발방지와 피해 학생들을 위한 상담프로그램의 교육적 효과가 보고되었다(김지영, 정정숙, 2011; 도기봉, 오주, 2010; 양야기, 이정숙, 2009). 스포츠교육 프로그램 역시 청소년의 비행예방과 공격성을 줄이는 데 효과적인 방법임이 밝혀졌다(문익수, 박중길, 문창일,

2006; 박해진, 최영준, 문익수, 2006; 문익수, 김기형, 박중길, 2008; 황승현, 양은석, 최만식, 문익수, 2005). 그럼에도 불구하고 학교폭력이 감소되고 있지 않은 것은 기존의 교육프로그램들이 상담 및 처치 위주의 관점에 머물기 때문이다. 이러한 측면에서 학생들의 자존감 향상, 대인관계 향상, 신체 건강 등의 긍정적인 효과가 있다는 용서의 연구 결과(Enright, 2001; Fitzgibbons, 1986; Hope, 1987; Worthington, Sandage & Berry, 2000)에 주목할 필요가 있다. 이는 학교폭력을 예방하는 데 '용서'가 매우 효과적인 동기가 될 수 있다는 것을 시사한다. 이에 본 연구에서는 용서 함양 신체활동을 개발하고 적용하기 위해 용서과정 모형을 기본 틀로 구성하고, 프로그램 운영방법에 있어서는 Kagan의 협동학습 구조(학생팀성취배분과 팀게임토너먼트, 직소 구조, 생각-공유-수행)와 Hellison의 책임감 모형을 활용하여 학생들이 자신의 신체활동에 책임감을 갖고 자신의 역할을 충실히 수행하는 가운데 주어진 문제를 공동으로 해결하면서 상대방을 배려하고 공감하여 용서할 수 있는 체육문화를 조성할 계획이다. 선행연구를 살펴보면 학생들의 사회적 행동이 협동적인 게임 프로그램을 통하여 크게 향상되었다는 연구들이 수행되었다(고문수, 2013a; Orlick, 1978, 1981a, 1981b, 1982, 2006). 이러한 협동 게임은 공동의 목적을 성취하기 위해서는 학생 상호간의 협동심이 강조되며, 항상 '우리'라는 공동체 의식 안에서 놀이를 즐기기 때문에 긍정적인 상호작용을 경험하도록 한다는 점이다. 협동을 위한 게임에서 팀원들은 공동의 목적을 성취하기 위해 팀원들 상호간의 협동심이 강조된다. 그리고 게임의 목적을 달성하기 위하여 모든 팀원들이 협동할 것을 요구하고, 이러한 게임은 학생들의 친 사회적 행동 양식을 크게 향상시킬 수 있다고 보았다. 물론 협동학습의 적용에 있어 간과되어서는 안 되는 부분이 있다. Slavin(1990)은 집단으로 작업하는 학생들은 기꺼이 서로 상호작용하며 도왔으나 수업의 구조와 책무성이 없이는 이러한 상호작용과 도움이 단지 서로에게 해답을 가르쳐주거나 서로 다른 사람의 작업을 대신해 주는 것으로 변질될 수 있다는 결론을 내렸다. 이러한 점은 협동학습의 주요 단점이 될 수 있다. 이것은 그 집단에 있어서 누구는 그 과제를 수행하는 데 있어서 많은 능력과 노력

을 보이는 반면, 누구는 많은 노력과 능력을 충분히 발휘하지 않더라도 소속된 집단의 과제 수행결과에 편승한다는 것이다.

따라서 기존의 협동학습의 구조 활용 방법에 대한 부분적 수정과 세련화가 요구되며, 그러한 의미에서 '용서 함양을 위한 신체활동 프로그램'의 활용 전략을 적용할 필요성이 있다. '용서 함양 신체활동 프로그램을 활용한 체육수업'은 협동학습에서 하는 활동 이상의 의미가 있다. '용서 함양 체육수업'의 초점은 어떻게 하면 좋은 팀 동료가 되는가를 학생들에게 가르치는 것이다. 팀원 간에 활발한 상호작용을 통해서 어떻게 하면 효율적인 팀 동료가 되고, 또 주어진 신체활동 과제에 대해 실패하고 재구성하는 가운데 어떻게 팀 동료를 도울 수 있는지에 대한 토론을 하는 것이 '용서 함양 신체활동 프로그램 활용 체육수업'에서 가장 우선시 되는 부분이다. 학생들에게 도전활동을 하기 이전에 토론을 하는 것과 도전활동을 한 후에 임무수행 결과에 대해 의견을 나누도록 하는 것은 도전활동 그 자체만큼이나 중요한 것이다(Midura & Glover, 2005).

한편, 용서에 관한 경험적 연구는 1980년대 후반부터 행동 · 사회 과학자들에 의해 체계적으로 연구되었고, 개념화 연구는 1990년대 말부터 진행되면서 용서는 관념적 접근에서 과학적 접근으로 변화하였다(Worthington, 2005). 용서 개념의 관점도 대인 간 용서(interpersonal forgiving), 자신과 타인에 대한 용서, 자기용서의 중요성 그리고 용서를 지각된 침해에 대한 재구조화로서 접근하였다(Enright & HDSG, 1996; Mauger 등, 1992; McCullough 등, 1998; Thompson 등, 2005). 이러한 관점의 다양한 변화에 따른 혼란은 용서 개념에 대한 연구가 더 필요함을 요청하였다. 특히, 용서는 행복의 관점에서 대인관계 갈등으로 인한 상처의 효과적인 치유(권석만, 2006)이고, 대인관계 문제 해결과 예방 그리고 학교폭력 갈등의 문제 해결과 예방책으로 상담학과 교육 현장에서 그 중요성이 부각되고 있는 실정이다. 이에 따라 학교폭력의 예방적 차원으로서 용서에 대한 개념화 과정과 이를 측정하고 활용할 수 있는 척도의 개발 그리고 용서 관련 신체활동 프로그램의 개발과 적용이 이루어져야 할 시점이다.

### 5) 학문발전의 기여도

우리 사회에서 학교폭력은 사회의 모습을 이슈화하기 위한 수단이 되어서는 안 되고, 미래 성장의 원동력으로 자라날 학생들을 책임지기 위한 방안의 마련에 관심의 초점이 모아져야 할 시점이다. 이를 위해 용서 함양 신체활동 프로그램의 개발은 시기적절한 것으로 보인다. 본 연구에서 용서 함양을 위한 신체활동 프로그램의 개발을 통해 학교폭력을 예방하고 평생 행복한 인간으로 성장하도록 하는 것은 습관의 중요성을 감안할 때 평생스포츠로서의 기틀을 제공할 것으로 보인다. 이 연구를 통한 기대효과 및 활용 방안은 다음과 같다.

첫째, 본 연구에 참여한 학생들은 개발된 프로그램을 활용하는 용서과정을 통해 학교폭력 예방과 학교폭력 발생 후 효과적인 대처에 도움을 받게 될 것이다.

둘째, 서로 배려하고 공감하는 분위기의 조성을 통해 체육수업을 내실화할 수 있다. 학교 현장에서 그나마 움직임을 실현할 수 있는 공적인 기회는 체육 시간인데 이나마도 제대로 지켜지지 않으니 학생들의 에너지는 과잉될 수밖에 없다. 이는 어찌 보면 학생들을 지도하는 교사들의 가장 큰 책임이 아닐까 싶다. 귀찮다고, 날씨가 좋지 않다고, 심지어는 다른 주지과목의 부족한 시간을 위해 체육시간을 활용하는 경우가 많다. 우선, 주어진 체육시간 만이라도 아이들이 마음껏 신체활동을 할 수 있는 장을 만들어 주어야 한다. 그러한 장은 즐기기가 아닌 또래와의 배려와 공감이 어우러지는 장이 되어야 한다. 그러기 위해서는 교사들로 하여금 체육수업의 중요성에 대한 확고한 인식과 용서 함양 신체활동 프로그램의 개발과 적용에 관심을 조장할 수 있다.

셋째, 학생들이 서로를 용서하는 배려와 존중 그리고 공감의 문화를 만드는 데 도움을 줄 것이다. 집단 따돌림과 같은 학교폭력은 상대방에 대한 배려와 이해부족에서 발생한다. 본 연구를 통해 개발된 용서 함양 신체활동 프로그램은 초중학교 학생들에게 신체활동의 즐거움뿐만 아니라, 또래와의 관계개선에 도움을 주고 특히 팀 스포츠 활동을 통해 우리의식을 고취시켜 줌으로서 학교에서 서로를 존중하는 문화를 만드는 데 기여할 것이다.

이상과 같이 본 연구를 통해 개발된 용서 함양 신체활동 프로그램은 다양한 효과를 기대할 수 있다. 특히, 개발된 프로그램은 정부의 학교체육활성화 방안과 함께 그동안 침체된 학교체육을 변화시키는 것은 물론이고 학교폭력을 예방하고 치유할 수 있는 가장 근본적이 대안이 될 것이다. 학생들이 건강한 사회 속에서 성장할 수 있도록 지원하는 것이 우리 체육관련 학자들의 몫임을 인지하고, 학생들에게 지원될 수 있는 다양한 교육적인 방안들이 현실로 드러날 수 있도록 노력해야 한다.

## 참고문헌


고문수(2006). 초등학교 게임수업에서 갈등의 원천과 해소. 인천대학교 대학원 박사학위 논문.

고문수(2013a). 다문화 가정 학생을 위한 체육수업 활성화 방안. 한국스포츠교육학회지, 20(4), 133-156.

고문수(2013b). 학교 폭력 예방을 위한 체육 품성 교육의 이해. 경인교육대학교 교육논총, 33(2), 211-226.

권석만(2006). 젊은이를 위한 인간관계의 심리학. 서울: 학지사.

김영천(2006). 질적 연구 방법론 I. 문음사.

김재운(2012). 2012년도 한국스포츠사회학회 동계 워크숍. 학교 집단따돌림의 실상과 해결방안 모색: 스포츠의 역할과 기능.

김지영, 정정숙(2011). 중학생들의 학교폭력 가해행동 재발방지를 위한 집단상담 프로그램의 효과. 청소년학연구, 18(8), 141-159.

도기봉, 오주(2010). 학교폭력 중복경험자의 자아존중감과 문제대처행동 향상을 위한 현실요법 집단프로그램의 효과. 한국심리학회지: 학교 7(1), 37-53.

문익수, 김기형, 박중길(2008). 청소년 비행예방을 위한 체육프로그램 모델 개발. 한국체육학회지, 47(3), 127-140.

문익수, 박중길, 문창일(2006). 학업성취 및 사회 심리적 발달을 위한 체육프로그램 개발과 적용. 한국스포츠심리학회지, 17(2), 1-20.

박해진, 최영준, 문익수(2006). 협동게임 프로그램이 보호관찰대상 남자 청소년들의 정서 및 사회성에 미치는 영향. 한국스포츠심리학회지, 17(4), 13-27.

손준구(2001). 방과후 조직적 체육활동의 초등학생 집단 따돌림(왕따) 감소효과 분석. 한국스포츠교육학회지, 8(1), 119-129.

신옥순(2001). 질적 연구의 윤리. 한국초등교육연구, 14(2), 105-117.

양야기, 이정숙(2009). 학교폭력예방 프로그램이 중학생의 학교폭력태도, 분노 및 공격성에 미치는 효과. 정신간호학회지, 18(4), 369-378.

엄혁주(2012). 스포츠 품성 프로그램 개발 및 효과검증. 한국스포츠심리학회지, 24(1), 81-95.

연합뉴스(2013). '기억력 천재' 카츠 "나쁜 기억 잊는 비법은 용서". 2013.05.28. http://news.naver.com/main/read.nhn?mode=LSD&mid=sec&sid1=103&oid=001&aid=0006282882

오문섭(2010). 청소년들의 무도수련과 집단 따돌림에 관한 연구. 단국대학교 대학원 체육학과 석사학위논문.

윤필규(2004). 청소년들의 스포츠 참여가 집단 따돌림과 학교생활적응에 미치는 영향. 용인대학교 대학원 박사학위 논문.

이경미, 박태우(2011. 12. 27). 재생산되는 학교폭력 당한 아이 절반이 가해자로. 한겨레. 2010.12.27. http://www.hani.co.kr/arti/society/society_genreral/512144.html

이순래(2002). 학교폭력의 원인 및 대처방안에 관한 연구. 서울: 한국형사정책연구원.

임재룡(2011). '집단괴롭힘' 등 피해 자녀 대처방법. 온양신문. 2011. 12.29. http://ionyang.com/default/index_view_page.php?part_idx=66&idx=27342

전정우, 이창용(2006). 중학생들의 방과 후 스포츠 활동이 집단 따돌림에 미치는 영향. 한국체육과학회지, 15(3), 49-60.

정문성(2002). 협동 학습의 이해와 실천. 교육과학사.

정희태(2011). 학교폭력 예방과 갈등해결 방안: 인성 교육적 접근. 윤리연구, 83, 123-163.

차화정, 김혜리, 이수미, 엄진섭, 이승복(2011). 자기보고형 한국어판 아동용 공감지수(EQ-C) 척도의 타당화 예비연구. 한국심리학회지: 발달, 24(4), 63-81.

황승현, 양은석, 최만식, 문익수(2005). 신체활동이 보호관찰대상 청소년의 심리적 변화에 미치는 영향: 자아개념. 한국스포츠심리학회지, 16(2), 189-203.

Eisenberg, N., & Mussen, P.(1989). *The roots of prosocial behavior in children*. Cambridge, England: Cambridge University Press.

Enright, R. D. (2001). *Forgiveness is a choice*. American Psychological Association.

Enright, R. D., & the Human Development Study Group (1996). Counseling within the forgiveness triad: On forgiving, receiving forgiveness, and self-forgiveness. *Counseling and Values, 40,* 107-126.

Fitzgibbons, R. P. (1986). The cognitive and emotional uses of forgiveness in the treatment of anger. *Psychotherapy, 23*, 629-633.

Guba, E. G. (1981). Criteria for assessing the truthworthiness of naturalistic inquiries. *Educational Communication and Technology Journal, 29*, 75-92.

Hope, D. (1987). The healing paradox of forgiveness. *Psychotherapy, 24*, 240-244.

Mathisons, S. (1988). Why triangulate? *Educational Research. 17*(2), 13-17.

Mauger, P. A., Perry, J. E., Freedman, T., Grove, D. C., McBride, A. G., & McKinney, K. E. (1992). The measurement of forgiveness: Preliminary research. *Journal of Psychology and Christianity, 11*, 170-180.

McCullough, M. E., Rachal, K. C., Sandage, S. J., Worthington, E. L. Jr., Brown, S. W., & Hight, T. L. (1998). Interpersonal forgiving in close relationships. II: Theoretical elaboration and measurement. *Journal of Personality and Social Psychology, 75*, 1586-1603.

Midura, D. W. & Glover, D. R. (2005). *Essentials of team building: Principles and practices*. Champaign, IL: Human Kinetics.

Orlick, T. (1978). *The cooperative sports and games book: Challenge without competition*. New York: Pantheon.

Orlick, T. (1981a). Cooperative play socialization among preschool children. *Journal of Individual Psychology, 37*(1), 54-67.

Orlick, T. (1981b). Positive socialization via cooperative games. *Developmental Psychology, 4*(17), 426-429.

Orlick, T. (1982). *The second cooperative sports and games book*. New York: Pantheon.

Orlick, T. (2006). *Cooperative Games and Sports, Joyful Activities for Everyone*. Champaign, IL: Human Kinetics.

Slavin, R. E. (1990). *Cooperative learning: Theory, practice, & research*. Englewood Cliffs, NJ: Prentice Hall.

Spradley, J. P. (1979). *The ethnographic interview*. New York: Holt, Rienhart & Winston. 박종흡 역(2003). 문화기술적 면접법. 서울: 시그마프레스.

Thompson, L. Y., Snyder, C. R., Hoffman, L., Michael, S T., Rasmussen, H. N., Billings, L. S., Heinze, L., Neufeld, J. E., Shorey, H. S., Roberts, J. C., & Roverts, D. E. (2005). Dispositional forgiveness of self, others, and situation. *Journal of Personality, 73*, 313-359.

Worthington, E. L. Jr. (2005). *Handbook of forgiveness*. New York: Routledge.

Worthington, E. L., Sandage, S. J., & Berry, J. W. (2000). *Group interventions to promote forgiveness*. In M. E. McCullought, K. I. Pargament, & C. E. Thoresen (Eds.), Forgiveness: Theory, research, and practice (pp.228-253). New York: Guilford Press.

# 참고문헌

## 제1장 질적 연구의 이해

고문수(2006). 초등학교 게임수업에서 갈등의 원천과 해소. 인천대학교 대학원 박사학위논문.

고문수(2013). 한 초등교사의 체육수업에 대한 반성과 신념의 형성. 한국스포츠교육학회지, 20(3), 53-74.

고문수 · 엄혁주(2012). 등정심리학으로 들여다 본 초등 게임수업 이야기. 한국초등체육학회지, 18(3), 1-16.

김영천(2006). 질적 연구 방법론Ⅰ. 서울: 문음사.

김재중(2013). 협동학습 체육수업 참가 이끄미의 리더십 형성. 인천대학교 대학원 박사학위논문.

김중형(2012). 즐거운 생활 중 신체활동 영역지도의 활성화 방안. 전남대학교 대학원 박사학위논문.

윤현수(2011). 중등 체육교육실습생의 수업지식 형성과정. 인천대학교 대학원 박사학위논문.

## 제2장 연구계획서를 어떻게 쓸 것인가?

고문수(2006). 초등학교 게임수업에서 갈등의 원천과 해소. 인천대학교 대학원 박사학위논문.

김송이(2001). 또래 지위와 친구 관계에 따른 학생의 또래 갈등 분석. 미간행 박사학위논문, 연세대학교 대학원.
김영천(2006). 질적 연구 방법론 Ⅰ. 서울: 문음사.
김영희(2000). 유아의 또래간 갈등해결에 관한 연구. 미간행 박사학위논문, 서울여자대학교 대학원.
김진영(1998). 유치원에서 또래 간 사회적 힘의 형성과정. 미간행 박사학위논문, 이화여자대학교 대학원.
류태호(2000). 체육교사의 직업정체성 형성에 관한 생애사연구. 서울대학교 대학원 박사학위논문.
박명희(2000). 만 2세아의 또래 간 갈등 특성. 미간행 석사학위논문, 이화여자대학교 교육대학원.
박소라(2001). 형세 갈등의 해결과정과 어머니의 역할. 미간행 석사학위논문, 이화여자대학교 대학원.
엄정례(1997). 유아의 또래 간 갈등 상황 분석. 미간행 박사학위 논문, 중앙대학교 대학원.
유정애(2004). 체육학에서의 질적 연구 논문 작성법. 서울: 무지개사.
장연집(2000). 건강을 위한 심리학과 현상학적 질적 연구. 질적 연구, 1(1), 13-24.
Creswell, J. (2003). *Research design: qualitative, quantitative, and mixed methods approaches(2rd ed.)*. Thousand Oak, CA: Sage Publications.
Spradley, J. P. (1979). *The ethnographic interview*. New York: Holt, Rienhart & Winston. 박종흡 역(2003). 문화기술적 면접법. 서울: 시그마프레스.

## 제3장 자료의 수집

고문수(2006). 초등학교 게임수업에서 갈등의 원천과 해소. 인천대학교 대학원 박사학위논문.
김영천(1998). 교육에서의 질적 연구: 방법과 적용. 파주: 교육과학사.
김영천(2006). 질적 연구 방법론 Ⅰ. 서울: 문음사.
정문성(2008). 협동학습의 이해와 실천. 파주: 교육과학사.
Patton, M. Q. (1990). *Qualitative evaluation and research method*. Newbury Park, CA: Sage.

## 제4장 자료의 분석

고문수(2006). 초등학교 게임수업에서 갈등의 원천과 해소. 인천대학교 대학원 박사학위논문.

이용숙 · 김영천(2005). 교육에서의 질적연구. 서울: 교육과학사.

Bogdan, R. C., & Bilken, S. K. (1992). *Qualitative research for education: An introduction to theory and methods*. Boston: Allyn and Bacon.

Spradley, J. P. (1979). *The ethnographic interview*. New York: Holt, Rienhart & Winston. 박종흡 역(2003). 문화기술적 면접법. 서울: 시그마프레스.

## 제5장 긍정심리학적 관점으로 게임수업을 들여다보다

강석기(2008). 행복의 기술. 과학 동아, 23(2), 100-116.

고문수(2008). 초등학교 체육수업의 가치 실현을 위한 방향 탐색. 한국스포츠교육학회지, 15(4), 127-143.

고문수(2012). 초등체육수업론. 파주: 교육과학사.

고문수 · 손천택(2004). 초등학생의 게임수업에 대한 인식. 한국체육학회지, 43(1), 165-174.

고문수 · 이재용(2003). 초등학교 체육수업의 교수전략 탐색. 한국체육학회지, 42(5), 203-212.

권민혁(2003). 또래의 신체활동 게임에서의 권력 관계. 미간행 박사학위 논문, 서울대학교 대학원.

권석만(2010). 욕망과 행복: 심리학의 관점에서 본 욕망과 행복의 관계. 철학사상 36, 121-152.

권오정(2009). 긍정심리학 관점에서 본 무용수의 심리체험 개념 구조. 미간행 석사학위논문, 한국체육대학교 대학원.

권혁련(1996). 게임유형이 초등학교 학습자의 정의적 영역 발달에 미치는 영향. 미간행 석사학위 논문, 한국교원대학교 대학원.

권해숙(2000). 놀이를 통한 초등학교 학습자의 기초체력 향상 효과. 미간행 석사학위 논문, 한국교원대학교 대학원.

김명신 역(2006). 관심: 삶을 재발견하는 삶의 법칙. 북스캔.

김무곤(2003). NQ로 살아라. 서울: 김영사.

김병준(2007). 스포츠 과학: 운동과 행복. 스포츠 과학 99. 34-39.

김영숙(2011). 운동을 통한 긍정적 감정의 경험은 우리를 행복하게 만든다. 스포츠과학 2011 AUTUMN, 29-33.

김인자 역(2006). 긍정심리학-진정한 행복 만들기. 경기: 물푸레.

문호준(2003). 스포츠교육모형을 적용한 체육수업 활성화 사례연구. 한국스포츠교육학회지, 10(3), 159-175.

박수정(2009). 스포츠와 행복 추구. 한국심리학회지 사회문제, 15(1), 241-250.

여운일(2012). 행복을 통한 긍정조직행동 가치 세우기-긍정심리학적 관점. 충북대학교 산업과 경영, 25(1), 161-178.

오인구(2000). 음악 줄넘기 운동이 체력 향상에 미치는 영향. 미간행 석사학위 논문, 공주대학교 대학원.

유생열(2011). 긍정심리학과 교육에로의 적용 가능성. 2011년도 한국초등체육학회 동계 학술대회 자료집, 3-34.

유정애(2007). 체육과 교육과정 총론. 서울: 대한미디어.

윤승평(2000). 중학교 체육수업에서 학교 수준의 교육과정과 실천적 교육과정 비교. 미간행 석사학위논문, 서울대학교 대학원.

이상헌(2001). 리듬 운동이 취학 전 아동들의 기초체력 향상에 미치는 영향. 미간행 석사학위 논문, 상지대학교 대학원.

이재용(2001). 초등체육 교과 전문성과 교사 지식. 한국체육교육학회지, 5(2), 1-13.

정구영 · 고문수 · 이재용(2003). 초등학교 체육수업에서 협동학습의 효과분석. 한국스포츠교육학회지, 10(2), 127-145.

정용각(2010). 긍정심리학과 스포츠. 2010 한국스포츠심리학회 동계학술대회 자료집, 1-6.

최의창(2007). 중등체육에의 통합적 접근: 학문적 접근과 서사적 접근. 교육과정평가연구, 10(2), 349-376.

최환영(2008). 팀워크 중심 체육프로그램(TOPEP) 적용 현장 개선연구. 미간행 박사학위논문, 인천대학교 대학원.

한지연(2006). 무용 끼의 본질에 관한 실증적 탐색. 미간행 석사학위논문. 이화여자대학교 대학원.

황순광 · 고문수(2004). 초등학교 체육수업에서 이해중심 게임수업 모형의 적용. 제42회 한국체육학회 학술발표회, 830-838.

Block, M. E. (1995). Use peer tutors and task sheets. *Strategies, 8(7)*, 9-11.

Housner, L. D., & Griffey, K. C. (1985). Teacher cognition: Differences in planning and interactive decision-making between experienced teachers. *Research Quarterly for Exercise & Sport, 56*, 45-53.

Ko, M. S., Ko, J. S., & Son, C. T. (2004). The Exploration of Game-Teaching Lessons through Intratask Variation. *2004 International Sport Science Congress*, 362-369.

O'Reilly, E., Tompkins, J. & Gallant, M. (2001). They ought to enjoy physical activity, you know?: Struggling with fun in Physical Education. *Sport, Education and Society, 6(2)*, 211-222.

Peterson, C., Seligman, M. E. P. (2004). *Character strengths and virtues: A handbook and classification*. New York: Oxford University Press/ Washington, DC: American Psychological Association.

Ryan, R. M., & Frederick, C. (1997). On energy, personality, and health: Subjective vitality as a dynamic reflection of well-being. *Journal of Personality, 65*, 529-565.

Scanlan, T. K. Carpenter, P. J., Lobel, M & Simons, J. P. (1993). Sources of enjoyment for youth sport athletes. *Pediatric Exercise Science, 5*, 275-285.

Seligman, M. E. P. (2002). *Authentic happiness: Using the new positive psychology to realize your potential for lasting fulfillment*. New York: Free Press.

Seligman, M. E. P., & Csikszentmihalyi ,M. (2000). Positive psychology: An introduction. *American Psychologist, 55(1)*, 5-14.

Seligman, M. E. P., Rashid, T., & Parks, A. C. (2006). Positive psychotherapy. *American Psychologist, 11*, 774-788.

Spradley, J. P. (1979). *The ethnographic interview*. New York: Holt, Rienhart & Winston. 박종흡 역(2003). 문화기술적 면접법. 서울: 시그마프레스.

Tjeerdsma, B. L. (1995). How to motive students without standing on your head! *Journal of Physical Education, Recreation and Dance, 67(8)*, 45-48.

Waterman, A. S., Schwartz, S. J., & Conti, R. (2008). The implications of two concepts of happiness(hedonic enjoyment and eudaimonia) for the understanding of intrinsic motivation. *Journal of Happiness Studies, 9*, 41-79.

Werner, P., Thorpe, R., & Bunker, D. (1996). Teaching Games for Understanding Evolution of a Model. *JOPERD, 67(1)*, 28-33.

Williams, N. (1992). The physical education hall of shame. *Journal of Physical Education, Recreation and Dance, 63(6)*, 57-60.

Williams, N. (1994). The physical education hall of shame, Part II. *Journal of Physical Education, Recreation and Dance, 65(2)*, 17-20.

## 제6장 체육수업에서 감정적 협박을 말하다

고문수(2013). 한 초등교사의 체육수업에 대한 반성과 신념의 형성. 한국스포츠교육학회지, 20(3), 53-74.

고문수, 엄혁주(2012). 긍정심리학으로 들여다 본 초등 게임수업 이야기. 한국초등체육학회지, 18(3), 1-16.

곽은창(1998). 고장난 학교 체육. 한국체육학회보. 72, 9-14.

권민혁(2012). 학교 집단따돌림 예방 및 해결책으로서 스포츠의 가능성 탐색. 2012년도 한국스포츠사회학회 동계워크숍 자료집, 33-46.

김남주(1996). 체육교사 이제 달라져야 합니다. 한국체육학회보, 64, 28-30.

김달효(2006). 교사의 훈육유형과 훈육효과 분석. 미간행 박사학위 논문, 부산대학교 대학원, 부산.

김동진(1998). 학교 체육. 이대로는 안 된다. 21세기를 향한 체육의 발전방향 정책토론회 논문집, 19- 29.

김동환, 이주욱, 이병준(2008). 체육수업에서 여학생 정서경험 사례연구. 한국스포츠심리학회지, 19(3), 13-32.

김미진(2011). 프랙탈 조형원리를 이용한 옵티컬 패턴의 주얼리 디자인 연구. 미간행 박사학위 논문, 가야대학교 대학원, 김해.

김영천(1997). 네 학교 이야기: 한국 초등학교의 교실생활과 수업. 문음사.

김인상(2004). 초등학교 체육교육의 문제점과 개선방안에 관한 심층적 분석. 미간행 박사학위 논문, 경기대학교 대학원, 수원.

류태호(1998). 교육의 위기와 체육교사의 전문성. 한국체육학회보, 72, 15- 18.

손천택(1996). 유능한 체육교사로 거듭나기. 한국체육학회보, 64, 25- 27.

신상옥, 양갑렬(2006). 체육전담교사와 담임교사의 수업행동 사례 분석. 한국초등체육학회지, 12(2), 95-106.

양갑렬, 김종욱(1999). 초등학교 체육수업 내용선택과 수업대체 분석. 한국스포츠교육학회지, 6(1), 57- 67.

엄혁주, 성창훈(2012). 발달적 스포츠 품성의 개념화 및 측정 모형 개발. 한국체육학회지, 51(6), 141-152.

엄혁주, 이대형, 고문수(2013). 협동 게임수업이 초등학생의 운동기능과 정의적 발달에 미치는 영향. 한국체육교육학회지, 17(4), 43-56.

엄혁주, 최영준, 문익수(2013). 스포츠 품성 프로그램 개발 및 효과검증. 한국스포츠심리학회지, 24(1), 81-95.

윤만형(2002). 초등학교 체육교육의 실제와 개선에 관한 연구. 미간행 박사학위논문, 전남대학교 대학원, 전남.

윤택림(1994). 기억에서 역사로: 구술사의 이론적, 방법론적 쟁점들에 대한 고찰. 한국문화인류학회, 25, 273-294.

이광무, 이유경(2009). 초등학교 여교사의 체육수업 실태 분석. 한국초등체육학회지, 15(3), 95-105.

이병준, 김동환(2010). 체육수업에서 정서경험과 내적동기와의 관계. 한국스포츠교육학회지, 17(4), 125-141.

정두언(1990). 국민학교 체육교육과정 운영 실태와 개선에 관한 연구. 미간행 석사학위논문, 홍익대학교 교육대학원, 서울.

조벽(2012). 조벽 교수의 수업 컨설팅: 대한민국 교사들을 위한 마이크로 티칭 노하우. 서울: 해냄.

조순묵(1998). 수업반성을 통한 초등교사의 체육교수활동변화. 미간행 박사학위논문, 서울대학교 대학원, 서울.

Alfermann, D. & Stoll, O. (2000). Effects of physical exercise on self-concept and well-being. *International Journal of Sport Psychology, 31*, 47-65.

Bales, R. (1970). *Personality and interpersonal behavior*. New York: Holt.

Brunel, P. (1999). Relationship between achievement goal orientations and perceived motivational climate on intrinsic motivation. *Scandinavian Journal of Medicine & Science in Sports, 9*, 365-374.

Carpenter, P. & Morgan, K. (1999). Motivational climate, personal goal perspectives, and cognitive and affective responses in physical education classes. *European Journal of Physical Education, 19*, 302-312.

Deci, E. L., & Ryan, R. M. (1985). *Intrinsic motivation and self-determination in human behavior*. New York: Plenum.

Glasser, W. (1993). *The Quality School Teacher*. New York: HarperCollins.

Glasser, W. (1998). *Choice Theory: A New Psychology of Personal Freedom*. New York: HarperCollins.

Lickona, T. (1983). *Raising Good Children: From Birth through the Teenage Years*. New York: Bantam Books.

Marzano, R. J. (2007). *The art and science of teaching: A comprehensive framework for effective instruction*. Alexandria, VA: Association for Supervision and Curriculum Development.

Ntoumanis, N. (2005). A prospective study of participation in optional school physical education using a self-determination theory framework. *Journal of Educational Psychology, 97*, 444-453.

Sallis, J. F., & McKenzie, T. L. (1991). Physical educator's role in public health. *Research Quarterly for Exercise & Sport, 62*, 124-137.

Seligman, M. E. P., & Csikszentmihalyi ,M. (2000). Positive psychology: An introduction. *American Psychologist, 55*(1), 5-14.

Spradley, J. P. (1979). *The ethnographic interview*. New York: Holt, Rienhart & Winston. 박종흡 역(2003). 문화기술적 면접법. 서울: 시그마프레스.

Susan, F. (1997). Emotional Blackmail. New York: HarperCollins. 김경숙 역(2004). 협박의 심리학. 서울: 서돌.

## 제7장 예비교사의 교육실습에서 드러난 체육교육의 간극과 해소를 탐색하다

강환국(1998). 중등학교 교과교사의 직전교육을 위한 일반교육학과정에 대한 연구. 한국교사교육, 15(1), 174-188.

고문수(2012). 초등체육수업론. 파주: 교육과학사.

고문수 · 이양구(2011). 초등예비교사의 뉴스포츠 체험에 대한 경험과 인식. 한국체육교육학회지, 16(3), 11-25.

김무영(2010). 교육실습을 통해 본 예비체육교사의 반성 내용과 반성수준. 한국스포츠교육학회지, 17(3), 57-77.

김원정(2010). 예비 체육교사의 수업시연을 통한 자기수업반성에 관한 연구. 한국스포츠교육학회지, 17(1), 25-52.

김정명(2011). 체육교육의 인간학적 접근. 한국체육교육학회지, 16(3), 1-9.

김진오(2008). 초등학교 축구수업의 스포츠교육모형 적용효과. 미간행 석사학위논문, 강원대학교 대학원.

김낭규(2009). 뉴스포츠의 혼성 체육수업 적용 가능성 탐색: 학생체험을 중심으로. 한국스포츠교육학회지, 16(3), 17-34.

김낭규(2010). 하나로 수업 모형 적용을 통한 반응 변화 탐색. 한국스포츠교육학회지, 17(4), 67-81.

김현우(2010). 넷볼(Net Ball)을 적용한 체육수업의 교육적 효과. 한국체육학회지, 49(1), 157-166.

박성준(2005). 전통적 스포츠와 뉴스포츠 수업 참여자의 운동 능력별 동기요인 분석. 미간행 석사학위논문, 고려대학교 대학원.

박은혜(1996). 반성적 사고와 유아 교사교육. 유아교육연구, 16(1), 175-192.

박재정 · 양정모 · 이동호(2011). 초등 예비교사들의 인식을 통한 직전교사 체육교육과정 반성과 개선 방향. 학습자중심교과교육연구, 11(4), 77-101.

손천택 · 강신복 · Patt Dodds(2003). 체육교사 양성프로그램의 현상학적 분석. 한국체육학회지, 42(4), 315-329.

손천택 · 최환영 · 고문수(2007). 교육대학 체육심화과정에 관한 현상학적 분석. 한국스포츠교육학회지, 14(1), 57-74.

손환무(2008). 중학생들의 뉴스포츠 체육수업과 전통적 체육수업의 만족도 연구. 미간행 석사학위논문, 한국체육대학교 대학원.

이규일 · 류태호(2010). 체육 교과 교육의 논리로 바라본 뉴스포츠 수업의 교육적 한계 및 실천 방안 탐색. 한국스포츠교육학회지, 17(4), 83-100.

이나미(2003). 스포츠교육모형을 적용한 티볼(Tee-Ball) 수업개발. 미간행 석사학위논문. 숙명여자대학교 대학원.

이병준(2006). 이해중심게임수업의 이해와 적용. 미간행 박사학위논문, 고려대학교 대학원.

이인제 · 이범홍 · 박정 · 진재관 · 김옥남 · 서수현 · 김신영(2004). 교사의 학생평가 전문성 신장 모형과 기준. 한국교육과정평가원 연구보고 RRE 2004-5-2.

이정애(2003). 중학교 교사의 학생평가에 대한 인식과 평가 전문성 연구. 석사학위논문, 이화여자대학교 교육대학원.

이지훈(2010). 혼창통 당신은 이 셋을 가졌는가? 서울: (주) 쌤앤파커스.

임현주(2004). 스포츠교육모형에 대한 체육교사의 사고과정. 한국스포츠교육학회지, 11(3), 85-102.

장찬익 · 권순달 · 최낙준(2001). 초등교사의 전문성과 양성대학의 교과교육. 서울교육대학교 한국초등교육, 3(1), 53-376.

정구향 · 김경희 · 김재철 · 반재천 · 민경석 · 오희숙 · 권재기 · 이재기 · 박선미 · 진재관 · 조영미 · 이대현 · 이미경 · 신일용 · 김진석 · 이의갑(2004). 2003년 국가 수준 학업성취도 평가 연구 -총론-. 한국교육과정 평가원 연구보고 RRE-2004-1-1.

최희진(2009). 중등체육 예비교사의 교육실습 체험에 관한 내러티브 탐구. 한국스포츠교육학회지, 16(1), 57-75.

American Federation of Teacher, National Council on Measurement in Education, & National Education Association(AFT, NCME & NEA). (1990). Standards for teacher competence in educational assessment of students. *Educational Measurement: Issues and practice. 9*(4), 30-32.

Delaney, K. D. (1997). *Understanding social studies for teaching: A sociocultural approach to teacher interns' learning pedagogical social studies knowledge.* Unpublished doctoral dissertation, University of North Carolina.

Griffin, L. M., & Combs, S. (2000). Student Teacher's Perceptions The Role of The Physical Educator. *Journal of Physical Education, Recreation and Dance, 71*(4), 42-45.

Housner, L. D., & Griffey, K. C. (1985). Teacher cognition: Differences in planing and interactive decision-making between experienced teachers. *Research Quarterly for Exercise & Sport, 56*, 45-53.

Kauffman, D. (1992). Supervision of Student Teachers. *ERICE Digest*, ED 344873.

Lortie, D. (1975). *Schoolteacher*. Chicago: University of Chicago Press.

Macdonald, D., & Tinning, R. (1995). Physical Education Teacher Education and the Trend to Proletarianization. *Journal of teaching in physical education, 15*(1), 98-118.

Metzler, M. W., & Tjeerdsma, B. (2000). Teacher education program assessment and the GSU PETE assessment project. *Journal of Teaching in Physical Education, 19*, 395-401.

Sparks, B., Steffen, J., & Carlisle, C. (1990). An Analysis of The Clinical Experience in Teacher Education in Physical Education within Institutions of Varying Sizes Orientation and Mission. *The Physical Educator, Education, 47*(1), 27-361.

Spradley, J. P. (1979). *The ethnographic interview*. New York: Holt, Rienhart & Winston. 박종흡 역(2003). 문화기술적 면접법. 서울: 시그마프레스.

## 제8장 체육수업에서 교사의 교수전략을 탐색하다

고문수(2004). 초등학생의 게임수업에 대한 인식. 한국체육학회지, 43(1), 165-174.

고문수(2008). 초등학교 체육수업의 가치 실천을 위한 방향 탐색. 한국스포츠교육학회지, 15(4), 127-143.

고문수(2010a). 초등체육 교육의 가치 실천을 위한 교사의 역할. 2010년도 한국초등체육학회 동계학술대회 자료집, 75-93.

고문수(2010b). 좋은 체육수업으로 가는 길. 2010년 초등 1급 정교사 자격연수(겨울) II, 133-142.

고문수 · 이재용(2003). 초등학교 체육수업의 교수전략 탐색. 한국체육학회지, 42(5), 203-212.

곽은창 · 권순정(1999). 중학생의 남녀공학 체육수업 형태의 선호도와 체육활동에 관한 자아개념 분석. 한국스포츠교육학회지, 6(2), 13-27.

교육인적자원부(2002). 초등학교 체육 교사용 지도서. 대한교과서주식회사.

김윤희(1999). 중학생들의 체육수업 선호 이유 분석. 한국스포츠교육학회지, 6(2), 93-110.

김윤희 · 강신복(2000). 중학생들의 체육수업 걱정거리 분석. 한국체육학회지, 39(2),

583-594.

김인상(2003). 초등학교 체육교육의 문제점과 개선방안에 관한 심층적 분석. 미간행 박사학위논문, 경기대학교 대학원.

박노혁(2003). 초등학생의 방과 후 신체활동이 스트레스에 미치는 영향. 미간행 석사학위논문, 청주교육대학교 교육대학원.

서영조 옮김(2009). 브레인 룰스. 서울: 프런티어.

안양옥(2002). 초등학교 게임수업 탐구. 도서출판 무지개사.

유정애 외 8인 공역(2003). 체육수업모형. 도서출판 대한미디어.

유정애(2007). 초 · 중학교 체육과 교육과정 해설 연구 개발. 한국교육과정평가원 연구보고서 CRC 2007-18.

이상기(2005). 학교 체육 문제점과 해결방안에 관한 소고. 한국스포츠교육학회 학술대회 자료집, 25-44.

이재용 · 안양옥 · 조순묵 · 이기천 공역(2005). 초등체육 가르치기. 도서출판 대한미디어.

인천광역시교육청(2009). 학교 체육활성화를 위한 체육교육 장학편람. 인천: 유림출판사.

최의창(2007). 통합화와 다양화. 우리체육 창간호(한국스포츠교육학회 편), 67-80.

Carlson, T. B. (1995). We hate gym: Students alienation from physical education. *Journal of teaching in Physical Education, 14*, 467-477.

Housner, L. D., & Griffey, K. C. (1985). Teacher cognition: Differences in planing and interactive decision-making between experienced teachers. *Research Quarterly for Exercise & Sport, 56*, 45-53.

Luke, M. D., & Sinclair, G. D. (1991). Gender differences in adolescents' attitudes toward physical education. *Journal of teaching in Physical Education, 11*, 31-46.

Rink, J. (1993). *Teaching physical education for learning (2nd ed)*. St. Louis: Times Mirror /Mosby.

Shulman, L. s. (1987). Knowledge of teaching: Foundation of the reform. *Harvard Educational Review, 57*, 1-21.

Spradley, J. P. (1979). *The ethnographic interview*. New York: Holt, Rienhart & Winston. 박종흡 역(2003). 문화기술적 면접법. 서울: 시그마프레스.

Wuest, D., & Bucher, C. (1999). *Foundation of Physical Education and Sports*. WCB/McGraw-Hill.

## 제9장 뉴스포츠 수업의 가치와 한계를 만나다

고문수(2012). 초등체육수업론. 파주: 교육과학사.

고문수 · 이양구 · 김무영(2011). 뉴스포츠 활용 체육수업에 대한 초등학생의 경험. 한국체육교육학회지, 16(1), 101-113.

교육과학기술부(2008). 중학교 교육과정해설. 교육과학기술부.

교육인적자원부(2007). 초 · 중 · 고등학교 교육과정. 서울: 교육인적자원부.

권진규(2007). 고등학생의 뉴스포츠 참여에 따른 수업만족도와 스포츠 참여 의사의 관계. 미간행 석사학위논문, 한국체육대학교 대학원.

김규성(2007). 여중생의 넷볼(NET-BALL) 수업 체험. 미간행 석사학위논문, 고려대학교 대학원.

김낭규(2009). 뉴스포츠의 혼성 체육수업 적용 가능성 탐색: 학생체험을 중심으로. 한국스포츠교육학회지, 16(3), 17 34.

김성곤(2008). 초등학교 예비교사의 뉴스포츠 종목을 활용한 체육실기 수업에 대한 인식. 한국체육학회지, 47(3), 151-163.

김명신 역(2006). 관심: 삶을 재발견하는 삶의 법칙. 북스캔.

김승재 · 김진희 · 홍석표(2008). 뉴스포츠 운영을 통한 학교 체육 활성화 방안. 한국체육학회지, 47(2), 197-208.

김현우(2010a). 넷볼(Net Ball)을 적용한 체육수업의 교육적 효과. 한국체육학회지, 49(1), 157-166.

김현우(2010b). 뉴스포츠를 적용한 체육수업과 전통적 체육수업의 수업참여요인 및 수업만족도 비교. 한국체육학회지, 49(6), 323-334.

류태호 · 이병준(2006). 뉴스포츠의 개념과 교육적 의미. 한국스포츠교육학회지, 13(1), 67-82.

엄태동 편역(2001). 존 듀이의 경험과 교육. 서울: 원미사.

이규일 · 류태호(2010). 체육 교과 교육의 논리로 바라본 뉴스포츠 수업의 교육적 한계 및 실천 방안 탐색. 한국스포츠교육학회지, 17(4), 83-100.

이근오(2007). 뉴스포츠 활동이 초등학생의 체육학습에 미치는 효과. 미간행 석사학위논문, 한국교원대학교.

이병관(2007). 체육수업에서 뉴스포츠 종목의 도안방안 모색. 한국스포츠리서치, 18(2), 395-406.

이병화(2008). 뉴스포츠 활동이 초등 학교 아동의 공격성 감소와 사회성에 미치는 영향. 미간행 석사학위논문, 한국체육대학교 대학원

이혁규(2008). 수업, 비평의 눈으로 읽다. 서울: 우리교육.

전신옥(2008). 뉴스포츠 참여 중학생들의 신체적 자지효능감과 체육수업 만족이 학교생활 적응에 미치는 영향. 미간행 석사학위논문, 용인대학교 대학원.

최영효(2008). 고등학생의 뉴스포츠 체육수업에 대한 선호도와 만족도. 미간행 석사학위논문, 한국체육대학교 대학원.

최홍섭(2010). 뉴스포츠를 활용한 학교스포츠클럽 활성화 방안 연구. 교과교육학연구, 14(1), 203-219.

하성화(2004). 변화하는 교육환경에 다른 뉴스포츠의 현장 활용 소개와 적용 방안. 미간행 석사학위논문, 연세대학교 대학원.

Beedy, J. (1997). *Sports plus: Positive learning using sports, developing youth sports programs that teach positive values.* Hamilton, MA: Sage.

Blankenship, B, T,. & Ayers, S, F. (2010). The Role of PETE in Developing Joy-Oriented Physical Educators. *Quest, 62*, 171-183.

Csikszentmihaly, M.(1990). *Flow the Psychology of Optimal Experience.* NY: Prentis-Hall.

Jarmo, L., Yves, C. A., Beatrix, V., Dorothee, A., & Yannis T. (2007). *Psychology for physical educators: Strudent in focus.* Champaign, IL: Human Kinetics.

Shulman, J. L., & Bowen, W. G. (2001). *College sprots and educational values: The game of life. Princeton*, NJ: Princeton University Press.

Spradley, J. P. (1979). *The ethnographic interview.* New York: Holt, Rienhart & Winston. 박종흡 역(2003). 문화기술적 면접법. 서울: 시그마프레스.

## 제10장 교사의 체육수업 반성과 신념의 구성과정을 알아보다

경기도교육청(2011). 체육수업 보완지도자료 개발 · 보급: 피구 · 플로어볼 · 디스크골프 지도서 및 수업과정안. 경기도: 경기도교육청.

고문수(2012). 초등체육수업론. 파주: 교육과학사.

김무영(2010). 교육실습을 통해 본 예비체육교사의 반성 내용과 반성수준. 한국스포츠교육학회지, 17(3), 57-77.

김선희(2006). 반성적 사고 능력 향상을 위한 사례 방법과 체육전문인교육에의 적용 가능성 탐색. 한국체육학회지, 45(6), 373-384.

김원정(2010). 예비 체육 교사의 수업 시연을 통한 자기수업반성에 관한 연구. 한국스포츠교육학회지, (17)1, 25-52.

김인상(2004). 초등학교 체육교육의 문제점과 개선방안에 관한 심층적 분석. 미간행 박사학위논문, 경기대학교 대학원, 경기도.

박은혜(1996). 반성적 사고와 유아교사교육. 유아교육연구, 16(1), 175-192.

서우석 · 류희수 · 여태철(2008). 수업컨설팅 이렇게 하라. 파주: 교육과학사.

설증웅 · 조민호(2006). 컨설팅 프랙틱스. 서울: 새로운 제안.

손천택 · 최환영 · 고문수(2007). 교육대학 체육심화과정에 관한 현상학적 분석. 한국스포츠교육학회지, 14(1), 57-74.

안양옥(2002). 초등학교 게임수업 탐구. 서울: 무지개사.

양정모(2011). 초등학교 체육수업컨설팅의 메커니즘과 교육적 의미. 한국스포츠교육학회지, 18(2), 95-118.

유정애(2002). 좋은 체육수업에 관한 질적 사례연구. 한국스포츠교육학회지, 9(2), 124-154.

이재용(2011). 체육교육 T-멘토링 프로젝트 참여자의 경험과 변화. 한국초등체육학회지, 17(1), 15-29.

이지훈(2010). 혼 · 창 · 통 단신은 이 셋을 가졌는가? 서울: (주)쌤앤파커스.

전용진 · 김무영(2011). 중등체육교사로서 '나'의 신념과 반성. 한국체육학회지, 50(4), 129-144.

정우식 · 이호철(2010). 초등학교 직전교사교육에서의 반성 전략 실행 - 체육실기(체조) 수업 사례. 한국스포츠교육학회지, 17(1), 53-69.

조순묵(1998). 수업 반성을 통한 초등교사의 체육교수활동 변화. 미간행 박사학위논문, 서울대학교 대학원, 서울.

조순묵, 이기천, 최의창, 박종률(2002). 초등학교 예비교사의 반성성향과 수업운영전략 분석. 한국스포츠교육학회지, 9(2), 102-123.

최의창(2003). 스포츠교육학. 서울: 도서출판 무지개사.

최의창(1995a). 교사 전문능력 개발의 합리주의적 관점과 그 대안. 교육학 연구, 33(1), 33-348.

최의창(1995b). 체육교사로 일하며 성장하기. 서울: 태근문화사.

최의창(1996). 교사 연구과 체육교사교육. 한국스포츠교육학회지, 3(1), 1-20.

최의창(2008). 반성적 체육전문인 양성을 위한 대학교 학부교육프로그램 개발 연구. 한국스포츠교육학회지, (15)2, 1-24.

최준만 · 김대진(2007). 중학교 체육교사의 수행평가에 관한 인식 및 실태 조사. 한국스포츠교육학회지, 14(1), 111-126.

Bain, J. D., Ballantyne, R., Packer, J. & Mills, C. (1999). Using journal writing to enhance student teachers' reflectivity during field experience placement. *Teachers and teaching; Theory and Practice*, *5*(1), 51-73.

Dodds, P. (1989). Trainees, field experience, and socialization into teaching. In T. J. Templin & P. C. Schempp (Eds.), *Socialization into physical education:*

*Learning to teach* (pp. 81-104). Indianapolis, IN: Benchmark Press.

Fullan, M., & Hargreaves, A. (1996). *What's worth fighting for in your school.* NY: Teachers College Press. 최의창(역)(2006). 학교를 개선하는 교사. 서울: 무지개사.

Hatton, N., & Smith, D. (1995). Reflection in teacher education: towards definition and implementation. *Teaching & Teacher Education, 11*(1), 33-49.

Jones, R., & Turner, P. (2006). Teaching coaches to coach holistically: Can Problem-Based Learning(PBL) help? *Physical Education and Sport Pedagogy, 11*(2), 181-202.

Posner, G. J. (1985). *Field experience: A guide to reflective teaching:* New York: Longman.

Schon, D. A. (1983). *The reflective practitioner. How professional think in action.* New York: Basic Books.

Schon, D. A. (1987). *Educating the reflective practitioner.* San Francisco: Jossey-Bass.

Spradley, J. P. (1979). *The ethnographic interview.* New York: Holt, Rienhart & Winston. 박종흡(역)(2003). 문화기술적 면접법. 서울: 시그마프레스.

Tabachnick, B., & Zeichner, K. (1984). The impact of the student teaching experiences on the development of teacher perspective. *Journal of Teacher Education, 35*(6), 28-36.

Wenger, E. (1998). *Communities of Practice: learning, meaning, identity.* New York: Cambridge University Press. 손민호 · 배을규(역)(2007). 실천공동체: 지식 창출의 사회생태학. 서울: 학지사.

Wolcott, H. F. (1995). *The art of fieldwork.* Walnut Creek, CA: AltaMira Press.

Zeichner, K. (1987). Preparing reflective teacher: An overview of instructional strategies which have been employed in pre-service teachers education. *International Journal of Educational Research, 11,* 567-575.

## 제11장 학교운동부 활성화를 위한 발전에 고민하다

강신욱(2003). 학교운동부의 운동과 학업수행 및 운영 실태 조사. 한국체육학회지, 42(3), 97-109.

고문수(2010a). 학교운동부 학생선수 자원 확보 방안에 대한 의견. 2010년 학교 체육진흥연구회 정책세미나 자료집, 63-81.

고문수(2010b). 초등학교 학생선수의 현황과 우수 선수 확보. 미간행 발표 원고.

고문수(2010c). 초등 체육수업의 이해와 실제. 파주 : 한국학술정보

교육과학기술부(2009). 선진형 학교운동부 운영시스템 구축 계획(안).

권순용(2010). 학교 체육지도자의 필요성과 역할에 대한 기대. 2010 학교 체육진흥 세미나 자료집, 3-16.

김무영, 최덕묵(2007). 학교 운동부 코치 교육의 개선방향. 한국스포츠리서치, 18(4), 955-966.

김선희(2009). 누가 좋은 코치인가? 이상적인 코치의 자질. 한국체육학회지, 48(2), 183-194.

김승재(2010). 한국 청소년 스포츠 진흥과 스포츠 교육학의 역할. 2010년 한국스포츠교육학회 춘계 학술대회, 3-14.

박희근(2010). 학교 체육발전을 위한 교육과학기술부의 역할과 기능. 학교 체육진흥 세미나 자료집, 19-49.

손천택(2004). 2004 학교운동선수의 건전육성 방안. 한국올림픽성화회 춘계학술대회, 37-52.

손천택 · 최기표 · 안상수(2007). 청소년 중심 스포츠클럽 모형의 문화기술적 탐색. 한국사회체육학회지, 30, 769-784.

손천택 · 최환영 · 고문수(2007). 교육대학 체육심화과정에 관한 현상학적 분석. 한국스포츠교육학회지, 14(1), 57-74.

신동영(2011). 초등학교 스포츠강사 사업 2년의 평가 및 과제. 초등학교 스포츠강사 사업의 성과와 발전 방향 세미나 자료집, 1-14.

이동우(2005). 엘리트 체육의 발전과 초등 체육의 역할에 대한 토론. 한국체육정책학회 춘계 학술세미나 자료집, 105-113.

이대형(2010). 학교운동부 학생선수 자원 확보 방안. 2010년 학교 체육진흥연구회 정책세미나 자료집, 5-52.

이창섭(2009). 엘리트스포츠 진흥의 새로운 도전과 과제. 한국체육학회 제28회 국민체육진흥 세미나 자료집, 31-48.

임태성(1999). 엘리트체육과 생활체육의 균형적 발전 방안. 한국사회체육학회지, 109-118.

체육과학연구원(2007). 스포츠영재 발굴 육성사업 운영계획. 내부자료.

채재성(2004). 학교운동부 육성을 위한 단체별 지원확보 방안. 한국올림픽성화회 춘계학술대회, 121-135.

최의창(2007). 체육교사교육에서의 인성교육 탐색. 한국스포츠교육학회지, 14(4), 1-23.

최의창(2010). 인문적 체육교육과 하나로 수업. 서울: 레인보우북스.

홍양자(2000). 학교에서의 엘리트 스포츠 선수를 위한 운영과 관리에 관한 연구. 한국유산소운동과학회지, 91-101.

Anderson D. (2001). Recovering humanity: Movement, sport and nature. *Journal of Philosophy of sport, 28*, 140-150.

Anderson, D. (2002). The humanity of movement ot "it's not just a gym class." *Quest,*

*54*, 87-96.

Feezell, R. (2004). Sport, play & ethical reflection. Chicago: University of Illinois Press.

Galipeau, J. & Trudel, P. (2006). *Athlete Learning a Community of Practice, In Jones, R. (Ed). The Sports Coach as Educator.* London: Routledge.

Vallee, C. N., & Bloom, G. A. (2005). Building a Successful University Program: Key and Common Elements of Expert Coaches. *Journal of Applied Sport Psychology, 17*, 179-196.

## 제12장 다문화 가정 학생을 위한 체육수업 활성화 방안을 생각하다

고문수(2006). 초등학교 게임수업에서 갈등의 원천과 해소. 미간행 박사학위논문, 인천대학교 대학원, 인천.

고문수(2011). 체육수업 어떻게 할까. 파주: 이담북스.

고문수(2012). 체육현상의 관점에서 바라본 다문화사회 체육의 역할. 교과교육학연구, 16(1), 39-57.

고문수(2013). 한 초등교사의 체육수업에 대한 반성과 신념의 형성. 한국스포츠교육학회지, 20(3), 53-74.

고문수 · 김재운(2012). 초등교사의 눈으로 바라본 뉴스포츠 수업의 교육적 가능성과 한계. 교과교육학연구, 16(4), 1123-1141.

고문수 · 최덕묵(2009). 다문화교육에서 체육의 역할 탐색. 한국초등체육학회지, 15(3), 181-190.

권민혁(2008). 다문화 사회에서의 초등체육교육의 방향 및 과제. 한국초등체육학회지, 14(3), 165-174.

김경숙, 함정혜, 김도연, 주성순(2009). 학교 및 지역사회 스포츠 다문화교육의 실천모형 탐색. 한국사회체육학회지, 38, 13-24.

김미숙(2005). 북한이탈학생의 남한학교 다니기. 교육사회학연구, 15(2), 23-44.

김사엽(2010). 스포츠 시설관리 운영론. 서울: 도서출판 21세기 교육사.

김정원(2006). 국내 몽골 출신 외국인 근로자 자녀 학교 교육실태 분석. 교육사회학연구, 16(3), 95-129.

김정원 · 이혜영 · 배은주 · 허창수(2005). 외국인 근로자 자녀 교육복지 실태 분석 연구. 한국교육개발원 연구보고 RR 2005-5.

배은주(2006). 한국 내 이주노동자 자녀들의 학교 생활에서의 갈등 해결 방안: 초등학교를 중심으로. 교육인류학연구, 9(2), 25-55.

오은순 · 강창동 · 진의남 · 정진웅 · 김선혜 · 김수연 · 박선종 · 최광락 · 정원영(2007) 다문화교육을 위한 교수 · 학습 지원 방안 탐색 세미나. 한국교육과정평가원연구보고서 RRI 2007-15.

유정애(2007). 체육과 교육과정 총론. 서울: 대한미디어.

이경숙 · 이경은 · 김종선(2013). 다문화가정 아동을 위한 교사 지원 개발에 관한 연구: 문화다양성과 다문화적 효능감을 중심으로. 다문화교육연구, 6(1), 1-19.

이재용(2013). 체육과 스포츠를 통한 인성교육. 제5회 2013 체육교육 한마당 자료집, 19-36.

장인실(2008). 다문화교육을 위한 교사 교육 교육과정 모형 탐구. 초등교육연구, 21(2), 281-305.

장인실 · 전경자(2013). 초등교사의 다문화교육 인식과 실행에 관한 사례 연구. 다문화교육연구, 6(1), 73-103.

조영달 · 윤희원 · 박상철(2006). 다문화가정의 자녀 교육 실태 조사. 교육인적자원부 정책연구과제 2006-이슈-3.

조혜영 · 서덕희 · 권순희(2007). 다문화가정 자녀의 학업수행에 관한 문화기술적 연구. 교육사회학연구, 18(2). 105-134.

조응태(2006). 국제결혼 가정 자녀를 위한 다문화 도덕교육. 한국도덕교육학회지, 7(1), 41-67.

최덕묵 · 고문수(2009). 한국의 다문화사회에 대한 이해와 학교 체육의 과제. 한국초등체육학회지, 15(2), 169-179.

최의창(2003). 스포츠 교육학. 서울: 무지개사.

최의창(2007). 중등체육에의 통합적 접근: 학문적 접근과 서사적 접근. 교육과정평가연구, 10(2), 349-376.

Bennett, C. I. (2007). *Comprehensive multicultural education: theory and practice (6th ed.)*. PEARSON.

Coelho, E. (1998). *Teaching and learning in multicultural schools*. UK: Multilingual Matters Ltd.

Guba, E. G. (1981). Criteria for assessing the truthworthiness of naturalistic inquiries. *Educational Communication and Technology Journal, 29*, 75-92.

Salili. F. & Hoosain. R. (2001). *Multicultural education: history, issues, and practices*. In F. Salili & R. Hoosain (Eds.), Multicultural education-issues, policies, and practices (1-14). IAP.

Spradley, J. P. (1979). *The ethnographic interview*. New York: Holt, Rienhart & Winston. 박종흡 역(2003). 문화기술적 면접법. 서울: 시그마프레스.

## 제13장 행복한 삶을 만들기 위한 스포츠교육의 역할과 과제를 조우하다

고문수(2008). 초등학교 체육수업의 가치 실천을 위한 방향 탐색. 한국스포츠교육학회지, 15(4), 127-143.

고문수(2010). 초등학교 체육수업의 가치와 교사의 역할. 2010년도 한국스포츠교육학회 동계 학술세미나자료집, 19-35.

고문수(2011). 학생들의 행복한 수업을 위한 교구의 활용. 2011년도 한국초등체육학회 동계 학술대회 자료집, 83-116.

고문수(2012). 초등체육수업론. 파주: 교육과학사.

고문수(2013). 다문화 가정 학생을 위한 체육수업 활성화 방안. 한국스포츠교육학회지, 20(4), 133-156.

곽은창 · 권순정(1999). 중학생의 남녀공학 체육수업 형태의 선호도와 체육활동에 관한 자아개념 분석. 한국스포츠교육학회지, 6(2), 13-27.

교육인적자원부(2002). 초등학교 체육 교사용 지도서. 대한교과서주식회사.

김명신 역(2006). 관심: 삶을 재발견하는 삶의 법칙. 북스캔.

김병준(2006). 운동심리학의 이해와 활용. 서울:무지개사.

김윤희(1999). 중학생들의 체육수업 선호 이유 분석. 한국스포츠교육학회지, 6(2), 93-110.

김윤희 · 강신복(2000). 중학생들의 체육수업 걱정거리 분석. 한국체육학회지, 39(2), 583-594.

박경숙(2013). 문제는 무기력이다. 서울: (주)미래엔.

박남환?송형석(2004). 문화로서의 스포츠. 서울: 무지개사.

박노혁(2003). 초등학생의 방과 후 신체활동이 스트레스에 미치는 영향. 미간행 석사학위논문, 청주교육대학교 교육대학원.

손우정 역(2012). 수업이 바뀌면 학교가 바뀐다. 서울: 에듀니티.

유정애(2007). 체육과 교육과정 총론. 서울: 대한미디어.

이대형 · 이승범(2007). 홀리스틱 건강교육의 방향과 과제. 홀리스틱교육연구, 11(1), 117-131.

이상헌 역(2009). 운동화 신은 뇌. 서울: 북섬.

이지헌 역(2011). 가르침이란 무엇인가? 파주: 교육과학사.

인성교육범국민실천연합(2012). 인성교육 비전(시안): 인성이 진정한 실력이다. 경기: (사)한국시각장애인엽합회.

최의창 역(2006). 학교를 개선하는 교사. 서울: 레인보우북스.

최의창(2007). 중등체육에의 통합적 접근: 학문적 접근과 서사적 접근. 교육과정평가연구, 10(2), 349-376.

한국교육개발원 역(2013). 21세기 핵심역량: 이 시대가 요구하는 핵심 스킬. 서울: 학지사.

Alter, J. (2003). *Aesthetic experience*. In B. S. Mohnsen(Ed.), Concepts of physical education: what every student needs to know(199-219). NASPE Publications.

Anderson, D. R. (2002). The humanity of movement or its' not just a gym class. *Quest, 54*, 87-6.

Carlson, T. B. (1995). We hate gym: Students alienation from physical education. *Journal of teaching in Physical Education, 14*, 467-477.

Eysenck, H. (1997). *Creativity and personality*. In M. Runco(Ed.), The creativity research handbook, Vol. 2.(41-66). Cresskill, NJ: Hampton Press.

Guilford, J. P. (1975). *Traits of creativity*. In P. E. Vernon(Ed.), Creativity and its cultivation(142-161). NY: Harper & Row.

Luke, M. D., & Sinclair, G. D. (1991). Gender differences in adolescents' attitudes toward physical education. *Journal of teaching in Physical Education, 11*, 31-46.

Rosenholtz, S. (1989). *Teachers' Workplace: The Social Organization of Schools*. New York: Longman.

Seligman, M. E. P. (2004). *Authentic happiness: Using the New Positive Psychology to Realize Your Potential for Lasting Fulfillment*. 김인자 역(2009). 긍정심리학. 도서출판 물푸레.

Torrance, E. P. (1962). *Guiding creative talent*. NJ: Prentice Hall Inc.

Treffinger, D. J. (1980). The progress and peril of identifying creative talent among gifted and talented students. *Journal of Creative Behavior, 14*(1), 20~34.

Williams, F. E. (1982). *Classroom ideas for encouraging thinking and feeling*. Vol. 2, East Aurora, NY: DOK Publishers.

Wuest, D., & Bucher, C. (1999). *Foundation of Physical Education and Sports*. WCB/McGraw-Hill.

## 제16장 스포츠교육 연구 계획서 작성하기

고문수(2010). 초등 체육수업의 이해와 실제. 파주: 한국학술정보(주)

김영천(2006). 질적 연구 방법론 I. 도서출판 문음사.

유정애(2004). 체육학에서의 질적 연구 논문 작성법. 서울: 무지개사.

Potter, W. J. (1996). *An analysis of thinking and research about qualitative method*. New Jersy: Lawrence Erlbaum Associate.

# 찾아보기

## ♠ 저자소개 ♠

**고문수**

경인교육대학교 교육대학원 초등체육교육과를 졸업하였고, 인천대학교에서 체육학 박사학위(스포츠교육학 전공)를 받았다. 10여 년 이상을 초등학교에서 학생들을 가르쳤고 현재는 경인교육대학교 체육교육과에서 예비교사를 양성하고 있다. 학회 활동으로는 한국스포츠교육학회 상임이사, 한국스포츠교육학회지 · 국기원연구 편집위원, 한국스포츠개발원과 한국체육학회 및 한국초등체육학회에서 학회지 심사위원으로 일하고 있다. 지은 책으로는 초등학교 체육3 · 4 교과서 및 지도서(천재문화), 재미있는 도전활동 수업(레인보우북스), 초등체육수업론(교육과학사) 등이 있다. 연구 관심사는 체육교수법과 교재연구, 체육수업개선연구 및 신체활동 프로그램의 개발이다.

# 스포츠교육 현상의 질적 연구

2014년 7월 25일 1판 1쇄 인쇄
2014년 7월 30일 1판 1쇄 발행

저 자 • 고 문 수
발행자 • 김 동 규
발행처 • 교육과학사

경기도 파주시 문발동 광인사길 71
전화 • 031)955-6956~8 / 팩스 031)955-6037
Home-page • http://www.kyoyookbook.co.kr
E-mail • kyoyook@chol.com
등록 • 1970년 5월 18일 제2-73호

낙장 · 파본은 교환해 드립니다.
Printed in Korea.

정가 18,000원
ISBN 978-89-254-0847-7